家谱图

（第三版）

评估与干预

（修订本）

【美】莫妮卡·麦戈德里克
【美】兰迪·格尔森　著
【美】苏艾丽·佩特里

谢中垚　译

当代中国出版社
Contemporary China Publishing House

版权合同登记号　图字：01-2022-3483

图书在版编目（CIP）数据

家谱图：评估与干预：第三版：修订本 /（美）莫妮卡·麦戈德里克（Monica McGoldrick），（美）兰迪·格尔森（Randy Gerson），（美）苏艾丽·佩特里（Sueli Petry）著；谢中垚译．-- 2 版．-- 北京：当代中国出版社，2024. 7. -- ISBN 978-7-5154-1375-4

Ⅰ. C913.11

中国国家版本馆 CIP 数据核字第 20244J3M26 号

出 版 人　王　茵
责任编辑　焦晓萍
责任校对　贾云华　康　莹
印刷监制　刘艳平
封面设计　李晓红
出版发行　当代中国出版社
地　　址　北京市地安门西大街旌勇里 8 号
网　　址　http://www.ddzg.net
邮政编码　100009
编 辑 部　（010）66572264
市 场 部　（010）66572281　66572157
印　　刷　中国电影出版社印刷厂
开　　本　787 毫米 × 1092 毫米　1/16
印　　张　21.75 印张　1 插页　382 千字
版　　次　2024 年 7 月第 2 版
印　　次　2024 年 7 月第 1 次印刷
定　　价　70.00 元

家谱图符号使用方法示意

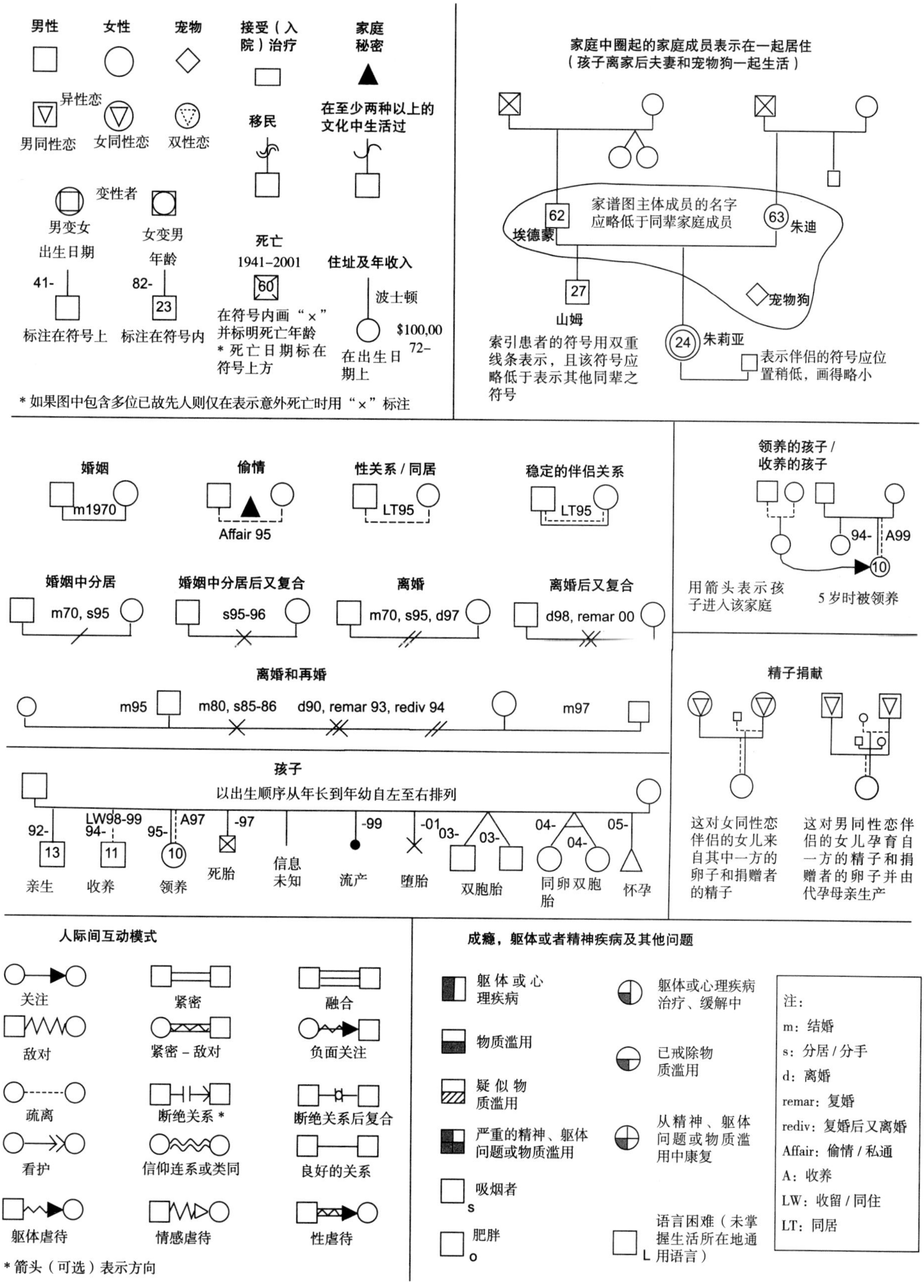

家谱图：评估与干预

Genograms: Assessment and Intervention

目录

致 谢

Acknowledgments

首先我要对 W. W. Norton 出版社致以最真挚的谢意，20 年来，在他们的帮助与支持下，本书已经修订至第三版，并且全部得以顺利出版。特别要感谢的是德博拉·穆尔墨德（Deborah Malmud），她对本书的制作给予了巨大的支持，和她一同工作对我来说也是非常开心和快乐的经历。我对她在工作中展现出的真诚、创造力和志趣表示深深的感激。迈克尔·麦克甘迪（Michael McGandy）多年来为我提供了巨大的帮助，特别是对于本书的第三版，我也要由衷地对他表示感谢。安德烈亚·科斯泰拉（Andrea Costella）为本书的排版设计和插图制作付出了巨大的心血，本书的出版也是对她辛勤工作的见证。凯茜·鲁布尔（Casey Ruble）是我所遇到的最出色的文字编辑，在本书庞杂的信息中，她精确地将字里行间的每一处缺陷找出并修正。我还要感谢匈牙利的 MonkeyGraphics 图像设计公司（www.monkeygraphics.net），他们以超群的技艺修复了本书第二版中的家谱图，大大提升了图像的质量。呈现在读者面前的这本书是他们诸多努力的最佳展现！

我要由衷地感谢那些为本书出版提供无私支持的人们。我要特别感谢兰迪·格尔森（Randy Gerson），在他出色又极富创造力的电脑技术协助下，各种家谱图模式得以数字化，并可被广泛地理解。我要感谢伴我多年的老友，同时也是老同行迈克尔·罗尔博（Michael Rohrbaugh），他对我的各种设想提出了有益的意见和建议，帮助我厘清了将家谱图应用为研究和临床工具的思路。

我的姐姐和妹妹——莫娜（Morna）和尼尔（Neale），我的外甥——盖伊·利文斯通（Guy Livingston），陪伴我共同走过生命的历程。我的挚友——贝蒂·卡特（Betty Carter）、芙萝玛·沃尔什（Froma Walsh）、卡洛尔·安德森（Carol Anderson）、尼迪娅·加西亚（Nydia Garcia）、普雷托（Preto）、保莉特·摩尔·海因斯（Paulette Moore Hines）、肯尼迪·哈迪（Kennedy Hardy）、查莉·苏顿（Charlee Sutton）、约翰·伏尔沃斯基（John Folwarski）、米格·埃尔南德斯（Miguel Hernandez）、马琳·华生（Marlene Watson）、杰恩·马博比（Jayne Mahboubi）、埃利安娜·吉尔（Eliana Gil）、诺尔莱格·伯恩（Nollaig Byrne）、伊梅尔达·科尔根·麦卡锡（Imelda Colgan McCarthy）、瓦妮莎·马哈茂德（Vanessa Mahmoud）、芭芭拉·佩特科夫（Barbara Petkov）、瓦妮莎·杰克森（Vanessa Jackson）和罗克萨娜·列雷纳·奎因（Roxana Llerena Quinn），他们给予了我巨大的帮助，使我对家谱图有了更深入的思考，进而能够有效地将其应用到对家庭关系的理解中。我的灵魂伴侣——费尔南多·科隆（Fernando Colon），在"非血缘亲属关系网"研究方面给予我许多启发、帮助和肯定。我的朋友罗伯特·杰伊·格林（Robert Jay Green）对我曾经确信无疑的有关家谱图的一些观念提出意见，帮助我厘清了一些根深蒂固的对家庭的认识和想法。玛丽·安·萝丝（Mary Ann Ross）多年来无私地和我分享她的思想和创造力，她为本书的创作也付出了辛勤的努力。我的同事迪伊·沃茨·琼斯（Dee Watts Jones）、乔安娜·克拉格斯（Joanne Klages）、琼·马什·施莱辛格（Joan Marsh Schlesinger）、德布拉·查特曼·芬利（Debra Chatman Finley）、刘恩静（Eunjung Ryu）、罗宾·卢南（Robbin Loonan）、乔茜安·梅诺斯（Josianne Menos）、西比尔·威廉斯·格雷（Sybil Williams Gray）、罗伯特·邦纳（Robert Bonner）以及许许多多的学生们，多年来都以各种方式为我、为本书的创作提供了巨大的帮助。对他们的支持、帮助和指正我要致以真挚的谢意。我还要感谢伊雷妮·温贝尔（Irene Umbel），正是她的辛勤工作保证了我们的工作室高效运转。还有我事业上的守护天使——弗兰·施耐德（Fran Snyder），为我了却琐事的烦扰，使我能够专心于本书的创作。我对她的出现满怀感激。罗伯托·萨帕塔（Roberto Zapata）在关键时刻用他绝伦的绘图技艺、无限的创造力和超人的勤奋创作了诸多家谱图，和他一同工作给予了我无限的快乐，我要对他表达最真挚的感谢。加里·贾费（Gary Jaffe）在我们最需要帮助的时候来到我们身边，无私地协助我们制作了书中的图表。还有劳拉·本顿（Laura Benton）在本书制作的最后阶段帮助我们将手稿整理完备，她的勤奋、智慧和创造力是我们必须要感谢的！

还有最重要的是，我要感谢苏艾丽·佩特里（Sueli Petry），正是她对家谱图的奉献投入和辛勤工作终于使本书第三版得以完成。她从一位对家谱图怀着强烈兴趣的学生变成了我的挚友和同事。

最后，我要将最深的谢意致予那些在我自己的家谱图中与我最为贴近的人们，他们是我的丈夫——索福克莱斯·奥梵尼迪斯（Sophocles Orfanidis）和我的儿子约翰·丹尼尔·奥梵尼迪斯（John Daniel Orfanidis）。我儿子出生的日期恰巧是本书第一版发行的日子，而他成人的时候也正好是本书第三版出版的日子。我期待着看到家谱图事业随着我的下一代的成长也能够不断发展壮大。当然，如果没有我的父母和其他家庭成员的默默支持，本书也难以成形。他们也包括我的前人——同我在血缘、法律或灵性上有所联结的人们（见图 1.2）。我站在这些亲友的肩膀上，是他们给了我无限的支持、创造力和关怀。在他们的支持下，我为我的后人们奉上此书。

莫妮卡·麦戈德里克
Monica McGoldrick

致谢之二

和莫妮卡共同创作本书是一段美妙的旅程。她给予了我如此多的信任，这让我满怀感激。她那智慧、坚毅和严谨的工作态度，激励着我对我们所治疗的家庭及家庭关系、代际传递、多样的家庭模式等所有这些要素进行更深入的思考。对我来说，参与本书的制作是一次非凡的经历。

在读心理学研究生一年级的时候，我对家谱图和家庭模式产生了浓厚的兴趣。当时我观看了莫妮卡编制的影片《未尽的伤逝》（*Legacy of Unresolved Loss*），我被视频中的家庭及莫妮卡本人深深地打动，是莫妮卡将家谱图带到他们的生活中。这段经历对我触动很大，让我意识到我对家庭系统的兴趣，因此，在结束心理学的学习后，我选择继续做家庭治疗方面的研究。随后，我找到莫妮卡，加入了她的多元文化家庭研究中心（Multicultural Family Institute），至今在这里已和她共事七年有余。在过去的三年中，基于这本书，我们紧密合作力图开发出更好的家谱图，对同行、学生、软件技术人员、各类家庭和朋友们都做了大量的访谈。莫妮卡既是我的导师又是我的挚友，我很感谢她传递给我的友谊、个人魅力、对生活的热情，以及对这项事业的尊重与热爱。

我也很想感谢我的父母。我的母亲原名卡塔里娜·斯帕罗维奇·德·卡瓦略（Catarina Separovich de Carvalho），在成为美国公民后更名为凯瑟琳（Catherine）。她似乎一直以一个外来者的身份生活着：孩童时期她是生活在巴西的南斯拉夫移民，而成年后又移民到美国。我的父亲名为阿里斯蒂德斯·贝里洛·德·卡瓦略（Aristides Berilo de Carvalho）。我的父母总是并肩面对生活中的种种困难，同时将“勤奋工作、大胆去爱和积极生活”这些根本的信念和家庭模式传递给了我们。

最后，我要感谢我的丈夫、我的人生伴侣——卡尔·佩特里（Karl Petry），他用爱和鼓励滋养着我。他是实践派的梦想家，是他让很多不可能的事情得以成真。

苏艾丽·佩特里

Sueli Petry

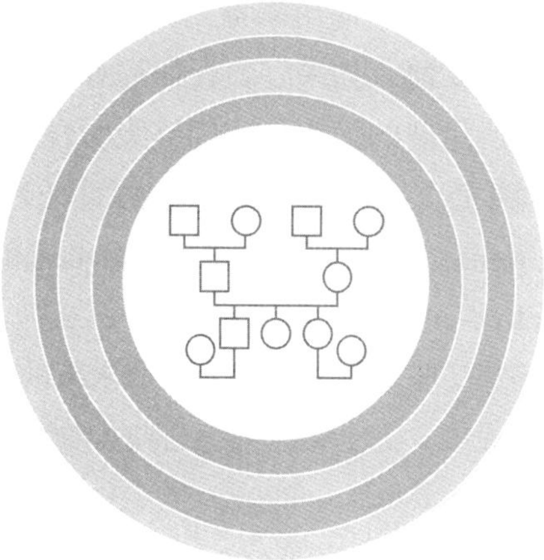

前　言

家谱图在临床实践、健康促进和教育教学等领域中的影响力与日俱增，正是这一趋势推动了本书的创作。在过去的几十年中，作为一种描绘家庭模式的临床工具，家谱图在健康医疗领域中的应用已越来越广。此外，在对这一主题首次著书写作时，我们曾怀有的看似遥不可及的梦想，现在已唾手可得、即将成真——借助电脑软件使家谱图数字化、图形化。在过去的 60 年中，家谱图在谱系学、医药、心理学、社会工作、护理及其他医疗和人文服务领域甚至在法律和商业中，都有广泛的应用。在第三版的《家谱图：评估与干预》(*Genograms: Assessment and Intervention*) 中，我们突出展示家谱图在临床干预应用方面的最新进展，还特别介绍了游戏家谱图（family play genograms）这一家谱图的新形式。本书致力于更好地阐释社会中各种各样的家庭构成和家庭模式，以及家谱图在临床实践中的多种应用方法。家谱图仍是一个还在不断完善的实用工具。根据读者的反馈和本领域中的新发展，我们以第二版为基础，在第三版中做了内容方面的扩充，对家谱图符号做了细微的调整。我们相信，随着临床工作者越来越多地将家谱图应用于追踪复杂的家庭系统，作为一种实用工具，家谱图将会持续不断地革新和发展。

对于了解家谱图的人来说，它为繁复的家庭动力学提供了一个精妙的视角；但是对于从未接触过它的人来说，家谱图中的圈圈框框有时会显得过于复杂，使读者像不了解剧中人物的观众一样，容易产生各种的疑惑。针对这一困境我们的解决方案是，不直接引用临床案例，而选取那些众所周知的著名人物的家庭为例来讲解要点。在此需要指出的是，我们是家庭治疗师而不是历史学家，因此所收集的信息未免有限，其中大部分来源于传记、报纸以及网络。但与已有的出版物相比，我们应用家谱图来解读这些家庭，也许能让读者对他们有更深入的理解。无论如何，如果存在任何原始资料上的不准确，我们先行在此致以歉意。希望本书所呈现的简要信息能够吸引读者对这些家庭的故事做更深入的探索，如埃里克森家族（Eriksons）、方达家族（Fondas）、弗洛伊德家族（Freuds）、肯尼迪家族（Kennedys）、罗伯逊家族（Robesons）、爱因斯坦家族（Einsteins）以及罗斯福家族（Roosevelts）。有趣的是，虽然这些人物都非常显赫，但历史上有关他们家庭的描述却又非常有限。我们相信未来的传记作家会更加重视家庭系统，并借助家谱图拓展视角，更全面地描绘这些人物及其家庭。

《家谱图：评估与干预》中译本序

《家谱图：评估与干预》中译本终于面世了！这是我国的婚姻家庭咨询师和家庭心理治疗师期盼已久的一本精品专著。

前些年我在国际图书博览会见到《家谱图：评估与干预》（*Genograms: Assessment and Intervention*）第二版的时候就对它爱不释手。当时便组织研究生开始翻译，希望能够把家庭治疗中这个神奇有效的方法介绍给国内同行。但当时只能得到这本书的文字版权，联系不到拥有书中名人家谱图版权的作者。

我们应当感谢当代中国出版社负责人的远见卓识，在前两年这本书还被普遍认为需求量十分“小众”的时候，就看到它巨大的社会价值与临床价值并启动了本书的引进工作。感谢清华大学心理咨询中心主任刘丹博士、北京大学医学人文研究院英语副教授吴朝霞博士以及参译者曾林、黄申申、魏征新、常蕾、贾茹、马彦、杨丹玮、蔡田、蓝燕平，他们是在忙碌的工作和学习之余挤出休息时间参与翻译工作的。还要由衷感谢闫力平女士、谢中垚博士为本书编辑工作付出的辛勤劳动。由于谢中垚的不懈努力，终于获得了全部图、文的中译版权；在本书译稿的编辑审校中，他亦花费了大量的时间和精力。在大家共同的努力下，《家谱图：评估与干预》的中译版得以出版，为中国心理咨询治疗行业的百花园中又增添了一朵绚丽的瑰宝。

本书一大亮点即书中包含了诸多著名人物的家谱图——弗洛伊德、肯尼迪家族、简·方达、比尔·克林顿、戴安娜王妃、罗斯福家族等。每一张家谱图都精心制作、内容全面，可以想见本书作者在搜集绘制这些家谱图时所付出的艰辛和努力。此外，作者还将家谱图与名人们的生平事迹联系起来，做了极富洞察力的分析和非常生动的讲解。自从鲍恩于 20 世纪 70 年代创造了家谱图，并提出以家谱图作为工具收集有关的家庭信息、分析家庭结构和家庭关系模式以来，家谱图现已发展成为家庭心理治疗领域国际通用的临床工具。借助家谱图，我们可以全面地了解个人成长背景、家庭结构与功能、家庭成员间的关系、每个成员的人格特点、行为方式、价值观和沟通模式等内容。由于家谱图具有绘制快捷、形象易懂的特点，它也被用于临床各科的病例评估、临床治疗和学校、部队及公司员工的档案管理当中。

实证研究表明：使用过家谱图的医生普遍认为它是兼具评估和干预作用且非常有效的临床工具。在家庭医疗研究领域中，家谱图也颇受欢迎。家谱图能够提供以家庭为导向的系统医疗服务过程，协助医师以全局视角跟踪处理家庭成员的健康变化，使临床医生更加关注患者心理、社会方面的问题；更准确地把握家庭发展周期和重大生活事件对家庭成员的影响。由于家谱图可以将家庭人口学资料、疾病遗传史等信息具体详尽地展示出来，它在临床医疗工作中也有助于提升诊断、治疗及护理的效能和质量。

经过培训和尝试性地推广应用，目前家谱图已经成为一种被国内家庭心理治疗师、精神科医师、婚姻家庭咨询师、心理辅导师、保健师、律师、教师、行政管理者、部队及监狱相关工作者逐渐接纳和乐于使用的工具。在保护个人隐私并获得案主知情同意的情况下，家谱图也被用于行业内的研究报告和案例讨论当中。

家谱图在进入中国短短数年时间就获得如此广泛的重视和接纳，对此，我从自己的临床心理干预实践中归纳出了如下的原因：

1. 家谱图以它简洁直观的特色征服了各行业的实践者；

2. 家谱图作为一种临床手段易懂、易学、易记；

3. 利用家谱图与家庭建立关系比较温和自然，不易引起家庭的警觉和阻抗；

4. 无论家庭成员的文化背景和表述能力如何，家谱图都能够将家庭结构、关系模式和代际传递特点等信息较准确地传递出来；

5. 对于家庭中的一些特殊关系模式（如三角关系、复杂的婚姻关系等）相对于冰冷的文字，家谱图是更加直观生动的表达方式；

6. 家谱图有利于治疗师对家庭系统做整体的了解和掌控；

7. 绘制家谱图的过程有助于家庭与治疗师共同发现家庭的资源和特点；

8. 可使家庭成员意识到个人的变化有助于整个家庭系统的改变。

虽说本书对各行业都极具价值，译者也满怀崇敬尽量严谨地完成了译文，但直至截稿仍感到不及原文那样语言精辟、行文流畅。希望各位同行能够海涵，如有误漏也请不吝指正。

期待家谱图的推广使用，能为家庭及整个社会系统的和谐稳定和积极发展做出贡献。

霍莉钦[①]

2013 年 10 月 11 日于北京大学医学部

---

① 霍莉钦：北京大学医学人文研究院医学心理学研究生导师、北京心理学会常务理事、中国婚姻家庭研究会理事。——译者注

GENOGRAMS

第1章 家谱图：绘制家庭系统

家谱图（genogram）是帮助我们理解家庭模式（family pattern）的实用工具之一。本书旨在详细阐述家谱图的实践、理论、画法及其在临床实践中的应用、研究方向和发展趋势。标准化的家谱图是了解家庭历史和家庭人际关系的通用语言（见本书文前页所示的图例）。尽管家谱图被家庭治疗师、家庭医生及其他医务工作者广泛地应用于临床与工作的实践中，但在1985年本书第一版问世之前，家谱图尚无统一标准的画法。甚至在理论背景相似的治疗师之间，对于“需要了解哪些特定信息”“如何将这些信息记录下来”“这些信息又意味着什么”等问题，也仅仅达成了笼统的共识。本书所使用的标准化家谱图画法，由“家庭治疗和家庭医疗临床家谱图倡导者委员会”于20世纪80年代初创立，该委员会的核心成员包括默里·鲍恩（Murray Bowen）、杰克·弗鲁姆（Jack Froom）和杰克·梅达利（Jack Medalie），他们一直以来都致力于倡导家谱图的应用和实践。委员会由北美基础护理研究组织（North American Primary Care Research Group）号召建立，他们将最实用的家谱图符号规范化，在家谱图的标准化结构与画法上达成统一。家谱图自1985年问世以来，在世界各地不同团体的建议下已做了多次修订。本书介绍的内容也仅是家谱图发展演化过程中的阶段性成果，毫无疑问，家谱图技术依然在持续不断地发展与完善。例如，在电脑上我们已经开始使用不同的颜色对姓名、地域、职业、疾病等元素加以标准化编码。可以预见，正如过去40年中的演变与发展，家谱图的符号在将来还会得到进一步的修订和改进。

家谱图中记录有至少三代家庭成员的信息和他们之间的关系。家谱图可以直观生动地展示家庭信息，让复杂的家庭模式即刻以完整的形态跃然纸上；家谱图还有助于我们提出种种假设，来解释临床症状如何以家庭环境为背景随着时间发展而逐渐显现。

除了展示标准化的家谱图表外，《家谱图：评估与干预》（*Genograms: Assessment*

and Intervention）一书还介绍了分析、研究解释家谱图的基本原则，以及家谱图专业软件的功用——记录、存储家谱图资料，以供研究时检索调阅。此外，本书还涵盖了家谱图在临床领域中的许多具体应用。通过与诸多同仁通力合作，本书所述的家谱图指导原则在过去几十年中不断发展，时至今日仍在改进当中——这建立在我们对家庭系统的理解与思考不断发展的基础之上。本书第三版定义了更多的标准化符号和应用规则，使家谱图成为总结家庭信息、描述家庭模式的最简洁表达方式。

因可将复杂家庭模式直观生动地展示出来，家谱图受到临床治疗师的普遍欢迎。不仅如此，家谱图在许多领域中都具有广泛的应用前景。最近，在萨尔茨堡音乐节上发布的一幅家庭关系图，描绘了莫扎特歌剧作品中各个角色的家庭关系（Oestreich，2006）。如果制作者通晓家谱图，显然可以画出更直观、准确又信息丰富的图表，就像我们为人物关系极复杂的歌剧《游吟诗人》制作的家谱图（见图 1.1）。

在《游吟诗人》中，老卢纳伯爵认定一个吉卜赛女人对自己的小儿子下了诅咒，为了报复将她活活烧死。吉卜赛女人让女儿发誓为自己报仇。女儿阿苏切娜本想杀死伯爵的儿子，但却意外地将自己的儿子杀死，随后阴差阳错地将伯爵的儿子当成自己的骨肉抚养。儿子长大后成为游吟诗人和骑士，爱上了一位年轻女孩莱奥诺拉，而他的同胞哥哥小卢纳伯爵也在追求这个女孩。家谱图中展示出老伯爵之子所有的身份（伯爵“死去”的儿子、阿苏切娜的养子、莱奥诺拉的游吟诗人男友）。歌剧结束时，真相大白，这三个人物其实是同一人。

图 1.1 威尔第的《游吟诗人》

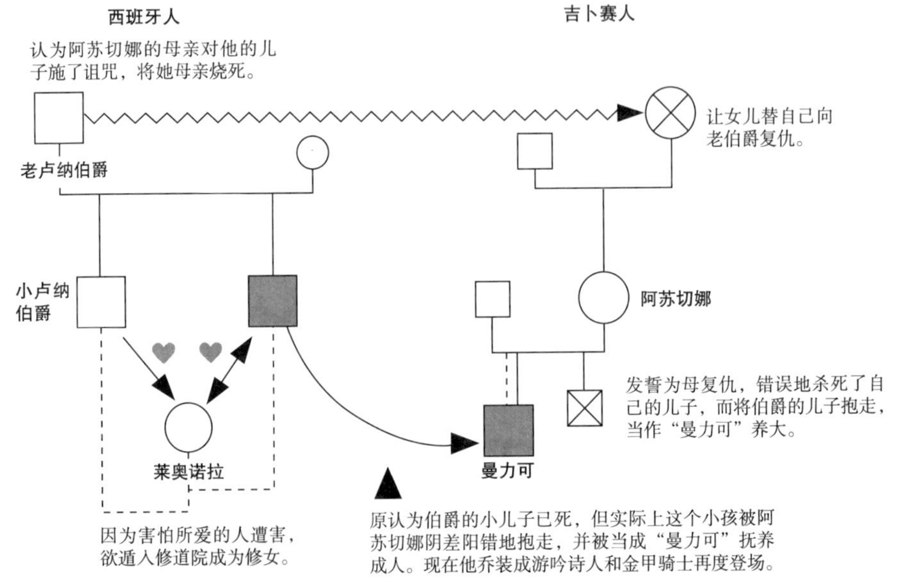

家谱图可将家庭结构清晰地展示出来；对于逐渐显现于各种人际关系中的家庭模式及其运作方式，亦可通过家谱图十分方便地记录、补充和更新。家谱图还可有效归纳临床记录，让不了解病例背景的研究者迅速掌握大量有关研究对象的家庭信息，检视其潜在问题以及可调动的资源。通常，使用图表或问卷收集记录信息很容易发生遗漏，而使用家谱图记述信息更加直观、清晰；在获得大量家庭信息的同时，使用家谱图亦便于在原有资料的基础上做添加和修改。家庭历史中的任何阶段都可创建出相应的家谱图，来展示当时家庭成员的年龄和相互关系，进而可以让我们更好地了解家庭模式随着时间发展发生了哪些变化。在不远的将来，治疗师可通过数字化的家谱图追溯、记录来访者家庭的大事年表，跟踪家庭各个生命周期中的人际关系、身体健康等方面的重大变化及其细节。

家谱图可以帮助我们更方便地记录一个家庭的复杂背景——包括家庭历史、家庭模式以及对来访者治疗有持续影响的事件。就像语言能够组织并强化我们的思维一样，家谱图可以帮助治疗师系统化地思考来访者生活中的事件和人际关系，以及这些因素如何对来访者的健康和疾病模式产生影响。

收集家谱图信息应成为临床综合评估的重要组成部分，它可以帮助治疗师了解家庭包括哪些成员，他们当前和以往的状况。家谱图作为一种重要临床工具，可以让治疗师对患者的症状有更完善的评估和更深入的解读，进而对病理过程提出假设。实际上，家谱图并不能像菜谱一样简单照搬地作为临床工作的预测性工具，但它可以提高治疗师的感知能力，让治疗师更敏锐地捕捉那些与当前障碍和康复资源相关的家庭系统问题。利用家谱图软件，在不久之后我们将可以同时研究多个家庭的多个家庭模式，也可以选取数据库中的任意几个家谱图进行比较和对比。

借助先进的基因图谱技术（Harmon，2006），我们现在可以用前所未有的新方式去研究人们的生物遗传史。这开启了研究家族与文化传承的全新方式——从成吉思汗[①]或绝代艳后[②]与我们的联系，到那些深藏在我们家族故事背后的文化和民俗传承。在电脑软件的辅助下，完整地绘制出家谱图是我们整合错综复杂文化传承的唯一方法。这将是研究家庭关系模式、家庭功能和疾病的必然趋势。数字化是家谱图发展的未来方向！

通常家谱图根据第一次会面时收集到的来访者或者患者信息构建，并在随后的工作中每当发掘出新资料时做即时修订。对来访者的初始评估是开展治疗的基础。然而，应该强调的是，在通常情况下治疗师不应将评估与治疗分隔开来。在与家庭成员的每次互动中，治疗师都会获得新的信息。新信息会对评估造成影响，进

---

① 成吉思汗（Genghis Kahn，1162—1227），蒙古帝国可汗，“成吉思汗”意为“海一样伟大”。
② 绝代艳后：玛丽·安托瓦内特（Marie Antoinette，1755—1793），法国国王路易十六的妻子，原奥地利帝国公主。

而影响下一次的干预。

家谱图有助于治疗师了解一个家庭，让治疗师“深入到病患家庭中去”开展治疗。通过涵盖时间和空间的系统化视角去追踪家庭问题，家谱图可以帮助访谈者重构那些承载着强烈情绪的问题，化解其中的怨恨或恐惧并将之正常化。家谱图访谈不仅为治疗师提供有关来访者的信息，这个过程也可引导来访者开始采用系统化的观点看待自身的问题。家谱图有助于治疗师和家庭获得“更宏观的视角”——在关注当下问题的同时，也看到问题的背景环境和发展历史。在家谱图中，可以从横向（家庭背景）和纵向（代际关系）两个维度去了解有关一个家庭结构性、关系性和功能性的信息。

通过家谱图，治疗师可以全面地了解来访者的家庭背景信息，评估某个特定家庭成员与其他成员之间的关系，以及更宏观更系统地了解来访者与大家庭、朋友圈、社区、社会和文化等方面的联系程度，由此评估在特定的环境系统之下，该家庭的优势和弱点。因此，家谱图中不仅包含直系家庭成员和大家庭家庭成员的信息，还应包含那些与来访者共同生活或在来访者生活中扮演重要角色却并无血缘关系的“亲戚”的信息，此外家谱图还记录对来访者产生重大影响的生活事件（迁居、生命周期变化）和困境（疾病、机能障碍）的信息。对于家庭成员当下的行为和困境，可通过家谱图从多方面加以追溯。在家谱图中，索引患者（index person，即存在问题、表现出症状的人）会被置入众多子系统（或称亚系统）中加以分析，如兄弟姐妹关系（sibling relationship）、三角关系（triangle relationship）、互惠关系（reciprocal relationship）等；或被放到更宏观的关系系统中去考察，如社区、社会机构（学校、法院等）以及社会文化环境等。不久的将来，借助电脑的帮助，我们将可在庞大的家谱图数据库中按照需要去检索特定的家庭模式，例如，家庭的遗传模式、家庭的疾病模式、性别和兄弟姐妹互动模式、与一位家长亲近同时而与另一位疏远的三角关系、上一代人中的丧失或创伤、多个症状之间的联系等。

通过对家庭系统的纵向检视，对先前生命周期中的各个过渡（transition）加以评估，治疗师可将当下的问题置入“家庭发展模式”的理论框架中去理解。家谱图通常包含至少三代家庭成员的信息以及家庭历史中的重大事件，特别是那些与生命周期有关的事件。在制作家谱图的过程中，治疗师向家庭成员询问当下的家庭情况以及与其有关的前几辈人的生活主题、逸事故事、家规家法和情结情感等问题，往往在这个过程中，那些被不断重复着的家庭模式会浮现出来，变得越来越清晰。家谱图通过启发来访者，将当前问题与不同时期的家庭事件相关联，建立起各种可能的联系，从而达到“让历史说话”（let the calendar speak）的效果。通过家谱图很容易帮助我们发现，是哪些重要关系的丧失或重大家庭事件造成先前家庭关系的改变或之前的疾病模式，进而这些东西又对家庭结构和家庭模式产生了什么样的影响和反作用。数字化的家谱图让我们可以对某个特定家庭模式或症候群展开更深入的研究。上述种种资料共同为我们提供了构建病理假设的框架，用以理解是什么造成了家庭当前面临的危机。通常我们还会制作一个家庭大事年表（family chronology），以年代为顺序记述家庭历史，作为家谱图的补充。当今已有多种专门的家谱图电脑软件面世，可用于收集信息和绘制家谱图。利用这类软件，治疗师可方便地追溯来访者的家庭历史，同时家庭历史中任一时刻发生的事件都可通过家庭大事年表展示出来。

家谱图的应用范围广泛，既可用于简要描述家庭成员的基本人口统计学资料——只需15分钟的访谈即可完成资料采集（Wright & Leahey，1999），也可以使用鲍恩的理论框架绘制多代际家庭情绪、情感系统（见“家谱图评估与家庭系统理论”参考文献）；还可为干预策略提供系统性的假设；基于家谱图访谈中浮现的潜意识的部分，还可以提出一些“投射性”假设。一些人对家谱图绘制的形式提出了各自的改进方案（见“家谱图变更、生态图、谱系和社会关系图”参考文献），如弗里德曼、罗尔博和克拉考尔（Friedman，Rohrbaugh & Krakauer，1988）的“时间轴家谱图”（time line genogram），瓦茨·琼斯（Watts Jones，1998）描述的“家庭功能”图谱，弗里森和马尼特（Friesen & Manitt，1991）的依恋关系图谱（attachment diagram），伯克和费伯（Burke & Faber，1997）创作的“网格图”（genogrid）——专用于描述女性同性恋的家庭关系网络，以及“宗教/灵性家谱图”（见“宗教/灵性”参考文献）。一些治疗师也特别强调家谱图在实际工作中的应用，他们关注：如何对处于各个生命周期阶段的家庭开展治疗（见第8章“追踪个体与家庭的生命周期”和参考文献）；如何跟踪记录再婚家庭中复杂的关系结构（见“离婚和再婚”参考文献）；如何跟踪和记录复杂的、多文化家庭的发展并对其开展工作（见“文化与种族”参考文献）；探索特定问题——如使用“性家谱图”（sexual genograms）探索家庭的性及性发展史（Hof & Berman，1986；McGoldrick，Loonan，& Wolsifer，2006）；如何针对儿童开展家庭干预——如“游戏家谱图”（play genograms）的应用（见第10章）的问题。一些人甚至将家谱图用于教育教学，帮助不识字的成人阅读：通过询访他们的家庭故事制成家谱图，然后教他们阅读自己的故事（Darkenwald & Silvestri，1992）。还有人运用“事业发展家谱图”（career genograms）帮助来访者更好地做出事业方面的决策（Gibson，2005；Moon，Coleman，McCollum，Nelson，& Jensen-Scott，1993）或对组织机构做更直观的图解说明，如针对一些医疗组织的应用（McIlvain，Crabtree，Medder，Strange & Miller，1998）。还有一些人创造性地拓展了家谱图的概念，提出了“性别图”（gendergram），用以描绘整个生命周期中与性别和性取向相关的人际关系发展（White & Tyson-Rawson，1995）。

家谱图已被应用于家庭叙事的组织和整理，来记述文化故事（Congress，1994；

Hardy & Laszloffy，1995；McGill，1992；Sherman，1990；Thomas，1998）；被应用于确定治疗策略，例如重构或清除家族传统中的糟粕（Gewirtzman，1988）；在基于解决方法的治疗（Zide & Gray，2000）中，家谱图被用作儿童福利机构和多个家庭中长大的孩子的确据（Altshuler，1999；McGoldrick & Colon，2000；McMillen & Groze，1994）；家谱图被用于去发现家庭资源以及对某些问题的特有应对方式（Kuehl，1995）；家谱图被用于针对特定人群的临床和实践工作，如儿童（Fink，Kramer，Weaver，& Anderson，1993）、老年人以及婚前咨询的情侣（Shellenberger，Watkins-Couch，& Drake，1989）。有许多学者呼吁将家谱图应用到更多的研究领域中去。英格索尔－戴顿和阿恩特（Ingersoll-Dayton & Arndt，1990）有力地总结、论述了家谱图的潜力，例如老年病学社会工作者可应用家谱图对老年人做评估并开展干预；对于那些因工作角色而不堪重负的老年人护理人员，专业人士可利用家谱图为他们提供更好的支持和帮助。马孔古·阿肯耶拉（Makungu Akinyela）将家谱图应用于教育教学。他在亚特兰大佐治亚州立大学非洲裔美国人研究所开设非洲裔美国人家庭研究课程。课堂上，学生们绘制家谱图，追溯自己的家庭历史，查阅有关非洲裔美国人的政治事件、历史、移民情况和文化发展等方面的研究文献并展开讨论。利用这种方法，学生们能够将学术研究与自己的家庭历史联系到一起。

近年来，尽管许多家谱图的改良画法还尚不成熟，但已有大量扩展家谱图（expanded genogram）的文献出版，以期拓展家谱图的应用领域。其中“文化家谱图”（cultural genogram）受到了很大的关注，它特别聚焦于家庭历史中文化方面的内容；“宗教 / 灵性家谱图”（religious or spiritual genogram），则关注家庭的宗教信仰史，以及宗教、灵性和信仰对家庭模式的特定影响。关于“社会关系家谱图”（community genogram）也有专著问世，尽管其制图法与家谱图并不相同，其中也并未包含作为背景资料的三代关系（Rigazio-DiGilio，Ivey，Kunkler-Peck，& Grady，2005）。绘制扩展家谱图的困难主要在于很难在单张家谱图上同时呈现多个维度，家谱图的绘制总是要在承载的信息量与记述的清晰性之间取得平衡，这个问题由来已久。对于上述这些问题我们都将展开讨论，希望未来能够出现新的、创造性的方法展示和追踪扩展家谱图的信息。至少，我们希望能够启发大家讨论这些问题，看看如何通过家谱图将多个维度的信息直观地呈现出来。而今，随着备有数据库的家谱图电脑软件出现，已经让同时在图中呈现一到两个特定的家庭问题变得切实可行，此外，我们也能分别根据家庭历史的某些特定的时间点绘制相应的图表。

我们应该注意到，一些家庭治疗师（如黑利、米纽秦和怀特）刻意回避使用家谱图，他们认为家谱图毫无意义。拿黑利（Haley）来说，他多次提到，他不相信祖辈的关系对当下的家庭问题存在影响，就像他不相信鬼魂的存在一样。尽管一些结构派和策略派的家庭治疗师，如米纽秦（Minuchin）、华兹拉韦克（Watzlawick）、威克兰德（Weakland）和斯路齐（Sluzki），同样重视家庭的层级结构，并特别关注跨越代际的结盟（coalition where generational boundaries are crossed），但他们在工作中并不使用家谱图，而更注重考察当前家庭的人际关系。迈克尔·怀特（Michael White, 2006）指出，收集家谱信息会造成一些问题，它会将某些特定的、原初的家庭经历“凌驾于”其他关系之上，而忽视其他人的重要性。另一方面，在叙事疗法的临床工作中，怀特和他的同行对那些社会边缘群体的发展史表现出极大的兴趣。我们认为，“能够清楚地记述家庭模式的发展演变”这一特性正是家谱图的神奇之处。它可以揭示暗藏在家庭历史中的秘密。而揭示这些秘密可以帮助家庭认清当前的困境，并提出进一步的解决办法。事实上，家谱图最令人振奋的特长在于，它可以让家庭摆脱“单维、线性”的思维模式，摆脱那些僵化的、模式化的解读心理的方式。因其所含的内容非常丰富，家谱图可帮助家庭成员和治疗师同时聚焦多个家庭模式，进而教会人们系统化地思考问题。家庭成员一旦注意到他们正在重复着某个僵化的、病理性的家庭模式，那么，通过发现其他的可能性，家庭成员的视野就能够以更为宏观的视野审视问题。

家庭医护

家庭医生率先发明了家谱图，以便他们在工作中有效且如实地记录和追踪家庭医疗史（见“医疗服务、医药、护理、压力和疾病”参考文献；Campbell, McDaniel, Cole-Kelly, Hepworth & Lorenz, 2002; Jolly, Froom, & Rosen, 1980; Medalie, 1978; Mullins & Christie-Seely, 1984; Olsen, Dudley-Brown & McMullen, 2004; Rakel, 1977; Rogers, Durkin & Kelly, 1985; Rogers & Holloway, 1990; Sloan, Slatt, Curtis, & Ebell, 1998; Taylor, David, Johnson, Phillips, & Scherger, 1998; Tomson, 1985; Wimbush & Peters, 2000; Wright & Leahey, 1999, 2000; Zide & Gray, 2000）。同样，首先提出家谱图符号标准化的也是家庭医生（Jolly et al., 1980）。克劳奇（Crouch, 1986）是家谱图推广方面最具影响力的家庭医生之一，也是首位在临床研究中强调“医生与患者家庭成员协同工作非常重要”的医生。这个观念已经受到鲍恩及其追随者们的广泛推崇（见“聚焦于原生家庭的心理辅导”参考文献）。

在医疗领域中，人们已经为推广家谱图做出许多努力，试图使其成为一种基本的临床评估工具。谢尔格（Scherger, 2005）表示，为了应对当下家庭医疗中出现的种种危机，推进该领域的改革进程，提供真正的以家庭为导向的医疗服务，应该对家谱图反映出的问题格外加以重视。他坚定地认为，通过应用先进的信息技术，以全局式的方式跟踪和处理家庭中的问题，将是社会为家庭提供切实高效医疗服务的唯一途径。当务之急在于，我们有必要开发出可以清晰呈现家庭状况的技术，同时希望医生们不会因此而被淹没在书面工作中；并且在不受制于医疗保险的情况下培训他们使用这种新技术。在《美国医学会期刊》(*Journal of the American Medical Association*)的一篇经典文章中，雷恩斯福德和舒曼(Rainsford & Schuman，1981)强调了家谱图和家庭大事年表的重要性，在追踪那些复杂的、备受压力的家庭个案时尤其如此；而这些家庭通常都需要医疗卫生部门更多的关注和帮助。他们往往都承受着各种复合型问题，堪称问题家庭的典型；在每一个社会服务机构、学校或犯罪惩治机构门口你都能看到这类家庭的身影。这些家庭可能会消耗巨大的社会资源，因此，采用清晰、易懂、操作便捷的方式去追踪这些家庭的运作方式有着重大的意义。在这篇文章中，作者记述了 7 年间这类家庭的成员经历的创伤性事件以及他们的临床就诊情况，结论认为，治疗师对来访患者的所有家庭成员都有一定的纵向了解非常重要，这有助于医生理解为什么患者会在特定的时间前来就医。家谱图可以帮助医生跟踪患者及其家庭所面临的压力，它不仅仅关注患者身上发生了什么，同时也关注家庭中的其他成员。在每一例临床评估中都加入家谱图，可以让我们更容易地看到，为了防止家庭功能上的问题进一步恶化，应在何时调动、使用额外资源，应在什么时机动用额外的资源。

为了更全面地了解一个家庭，记录其血缘和法定的关系也非常重要。图 1.2 举例说明了我自己(莫妮卡·麦戈德里克)的直系家庭以及我周边朋友们的家谱图。

这些人当中，有些已离世很久，有的此刻仍伴我左右，但他们同样都常在我心，对我来说非常重要。他们给予我经济上的支持，帮助我的丈夫和儿子渡过难关，或当我面临危机时给予我勇气与力量。家谱图应展现家庭血缘和法定的成员，此外为了透彻地了解一个家庭，还需要描绘出相关的朋友关系网和社会关系。这不仅包含当前的人际关系网络，还应包括那些虽已离世却仍活在我们心中、面临挫折时能为我们带来希望和鼓励的人。家谱图描绘的不仅是存在血缘关系和在世的亲友，它所描述的是整个亲密关系的网络。这样我们就可以尽可能全面地了解并开发来访者可利用的资源。家谱图给了我们更深入、更广阔的视角，让我们能够更全面地理解来访家庭当前的状况。

图 1.3 展示了家谱图常常涉及的家庭周边更广范围的社会结构——文化、政治、宗教、灵性、社会经济、性别、种族和民族——正是这些元素交织到一起，为社会中的每个成员赋予了独特的社会身份。

我们应从更宏观的背景上去考量家谱图中的信息。有时，我们可以标明社会资源和社区机构的状况，来突出表现家庭是否拥有可利用的社会资源(见图 1.4)。许多人致力于拓展家谱图的应用范围，将更为宏观的社会结构纳入家谱图模型中加以考察。已有人开始尝试使用家谱图绘制国家或文化中的社会、历史关系，例如，用家谱图反映德国战后统一过程中的多代际(multigenerational)、继亲式(step-sibling)和异父同胞式(half-sibling)的国际关系，这其中包括“山姆大叔”“苏联母

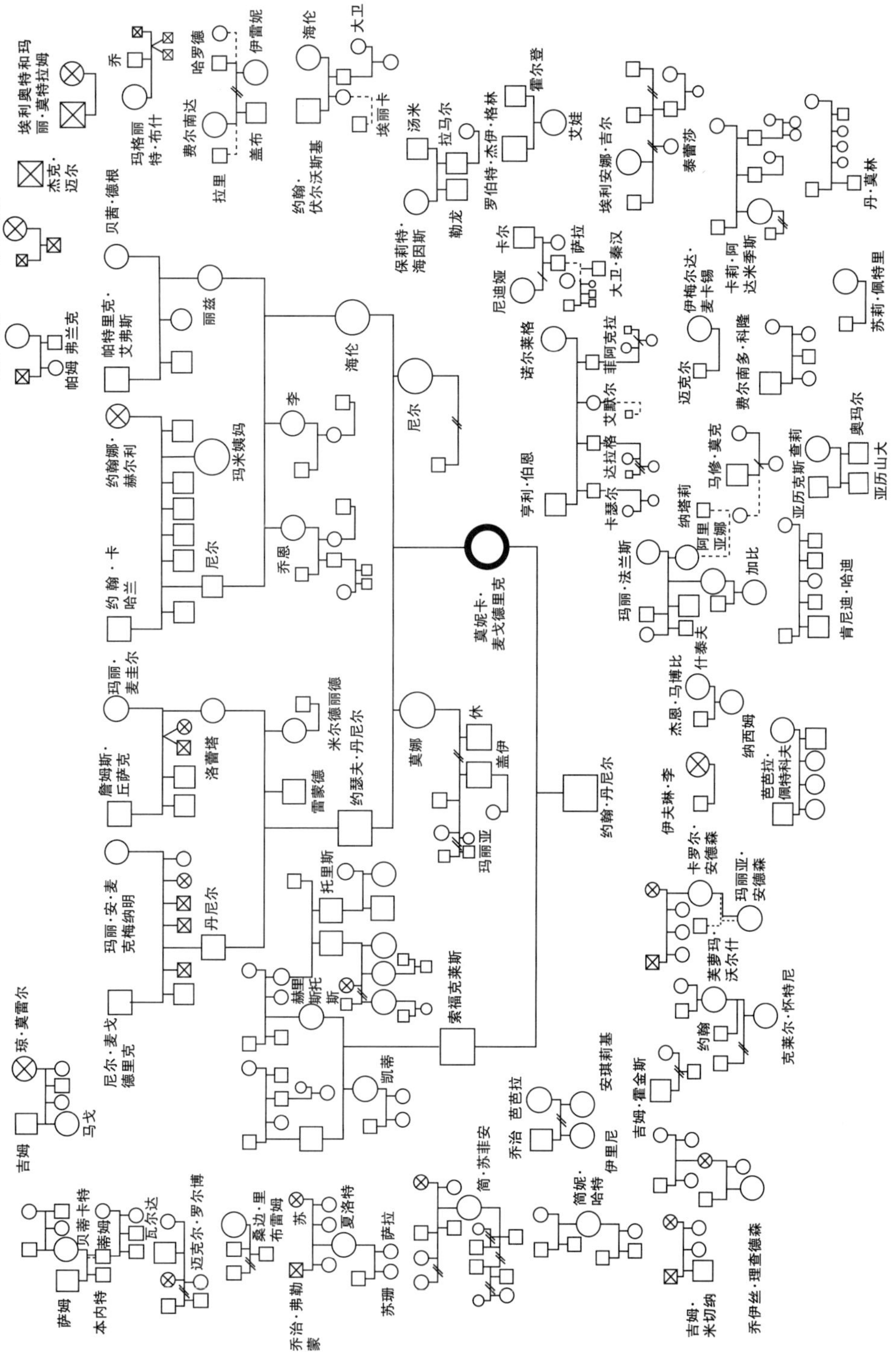

图 1.2 麦戈德里克（McGoldrick）的家庭及关系网

亲”等角色，家谱图可以生动地展示出存在着哪些多代际的国际关系可能对当时东、西德之间的“同胞”关系造成影响（Scharwiess，1994）。蕾嘉琪奥 – 迪吉利奥及其同事（Rigazio-DiGilio et al.，2005）针对如何详细描述社群的当前状况及其背景信息提出了许多建议。他们提出的画法类似于家庭生态图（ecomap）——以球形框围绕来访者来画出那些对其产生重大影响的事件和情境。尽管这些图表并不是为描述家庭关系或家庭状况而设计的，更谈不上是家谱图，但可以看到，这种画法试图将个人生活的各个方面全面地呈现出来。在此，我们希望通过不断地发展和革新，使家谱图不仅仅被用于描述某个个人或家庭模式中的各种关系维度，还希望它能够被应用到更宏观的文化层面中去。

图 1.3 家谱图的多生态背景环境图

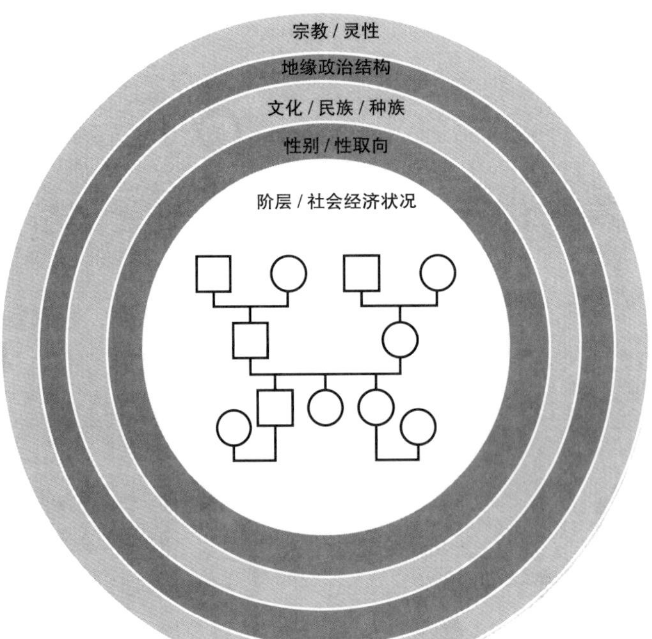

系统化的视角

在使用家谱图进行临床评估或干预时，治疗师应始终秉持系统化的视角。在系统化的视角下，无论是健在或已逝的家庭成员都无可避免、无一例外地关联、纠缠在家庭关系的网络当中——社会中所有的成员从本质上说都是相互关联的。没有任何的个人、问题以及问题的解决办法是完全独立存在的。正如保罗·弗莱雷（Paolo Freire，1994，p. 31）所说的，“无论到了哪里，我们都不是独自而来，尽管有时我们确实只身一人……，实际上，我们都承载着繁复的记忆，受到过去经历和固有文化的影响”。

图 1.4 社区状况家谱图

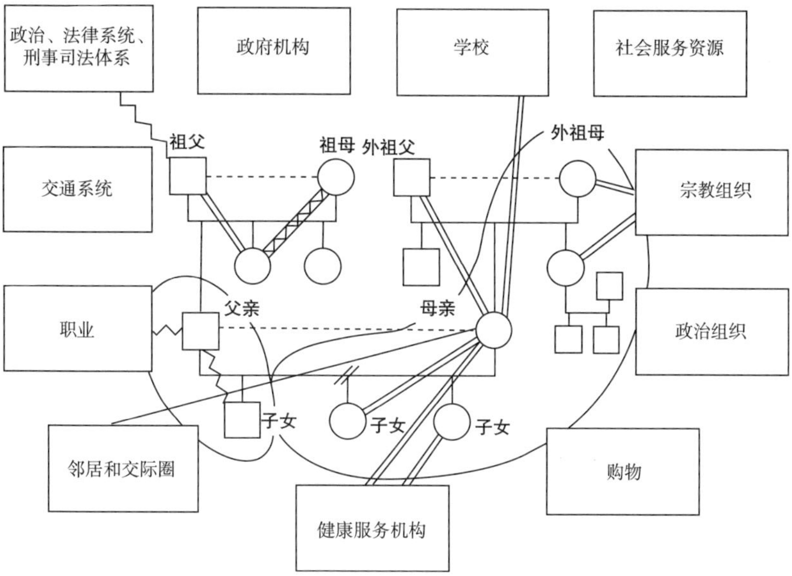

毫无疑问，各种各样的元素相互交织，组成了极为庞杂的互动系统，而其中最基础的系统就是家庭。除却一些罕见、特殊的个案之外，对于每个人来说，家庭一直都是我们所从属的最原初、也是最具影响力的系统。在这个框架之下，“家庭”至少由三代现有的或曾经的完整亲属关系网组成（Carter & McGoldrick，2005）。我们将家庭定义为：由共同的血缘、法律、文化、情感经历以及未来的关系而紧密联系在一起的人们。家庭成员在生理、社会和情感的功能上都非常紧密地依赖着彼此，若系统的一部分发生改变，则其他部分也会受到影响。另外，家庭成员之间的关系和相互影响具有高度互动性、模式化和重复性的特点。正是这些模式使得我们可以根据家谱图对家庭做出预测。

在这里有个基本的假设，即症状反映的是一定时间内家庭系统对所处环境的即时适应方式。家庭成员对困境的努力适应，也会在多个水平上对整个家庭系统造成影响，从生理到心理方面，再到人际关系间（直系家庭与大家庭、社区、文化或更大范围）。此外，在分析症状和问题的根源时还应注意的是，在其所处的社会文化或历史背景下，某个家庭行为在情感上和行为规范上被赋予的意义是什么。因此，系统化的观点要求我们在评估时应从多个层级去考虑问题。

家庭由血缘、法律、文化和情感结构等各种关系组成，也可根据辈分、年龄、性别和其他因素来组织分析。你在家庭中所处的位置，以及在更宏观的环境背景中所处的位置，都会影响你的个人机能、人际关系模式以及你组建的下一代家庭的类型等方面。性别和出生排行是影响兄弟姐妹关系和个人性格的重要因素。根据家谱图中呈现的各种家庭结构信息，治疗师可以对患者的人格和关系相容性（relational compatibilities）做出初步判断。人种（McGoldrick，Giordano，& Garcia-Preto，2005）、民族、宗教信仰、移民迁居、社会阶层和其他社会经济因素，家庭生命周期阶段（Carter & McGoldrick，2005）以及家庭在历史中的位置（Elder，1992）等因素也影响着家庭的结构模式。这些元素都是家谱图的组成部分。

家庭模式会不断地重复运行。发生在一代人身上的事通常也会在家庭的下一代人身上重复上演——尽管实际行为上的表现形式可能多种多样，但是相似的问题总是在一代又一代家庭成员的身上复现。鲍恩将这种现象称为家庭模式的“多代际传承”（multigenerational transmission）。这种假说认为，前一代人的关系模式会潜移默化地影响下一代人的家庭模式。通过家谱图，我们可以探讨家庭中几代人的功能、关系和结构模式是被不断延续或发生了什么样的改变。

很明显，秉持系统化的观点，要求治疗师对患者家庭当下的环境及其历史背景有所了解。家庭系统中的焦虑会沿着横向与纵向两个方向流动（Carter，1978）（图 1.5）。对于个体而言，纵轴包括生物遗传和先天的行为倾向，例如气质及其他遗传方面的特征。横轴则包含那些影响个体人生发展的经历——人际关系、迁居移民、健康与疾病、成功、创伤，等等。

图 1.5 评估内容

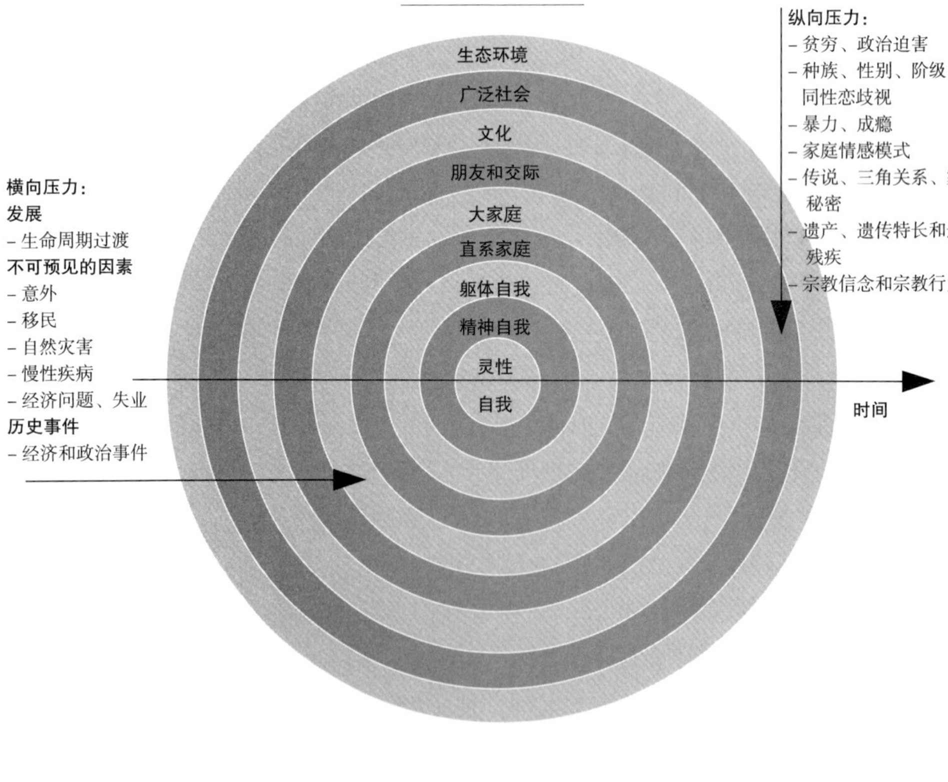

在家庭层面上，纵轴包括多代传承的家庭功能模式和家庭关系模式，以及家庭历史——多代传承的模式主要通过情感三角化（emotional triangling）的机制体现（Bowen，1978）。其中包括，家庭中各种固有的态度、禁忌、期望、标签和家庭成员成长中承载的议题。这些都是我们现实生活中要面对的问题，而我们如何去处理、应对它们则是问题的关键。家庭层面的横向轴描述了随着时间发展家庭的变动状况，以及在面临家庭生命周期变化与过渡时家庭的应对方式。横轴包括可预知的发展性压力源和不可预知的生活事件——“飞来横祸”，即那些可能打乱人生发展轨迹的事件——意外死亡、残疾儿降生、迁居移民、慢性疾病、失业等。

在社会文化层面，纵轴包括文化和社会历史、偏见、权力体系、社会阶层以及信仰价值观等，所有这些内容都在家庭中被一代代地传承延续。一个群体的历史，尤其是遗留下的创伤，对家庭和个人的影响将会贯穿其一生（如大屠杀对犹太人和德国人的影响；奴隶制度和美洲殖民史对非洲裔美国人、拉丁裔美洲人和那些从中受益者的影响；同性恋歧视对同性恋和异性恋人群的影响等）。横轴上是那些在一定时期内，对个人和家庭产生影响的社群关系、时事事件和社会政策。这个轴描述了种族歧视、性别歧视、阶级歧视、同性恋歧视和种族与信仰偏见等社会观念的（纵向）“传承”对个体和家庭当前生活的影响；上述观念在社会、政策及经济结构中都有明显的体现，它们会限制一些人做选择，同时赋予了另一些人权利（Carter & McGoldrick，2005b）。当横轴上的压力达到一定限度时，任何家庭都会出现问题。另外，如果此时纵轴上的压力参与进来，则可能产生许多附加问题。若纵轴本身即承载着沉重的压力，此时即使在横轴上出现一个很小的压力都有可能对家庭系统产生严重影响。例如，一个年轻的墨西哥裔女性刚刚生育，同时她与父母长久以来矛盾重重（纵向的焦虑），在美国社会充斥着种族歧视的（大）环境下（横向的焦虑），在向母亲角色转换的过程中她很可能会出现问题。在家谱图的指引下，治疗师可以从家庭传承和家庭现状等多方面探索焦虑的发生和发展。

系统化的家庭理论认为，历史事件中的巧合和那些在不同家庭成员身上同时出现的生活事件都不是凭空而来，而是在系统化地相互关联着，尽管我们可能无法直接观察到其中的联系（McGoldrick，1995）。此外，重要家庭关系在某些特定的情况下发生变动的可能性更大，特别是在家庭生命周期过渡（transition）的时刻，更有可能出现问题。家庭生命周期的过渡，要求个体在家庭角色、家庭功能等方面进行转变，为进入新的发展阶段重构家庭关系，而很多症状常常在转变发生时抱团涌现（Carter & McGoldrick，2005）。带有症状的家庭可能会陷在那个关口不能自拔，难以破除僵局，无法重新调整和继续向前发展。在评估家谱图的过程中，我们可以通过了解家庭的家族历史和关系模式为解释当前家庭窘境的本质提供线索——当下的症状在维持或对抗某些关系模式或维护前辈的某些传承当中，到底发挥着什么样的作用，具有什么样的意义。

家庭关系模式多种多样。家庭成员间关系的远近亲疏既具有模式性，又意义重大。人们可能彼此非常亲近，也可能非常疏远，或介于两者之间。一个极端的情况是，家人间很疏远，相互争吵或断绝关系（cutoff）；另一个极端是家人之间“情感融合”（emotional fusion），就像彼此粘在一起。如果家庭成员间过于亲密或分化水平较差，当压力或焦虑水平超过系统所能承受的限度时就会出现家庭功能紊乱。一个系统的边界越封闭则越不容易被外界环境影响，结果会导致家庭模式越来越僵化。换句话说，在封闭或融合的系统中，家庭成员之间的反应趋于自动化，对于不断变化、需要去适应的外界环境，他们基本上无动于衷。融合中可能包含着积极的关系，亦可能包含消极的关系；换句话说，家庭成员之间可能关系非常亲密，抑或相互充满敌意、相互争斗。但在这两种情况当中，他们都因过度的相互依赖而紧紧地束缚在一起。通过家谱图，治疗师可以绘制出家庭界限，并且指出家庭中的哪个子系统是融合性的，是拒绝适应外界环境、拒绝做出改变的。

正如鲍恩等人（1978）所指出的，两人组成的关系系统常常是不稳定的；当面临压力时，两人通常会引入第三个人，通过与第三个人形成某种关系从而使系统变得稳定。因此，情感系统的基本单元往往是三角关系。如我们所见，家谱图能够帮助治疗师识别出家庭系统中的三角关系，并且将三角模式如何由一代人向下一代人传递展示出来；家谱图还有助于帮助治疗师找到改变这种模式的策略（Fogarty，1975；Guerin，Fogarty，Fay，& Kautto，1996）。

家庭成员常常相互配合，作为一个功能性的整体而存在。也就是说，各个家庭成员的行为是互补或互惠的。但这并不意味着家庭成员在影响或改变关系上拥有相同的权力；男性与女性、父母与孩子、长辈与晚辈以及不同文化、阶级或种族的家庭成员之间，在权力上差异是显而易见的（McGoldrick，1998）。这表明，隶属于某个系统使人们互惠互利，同时也不可避免地受到系统中他人行为的影响。这使我们期待在家庭中能够存在某种相互依赖的匹配或平衡——在获取与付出、行为与反馈上的匹配或平衡。因此，家庭中某部分的缺陷（如缺乏责任感）可以由另一部分的相对过剩（责任感过强）得到代偿。家谱图能够帮助治疗师精确记录家庭内互补的关系和各个家庭成员的特有品质，并对这种补偿或互补的平衡态做出预测。

附加说明

在本书中，我们根据家谱图对各个名人的家庭提出了我们的观点和解读——在家谱图解读基本正确的前提下，根据现实中的各种轶事和报道提出我们的初步假设，并为进一步深入探索提出建议。基于家谱图得到的推论未必就是真相，但是，解读家谱图就像是在俯瞰一幅地图——地形地貌在此一目了然，在它的指引下，我们可以更深入地探索复杂的家庭版图。

本书展示了许多家谱图，但图中包含的信息远比我们在书中讨论的内容要多得多。我们鼓励读者以这些家谱图示例为起点，提升自己解读和运用家谱图的能力。

借助电脑我们可以收集更丰富的家谱信息，其数量要远远多于家谱图上所展示的内容，但是很显然，家谱图本身在信息承载量方面存在局限性。治疗师在患者生活中收集的信息要多于任何一张家谱图上所展示的内容。不久，我们将可以根据特定的目的，自主选择家谱图中我们需要呈现的内容，同时也可以利用电脑数据库来储存整个家庭历史。

G ENOGRAMS

第2章 建构家谱图

收集家庭信息并构建家谱图始终都应作为家庭治疗的重要组成，融入接诊、评估和施助等治疗的各个步骤当中。我们根据家庭成员的讲述收集和整理信息，并据其构建家谱图。虽然我们可以借助患者或来访者填写的结构化病例表来获得有关其家庭族谱的基本信息，但需要强调的是，我们应始终秉持尊重的态度、依据治疗目标来开展信息的收集工作。这是因为，每个家庭的历史都是神圣的，家谱信息的收集不仅仅是一项技术性的工作，同时也是一份庄严的契约。此外，家谱图应依照一定的规则绘制，以便所有治疗师都能对其中记录的内容有相同的理解。本章将对家谱图的各种图形样式做详细讲解。之后的章节将会讲解各种图形结构反映出哪些潜在模式，以及这些潜在模式分别可归于哪类家庭模式、文化模式或文化冲突，随后还会介绍家谱图在临床实践和理论研究中的应用。

我们可通过访谈一位或多位家庭成员来收集家谱信息。很显然，同时面向多位家庭成员收集材料可增加信息的可靠性，并且能够就此机会比较各家庭成员之间观点上的不同，这也为我们直观地提供了观察家庭成员互动的机会。通过访谈多位家庭成员，我们可以从不同的视角获得家庭信息，完善家庭历史的记录——然而，不同视角的叙述会让家庭发展史显得错综复杂，这也是我们必须应对的问题之一。由于家庭模式可以一代一代向下传承，所以治疗师应分析来访者的家谱图，检视其中是否存在被几代人不断重复的某种家庭模式。这些传承的模式会从家庭模式的功能、家庭成员间的关系以及家庭结构等方面体现出来。将这些模式识别出来，往往可以帮助家庭跳出不良的家庭模式，避免它们被继续传承下去。通过跟踪家庭中的重大事件和家庭功能的变化，我们可以对一些看似巧合的事件（如一年一次的周期性事件）进行系统化的、关联性的分析；评估创伤对家庭功能造成的影响；确定家庭在面临困境时可能存在哪些弱点以及有哪些可利用的资源；最终，将所有上述内容融入更宏观的社会、经济和政治背景中去审视。这种工作思路使治疗师可以根据来访者家庭已有的资源提升他们的抗压能力，帮助家庭成员改变那些原有的、可能导致功能失调的适应策略（Walsh，2006）。

诚然，很多情况下我们没有条件接触多位家庭成员，并且我们往往也仅能够对某一位家庭成员进行访谈收集家谱信息。完成家谱图评估所需的时间并不确定。尽管基本信息的收集可以在15分钟或更短时间内完成（Wright & Leahey，1999），但是一次面向多个家庭成员的全面家庭评估通常需要一至两个小时；有时，当涉及家庭历史中的创伤性问题时，家庭成员开始时常常难以启齿，这种情况下制作家谱图就需要更长的时间。治疗师往往需要花时间将问题逐渐展开，并随着工作的开展逐步完善家谱图。家谱图之所以能够成为有效的实用工具，正是在于随着治疗师对来访家庭的历史有越来越多的了解，可以方便地修订和扩充图中的信息。这样，随着时间推进，家谱图将成为一份可靠又详细地反映家庭发展历史的图谱。

家庭结构图的绘制

家谱图的主体是一个描述多代家庭成员间血缘、法律和情感关系的图谱。图中用方形和圆形表示人物，用线条表示人物之间的关系。在绘制家谱图时，我们通常会回溯到索引患者（index person）的祖父母一代，因而图中至少应包含三代人（如果索引患者有儿女或者孙辈，则图表中可能会包含四代甚至五代人）。家谱图所描述的年代应标注在图谱的左上角。通常，图谱描述的是绘图当时的家庭情况，但是治疗师也可用家谱图定格过去的某一个时刻，例如家庭成员症状发作或家庭发生剧变的时间点。绘制家庭历史特殊时间点的家谱图是非常有意义的，以此可记述家庭成员当时的年龄，当时都有谁在家里生活，以及当时家庭成员间的关系状态。当我们选定某位家庭成员一生中的某个时间点作图，其他的信息——如死亡、年龄以及大事件等，都应根据那个时间推算确定。如果该家庭成员已经过世，应注释标明其死亡年龄（第8章中展示了多幅弗洛伊德的家谱图，分别记述了弗氏家庭生命周期中多个时间点的状态，并展示了家庭成员当时的年龄）。

在接下来的几页中，我们将应用标准化的家谱图作图样式绘制一个示例图，并展示随着治疗师临床工作的开展，获得的有关家庭成员的信息逐渐增多时应如何对整个图谱做拓展和修订。家谱图的解读方法可参照本书文前页的图例。

家庭成员使用方形（代表男性）或圆形（代表女性）表示。家谱图的构建围绕索引患者展开；索引患者用双线图形来表示；将代表不同个体的方形和圆形用直线连接起来，以表示他们在血缘和法律上的关系。两个结了婚的人使用向下—水平—向上的实线连接起来，通常将丈夫画在左边，妻子画在右边。用一个“m”表示婚姻并在后面标注结婚的年份。

图 2.1 展示了琼斯·罗德里格斯（Jose Rodriguez）和他的父母。我们可以看到琼斯被用双线的方形标出，即表明他是男性索引患者。他的年龄（27）写在代表他的标志中间，他的出生日期（1980）写在他的标志的左上方。表示他父母的图形由一条横线连接起来，横线向下延伸出一条竖线连接表示琼斯的图形（夫妻的孩子通过向上的竖线与上面的夫妻连线连接起来，以示他们是上面二人生育的子女，子女出生的先后排序由左向右依次表示）。一旦家谱图的基本结构或框架画好，我们就可以继续在上面添加其他家庭信息，特别是人口统计学资料、家庭功能、人际关系，以及家庭中发生的关键性事件。

图 2.1 琼斯·罗德里格斯（Jose Rodriguez）及其父母（2007 年）

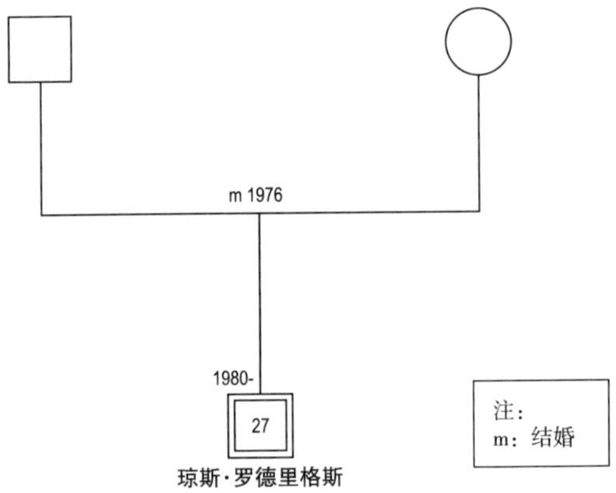

图 2.2 展示了更多关于琼斯及其父母的信息。图中也包含了他的兄弟姐妹——同辈兄弟姐妹的符号要画得略小，且位置稍高一些。一般情况下索引患者的符号比代表兄弟姐妹的符号位置稍低，并且稍大一些——正如图中代表琼斯的符号。兄弟姐妹之配偶的符号比兄弟姐妹的符号位置低一些且面积稍小，这样能让出生顺序显得一目了然，在下一张图谱中我们也可看到这样的设置。如此编排可使家谱图的读者清晰地一览包括出生顺序、性别和兄弟姐妹年龄差距等有关家庭结构的信息，进而根据这些信息提出各种相关推测。一般情况下，我们无从得知我们对一个家庭提出的推测是否准确，但是根据家谱图对家庭模式做推测，则是了解家庭历史的基本方法。我们可以看到，琼斯在四个兄弟姐妹中排行第二。左侧远处的实心黑色小圆形表示母亲卡米拉（Carmella）在 1978 年曾经历一次流产。琼斯有一个哥哥彼得（Peter），高中学历，从事建筑工作；琼斯还有一对双胞胎弟弟、妹妹：大卫（David）和玛丽亚（Maria），他们分别是法学院毕业生和护士。相交在一点的两条线将双胞胎与他们父母的关系连线相连。如果是同卵双生子，则再画一条短横线在他们与父母相连的连线之间——正如我们在图 2.3 中看到的琼斯的双胞胎侄女

那样。通过图中标注的年龄差距，我们可以估计琼斯和与大他一岁的哥哥彼得很可能相伴一起长大，而比他小四岁的双胞胎大卫和玛丽亚则可能组对相伴成长，还有可能三个兄弟在一起长大，而小女孩独自成长。但是，也可能存在其他因素会改变这样的联盟模式，比如在这个例子中，两个年长的兄弟间（在教育水平和身体素质上）存在着较大的差异。

我们还看出，琼斯是一位拥有本科学历的电脑程序设计员，琼斯 59 岁的母亲卡米拉是一位办公室经理，而他 58 岁的父亲乔治（Jorge）则是一位出租车司机。我们也许会好奇，是什么样的家庭动力让那对年龄较小的双胞胎大卫和玛丽亚获得了更多的教育，同时教育水平和职业上的差异又会对各个家庭成员间的关系产生什么样的影响。

图 2.2 罗德里格斯（Rodriguez）的核心家庭（2007 年）

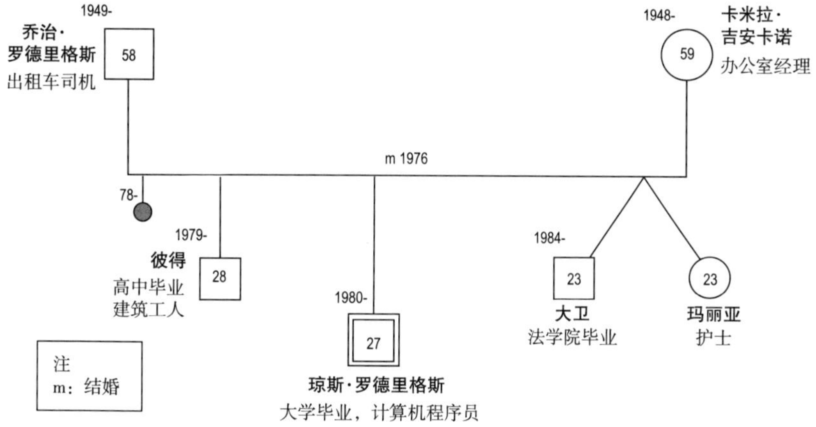

图 2.3 对前一张家谱图做了扩充，又向前追溯了一代人，标明了父辈的原生家庭；也向下延伸一代人，标示出索引患者下一代的家庭成员。对于已过世的人，在其图标内画 × 来表示，如图中表示祖父母的符号。出生和死亡日期在代表每个家庭成员的图标上方用一个破折号隔开。人物的实际年龄和死亡年龄通常标注在代表个人的图标内部，正如图中代表祖父母的符号。在上溯超过三代的家谱图中，对很久远的家庭成员通常不加表示，并默认他们已经过世。在这类家谱图中，只有早逝或意外死亡者常用 × 标识出来。在这里，我们看到父亲乔治的符号位置低于他的兄弟姐妹，这样可清晰地表示出他在同辈人中的排行。在扩充内容后的家谱图中，我们可以看到琼斯与一位名叫卡佳（Katya）的俄罗斯裔女性结了婚，并且即将迎来他们的第一个孩子（用一个三角形表示）。我们看到他的哥哥彼得有一对已经 2 岁的同卵双生女儿。从图中的“LT00”标识可以看到彼得和他的伴侣自 2000 年开始同居（Live Together），在生育双胞胎之前，他们有过一次流产和一次产出男婴死

胎。向上观察，我们可以了解琼斯的父亲乔治是一个波多黎各裔移民家庭中最小的孩子，他父母的第一个儿子 4 岁时夭折，乔治出生于这位哥哥去世的同一年，他继用了这位早逝哥哥的名字。正如我们看到的，探索家庭的命名方法和出生顺序可以发现很多有关人际关系的信息。乔治的二哥迭戈（Diego）以他们父亲的名字命名，他酒精成瘾，这个问题对于整个家庭可能都是一个长久的压力源。我们还发现，琼斯的祖母在 1951 年最后一次怀孕后堕胎（用 × 表示）。她似乎因大儿子的过世备受打击，不愿再冒险承受丧失另一个孩子带来的悲伤。

图 2.3 琼斯·罗德里格斯（Jose Rodriguez）及其父亲的家庭（2007 年）

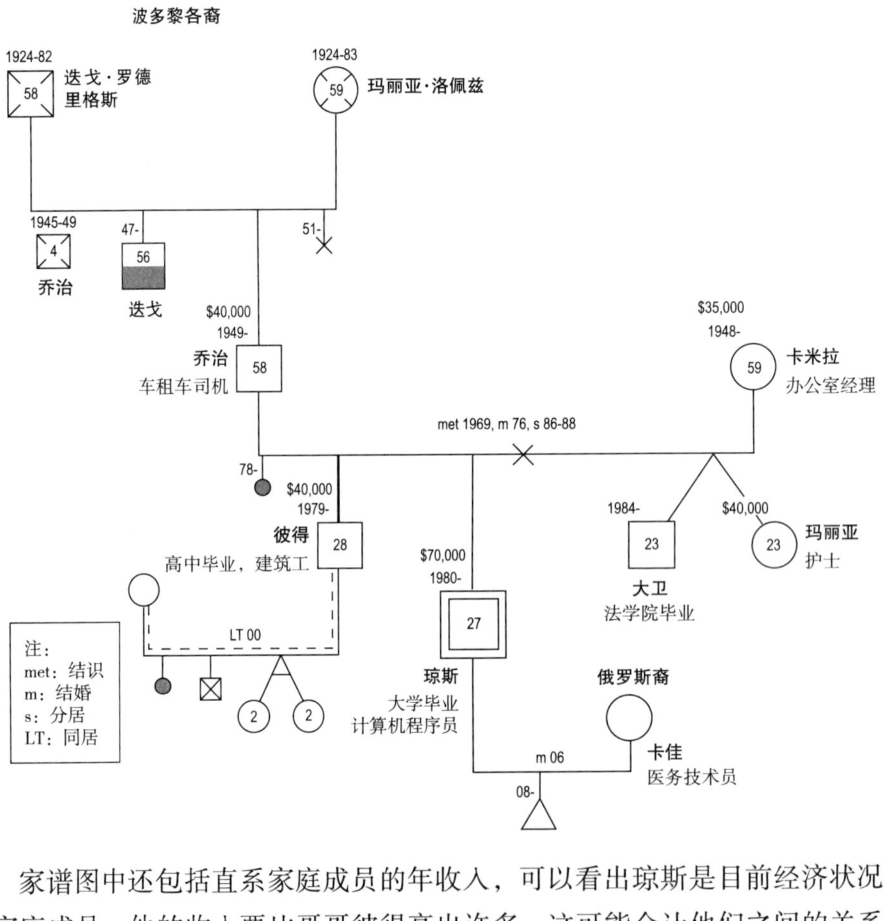

家谱图中还包括直系家庭成员的年收入，可以看出琼斯是目前经济状况最好的家庭成员。他的收入要比哥哥彼得高出许多，这可能会让他们之间的关系产生一定的距离。最终，我们得知乔治和卡米拉在 1969 年相识，并且曾在 1986 年至 1988 年间分居。夫妻二人结婚、分居、离婚、重新共同生活的时间和夫妇相遇的时间，都被标注在两个人之间的连线上面。在夫妻间的连线上标注斜线来表示婚姻的破裂——一条斜线表示分居，两条斜线表示离婚——一条相反方向的斜线（用

× 表示）则代表分居或离婚后重归于好。

图 2.4 增添了琼斯母亲一方原生家庭的信息。我们发现卡米拉来自一个意大利裔家庭，她父母的第一个孩子流产了，后来又有一对双胞胎死于难产。经历了这些创伤后，他们领养了一个女儿（用并列的实线和虚线表示），这一年，她的母亲怀孕并生下了卡米拉。这对夫妇的另一个亲生儿子在卡米拉 3 岁的时候出生，此外在 1960 年他们又收养了一个男孩（用虚线表示）。在那之后很快卡米拉的父母就离婚了，当时卡米拉只有 12 岁。她的父亲从那之后一直与同居女友生活在一起，直到他 1979 年过世。

家谱图显示卡米拉的弟弟是同性恋，有一位非洲裔美国人的同性伴侣。并且图中也显示卡佳的父母是来自俄罗斯的犹太移民。

图 2.4 琼斯·罗德里格斯（Jose Rodriguez）及其母亲的家庭

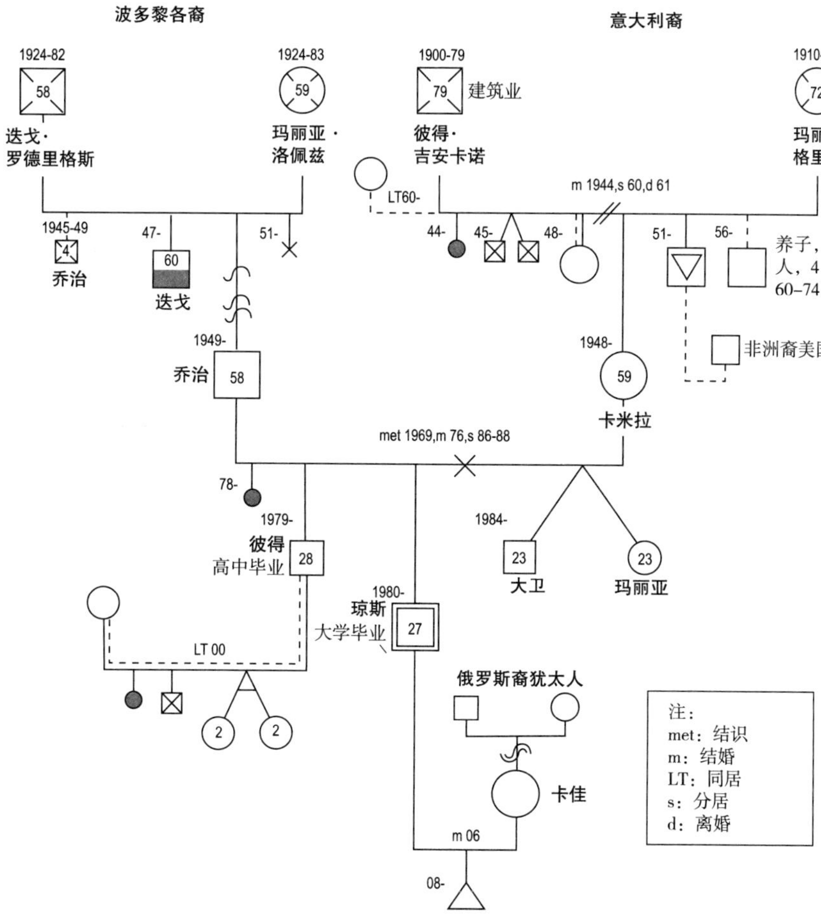

促使琼斯来访的症状是广泛性焦虑，他过度恐慌以至无法行使正常的社会功能。家谱图可以帮助我们对他的焦虑症状提出一些病因上的假设。此刻，在他的第一个孩子即将出生的时候他变得焦虑不堪，这或许并不让人感到意外。从家谱图中我们得知，在这个家庭中有三代人都失去了他们的第一个孩子：他父亲的哥哥在 4 岁时过世，他的外祖父母失去了前三个孩子；他的父母在他哥哥出生之前曾有过一次流产，并且他哥哥一家在双胞胎女儿降生之前也有过一次流产和一次死胎。但还可能存在其他的影响因素。琼斯的父亲被以其死去哥哥的名字命名，当前 58 岁，恰好是琼斯的祖父迭戈过世的年龄。巧合的是，琼斯的母亲卡米拉现在 59 岁，正好是琼斯的祖母玛丽亚过世的年龄。这些都可能激发乔治的焦虑，而他又会将这些焦虑传递给与他关系非常亲近的儿子琼斯。

用于表示家庭经历与关系的符号

有多种符号被用于表示常见的家庭经历和家庭关系。我们以罗德里格斯家庭为例来展示这些符号的使用方法（见彩图 1）。例如，从图中我们可以看出琼斯的父亲乔治是一位移民，且在多种不同的文化环境下生活过。代表乔治的符号上方画有单波浪线，表示在 1967 年到 1969 年越战期间他曾在越南服役 2 年，单波浪线下方的双波浪线表示，在从越南战场归来之后他移民到了美国，并且从此一直生活在那里。他符号右下方的“SL”表明他吸烟（S），并且作为移民他在英语方面存在困难（L）。（他的儿媳卡佳在语言方面也面临同样的问题。）乔治的哥哥迭戈的符号旁边出现的“O”表明其患有肥胖症。我们可以看出乔治的哥哥与他们的父亲自 1966 年至 1981 年间断绝了父子关系——以两人之间用单实线相连，再用双短线将实线切断来表示。然而，在他们父亲过世的前一年，父子之间修复了关系，变得融洽起来（在表示父子间决裂关系的双线之间加一个小圆来表示）。

这张家谱图还表明琼斯与他的哥哥可能存在竞争关系，因为他们的母亲与外祖父非常亲近，而在外祖父去世 3 个月后卡米拉生下了彼得。卡米拉对琼斯的哥哥有特殊且紧密的情感。卡米拉自幼就和她的姐姐存在冲突，这与她儿子琼斯和彼得之间的关系非常类似。彼得体格健硕并且外貌出众，而琼斯个头较矮小又生性孤僻；另外还有一些其他的信息也被我们标记在图中。还有许多其他表示和反映家庭成员间关系的家谱图符号，具体使用方法请参考本书文前页“家谱图符号使用方法示意”。

绘制包含多位伴侣的配偶关系图谱

包含多位伴侣的配偶关系家谱图绘制起来比较复杂。图 2.5 展示了亨利八世与其妻子们的关系图谱。

根据经验法则，如果图谱中所示的所有成员都已离世，在可行的情况下应将不同的婚姻关系按由左至右的顺序依次排列，但对于当前家庭的成员，最近期的伴侣通常被画在最靠近配偶的位置。在亨利八世的例子中，因为所有人都已不在世，他的各位妻子按从左至右的顺序排列：阿拉贡的凯瑟琳（Catherine of Aragon）、安·波琳（Ann Boleyn）、简·西摩（Jane Seymour）、克里维斯的安妮（Anne of Cleves）、凯瑟琳·霍华德（Katherine Howard）和最后的凯瑟琳·帕尔（Katherine Parr）。图谱中结婚和离婚的日期可以清晰地显示出亨利八世各位妻子的排序。然而，当婚姻中的双方都曾有多位伴侣（并和之前的伴侣育有子女）时，绘制家庭成员之间复杂关系的确极具挑战性。在图 2.5 的例子中，家谱图还展示了亨利八世的两桩婚外韵事（用虚线表示）：一段是和伊丽莎白·布伦特（Elizabeth Blount），他们育有一子；另一段是和玛丽·波琳（Mary Boleyn），她是亨利八世第二任妻子安·波琳的姐姐。更为复杂的是亨利八世的第一任妻子阿拉贡的凯瑟琳，她曾嫁给亨利八世的哥哥亚瑟（Arthur）。

图 2.5 亨利八世（Henry Ⅷ）与其妻子们

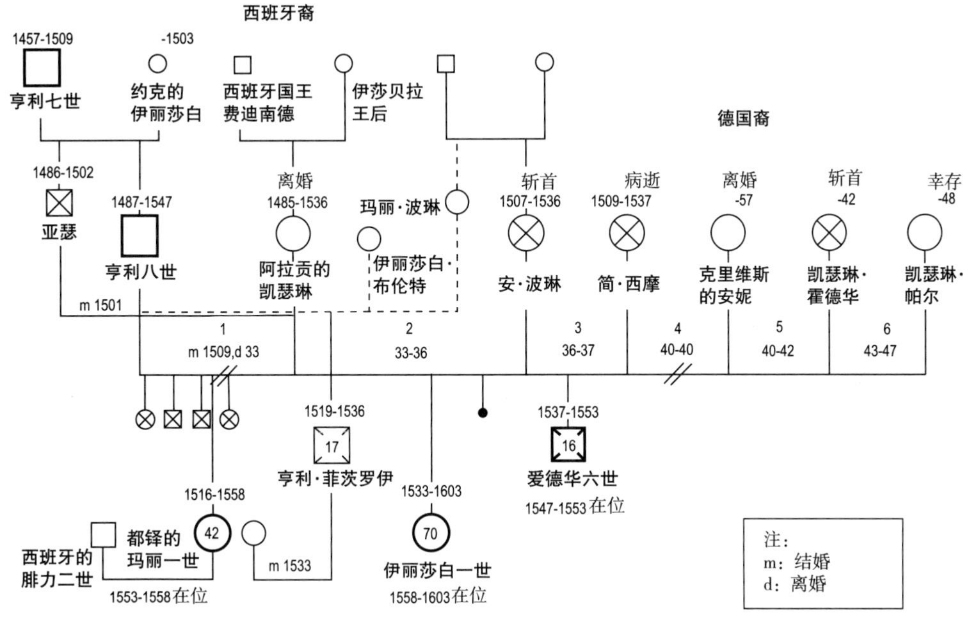

解决这类问题的办法之一是将你关注的关系置于图谱正中央，并将夫妻双方的其他伴侣放置在周边，如图 2.6 所示。如果夫妻双方都有其他的婚姻伴侣，此时家谱关系就会显得非常复杂。如果前任配偶还曾有过另外的伴侣，则应在略高于第一条婚姻线的位置画出第二条线来表示这些关系，例如图 2.6 中表示罗杰·瓦迪姆（Roger Vadim）与汤姆·海登（Tom Hayden）的方法。

下一个有关简·方达（Jane Fonda）父亲的家谱图更为复杂（见图 2.7）。我们可以看到，夫妻双方都有过多次婚姻。亨利·方达（Henry Fonda）的第一任妻子

图 2.6　丈夫泰德·特纳（Ted Turner），妻子简·方达（Jane Fonda）以及他们各自的其他伴侣

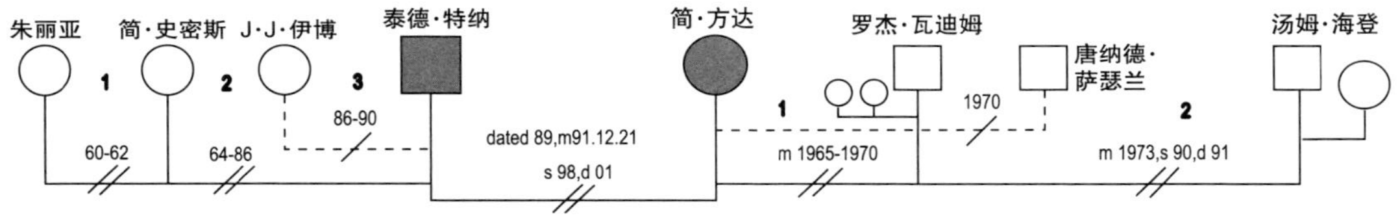

图 2.7　亨利·方达的婚姻关系（1960 年）

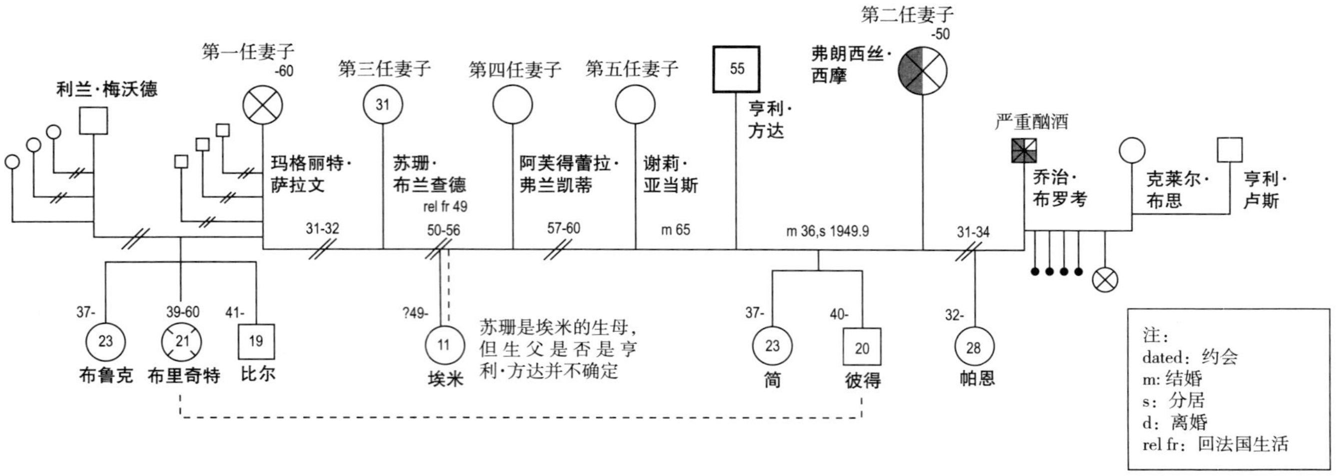

玛格丽特·萨拉文（Margaret Sullavan）在嫁给亨利之前曾有过一次婚姻，而在与亨利离婚后她又和其他人结婚。亨利·方达的第二任妻子弗朗西丝·西摩（Frances Seymour），曾嫁给乔治·布罗考（George Brokaw），而此人之前与克莱尔·布思（Clare Booth）结过婚，克莱尔·布思之后又嫁给了亨利·卢斯（Henry Luce）。这份家谱图没有画出有关亨利·方达婚姻的所有信息，图谱之外的信息包括亨利·方达和他的第二任妻子弗朗西丝·西摩在加利福尼亚生活时曾与亨利的前妻玛格丽特·萨拉文及其时任丈夫利兰·海沃德（Leland Hayward，他是亨利·方达的经纪人）住在同一个街区。随后两家人都搬到了康涅狄格州，并且仍然是邻居，可见仅仅在表格中记录婚姻年代并不能向我们展示所有的故事。

如果可能，最好将每一段婚姻中出生的孩子按正向顺序（年长的在左边，年幼的在右边）绘制。如果家庭中有很多孩子，可以按照图 2.7 的形式绘制，这种画法可以有效节省绘图空间。但是这种画法的缺点是不容易直接分辨出孩子的出生顺序。例如埃米（Amy），她可能是简和彼得·方达（Peter Fonda）同父异母的妹妹，尽管她的年龄比彼得要小很多，但在图中她被画在彼得的左边。简和彼得还有一位同母异父姐姐帕恩（Pan），她比简大 5 岁，并且从 5 岁起就和他们生活在一起，直到她去上大学，这些与出生顺序有关的信息并没有在图中直观地表现出来，而实际上，帕恩是所有孩子中最大的。还有另一种家谱图画法，可以很清晰地使读者厘清兄弟姐妹们间的长幼顺序。我们再次以方达家所有的兄弟姐妹为例（见图 2.8），请注意在这个例子中省略了布罗考的后一任妻子克莱尔·布思·卢斯（Clare Booth Luce），以使图谱更为清晰。对于复杂的家庭，我们必须在清晰与细节之间做出选择。当然，如果借助可储存大量信息的电脑技术，我们就能够围绕某个选定的个体绘制特定的图谱。

图 2.8 方达（Fonda）家庭孩子的出生顺序（1956 年）

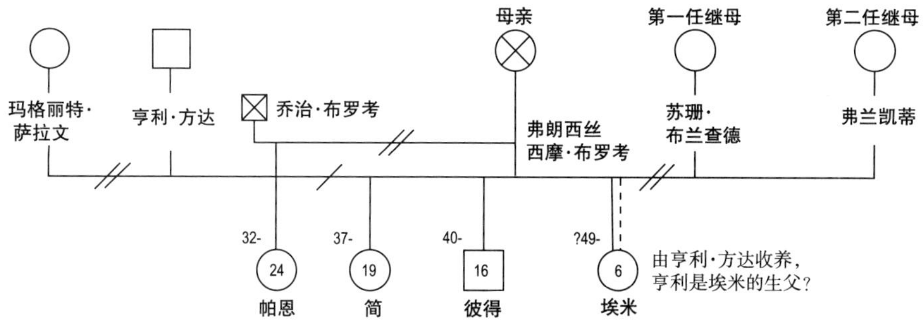

如果两人之间有一段恋情或在一起同居，却并无法定的婚姻登记，这类关系的表现方法与结婚的夫妻类似，但两人改用虚线连接，而不是实线，如图 2.6 中

简·方达与唐纳德·萨瑟兰（Donald Sutherland）的关系。如果两人的情感稳固，可以用一条虚线和一条实线来表示他们之间持久但并不具法律效力的关系，如图 2.9 中朱迪·福斯特（Jodie Foster）的母亲布兰迪·阿尔蒙德（Brandy Almond）与她的伴侣约瑟芬·多明格斯（Josephine Dominguez）的关系。当夫妻中某一方拥有不同性别的伴侣时，需要以不同的层级加以表示，来说明他们之间的关联。当某一方的伴侣数量很大时，则绘图时需要根据情况取舍，只表示出那些最具影响力的关系。

图 2.9 展示了朱迪·福斯特的家庭。她的父亲卢修斯·费舍·福斯特（Lucius Fisher Foster）分别与五位女性有过孩子：他曾有过三位妻子和两位情人。（我们用向下的线条来表示他的孩子，从而可以看清孩子的数目以及他们的母亲是谁，但是并没有标出孩子的性别，因为这并不是我们关注的内容。）记录夫妻关系的发展史可有效地跟踪家庭模式，应用电脑技术可使这一过程变得非常简便——将所有与夫妻关系发展变化时间点相关的信息存储起来，根据即时的需要呈现特定的内容。例如，朱迪出生于其父母分居 3 年、双方即将离婚的前夕。

图 2.9 朱迪·福斯特（Jodie Foster）

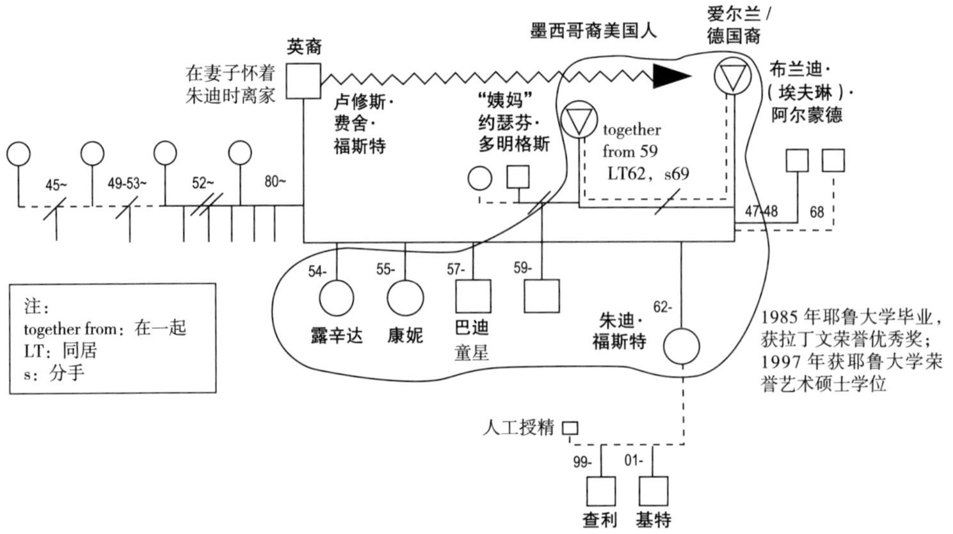

朱迪的母亲自 1959 年起与约瑟芬曾有一段稳定的伴侣关系。这对同性伴侣从 1962 年开始住在一起（标注为 LT62）。约瑟芬在这个家庭中有着非常重要的地位，她与布兰迪的关系用双线来表示，并且标注在布兰迪与朱迪生父关系连线的上方。“约瑟芬姨妈”是孩子们的避风港，许多年间约瑟芬无私地向他们提供经济、健康和情感上的支持。布兰迪与约瑟芬在 1969 年分手。表示约瑟芬丈夫的图标位置稍高且形状较小；在他旁边画出的是与他共度余生的女人。他没有与约瑟芬离婚，因此也没有再婚；他的其他关系用虚线表示。

在彩图 2 中可以看到记录“单亲收养”家庭的家谱图画法。这个家谱图展示了米娅·法罗（Mia Farrow）的家庭，她和第二任丈夫安德烈·普雷文（Andre Previn）有三个亲生孩子——包括双胞胎儿子马修（Matthew）和萨沙（Sasha），以及第三个儿子弗莱彻（Fletcher），此外，他们还收养了三个亚裔孩子——宋宜（Soon-Yi）、拉克（Lark）和黛西（Daisy）。在米娅·法罗之后与伍迪·艾伦（Woody Allen）的伴侣关系中，她又收养了三个孩子——摩西（Moses）、迪伦 / 伊利沙 / 马龙（Dylan/Eliza/Malone）和塔姆（Tam），伍迪·艾伦同时也抚养着他前一次婚姻中的两个养子，此外，米娅和伍迪育有一子——萨切尔（Satchel），现在改名为谢默斯（Seamus）。最后，米娅自己又收养了四个孩子：萨迪厄斯（Thaddeus）、弗朗基 - 明（Frankie-Minh）、以赛亚（Isaiah）和凯立（Kaeli）。需要注意的是，应在家谱图中尽可能清楚地标明这些人的种族、文化背景——这是个人成长史中非常重要的一部分。由于这个家谱图非常复杂，我们采用了颜色标注法（蓝色代表名字，红色代表残疾，绿色代表原住国和文化背景，以及各种不同颜色表示其他信息）。

若居住、生活的境况较为复杂，可用线条将不同的家庭分别圈出以做标识。这对于描述“多核心”式的家庭非常重要——这些家庭由于父母的分离，孩子的生活会在不同家庭之间穿梭。例如，图 2.10 展示了杰奎琳·布维尔·肯尼迪（Jackie Bouvier Kennedy）和她的妹妹李（Lee）的状况，在杰奎琳只有 7 岁时，她的父母分居了。这对姐妹上学期间，与母亲、外祖母和外公以及外曾祖母住在纽约。（然而，杰奎琳对外曾祖母比较“陌生”，她基本只待在阁楼上。此外，尽管外祖母和外祖父从来没有分开，但彼此却不说话，即使坐在一起吃饭的时候也是这样！）而到了夏天，杰奎琳和李会到长岛去和她们父亲的大家庭一起生活，但她们的父亲其实很少露面。

当描述那些与血缘或法律上的家庭不尽相同的“功能性”家庭时——例如祖父母养育或非正式收养的家庭——创建单独的家谱图来表示家庭的功能结构是非常有用的（参考 Watts Jones，1998）。如果某个孩子在血缘上、养育上或收养关系上同时从属于几个家庭——可能是血缘上的、养育上的以及收养的关系——那么采用单一的家谱图可以更好地表示出随时间发展孩子所属的多个家庭的情况。

彩图 3 展示了 1901 年到 1918 年之间路易斯·阿姆斯特朗（Louis Armstrong）家庭的变化。路易斯·阿姆斯特朗是有史以来最杰出的爵士乐手之一，他拥有令人惊叹的创造力和高超精湛的演奏技巧。路易斯·阿姆斯特朗出生在新奥尔良，并在那里度过了他贫穷又充满动荡的童年。幸运的是，他自幼就显露出非凡的音乐天赋并获得支持，凭借出众的才智，他的才能得到了良好的开发。在出生后不久，路易斯·阿姆斯特朗的父母就分居了，他和他的奶奶约瑟芬·阿姆斯特朗（Josephine Armstrong）生活在一起，而他的父亲与另一个女人一起生活。然而第二年，他的

图 2.10 杰奎琳·布维尔·肯尼迪（Jackie Bouvier Kennedy）的家庭

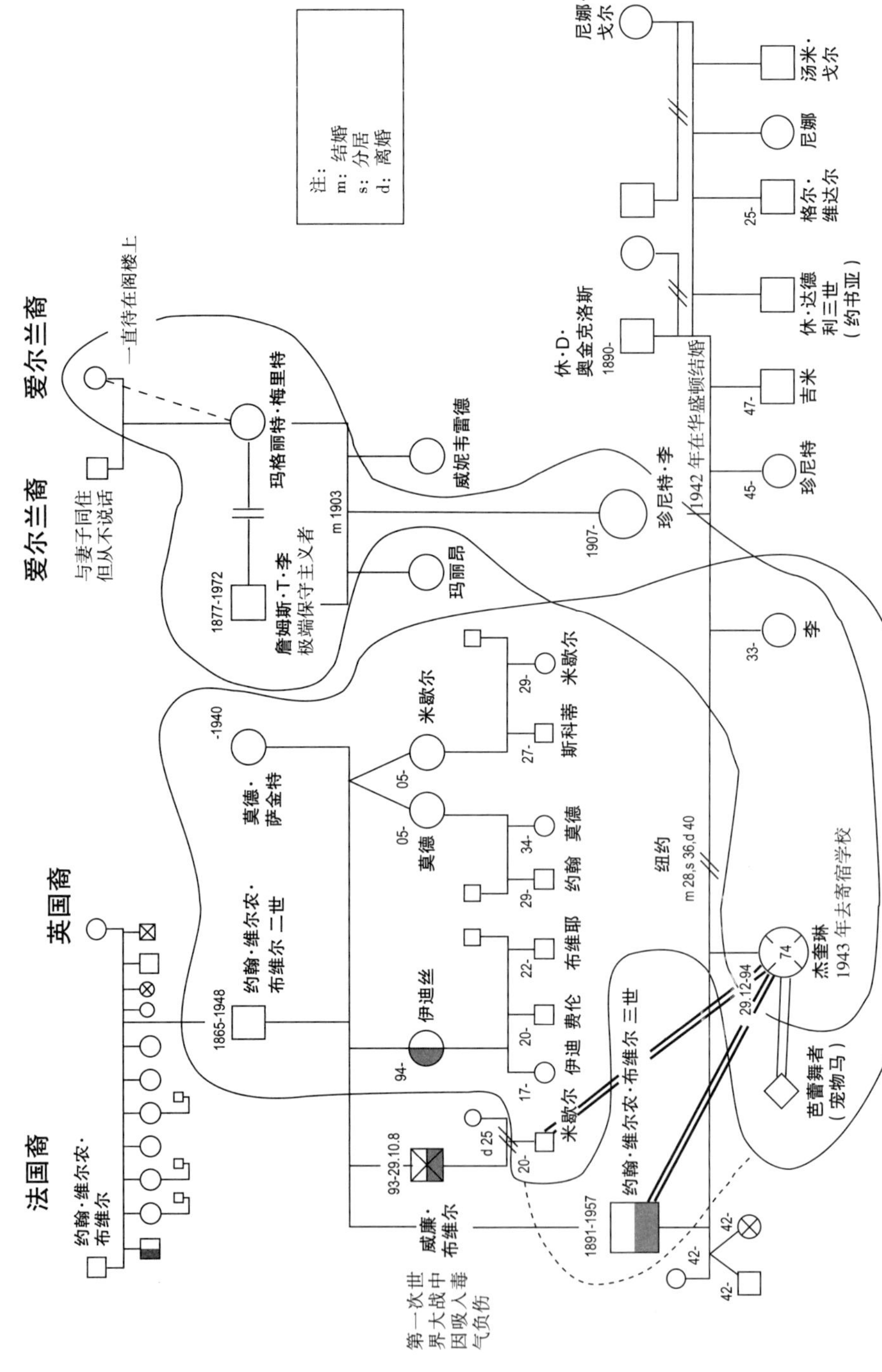

父母又重聚一室，并在 1903 年生下了路易斯的妹妹比阿特丽斯（Beatrice）。但是直到 1905 年他的父母再次分手之前，路易斯都是和他的奶奶生活在一起的，此后他和妹妹比阿特丽斯搬去和母亲同住。在接下来的几年间，兄妹俩和母亲以及母亲的男友们生活在一起。1912 年，他 11 岁的时候，在新年假日里他为取乐朝天开了一枪，遂遭逮捕并被警方送到新奥尔良黑人流浪儿感化院。他在那里待了两年。直至 1914 年，他去和父亲以及同父异母的兄弟姐妹们同住。但是很快他又搬回到母亲那里。1918 年 17 岁的时候，路易斯迁居芝加哥并加入了“国王奥列弗”（King Oliver）的乐队。

图 2.11 捐献精子与女同性恋关系网

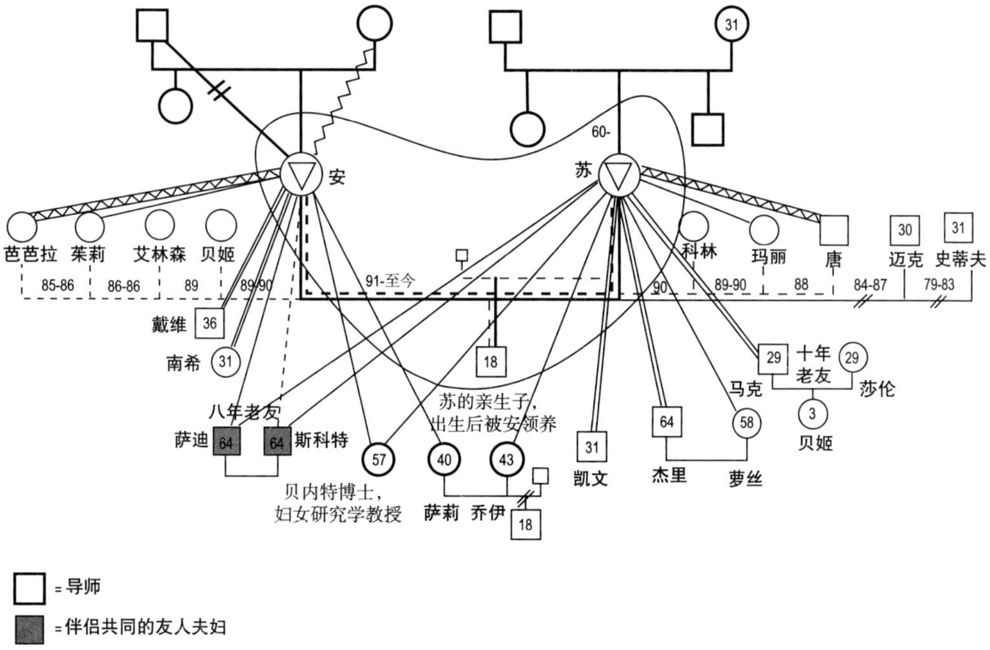

图 2.11 展示是一对女同性恋伴侣，她们有一个孩子，这个孩子由苏（Sue）生育，但由安（Ann）养育，此图谱展示了如何绘制人工授精产子的家庭。那个非常小的方块代表孩子的生父——精子捐献者。家谱图中也展示出这对同性伴侣以前的各种关系。苏曾有过多次婚姻但都以离婚告终，而安也曾有过多个同性同居伴侣。伯克和费伯（Burke & Faber，1977）建议使用“家谱网格图”（genogrid）——家谱图的一种变体，来表示情侣关系、长期的亲密关系以及同性恋伴侣的复杂社会关系。家谱网格图可将历史影响因素、重要的情感关系与社会关系，以及亲密关系和性关系区分开来。图 2.11 展示了伯克和费伯的观点。

关注缺失信息

家谱图中往往会缺失某些信息，但是这些信息的缺失本身就很可能向我们提示着该家庭的某些秘密或关系断绝的线索。此外，如果某些信息只能被有限地挖掘，受访者对另外的部分避而不谈，那么这种信息上的缺失也意味着此处可能存在某些家庭秘密。例如，我们将在第 8 章讨论弗洛伊德（Freud）的家谱，可以看到西格蒙德（Sigmund）的父亲曾结过三次婚。他与第一任妻子育有四个孩子，其中两个很早就夭折了，而对于这两个孩子以及他的第二任妻子丽贝卡（Rebecca），人们几乎一无所知。一种猜测是家庭里发生过重大的变故，以致没有人愿意再提起那些孩子和他的第二任妻子。这里应该特别注意的是，西格蒙德同父异母的哥哥应该也认识他们父亲的第二任妻子，但是却从未提起过她。

通过家谱图发现家庭模式

很多情况下，绘制多个展示不同关系的家谱图很有实际意义。例如，制作专门用于展现人口学特征的家谱图，同时，绘制另外一幅用来展示家庭关系模式，再绘制第三个家谱图用来呈现家庭的创造力或功能紊乱，绘制第四幅来表示该家庭的各种社会关系，还可绘制表示家族历史中各个关键点的家谱图，例如一些症状的起始时间等。

人口信息：获得“事实”

在收集有关直系家庭以及大家庭历史信息的过程中，首先应关注的是获得每个家庭成员的“实际信息”（fact），即有关这个家庭的重要资料；客观的资料通常可以通过官方记录来加以验证。人口学信息包括种族、年龄、出生及死亡日期、生活所在地、收入水平、职业以及受教育水平等。在家谱图中，有专门的位置用于标明这些信息：当前年龄或死亡年龄标记在表示个体的符号里面，出生日期标记在表示个体的符号的左上方，死亡日期标记在表示个体的符号的右上方，当前生活所在地和收入状态标记在出生和死亡日期的上方。其他人口学信息标记在此人符号旁边的空白处。

彩图 4 展示了方达（Fonda）家庭的人口统计学信息。虽然未能掌握方达家庭所有的资料，但在家谱图中我们尽可能详尽地列出了每位家庭成员的以下信息。

- 出生、结婚、分居、离婚、疾病以及死亡的日期（包含原因）

- 兄弟姐妹的位序
- 种族、社会阶层和宗教背景
- 因教育、收入或婚姻造成的任何社会阶层上的变化
- 当前的宗教行为以及信仰变更
- 职业和受教育水平
- 当前生活所在地
- 当前的人际关系状态（亲密者、敌对者、断绝关系者）

随着治疗师收集到越来越多关于家庭重大事件的信息，家庭历史中的某些空白将会显露出来。利用家谱图，治疗师可以记录并将家庭发展的历程呈现出来，探究家庭历史的原貌。在回顾家庭历史、探究历史事实的过程中，很多家庭成员都会对其家庭发展史产生浓厚的兴趣。通过与亲属谈论、查阅家族典籍、阅读当地或宗教的历史，或分析医疗病例、家谱或其他官方记录，我们可以收集到更多的家谱图信息。

家庭功能模式

在家庭成员的就医、情感经历以及行为等客观数据中或多或少地都会体现出该家庭的功能模式。例如，尽管某个家庭成员起初被其他许多家庭成员认为是“不正常”的，但客观的行为表现——例如旷工和酗酒等行为模式——可更有效地反映出该个体在家庭系统中的功能。某些家庭成员做出的被认为非常成功或获得较高赞誉的行为功能，也应在图中加以体现。家谱图中，关于个人的信息应记录在此人符号的旁边。应用带有数据库的家谱图软件可以帮助治疗师强化对每个家庭成员之功能的细节记录；根据治疗师的需要，这些信息可以随时被显示或隐藏，而不会使整张图显得拥挤不堪。治疗师可根据家谱图中每个家庭成员的情况以及家庭功能随时间发展的变化，对整体功能水平做出评估。

我们将代表个体的方形或圆形的下半部分填充颜色，用以表示该成员有物质成瘾方面的问题。而对于已戒除物质成瘾的人，只对表示他或她的标志的左下方填充着色。如果他们正在进行治疗、参加匿名戒酒协会或进行其他康复治疗，抑或正在参加某些具有明确规章制度的组织，例如教会、互助组织或其他团体，则可用一条直线与矩形框相连来表示此人与治疗或与这些组织的关系。

彩图 5 展示了方达家庭功能的信息。在这个家谱图中，与泰德·特纳和彼得·方达相连的矩形表示他们与治疗师的关系。治疗时间也被标明出来。正如彼得·方达的符号所示，疑似的酒精或毒品成瘾通过将其符号下半部分填充斜线来表

示。在彼得的例子中，他承认已经吸毒多年，但同时认为自己非常幸运，并未成瘾（Fonda，1998）。家谱图软件可以让我们更方便、详细地记录成瘾的类型（频繁吸食大麻、周末暴饮暴食等），以便追踪物质成瘾问题的发展状况。

严重的精神或躯体疾病通过填充个人符号的左半侧来表示。通常情况下需将疾病的名称标注在符号旁边。在不久的将来，随着家谱图软件的发展，我们将可以非常详尽地追踪家庭成员患病的情况，包括躯体疾病和心理疾病；我们可以根据治疗目标，有选择地将某个特定疾病呈现在家谱图上；或者通过隐藏某些信息来更方便地探究家庭模式。如果一个人物质成瘾并同时患有精神疾病，则代表他的符号的四分之三都会被填充起来，正如简和彼得的外祖父尤金·福特·西摩（Eugene Ford Seymour）。当一个人患有精神疾病并且从物质成瘾中恢复过来，此人的标志左半侧被填充，右下方空白，并且在符号中间画一条水平线以做标识。

家庭成员的功能模式可能在几代人中反复出现。在本例中，某个特定的功能模式（适应或适应不良）或应对问题的模式被一代一代地传递下去。这种传递不一定以线性的方式发生。疯狂酗酒的父亲可能会有滴酒不沾的孩子，亦有可能培养出一群嗜酒如命的酒徒。

当下家庭中出现的问题通常在前代人身上曾经发生过。很多症状模式，例如酗酒、乱伦、躯体症状、暴力行为、自杀等，倾向于在家庭中一代一代地向下传递。治疗师可通过发现这些症状的重复模式，了解这个家庭如何适应现状，并做出相应的干预来终止这些模式重复发生。例如彩图 5 所示方达的家庭。简记得她的母亲曾做过外科整形手术来改变体貌，她意识到母亲确实在为躯体形象问题烦恼（Fonda，2006）。玛格丽特·萨拉文的女儿布里奇特·海沃德（Bridget Hayward）在她母亲自杀后不到一年也自杀了。这表明一个人的自杀似乎可以推动家庭中其他成员也选择自杀，因而有必要为这类家庭设立专门的自杀预防机制。

对于发生过诸如性侵犯或酗酒等情况的家庭，同样亟须预防性的干预措施。例如，在 1991 年，53 岁的泰德·特纳（见彩图 6）在生活中遭遇危机，从图中我们还可以发现，他的父亲在同样的年纪举枪向自己的脑袋扣动了扳机；在此几年之前，父亲曾经指导泰德如何用枪射击。泰德像他的父亲一样过着以事业为核心的生活，而且过度饮酒。但是泰德控制自己没有步父亲的后尘。反而让这个年龄成了他人生转变的关键一年。这一年他和简·方达结婚。夫妻二人都戒了酒，并且他决定拓展自己的生活，而不是像他父亲那样让超负荷的工作压垮自己。

治疗师在家谱图的帮助下，可以追踪和了解家庭中多代人的抗逆力（resilience）、克服困难的勇气（strength）、成功以及失败的模式（Walsh，1995，2006）。本书对提及的每个家庭的抗逆力都做了分析和评估。最让人惊叹的是赫本（Hepburn）的家庭（见彩图 17），她们很好地示范了坚韧自强的女性在多次面临家庭成员自杀以及抑郁的反复创伤时，如何发挥自己强大的抗逆力和勇气；方达和特纳的家庭都表现出应对丧失、自杀、冷漠和精神疾病的惊人适应力和蜕变能力，并能够化苦难为勇气，坚强应对、自我救赎；贝尔（Bell）的家庭（见图6.2）通过创造力和聪明才智弥补了听力上的不足；弗里达·卡罗（见彩图9）身体力行地展现了将文化差异、分裂、失败、创伤以及躯体障碍转化成勇气和创作力的惊人能力。另一个具有非凡创造力、抗逆力的家庭就是布莱克韦尔（Blackwell）家族（见图2.12），她们展示出坚韧不拔、成功女性的特征模式。她们的父母是反英国国教公理会成员（Dissenting Congregationalist），他们坚定地认为女性理应得到平等的受教育机会。从这个令人惊异的家庭中涌现了美国历史上第一位女医生、第一位女部长，以及许多成功的女性医务工作者、官员、艺术家和女权斗士。然而，失败与成功并存的家庭模式在她们中间反复出现。在每代人当中总有一位身体上有残疾的姐妹存在于那些非常成功的女性身边。塞缪尔（Samuel）和汉娜（Hannah）的五个女儿中，安娜（Anna）是作家，伊丽莎白（Elizabeth）是美国首位女医生，艾伦（Ellen）是一位卓有成就的艺术家，艾米莉（Emily）也是美国的第一代女医生。而他们的二女儿玛丽昂（Marion）却总是生病。她们的弟弟塞缪尔与安托瓦妮特·布朗（Antoinette Brown）结婚，她是美国首位女部长，他们育有五个女儿：伊迪丝（Edith）和伊瑟尔（Ethyl）成了医生，弗洛伦丝（Florence）也成了杰出的政府部长，阿格尼丝（Agnes）成了艺术家。第三个女儿格蕾丝（Grace）则身患残疾。塞缪尔和汉娜的三个儿子都结了婚，并在各自的领域中取得了很大成就，尤其是他们娶了三个非常优秀的妻子：安托瓦妮特·布朗、露西·斯通（Lucy Stone）——美国建国初期非常重要的一位普选权倡导者和艾玛·劳伦斯（Emma Lawrence）——露西的姐妹，也是一位女性选举权倡导者。再下一代一共有16个孩子（3个刚出生就过世的孩子除外），其中7个是领养的（一些由未婚的女儿领养）。被领养的唯一男孩保罗（Paul），最后因家里反对而被送走。对于这样的家庭人们都不禁会问，是否的确存在某种潜在的有关性别的规则或权力机制。非常有趣的是布莱克韦尔家庭中的女儿们没有一个人结婚。只有一个姐姐安娜曾与一位“英俊、富有、受过良好教育、亲切、迷人的”男人订婚，但二人的交往遭到整个家庭的一致反对，姐妹们写下态度极其强硬的书信劝阻了这场婚姻（Hays，1967，pp.52–53）。当另一个姐妹玛丽昂与她弟弟的朋友相恋时，伊丽莎白写信阻止她，“在我看来，你结婚的想法现在是完全不可能的”，并且以自己作为伴侣替代了姐姐玛丽昂的恋爱对象（Hays，1967，p. 53）。

另一种常见的家庭模式是上一代人成功之后，下一代人会彻底失败。这点在一些名人的家庭中尤其常见——因父母名望带来的压力，孩子们会变得非常叛逆。亚当斯（Adams）家族就是这种模式的典型例子之一，约翰·亚当斯（John Adams）的孩子们只有一个发展正常，其余的都有各种严重问题（见图2.13）。而第二代人

图 2.12 布莱克韦尔（Blackwell）家族

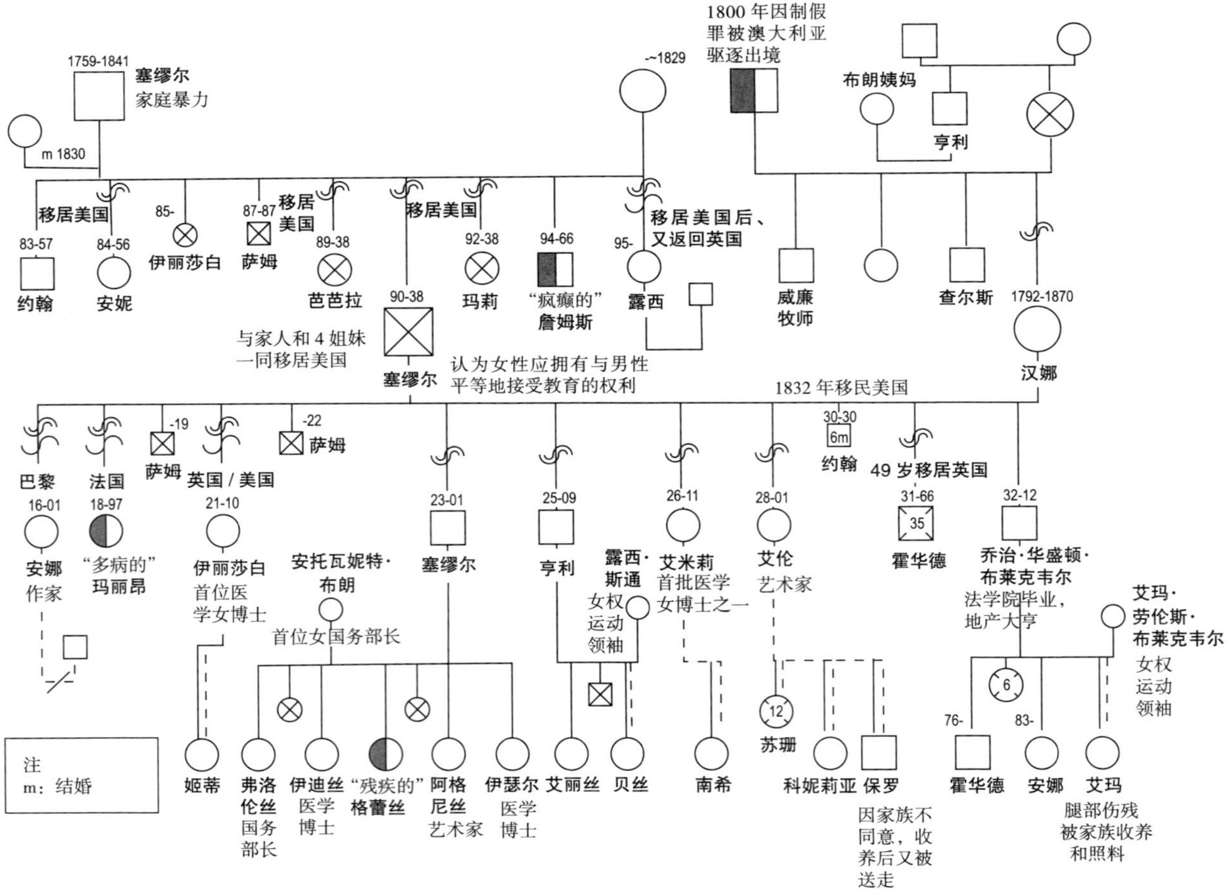

中，那唯一成功的儿子约翰·昆西·亚当斯（John Quincy Adams）的孩子们也是如此，他的前两个孩子也都有非常严重的问题。直到第四代这种状态才发生改变，唯一有成就的儿子查尔斯·弗朗西斯·亚当斯（Charles Francis Adams）卓有成效地培养了他的下一代——除了一个孩子有问题之外其他孩子发展得都很好。

很多人都相信自己的家庭环境已经注定了他们未来的发展道路。例如，马丁·路德·金（Martin Luther King，见图 5.6）曾说："我理所当然地成为基督徒。我在教堂中长大。我的父亲是牧师，我的祖父是牧师，我唯一的兄弟是牧师，我父亲的兄弟也是牧师。所以我没有什么选择。"（Carson，2001，p.1）

图 2.13 亚当斯（Adams）的家族

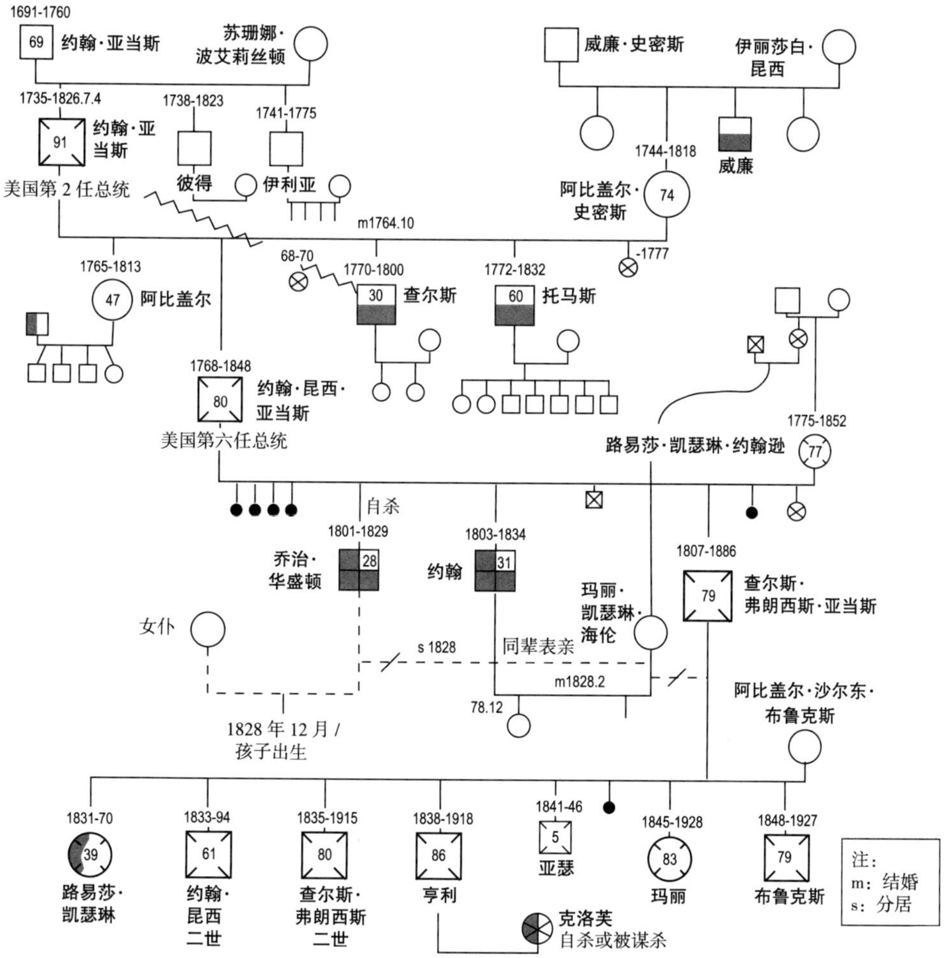

某些特定的家庭功能模式可能会跨越几代人再度出现。例如，看一下卡尔·荣格（Carl Jung）的家庭（彩图 7），其中涌现了许多牧师：荣格的父亲、两个叔叔、

所有的六个舅舅、外祖父以及三个舅姥爷。其次我们发现荣格追随他祖辈的事业，成为一名医生——他的爷爷以及祖爷爷都是医生，荣格正是以他爷爷的名字而命名的。最后，荣格自己从小就对炼金术和超自然现象感兴趣，这实际上也是追随了某些家族成员的功能模式——包括他的母亲、外祖父和表妹海伦娜·普赖斯维克（Helena Preiswerk）都相信超自然现象；海伦娜声称自己可以通灵，荣格年幼时曾参加过表妹主持的降神仪式。有鉴于此，荣格在成为一名医生的同时，也对宗教和超自然现象抱有浓厚的兴趣就不足为奇了。反过来看，倘若他无视自己工作中的医学、宗教或超自然现象则反而会让人感到离奇。此外，荣格也曾经担忧自己会遗传母亲和曾祖母索菲（Sophie）的精神疾病，而在 1913 年，他确实崩溃了。

家庭成员的关系和角色

如何清晰地描述家庭成员间的关系是绘制家谱图构架时最需仔细推敲的部分。在绘制家谱图时，我们通常根据家庭成员的陈述和绘图者的直接观察来收集有关家庭成员关系和家庭角色的信息。我们使用不同的线形来表示两个家庭成员间的各种关系。尽管对描述成员关系的某些常用词汇，如“融合”（fused）或“冲突”（conflictual）等，很难下一个明确的操作性定义，并且不同流派的治疗师对这些词汇的内涵也存在不同的理解，但这些符号在临床应用中依然具有非常重要的作用。现实中，家庭成员间的关系会随时间发展而发生变化，因此这些方面在家谱图中是最主观也是最容易出现变动的部分。此外，有人认为，冲突的关系中可能隐含着某种“人际联结”，因此任何被认定为“严重冲突”的关系其实同时包含着“冲突”和“融合”。“断绝关系”（cutoff）可能起源于发生重大冲突或关系渐渐疏远。“支配”（dominance）或“将大部分精力投注到某人身上”的关系可通过画一条粗直线来表示，直线的一端用箭头指向被关注者。其他重要的关系类型，例如“敌对”（hostile）、“依赖”（dependent）和“矛盾”（ambivalent）等，在家谱图上的表示则要更复杂一些。涉及躯体虐待的关系用锯齿形线段表示，线段的终点用一个实心箭头指向被虐待者。在表示性虐待时，我们使用同样的锯齿线和实心箭头，但在锯齿线的外侧加画一条平行的直线，以区别于躯体虐待。精神虐待由锯齿线和中空的箭头表示。

由于各种关系模式非常复杂，所以根据它们分别绘制独立的家谱图能够让我们更好地记录和分析所获得的资料；对于这些情况，应用家谱图软件能够帮助我们大大地简化工作量。此外，在家谱图软件的帮助下，我们可以方便地表示出家庭人际关系模式随时间变化而发生的改变，这对追踪家庭发展过程是非常重要的。家谱图软件还可以非常方便地帮助我们标注出家庭中“断绝关系”的起始和终结日期——断绝关系常常与疾病或家庭功能异常密切相关。

有关家庭人际关系的提问

在了解一个家庭的初始阶段，你可能会提出很多有关家庭人际关系的问题，例如：

- 家庭中是否有谁不和其他家庭成员说话，或者谁曾在一段时间内不和其他人说话？家庭成员之间是否存在尖锐的矛盾或冲突？
- 家庭中有关系极度亲密的人吗？
- 在家庭成员需要帮助时，常常是谁伸出援手？
- 大家最信赖的家庭成员是谁？
- 所有的夫妻之间都可能或多或少存在一些婚姻方面的问题。你曾遭遇过哪些问题或冲突？你父母和兄弟姐妹的婚姻如何？
- 你和你的每个孩子相处得怎么样？家庭中是否有谁在亲子关系方面存在严重问题？
- 家庭中的权力关系是什么样的？家庭中是否有谁曾被其他家庭成员威吓过？家庭中是否有谁拥有绝对的权力，以至可以决定家庭关系的变化？这不仅仅是指那些在家庭中具有权威和精神领导力的成员，还涉及在家庭或社会中因性别、种族、肤色、社会经济、年龄和性取向等方面具有优势地位而更具权力的家庭成员。

治疗师应从尽可能多的方面去了解家庭关系的情况。例如可以问丈夫：“你觉得你母亲和你哥哥的关系怎么样？”然后可以再问问妻子对这个问题的看法。这样做是为了发现各个家庭成员对某个家庭关系抱有哪些不同看法或相同认识。对家庭关系的不同认识，可以为治疗师和家庭提供更多信息来完善家谱图。

通过了解家庭成员之间的关系，治疗师可以获得有用的信息，来补充对各个成员之家庭角色的认识。有关家庭角色的提问包括：

- 是否有家庭成员被当作“看护者”？哪位家庭成员被认为是“有问题”的？哪位家庭成员被认为是“病怏怏”的？哪位家庭成员被认为是“疯疯颠颠”的？哪位家庭成员被认为是“自私自利”的？哪位家庭成员被认为是“很强大”的？哪位家庭成员被认为是“弱小”的？哪位家庭成员被认为是“统治者”？哪位家庭成员被认为是“顺从者”？哪位家庭成员被认为是“成功者”？哪位家庭成员被认为是“失败者”？

图 2.14 奥尼尔（O'Neill）家庭中复现的家庭模式

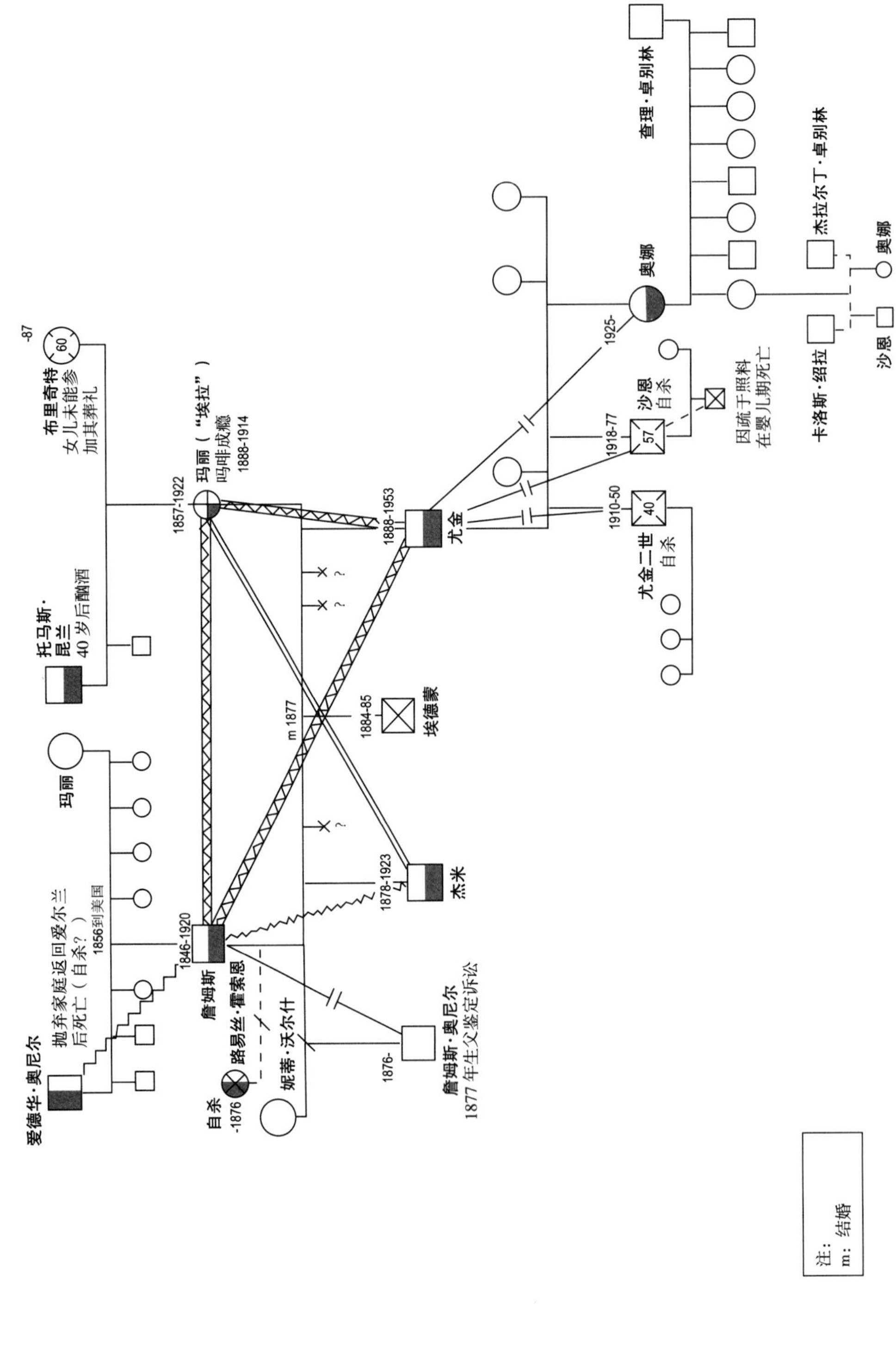

- 哪些人是热情的？哪些人是冷酷的？有哪些人是充满同情心的？哪些人是冷漠的？

那些被赋予在家庭成员身上的标签（label）或绰号（nickname）具有重要的意义，蕴含着大量的信息。通常，每个家庭成员都有一个家庭内的称呼，这个称呼可以反映甚至限定此人在家中的地位——例如，“暴君”“超级老妈”“大明星”“叛徒”“小宝贝”。标签是反映家庭系统中情感模式的绝佳线索。

有时，向某个成员询问“其他家庭成员对你的看法”非常有用——“你觉得你哥哥如何看待你和你妻子的关系？”或者“你的孩子现在13岁，在你13岁时你的父亲是如何看待你的？”这样尽可能多地从多个视角收集信息，充实家庭成员对自己家庭的看法，同时也能发掘更多新的信息。

亲密、疏远、冲突以及其他关系模式可能在几代人中被不断地重复。有时，若不将几代人的关系同时纳入考察范围，一些复杂的家庭模式就很可能被忽视或遗漏掉——家谱图是帮助我们揭示这些模式的得力工具。通过识别出这些家庭模式，可以帮助家庭在未来的几代人中避免重蹈覆辙。举例来说，某个家庭的每代人中，母亲与儿子的关系都非常紧密，是同盟者，而父亲与儿子彼此冲突，保持着消极的关系。认识到这种涉及多代人的家庭关系模式，儿子也许会有意地选择去改变他与父母的关系，以此尝试改变这种模式。

我们来看看剧作家尤金·奥尼尔（Eugene O’Neill）的家庭。这个家庭的几代人都表现出一种父亲与孩子之间关系疏远的家庭模式（见图2.14）。尤金的爷爷抛弃了他的家庭返回爱尔兰，可能后来自杀了。尤金及其哥哥与父亲詹姆斯（James）非常疏远，尽管他们在情感和经济上都依赖父亲；同时他们所有人都在为母亲的毒品成瘾而相互指责。下一代中，当尤金的女儿奥娜（Oona）嫁给查理·卓别林（Charlie Chaplin）后，他拒绝与女儿见面，甚至不愿提及女儿的名字。当他儿子沙恩（Shane）的儿子因疏于照料而夭折后，尤金也以对待女儿的方式对待儿子。在大儿子尤金二世12岁之前，尤金·奥尼尔一直没有见过他；而在尤金二世40岁时父子二人变得疏远，同年尤金二世自杀身亡。

在家谱图中添加相关的背景信息

当家谱图的基本框架绘制好后，补充家庭背景信息也是一项非常重要的工作：文化、宗教信仰、收入水平、价值观和社会关系（包括工作和朋友关系），等等。尽管这些信息非常复杂，且不可能在一张图上完全表示出来，但对于一些基础性的背景信息应该在图中有所体现；对此，家谱图软件有助于我们更加方便地跟踪这些信息，软件不仅能帮助我们记录大量的信息，同时还可以按需要仅显示所选定的部分内容。此外，我们还应尽可能多地了解和记录诸如重要的朋友关系、工作关系网、所属教会和文化传统等方面的背景信息。

通过开放式的提问，我们可以发现还有哪些其他的背景因素对家庭成员造成影响；就此得到的回答也可能非常宽泛，例如从“对社会公正性的看法”到“购物”，或从“音乐”到“社会地位”。询问有关家图谱中是否包含无血缘关系或无法定关系的“亲属”以及其他关键因素，也是重要的一步。我们用矩形来表示这些可能带来重要影响的背景因素，例如某人参加戒酒者互助协会（Alcoholics Anonymous）、医疗团体或宗教团体等。应用线段将家庭成员和这些影响因素连接起来。如罗德里格斯家族的家谱图（见彩图 8），这种包含背景信息的家谱图能够展示出家庭中关联紧密的两点或关系紧张的两点。在他们的例子中，努力工作和度假是相似性很强的两点，而身体状况和教育背景则让两兄弟的关系变得紧张。琼斯的妻子信奉犹太教，这在琼斯妈妈卡米拉的眼里是一个“烫手的山芋”，这重复了卡米拉和丈夫曾经因天主教信仰和波多黎各通灵术引发的冲突。

这些关联可以帮助来访者意识到家庭中某些潜在的、共有的价值观；此外，确定引起冲突的那些关联对于临床干预非常重要。影响家庭的背景信息可能包括：

- 所属团体：宗教、经济、政治或社区服务团体，联谊会，专业团体、军队、互助团体、体育运动社团、唱诗班、电视节目粉丝团、网络社区以及兴趣俱乐部等；
- 身／心／灵活动：体育锻炼、冥想、瑜伽等；
- 支持系统（支撑家庭或由家庭支持的人物）：邻居、管家、会计、律师、医生／按摩师或其他健康服务者、理发师、上帝、孩子、宠物等；
- 商业及政府机构：法律系统、政治系统、福利系统、社会服务、信用卡公司、保险公司等；
- 价值观或兴趣爱好：教育、美食、运动、音乐、艺术、户外、股票交易等。

文化家谱图：汇集民族、种族、宗教、灵性以及迁居移民的信息

在绘制家谱图反映某个家庭的问题时，应包含文化方面的信息作为图谱整体的背景框架（见“文化家谱图”参考文献）。因而在某种意义上，所有的家谱图都可被认为是“文化家谱图”（cultural genogram）。由于美国是移民国家，因此来访者常常脱离于自己原初的文化历史环境；所以，在绘制家谱图时应考虑将他们的阶层、

性别、民族、种族以及宗教等内容反映在图中有助于他们理解和认识自己；这么做正如询问有关兄弟姐妹模式、早逝、多代三角关系等问题可以帮助人们看清家庭中的自己一样。

家谱图能够帮助我们在文化、阶层、种族、性别、宗教、家庭发展和移民历史的大背景下研究亲属关系。当要求人们确认其所属民族时，我会让他们关注自己的文化传统和文化认同从而强化其民族性。家谱图对于评估家庭模式、家庭环境以及对家庭实施治疗干预是非常直观、实用的工具。尽管在我们的社会中家庭模式正变得越来越复杂多样，但治疗师能够借助家谱图迅速地将来访者家庭背景概念化。绘制家谱图的过程中，家庭成员会讲述有关其家庭的故事，在这个过程中应充分尊重来访者的观点，同时，也应认可并鼓励各个家庭成员对家庭抱有不同的看法。以文化和历史的角度审视家庭系统，并对家庭中先前的生命周期过渡（life cycle transition）进行评估，治疗师可将家庭现有问题置于不断演化着的社会环境变化、迁居移民和家庭过程（family process）等家庭模式中加以考察。

彩图 10 展示的是弗里达·卡罗（Frida Kahlo）和迭戈·里韦拉（Diego Rivera）的文化家谱图，他们是那些传承了复杂多样文化背景的众多美国人的典型代表。（彩图 12 展示了有相似文化传承的英国王室家谱图。）卡罗似乎对这种文化传承非常重视，她以艺术创作的形式绘制了自己的家谱图，其中包括那些已经过世的和未曾联系过的家庭成员，如彩图 9 所示。在她的版本中，你可以看到来自不同文化背景的祖父母的结合，以及刚出生就夭折的孩子，还有母亲玛蒂尔达（Matilda）同母异父的姐妹们，她们在玛蒂尔达结婚前被逐出家庭送入修道院。

灵性、宗教和互助组织

纵观世界历史，宗教（religion）和灵性（spirituality）常常都是家庭应对苦难的重要支持资源，尽管如此，治疗师们在临床评估中却经常忽视这些因素。宗教习俗和信仰（以及这些信仰的变化）是家庭过程的重要标识。众所周知，个体在应对疾病、各种压力或摆脱物质成瘾等情况中，宗教信仰具有非常大的影响力。尽管如此，宗教/灵性信仰既可能将家庭成员联结起来，也可能让家庭成员相互疏远。乔治·华盛顿（George Washington）保存着从自己 14 岁起写下的所有日记和书信（后经统计共超过 20 册），在这些文字中他从未提到过“基督耶稣”，尽管名义上他是基督徒（见图 5.3）。然而，像大多数美国开国元勋一样，他将心血投入共济会（Freemason）的建设中；共济会是华盛顿的政治观及其对美国独立革命构想的基石。（Johnson，2005，pp.10–11）诸如共济会类似的秘密团体，以及它们的信条、政治主张和社会基础，可能对家庭的经济状况、朋友关系及家庭关系产生重大影响。在 2004 年美国总统大选中，两位候选人都隶属于同一带有宗教色彩的秘密组织——

耶鲁大学骷髅会，其成员必须终身保守组织（和相关信仰方面）的秘密，这无疑具有一定特殊意义。约翰·克里（John Kerry）是骷髅会创始人之一的后代；乔治·布什（George Bush）有十二位直系亲属曾在耶鲁读书，而他们几乎都是骷髅会成员——包括他父亲这一代中的所有四位男性和唯一一位女性的丈夫，他的祖父和曾曾祖父，以及他的两个女儿。布什家族几代人的密友中也有许多骷髅会的成员，他们中很多人都在政治、经济、军事工业和中央情报局（CIA）等领域扮演着重要角色。正如彩图 11 所示，骷髅会的成员身份对整个家族有着深刻的影响，更为家庭提供了一个关系网，譬如老布什的教父和小布什的"叔叔们"，以及布什家族的商业和政治关系网。如果对此类神秘社团成员的权力和特权没有任何了解，则不可能对这样的家庭系统做较好的临床评估。

毋庸置疑，这类社团组织关系，像略带神秘色彩的宗教组织一样，对家庭有着隐秘但深远的影响。因此，在家谱图中应将所有家庭成员所参加的任何社团组织全部标注出来。它们既是家庭成员信念和行为的影响因素，也是家庭的重要社会资源。此外，家谱图应探究的宗教方面的问题还包括信仰的变更、背叛或遭到宗教驱除，以及由宗教差异产生的家庭冲突，等等。比尔·克林顿（Bill Clinton）的父母似乎对宗教信仰不感兴趣，比尔和他最要好的朋友在 9 岁时受洗皈依基督教，从此他的生活便附上了浓重的宗教色彩。他在自传中写道，他曾考虑加入共济会的青年组织德莫莱修道会（DeMolay），但后来他又决定不成为共济会会员，"这么做可以让我在前进中追随乔治·华盛顿和本杰明·富兰克林（Benjamin Franklin）等优秀美国先驱的步伐……但是，可能是因为当时 20 多岁，正处在叛逆的阶段，我最终没有加入……另外，我不需要参加什么神秘团体、保守什么秘密。我有真正属于自己的秘密，它源于我父亲的酗酒和他对我的家庭暴力"。（Clinton，2005，p.45）由于各自不同的原因，在人生的不同阶段里，克林顿和布什都成了重生的基督徒[①]。

一个与众不同的例子是玛丽莲·梦露（Marilyn Monroe），她在宗教信仰上的改变使她感到被疏远和孤立，这对她来说具有多重意义。当她嫁给亚瑟·米勒（Arthur Miller）时她皈依了犹太教，尽管她的丈夫和丈夫的家庭似乎对此并不很在意，但至死梦露都保持着这个信仰（Zimroth，2002）。在梦露的案例中，尽管后来与米勒离婚，但她在宗教信仰上的"改变"是真实深刻的，并且直到去世她都认同自己犹太人的身份，正如齐姆罗斯（Zimroth，2002）在书中所说的，可能正是源于家庭关系、文化认同和生活规范上与犹太教的紧密联结，给生活在美国社会中的梦露带来了"外来者"的身份、赋予了她特殊的"历史性的宿命"。从属于某个宗教团体对个人起到了哪些特定功能，以及个人是否刻意与其原属社群保持距离，这其中的意义都非常

① 重生基督徒指成年后自主地选择基督教为自己的信仰，并受洗皈依。——译者注

值得探索，如在第 8 章我们将看到的埃瑞克·埃里克森（Erik Erikson）不再认同自己身上部分的犹太血统。

呈现社会经济地位的家谱图

临床实践中，在家谱图内将家庭成员的教育水平、就业状况和经济水平等信息标识出来非常重要，因为这些信息可以反映出遭遇危机时家庭面对的压力及可利用的应对资源。发挥你的创造力，我们可以构建出体现家庭社会经济状况及其变化历程的家谱图。

图 2.15 反映的是一个家族四代人的社会阶层变化。尽管组成家庭的双方整体上都在向更高的社会阶层提升，但有趣的是在第二代人中，家庭两支中最小的孩子都没能从低薪穷忙族上升为工薪阶层，他们都经历了母亲的早逝。下一代中，所有的六个孩子都至少提升成为中产阶层，但其中两个女儿嫁给了工人阶层的丈夫，这使她们中产阶层的社会经济状态受到动摇。这两个女儿都是教师，她们的丈夫都是蓝领工人。来自两个家庭第三代的成员结婚，养育了图中所示的第四代；但是这两位第三代成员的上层中产阶层经济地位因其儿女们的情况而受动摇：第四代中，一个儿子与一位工薪阶层的女性结婚，并且让女方的经济水平提升到中产阶层；第

图 2.15 社会经济阶层家谱图

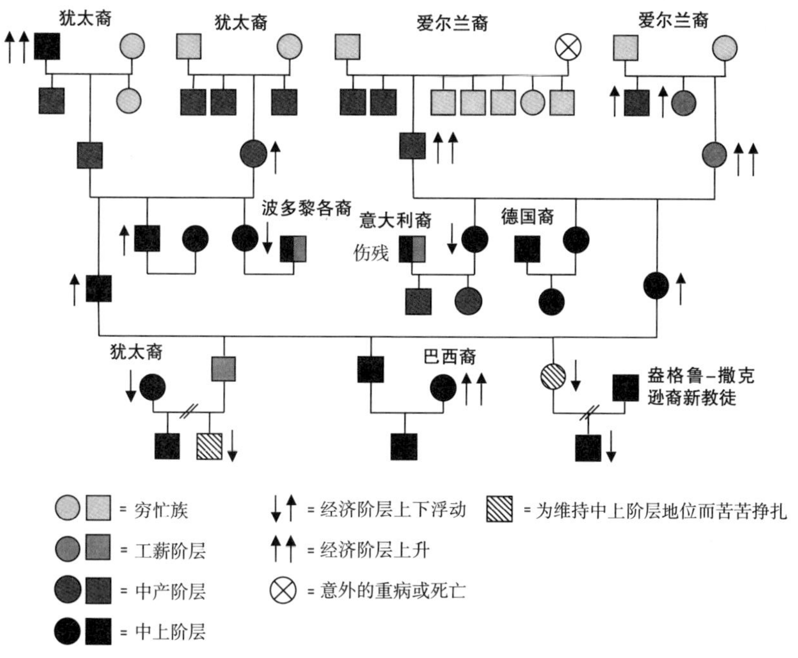

四代中的两个女儿都和上层中产阶层的男性结婚，但后来的婚姻破裂使她们的社会经济水平下降，这也致使她们的孩子无法保持上层中产阶层的地位。这种模式是第三代母亲一方大女儿情况的复现；在她的意大利裔丈夫伤残后，她的孩子回落到工人阶层。一般来说，女性离婚后其社会阶层往往会下降，而男性则不会。这个家庭也不例外。因此，收入水平和早逝或分离会给家庭成员带来长期的影响。将这些模式在家谱图上体现出来是极为重要的。

呈现宗教 / 灵性信息的家谱图

信仰某个宗教，甚至仅仅参加宗教仪式，很可能影响家庭中的每一代人，至少在 20 世纪和 21 世纪的美国是这样的。由于家庭生命周期中每个家庭成员都有着不同的心灵发展轨迹，因此，绘制有关宗教、信仰的家谱图（religious genogram）并非易事。此外，宗教信仰的改变常常与生命周期中的重大事件相伴发生，这一点对临床评估也非常重要。霍奇（Hodge, 2005a, 2005b）对临床工作中常用于评估宗教 / 灵性 / 信仰的多种工具做了探讨：从心灵生命地图（spiritual lifemap）——沿时间轴追踪个人精神信仰的生命周期；到灵性家谱图（spiritual genogram）——反映家庭中每一代人的灵性信仰；灵性生态图（spiritual ecomap）和灵性生态图谱（spiritual ecogram）——展示个体在当前与过往的灵性信仰上的各种关系，以及任何可能包含性灵、信仰信息的单个图形。

下面是我们根据经验积累和查阅有关宗教 / 灵性 / 信仰家谱图文献而收集的一些提问，它们可以帮助治疗师对来访者的宗教或信仰方面做评估。而后治疗师可充分发挥创造性，以图形的形式准确地将来访者的作答表示出来。

有关灵性、信仰的提问

- 日常生活中，宗教、灵性或信仰对你有什么样的意义？在家庭生活中呢？当面对危机或挫折时呢？
- 你在什么样的宗教 / 灵性 / 信仰的环境下成长？你改变过信仰吗？有哪些人或事影响了你信仰观念的历程？
- 宗教 / 灵性或信仰使你和其他家庭成员联系更紧密或发生冲突吗？
- 家庭中有谁理解你的宗教 / 灵性或信仰观念？他们也有相同的信仰或观念吗？
- 你的信仰源自哪里？
- 你的生活希望的源泉是什么？
- 关于上帝你有什么样的想法或信念？

- 你如何处理那些有违自身道德准则的事？如何宽恕自己？
- 对于生活中的某些重大事件，你是否曾有预感？
- 基于你的宗教信仰，你如何看待性别角色问题？种族冲突问题？性取向问题？这些相关的宗教信念对你和你的家人有哪些影响？
- 在你的宗教／灵性／信仰生活中，音乐、祷告、冥想、读经、参加宗教团体或慈善行为具有怎样的意义？
- 家庭成员中是否有人曾对某个宗教感到心灰意冷，或因宗教方面的问题与其他家人发生过激烈冲突？
- 你或你的家庭成员曾变更过宗教信仰吗？如果有过，你的家庭是如何回应的？
- 你是否曾与死去的亲属或朋友有过通灵式的接触？你是否遇见过灵魂、精灵、天使或魔鬼？你是否曾感到过超自然的力量影响或控制了你？

呈现社会关系的家谱图

下面是旨在了解家庭成员的社会关系而提出的问题。

有关社会关系的提问

- 你的家庭成员隶属于哪些社会机构／组织？
- 他们／你有去哪里参加什么社交活动吗？
- 他们／你和所属的学校／工作／民间团体／宗教组织／行会／妇女联谊会等之间的关系如何？
- 有没有哪些组织你想参加，但是又被／自觉被排除在外？
- 有没有在一些比较重要的组织中，你或你的家人有着某种特殊的地位？有没有在生活圈中，你或你的家人是有特殊的身份？例如，你是共和党家庭中的民主党支持者，你是移民家庭中唯一受过高等教育的人，或者你的家庭是白人社区里唯一的犹太家庭？

因为家庭成员的社会关系会涉及许多方面，很难想象仅在一幅家谱图上就能将这些复杂的关系清晰形象地展现出来；然而，掌握来访者的社会关系对于评估和干预非常重要（Rigazio-DiGilio et al.，2005）。我们最好能够在一次访谈中尽可能地了解多方面的信息。不仅如此，将一个家庭成员的关系、可利用资源和现实困境与其生活的社会、社区等环境背景相结合，并以图形化的形式展示出来是非常有意义的。正如蕾嘉琪奥-迪吉利奥（Rigazio-DiGilio）和她的同事所指出的，如果不将来访者生活的社会、社区环境表示出来，就很难帮助他们理解这些方面所产生的影响；此外，理解生活环境也有助于来访者寻找有助于解决困境的重要资源。

很多人提出应拓展家谱图包含的信息，使其涵盖更多社会领域的信息，如性家谱图（sexual genogram）、文化家谱图（cultural genogram）、宗教或灵性信仰家谱图（religious or spiritual genogram）、社群关系家谱图（community genogram）、家庭生态图（ecomap）等，但在实际中它们都很难绘制。这是因为即使在一份简单家谱图中，家庭成员的数量往往都已很多——至少包含10人；以及对于图中的每个人物来说，其人生诸多维度在一生中（可能长达90年）都会不断地变化。如之前提到的，任何一份家谱图其实都力图在“清晰”与“详细”之间寻找一个平衡点。因此，倘若在一份家谱图中绘制多个家庭成员的性生活史，很快将使整张图谱变得混乱不堪，而且很可能没有足够的图标将希望记录的家庭信息全部表示出来。

文化家谱图也是这样，如果追求详细性，实际上即使是单个文化维度也是难以全部呈现的——例如民族——为一个曾在多个国家居住、多种语言环境、曾经生活在多种不同文化之下的家庭详尽地绘制家谱图是非常困难的，更不用提还有诸如社会阶层和宗教信仰等各种其他的维度。即使仅仅绘制某一个家庭成员的民族性特征就可能非常复杂，更不用说整个家庭。例如老虎·伍兹（Tiger Woods），他有四分之一非裔美国人血统、四分之一中国血统、四分之一泰国血统、八分之一荷兰血统以及八分之一印第安血统。将这些内容在家谱图中清晰地表现出来绝非易事。而现在，伍兹与一位瑞典女性结婚，他们的孩子就有了更复杂的血统特征。

我们的结论非常明确：仅在一张家谱图中是难以将繁复多样的信息清晰完整地展示出来的。因此，我们必须决定应突出呈现哪些家庭或个人的历史，而忽略其他的内容。但我们应谨记，在绘制家谱图中有意地忽略某些信息，并非缘于该部分内容复杂、难以绘制。

上文述及的各种拓展背景信息的家谱图，不仅是用图形记录和表述某类信息，而且也是在临床工作中对基本家谱图的有效补充，以获取和了解来访者各个方面的背景信息。在实际工作中，家谱图软件可以为我们提供很大帮助。利用软件我们可以记录更多详尽的、随时间发展的家庭信息；而后我们可以根据需要在软件中考察某个具体时间点上的家谱图，或同时参考某一个或某两个维度的信息，如同步显示专门记录该家庭教育史和文化背景的图谱。

家谱图难以记录的内容

尽管某些特定的家庭模式在家谱图的基本理论中极其重要，但它们仍然非常难以记录。这些内容包括：

- **涉及家族企业的家庭成员**。当有大量家庭成员在家族企业中任职，担任诸如CEO、经理、全职或兼职员工时，想要在图中将他们的“企业组织关系”与“家庭关系”之间的关系在图中表示清楚是非常困难的。
- **家庭成员与医疗服务系统的关系**。当具有不同专业背景或与医疗机构存在多种关系的家庭成员在不同的时间出现时，这类情况较难表示清楚。
- **有关文化的问题**。例如移民的原因、不同文化特有的民俗节日或特殊事件、不同文化对权力的特有观念以及神话故事和习俗（参考国会咨文，1994）——这些复杂的问题会让绘制家谱图变得非常困难。
- **家庭秘密**。在家谱图中，表示出哪些人知道秘密，哪些人不知道秘密是非常简便的；但是通常来说秘密不止一个，一个秘密背后还隐藏着更多其他的秘密。此外，想要以图谱的形式将“某个特定的秘密是如何被家庭成员们共同保守的”表示清楚并非易事。（借助电脑软件的帮助，我们能够详细记录这些内容，并且将家庭中存在的秘密展示出来。）
- **特定的家庭关系**。家庭关系的细微差别包括互补（complimentarity）、不平等的权力（unequal power）、三角关系（triangle）、躲避（avoidance）、侵入（intrusion）、功能过度 / 功能不足（overfunctioning / underfunctioning）、责任感过度 / 缺乏责任感（overresponsibility / underresponsibility）、替罪羊（scapegoating）、依赖 / 独立（dependence / independence）和羁绊 / 个人主义 / 孤立（enmeshment / individualism / isolation）。
- **友谊的模式**。即使是友谊的模式（pattern of friendship）这种最普通的关系，如果去刻意详细记录也会使家谱图不堪重负。要求一家人报告并在图中添加他们的主要朋友是很容易的，但是当我们问及他们父母的友谊模式时，这就变得非常复杂了。如丈夫的母亲总会有一位“最要好的”朋友，但往往又在一两年内不欢而散，如果这些友谊牵扯到多名家庭成员，这种情况会使绘图变得非常棘手。再如，父母有很多朋友，这些朋友都是一对对的夫妇，但他们中只有少数真正彼此恩爱，若想在家谱图上将这些情况一一体现将非常烦琐困难。而且，若朋友夫妇离婚，父母和这对曾经夫妇的关系又会变得非常复杂。这些情况都会让家谱图变得拥挤不堪，且难以更新！
- **与同事的关系**。绘制与同事的关系时存在着与上一条目相似的问题。在一个人一生的时间中，各种同事关系是非常复杂的，而且如果添加上父母和兄弟姐妹的信息，这张图谱一定会显得非常拥挤。但是在家庭历史中的某些关键时刻，同事关系扮演着重要的角色——它可能是重大的压力源，亦可能是重要的社会资源。

- **宗教/灵性/信仰家谱图**。已有很多学者撰写了大量关于夫妇或家庭的宗教/灵性/信仰发展史的文章（见参考文献中“宗教/灵性”部分）。一些人甚至精心创作白鸽、《圣经》和其他宗教符号的图案，来图解宗教幻象、强烈的宗教体验和对宗教组织全身心投入的状态。然而实际上，即使是请技术高超的绘图师借助配置强大的电脑去追踪和绘制一个人的宗教/灵性/信仰历程，家谱图也会很快不堪重负，更不必说追踪整个家庭的信仰发展史。尽管如此，在任何的家谱图中，重要的宗教或灵性归属感、体验和改变都有必要标识出来；此外，了解来访者的灵性、宗教和信仰历史对于确保临床评估的效力是非常重要的。霍奇斯（Hodges，2001）提出了一些有趣的访谈话题，例如询问来访者是否曾和天使、圣徒、魔鬼、恶魔或故去的人有过接触，如果体验过，那具体的遭遇经历是怎样的。这些宗教/灵性体验对于理解个体的压力或他/她的生活的希望、动力都非常重要，我们应努力找到恰当的方式将这些关系表示在家谱图中。
- **社会关系家谱图**。由于涉及社会团体、政府结构等方面的各种关系非常复杂，通常很难将这些内容表示清楚，然而，正如蕾嘉琪奥－迪吉利奥及其同事所指出的，在绘制家谱图时有必要了解这些方面的信息。如果在评估和干预时不将社会关系作为背景加以考察，就有可能遗漏某些人为的问题因素，并难以厘清来访者压力的本质意义。
- **追踪健康史和心理压力源**。这方面的信息也很难简洁清晰地表示，因为每个家庭成员的医疗或心理健康史都有着其潜在的复杂性。然而，对于任何健康机构来说，这些信息都是评估来访者情况的最有效工具。我们需要了解与索引患者有关的所有家庭成员的基本健康史，因为对于索引患者的病症，这些亲属既可能扮演着治疗资源提供者或支持者的角色，亦有可能受到索引患者疾病压力的影响而产生连锁反应。家庭成员作为照顾者，上一代人对疾病的反应，既可能为下一代人积极应对疾病提供榜样示范，亦有可能强化来访者对先前疾病情境的恐惧感。
- **生态家谱图**。在将生态图与家谱图结合的经典尝试中，哈特曼（Hartman，1995）提出了14类较重要的背景因素（如社会福利、医疗保健、大家庭以及娱乐休闲等）和5种不同的关联模式（强、弱、紧张、能量向家庭成员流动、能量向机构组织或团体流动）。如前文所述，即使对很小的家庭来说，记录如此多样信息的家谱图也会很快变得拥挤不堪。在家谱图中如何添加作为社会背景信息的各种机构是一项很大的挑战。

尽管在单个的家谱图中想要将有关家庭各个方面的背景信息全部描述清楚几乎不可能实现，但是借助电脑软件我们已经进入了一个激动人心的新时代，很快我们就能制作非常复杂的三维度家谱图，它将使用我们以往无法想象的方式去追踪、描述各种复杂的家庭模式。我们能够在某个特定的维度上深入探究细节信息，而且可以同时对成千上万的家庭模式加以比较，正如现在我们已可以对 DNA 模式开展研究，并可选取某个特定的 DNA 与全人类的基因组做比较。此外，我们可以检视在较长的某段时期内，朋友、家人以及宏观的社会关系对个体所造成了哪些影响。振奋人心的是，我们将首次超越个人的能力限制去描述各种家庭模式的极其繁复的细节。这样，根据源于千百万家庭的数据，我们对各种家庭模式的直觉和设想将可以得到检验，来看看我们所提出的观点是否能够被实证；还可以发现在人际关系、健康、抗逆力和创新能力之间那些曾被我们遗漏的种种联系。

G ENOGRAMS

第 3 章　家谱图访谈

家谱图访谈（genogram interview）旨在收集绘制家谱图所需的家庭信息。访谈可能仅需几分钟，亦有可能延续几小时、数月甚至数年，访谈所需的时间依据家谱图的工作目标而定。读者们通常希望能够根据工作情境和需要来整理收集到的家谱信息。本章将介绍一种易于理解的思考框架，帮助读者将收集的信息结构化，进而绘制家谱图。我们对莱特和利希的建议做了补充和拓展（Wright & Leahey，1999，p.261），我们相信，如果所有的医疗工作者在问诊时都秉持"疾病是整个家庭的事"这个基本观念，那么就一定就能让医疗领域和心理治疗领域的面貌大为改观。的确如我们每日所见，有许许多多的疾病和痛苦都源自社会和家庭的断裂与破碎。绘制家谱图是寻找疾病与家庭之关联、走向治愈的第一步。

我们在此呼吁，应将家谱图访谈标准化地纳入社会公共服务、教育以及咨询服务当中。莱特和利希（Wright & Leahey，1999，p.261）提出，收集家最基本的家谱图信息只需两分钟即可完成！这些信息包括基本的人口资料：家族成员的年龄、职业 / 教育背景、民族、宗教信仰、移民时间、与索引患者关系密切或共同生活的家庭成员当前的健康状况，以及相关临床资料和家庭的可利用资源。

本章给出了家谱图访谈中提问的详细框架，但这些内容并非家谱图访谈的标准化工作流程，因为任何访谈流程都应根据工作的目标、情境以及访谈对象的反应等具体情况而确定。另外，对于希望收集的信息，本章提供了组织提问的思路与框架。有关家谱图访谈提问的更详细讲解请见《再次回家：理解家庭关系》（*You Can Go Home Again: Understanding Family Relationship*，McGoldrick，1995），该书每章的结尾处都有对家庭系统和家庭关系的理论讲解，可以让读者对家谱图访谈有更深入的理解与认识。

捕捉家庭信息的网

我们可以将采集家谱图信息的过程比作为抛撒一张“收罗信息的网”，去捕捉那些与家庭相关的信息；它会越来越大，获取越来越丰富的家庭信息和更宏观的背景信息。这张网有多种铺撒的路线：

- 从当前面临的困难、问题本身，到呈现该问题所处的宏观的环境背景；
- 从当前家庭到大家庭并延伸到社会系统；
- 从当前家庭的处境到历年家庭中发生的大事件；
- 从询问轻松、不会引起紧张情绪的问题，到询问较为复杂、令访谈对象难以启齿甚至可能引发焦虑的问题；
- 从与家庭功能和家庭成员间关系相关的外显事实，到有关家庭模式的判断和假设。

当前的问题和直系家庭

在家庭医疗当中，人口统计学以外的其他家谱图信息常常在治疗室问诊时才能采集到。家庭因某个成员出现问题前来求助，而这些特定问题往往是治疗的起始点。

治疗开始时，来访家庭被问及有关家庭的基本信息，以便治疗师了解情况。在分析当前面临的问题时，会收集到越来越多关于该问题的信息，这个问题对直系家庭造成的影响也会越来越清晰。

为了清晰地了解当前的困境或问题，治疗师对来访家庭成员提问以便收集家庭的基本信息。在分析当前问题及其影响时，关于这个家庭的各种信息往往会自然而然地呈现出来。在医疗保健和心理治疗中，初始提问应围绕直系家庭成员以及困境 / 问题出现的背景而展开：

- 现在家里有几口人一起生活，都是谁？
- 家庭成员之间的关系怎么样？
- 家庭的其他成员住在哪里？

为了解来访家庭的结构并构建家谱图的框架，治疗师通常会询问直系家庭每个成员的姓名、年龄、性别，以及职业。其他相关信息通过围绕当前家庭面临的问题提问而获得：

- 都有哪些家庭成员知晓目前出现的问题？
- 对于出现的问题，家庭中的各个成员都如何看待？分别有什么反应？
- 家庭中是否有其他成员曾出现过相似的问题？
- 出现问题时是谁尝试用什么样的方式去解决？
- 问题是从什么时候开始出现的？是谁先发现的？谁对出现的问题最为关注？谁最无动于衷？
- 在问题出现之前和之后家庭成员间的关系有什么样的变化？这个问题出现之前还有其他问题存在吗？自从这个问题出现后，其他的问题发生了什么样的变化？
- 这个问题自从出现到现在是否有什么变化？有所好转还是越来越糟？是什么因素造成了这些变化？

此时也是一个好机会，可以询问该家庭为了应对问题已经寻求过哪些帮助，包括先前治疗的情况、先前治疗师的情况、住院治疗的情况以及是谁将他们转诊至此。

当前的状况

接下来，治疗师将把“捕捉信息的网”撒向家庭现状。这条提问主线通常应自然地衔接于关于困境的状况和问题涉及者的提问之后：

- 家庭中最近都发生了什么事情？
- 最近家中有哪些变化（例如，谁来了或谁离开了、疾病、就业问题等）？

询问最近的生命周期过渡（life cycle transition）的情况，以及根据当前的状况，来访者对未来家庭中可能出现的变化有哪些预测，这些都非常重要（特别应关注家庭成员的增减情况，如出生、结婚、离婚、亡故或离家出走）。

收集更宏观的家庭背景信息

治疗师可以向与当前问题相关的所有成年家庭成员提问，询问有关大家庭、社会关系网和文化背景等方面的信息，以此寻找机会收集更宏观的背景信息。治疗师可以使用“我现在想问一些关于家庭的问题，以便进一步搞清你们所面临的问题”为承接句，将话题引入这一阶段。紧接着，治疗师对家庭中的两方（父母或夫妻）分别提问，例如，首先询问母亲方面的家庭情况：

- 从你母亲一方的家庭开始吧。你的母亲在她同辈的兄弟姐妹中排行第几？
- 她的出生时间和地点？
- 她还在世吗？
- 若不在的话，什么时候过世的？因何而过世？
- 如果在世，现在住在何处？
- 她是做什么工作的？
- 她的受教育程度如何？
- 她退休了吗？什么时间退休的？
- 你父母什么时候认识彼此的？怎么认识的？他们是否结婚？若结婚的话，是什么时候？
- 在这之前她有过婚史吗？如果有，是什么时候？你的母亲和她的原配是否分居、离婚或是原配死亡？如果是，什么时候？
- 她和你父亲之外的人是否还有其他孩子？
- 她有什么爱好？
- 她的健康状况如何？
- 你和她相处得怎么样？其他人跟她相处得如何？

如此提出各种问题。之后再以用同样的方式来询问关于父亲一方的家庭情况。之后，治疗师可以对父母各方的原生家庭进一步提问，目的是收集有关该家庭至少三代或是四代人的信息，包括祖父母、父母、姑姑、叔叔、兄弟姐妹、配偶以及索引患者的孩子们。

应对阻抗

当被问及大家庭的情况时，家庭成员可能会消极作答或抱怨，认为这些问题都是“毫不相干的”；这时应改变访谈的方向，将关注的焦点转回到询问当前直系家庭的现状；直至治疗师在“家庭现状”与“其他家庭成员间的关系或经历”之间建立起联系，再开始询问有关大家庭的问题。收集家谱图信息过程中应如何应对家庭成员的阻抗，实例请参见《未尽的伤逝》（*The Legacy of Unresolved Loss*，可访问网址 www.MulticulturalFamily.org 付费下载）。在工作中保持温和而坚持不懈的态度，必会让我们收获所需要的信息，以此可以向家庭成员们展示这些信息间存在着什么样的联系。

宗教信仰和文化背景

为了在家谱图中将面临的问题、当前的家庭关系置于恰当的位置，治疗师有必要了解来访家庭的背景资料，包括家庭所属民族的文化、家庭的社会经济状况、家庭成员的政治观念和宗教信仰等。随着访谈逐渐推进并涉及关于大家庭的信息，此时是开始询问民族背景的好时机。探索民族背景及家庭移民历史方面的信息，有助于治疗师了解家庭的文化背景，进而更好地理解家庭运作方式、家庭态度以及家庭行为模式。了解家庭的文化背景及其宗教传统，在解决当前问题、治愈家庭等方面都具有重大意义，这也有助于治疗师认清家庭各成员对这些传统价值观的看法和态度。同时，治疗中家庭成员对治疗师的期望以及咨访关系都会受家庭文化的影响——家庭文化设定了来访家庭在治疗中对治疗师的反应方式。

此外，还应注意并处理家庭成员之间、家庭成员与治疗师之间在社会阶层上的差异，以免引起任何的不适。“社会阶层”不仅限于家庭当前的经济收入，还包括家庭的文化背景、教育水平以及该家庭在当地社会中的宗教地位等方面。对影响来访家庭的社会和宗教因素有了清晰的认识之后，治疗师的提问就会更加高效且具有针对性，帮助来访家庭辨明究竟是哪些家庭行为导致了他们的问题或困境；有时这些行为可能是文化上被鼓励的，例如，某位女性为了家人无私地牺牲自己的一切（McGoldrick，Giordano，& Garcia-Preto，2005）。

访谈者应注意的潜在问题

在咨询的过程中，治疗师应时刻关注并评估自身的状态和所处的位置。在与家庭成员接触的过程中，治疗师会遇到各种各样的困难，这些困难可能涵盖文化差异、社会阶层、性别、年龄、种族、性取向、宗教信仰或信念等方面。治疗师可能会卷入家庭成员间的三角关系当中，亦有可能卷入家庭与其他对象（如其他的治疗师或治疗机构）间的三角关系。治疗师同时也应留意自己的文化背景或身处的生命周期阶段对治疗带来的影响。

询问文化信仰及生活阅历

访谈的开展应尽可能与来访家庭的信仰相协调，从而使家庭愿意接受治疗师推荐的干预措施。对于来访家庭当前面临的困境，在他们所属的文化或信仰中会被如何解读？按照家庭固有的文化或信仰体系，通常如何处理、解决此类问题？治疗与评估中，治疗师应如何提出各种涉及文化、信仰的问题？根据多年工作的总结，我和我的同事们——肯·哈迪和特蕾西·拉斯罗菲（Ken Hardy & Tracy Laszloffy, 1995）、道格·斯彻俄宁格（Doug Schoeninger，准备出版中）——总结出如下的提问大纲，来帮助来访者了解他们的文化背景。当然，提出这些问题的时机需完全遵照访谈的具体情况来定。

收集文化信息的提问

- 你属于哪个种族？有什么样的宗教传统？你是什么民族的人？从事什么职业？工作是什么？生活在哪个社区？你认为你还从属于哪些群体？
- 你或你的家庭什么时候，为什么来到美国，来到当前生活的社区？刚到这里时家庭成员的年龄是多大？你或你的家人对你们在美国的生活状态有安全感吗？你们有绿卡吗？在你们生活的社区中，你和家人有安全感吗？
- 在家里你们用什么语言沟通？你在生活的社区里用什么语言和他人沟通？你的原生家庭用什么语言沟通？
- 你们的种族或族群曾经历过何种创伤？或者因为给其他族群造成伤痛，你的族群背负着什么样的压力？你的族群对其他族群的伤害，或你的族群所受的伤害，对于你个人具体有什么样的影响？
- 你是否遭受过祖辈们曾遭受的伤害？你的祖辈所做的错事对你造成了什么样的影响？对于你祖辈的过错，你有何看法，你如何表达你的悲伤？你认为应如何弥补祖辈的过错？
- 你的家庭来到美国后经历过的压力最大的事情是什么？
- 在你的文化传统当中，在需要帮助时首先求助的对象是谁？
- 在你的文化价值观中，如何看待男性和女性的性别差异和性别角色？如何看待教育？如何看待工作和事业上的成就？如何看待家庭成员间的关系？家庭中应由谁来主事？有何宗教活动？这些观念是否随着时间变化发生过改变？
- 你和老家的亲属有联系吗？
- 移民的过程造成家庭成员的教育水平和社会地位的改变吗？
- 你对你原有的文化有什么样的看法？你认为你融入美国文化了吗？

通过这些提问，治疗师可引导家庭成员发掘其传统文化中的资源，增强他们的抗压和适应能力，找到前进的动力，使家庭能够朝着符合其文化价值观的长远目标发展。这些提问还能帮助治疗师找出他们的文化赋予家庭的力量，去应对当下困境带来的压力。

强化文化传统的提问

有助于家庭发掘其文化传统中蕴含的抗逆力的提问包括：

- 假如你的祖父也曾梦想过能像你一样移民到美国，他却未能如愿，请你设想下，如果面对类似现在你和你儿女这样的冲突，他会如何处理？
- 你的祖辈们曾经受数百年的奴役。如今你们能够生活在这里，都是凭借他们巨大的勇气和力量去斗争得来的。你觉得祖辈给你留下了什么样的力量，可能对你处理现在的问题有帮助？
- 你的曾祖母 21 岁移民到美国时在制衣厂做苦工。可是她却以莫大的力量支撑了整个家庭，养育了六个孩子。你觉得，对于你这个曾孙女，她都会有哪些期待？面对目前的问题，你认为她最希望你怎么做？
- 你的父亲死于饮酒过量，但是刚来这个国家时他只有 18 岁，而且未质疑过他的梦想。你认为他关心的是什么？你觉得他对远在故土的父母有何感受？你觉得他对现在的你有何期望？
- 你会参加匈牙利老乡互助会并做志愿者吗？
- 在你居住的城镇是否有拉美裔政治团体？他们是否能帮你赢得你的族群在美国 150 年来应得却未得的社会资源？
- 你来自意大利家庭，你的妻子是爱尔兰裔移民，你认为这个事实对你处理家庭冲突的方式有影响吗？

上述提问以及对文化观念的临床评估，目的在于帮助治疗师将来访者纳入其过往的历史、当前的环境以及将来的情境中去考察，从而对当前家庭所面临的问题有更好的分析。

当询问来访者有关其种族的问题时，治疗师既是在帮助他们认识与发现自身文化上的传承和历史中的断裂，同时也是在帮助他们将家庭中文化认同方面的主题清晰化。这条提问主线正如其他对家谱的探索一样，本身就具有一定的干预效力，因为它们能够推动来访者与其家庭更宏观的历史、社会背景联系到了一起。使用家谱图收集家庭的历史背景信息是一项合作式的、以来访者为中心的治疗过程。在这项工作中应尊重来访者的任何观点，同时鼓励家庭成员表达各自不同的看法；治疗师应本着上述宗旨来记述来访者所讲述的故事。从文化和历史的角度分析家庭系统，并对已发生的生命周期过渡做评估，治疗师便可将家庭当前面临的问题带入那些不断演变着的，有关地域特点、迁居移民和文化变迁的家庭模式中去分析。应收集信息的领域包括：

- **社会文化、社会政治和社会经济因素**。社会文化因素（有关社会阶层、种族、民族、经济水平、教育水平、就业环境和法律地位等），这些因素中哪些方面阻碍着家庭功能的运行？根据经济收入和教育水平来判断，家庭的地位如何，是否与其所生活的社区环境相协调、相适应？家庭成员的受教育经历、职业经历都有哪些？家庭成员的收入有何变化？对于政治，家庭成员都有过什么样的观念或想法？家庭成员之间是否曾因政治观念不同发生过争执？是否有家庭成员曾因其政见而遭受迫害？
- **经济收入**。我们通常会将直系家庭成员的年收入标注在其出生和亡故日期的正上方，同时如有任何债务方面的信息（特别是信用卡债务，这在美国家庭中非常普遍）、从其他家庭成员那里（即将）继承的遗产、与其他家庭成员的债务关系等也应标注在家谱图的旁边。经济上的成功或债务都可能成为家庭的压力源。通常，尤其是那些属于少数文化群体家庭，或工人阶级家庭中第一个成功出人头地的成员常常会感到来自其他成员的压力，包括嫉妒、怨恨，或必须去帮助他人的压力，等等。而对于上层社会的家庭，那些丧失原有经济资源、社会地位的家庭成员会因此感到羞耻或与大家庭发生矛盾，他们会挣扎着希望能返回原来的生活水平，这让他们处于持续的压力之下。
- **文化传统**。家庭成员的种族、民族以及种族文化背景是什么？种族歧视对他们有什么影响？在社区中是否因文化独特性而遭到孤立？是否被社区中的其他居民当作外来者看待？其当前的宗教/灵性信仰是支撑还是削弱了他们原有的民族文化传统？
- **信仰、宗教和灵性信仰**。家庭中的核心信仰是什么？他们有什么样的宇宙观？家庭是依托某种神话、规则、灵性信仰或家族秘密组织到一起的吗？家庭中宗教信仰和宗教活动的历史是怎样的？信仰是否曾改变，是如何改变的？家庭内部是否曾因信仰不同发生过冲突？家庭是否曾因信仰问题而与周边社区中的其他人发生过冲突？这些冲突对家庭有何影响？有多少家庭成员曾改变信仰？其他家庭成员对这种信仰上的转变做何反应？
- **家庭成员的语言技能和文化渗透**。每个家庭成员对美国生活环境的适应速度不同，保留原有文化的程度不同，对英语的掌握水平也不同。众所周知，了解和使用本族原有的语言有益于原有文化的保持。孩子们在成长中说的是哪种语言？家庭中是否曾因语言和文化适应上的差异而发生过冲突、出现权力上的失衡或家庭角色的逆转？（特别是当孩子不得不为父母充当翻译的时候。）
- **家庭与社区的关系**。家庭成员的社交友谊情况如何？家庭对社会资源的利用程度如何（如朋友、邻居、宗教组织、学校、医生、社区机构、医疗保健以及社会服务，包括心理治疗师）？当移民家庭搬离移民聚居区后，适应新环境会给家庭造成很大的压力，这一点甚至会影响到移民后的几代人。治疗师应收集特定民族社区中社交互动网络的信息，恰当的时候，治疗师可鼓励来访家庭通过家庭拜访、书信或其他社交渠道建立新的社交网络。

- **移民经历**。家庭为何移民？他们在追求什么（生存、探险、财富）？移民对他们来说是为了逃离什么（宗教或政治迫害，还是贫穷）？由移民或文化认同冲突带来的压力应当受到重视，治疗师应像关注家庭历史中的其他任何压力一样，认真对待这些方面的信息（Hernandez & McGoldrick，2005）。评估这些因素非常重要，这有助于我们判断家庭中表现出的功能失调相对于当前承受的文化压力，是属“正常反应”，还是已超出了“因文化差异或文化冲击造成的应激反应”；后者需要专业治疗师的干预。有时，因移民迁居带来的压力可能被“埋没”或遗忘。移民之前原有的文化传统可能被压抑，但是在努力适应新的生活环境过程中，原有的文化传统可能仍会影响家庭的思想观念。许多移民群体已被迫放弃他们原有的文化传统或习俗，他们也因此失去了一部分对自身传统的身份认同，然而，这些被埋没的历史有时反而会具有更大的能量。相较于因探险或追求更高收入而选择移民的家庭，那些曾在故土经历创伤、遭受迫害的移民家庭在适应新环境、开始新生活的过程中会承受更大的压力和痛苦。有关移民方面应特别留意的提问包括：

    - **移民前的家庭历史**。在移民时，你们所来自的国家的政治和经济状况如何？
    - **移民的经历和历史**。移民过程本身是否给家庭造成创伤？除了失去原有的文化外，移民经历是否给家庭带来其他更大的丧失？
    - **移民后的经历和文化冲击**。到达美国后，家庭经历了哪些大事件？他们在语言、社会地位或经济等方面遭遇了什么样的困境？到美国后，家庭是否失去了原有的社会地位和选择工作的自由？文化价值观的冲击给家庭造成了什么样的影响？家庭所在的社区是友善关爱的还是排外、充满敌意的？
    - **移民和生命周期**。移民时家庭中各成员的年龄都是多大？留在故土没有移民的家庭成员在当时又是多大年纪？移民时的年纪对家庭成员有何影响？移民后是否有儿童因掌握英语较快或因家庭经济问题而不得不提前承担成年人的角色？是否因为家长适应新环境比孩子慢而使家庭中的抚养关系发生了逆转？是否有类似的因生命周期阶段引起的变化？移民后，祖父母是否因英语学习能力不足而生活受限？生命周期对家庭适应新环境造成了哪些影响？

对文化困境以及社会地位的提问

针对来访家庭在文化方面遭遇的困境提问可能并非易事，往往需要深厚的临床功底。我们应谨记，了解这方面的信息对绘制家谱图来说至关重要。例如，在非洲裔美国家庭中，如果说肤色问题对家庭关系毫无影响这一定是违背现实的（Boyd-Franklin，2006）。美国文化中，歧视非洲裔族群的种族主义观念根深蒂固。从美国早期的奴隶制社会开始，非洲裔美国人的文化就已内化了有关肤色的种族歧视性的意识形态；而家庭中的三角关系更极有可能受到此类不良因素的影响。

在白人家庭中，只有当一个家庭成员选择另一族裔的人做配偶时，肤色对社会地位带来的影响才会浮现。实际上，在美国，因种族歧视而造成的社会不公影响着每一个家庭，这个问题就像性别歧视和阶级歧视一样普遍。种族主义、白人至上主义、排犹主义、性别歧视、阶级歧视和憎恶同性恋等对家庭造成的冲击绝不应被忽视，并且在临床评估中应对所有家庭都进行这些方面的考察（McGoldrick & Garcia-Preto，2005）。

血缘、法定关系之外的关系网络

家谱图除了记录和展示血缘上和法定上的亲属关系网之外，还会记录这两者之外的其他关系，包括同居、流产、堕胎、产死胎、收养和领养儿童等对家庭来说同样重要的关系。同时应询问来访家庭成员，是否还有其他人（如朋友、教父或教母、老师、邻居、朋友的父母、牧师、看护人、医生等）对于该家庭来说也扮演着重要角色。应将这些信息全部记录到家谱图中，以探索家庭的外部支持资源，治疗师可询问的提问包括：

- 当你在财务、情感、物质或信仰 / 灵性方面需要支持时，你会向谁求助？
- 亲属之外的其他人在你的家庭中扮演着怎样的角色？家庭之外的人物中，有谁在你的生命里扮演着重要的角色？
- 你与所生活的社区之间关系如何？
- 你是否曾有过让你特别依恋的奶妈、保姆或亲属之外的抚养人？他 / 她后来怎样了？
- 有谁曾经和你的家庭一起同住吗？在什么时候？他们现在去了哪里？
- 你的家庭是否曾接受过医生或其他专业人员、组织的帮助？

对于某些特定的来访者有必要询问一些附加问题。例如，向男、女同性恋者询问以下几个问题非常重要（Burke & Faber，1997；Laird，1996；Scrivner & Eidridge，1995；Shernoff，1984；Slater，1995）：

- 关于你的性取向你最先告诉了谁？
- 这个人是家人还是外人？
- 你最希望向谁说出你的性取向？
- 你的家庭中最容易或最难沟通的人是谁？

追踪家庭发展的历程

追踪家庭成员的出生、死亡以及生命周期过渡（life cycle transition）的变化，可以帮助治疗师对家庭适应风格（adaptation style）提出假设。应该特别关注重要家庭成员的意外死亡，这可能给家庭造成深刻的创伤。治疗师应关注家庭成员在生命周期过渡中是否存在僵化的适应模式（adaptive pattern）；评估家庭的适应模式，特别是那些应对丧失或重要生命周期过渡的适应模式，这对于帮助家庭处理当前的危机非常重要。家庭过去的历史及其对家庭成员的影响，以及家庭成员对这些历史的看法等都可以为我们提供线索，是我们了解家庭规则、家庭力量、家庭可利用资源，以及家庭抗逆力的资源所在（Walsh，2006）。

对于某个特定的问题，除了关注其现状外，我们还应对问题发生发展的细节给予关注并深入调查。焦点应集中于家庭模式在不同时期都发生了哪些的改变：问题出现之前的家庭模式、问题出现当时的家庭模式、首次寻求治疗时的家庭模式、当前的家庭模式等。根据每个时期的情况我们可以分别绘制独立的家谱图（电脑软件使绘图工作变得非常简单，可以方便地绘制每个时间节点上的家谱图，并将家谱图中关键时间点上的细节信息——有关压力与症状发展变化的情况——清晰明确地展示出来）。询问家庭成员对未来发展方向的看法，同样也能让我们清晰明确地获得许多重要信息。以历史发展的眼光看待家庭，需要我们将过去、现在和未来串联起来，并且留意观察家庭在应对各种变化的过程中所展现出的适应性。收集这些方面信息的提问包括：

- 如果问题或困境持续下去，家里会怎么样？
- 如果问题或困境消失了呢，家里会怎么样？
- 请设想一下家庭的每个成员在未来会有什么可能的变化？

对于敏感的个体之家庭功能提问

在绘制核心家庭和大家庭家谱图的过程中，治疗师应针对每个家庭成员的家庭功能、人际关系和家庭角色展开提问，并做出相应的判断。在询问当中，治疗师应时刻保持临床敏感性和判断力。上述各方面的询问都有可能触及家庭的某些敏感之处，因而对每个问题都应斟酌、谨慎。

对家庭成员的家庭功能做准确评估需要一定的临床技巧。家庭成员可能在某些方面或领域功能良好，但在其他方面功能失调，或者试图掩盖自己在家庭功能上的问题。通常，必须经过谨慎、细致的询问，才能揭示出每位家庭成员真实的功能水平。那些患有重病的家庭成员，有的可能表现出超强的适应能力，也有的可能稍有风吹草动就变得脆弱不堪。有关家庭功能的某些问题对来访者来说回答起来非常的艰难和痛苦，所以治疗师在操作时一定要谨慎、富有技巧性。例如，在对酗酒或赌博之类的问题做评估时，家庭成员可能防御性地作答，亦有可能因害怕暴露真实情况而刻意隐瞒。治疗师应告知来访家庭，有些问题可能回答起来会让人难以启齿，如果某些东西是来访家庭不愿具体讨论的，可以明确地告知治疗师。某些提问对解决当前问题至关重要，但家庭成员却可能表现出阻抗；此时治疗师不得不施加一些压力，但对于施压的力度治疗师应有所判断和把握。对于那些可能让家庭感到尴尬或引起羞耻感的内容，最好将家庭成员分开，单独访谈。

对于可能给某些家庭成员带来人身危险的提问，咨询师在操作时应特别谨慎。举例来说，如果可能存在家庭暴力，那么治疗师绝不应在丈夫在场的情况下向妻子询问有关丈夫行为的问题，这种看似妻子能够随意作答的提问，其实并非像设想的那样。治疗师有责任确保其提问不会将来访者置于危险境地。下面是关于个人家庭功能的一些提问：

有关严重问题的提问

- 家庭中有哪个成员曾患过重病或精神方面的问题吗？有谁曾经患有焦虑症或恐惧症吗？有人曾失去理智、无法自控吗？曾经有任何的家庭暴力或性暴力发生过吗？
- 是否还有其他让你担忧的问题？问题是何时开始出现的？你曾寻求过帮助吗？若有过，是什么时候？结果怎样？这个问题现在怎么样了？

有关工作的提问

- 近来工作上有变动吗？是否失业？

- 你喜欢你的工作吗？
- 在你的家庭中还有谁也在上班？他们喜欢自己的工作吗？

有关财务的提问

- 每个家庭成员的收入都是多少？收入上的差距会导致家庭关系的不平等吗？如果会，这种不平等都体现在哪里？你们家庭的财务状况相比于其他亲属处在什么水平？
- 你将会获得一部分遗产吗？家庭的收入由你来支撑吗？将来家里面有需要你照顾的人吗？
- 有没有什么特别的花销？是否欠下巨额债务？信用卡的信用额度是多少？
- 家里面的钱由谁来管理？家里面在花钱上怎么做决定？在这些方面，你现在的家庭和你们的原生家庭有何不同？
- 家中有人赌博或花钱无度吗？

有关药物、毒品和酒精依赖的提问

- 家庭成员中有没有人需要每天定时用药物？用哪种药物？为什么要用？是谁开的药方？家庭与医生之间的关系如何？
- 你觉得家里有人喝酒喝得有些过量或者在吸毒吗？其他人也有与你相同的看法吗？哪种毒品？这是什么时候的事？对于这个问题家里人有何打算？
- 开始有毒瘾后这个人有何变化？其他人有什么变化？
- 家里有人曾因饮酒或吸毒之类的问题而违法吗，如酒后驾车？

有关违法经历的提问

- 家庭中曾有人被逮捕过吗？因何被捕？什么时候？结果怎样？此人现在在服刑吗？
- 曾有人被吊销过驾照吗？

有关家庭暴力或性暴力的提问

- 你在家庭中曾受过威胁或胁迫吗？你或其他人曾被家人殴打过吗？你或其他人曾被家人威胁要遭殴打吗？你曾经威胁过你的家人，或实际打过你的家人吗？家人还用其他什么方式威胁恐吓过你？

- 是否有某个家人或家庭之外的人曾经对你有过性骚扰、猥亵或不恰当的身体接触？你的其他家人是否有此遭遇？是被谁骚扰或猥亵？在美国，遭到殴打现已被认为是威胁女性健康的首要问题（McGoldrick，Broken Nose & Potenza，2005），对治疗师来说，在询问有关家庭权力关系的情况时应极其谨慎小心。据推测，整个生命周期内有大约25%的女性在亲密关系中曾遭受过伴侣的强奸或躯体攻击（Tjaden & Thhoennes，2005）。夫妻关系中的许多维度都可能发生虐待（如经济、情感、生理和心理、夫妻间关系与其他生活领域——包括工作、朋友、宗教信仰、原生家庭、孩子等，性行为、家务、娱乐活动以及抚育儿女）。从这些维度的广度、深度以及复杂性可见，治疗师在询问时应特别谨慎、透彻，逐步展开、缓慢细致地推进提问，因为家庭成员在作答时往往会否认或有意回避关于虐待的内容。

就上述夫妻间的虐待而言，我们发现除家谱图以外，“权力与控制力金字塔”（Power and Control Pyramid，图3.1）也是一种极为有效、方便的工具，适用于评估夫妻关系和家庭关系各个领域中的暴力和心理虐待。这个“金字塔”可帮助夫妻（在单独面谈中）思考自己在婚姻关系中各个权力维度上的境况。此外，治疗师还可以做以下提问：

- 你们之间通常由谁来主事或做决定？
- 你们之间由谁掌管家庭财政大权？
- 你们如何解决两人之间的冲突？
- 对于婚姻中的家庭暴力或威胁，夫妻各方都持什么样的看法或态度？

组织整理家谱图信息并设定优先级

绘制家谱图过程中难度最大的一项工作可能就是如何确定优先级了——我们需要筛选收集到的信息并决定将哪些内容收录到图中。治疗师并不可能将收集到的每一条信息都纳入家谱图。头脑中时刻保持着对“家庭模式”的敏感性，有助于治疗师设定绘图的优先级。作为绘制家谱图的“经验法则”，在整理信息时应优先在图中收录下列内容：

- 跨代际的或反复出现的家庭功能模式、家庭关系模式或症状模式；反复出现的三角、联盟、断绝关系、冲突等关系模式，以及功能过度或功能缺乏——

以上内容都是解读家谱图的核心。

- 日期上的巧合——例如，在某位家庭成员的亡故日期或死亡周年忌日，另一位家庭成员出现症状；或某个家庭成员身上症状出现的日期（或症状起止的日期）与另一位家庭成员出现问题的日期（或问题的起止日期）相一致。

图 3.1 “权力与控制力金字塔”（Power and Control Pyramid）*

*改编自家庭虐待干预项目（Domestic Abuse Intervention Project，www.duluth-model.org）的图谱，以及消除暴力改邪归正运动（Wellbriety Movement）中唐·科伊斯（Don Coyhis）的图谱（www.whitebison.org）。

- 生命周期的过渡和变化都会给家庭带来冲击，特别是那些因重大家庭事件或生命周期过早发生过渡（如孩子出生、结婚、孩子夭折等）而造成的家庭功能或家庭关系上的改变，其冲击力尤为强烈。

对各种家庭模式保持敏感，有助于治疗师发现访谈资料中缺失的信息。有关重要家庭成员或重要家庭事件的信息如果出现缺失或相互矛盾，往往意味着家庭中存在固结的情感。治疗师同样也应该留意，是否有家庭成员同时承受着多种压力。

简明家谱图访谈的精要

在制作简明家谱图（brief genogram）时，治疗师在访谈中应聚焦于那些关键性的要点信息，例如，年龄、职业及教育背景、宗教信仰、种族文化背景、移民时间以及每个家庭成员当前的健康状况等。此外，治疗师还应询问下列问题："在你的直系家庭之外，还有哪个人对你来说非常重要？还有谁会给你带来压力？将你转诊到我们这里来的人是谁？还有没有其他专业人员为你们的家庭提供过帮助？"莱特和利希（1999）提出，根据治疗师的临床经验，应向所有家庭成员询问至少三个关键问题，包括：

- 给家庭成员带来最大压力的事情是什么？
- 哪些信息是家庭成员之间愿意分享的？哪些信息是不希望其他人知道的？
- 家庭中谁最有爱心？或哪位家庭成员最值得他人敬佩？
- 家庭成员认为他们目前面对的最大困难是什么？
- 家庭成员当前最希望治疗师回答或帮助解决的问题是什么？

莱特和利希（1999）提出了一套策略，并推荐广大治疗师使用——在简明家谱图访谈过程中治疗师可能会观察到家庭中的各种力量或应对资源，治疗师应至少对两处加以赞扬和褒奖。这是个极好的主意，特别是当这些积极内容是家庭模式而非一次性的表现时，给予赞扬非常有意义。赞扬的例句有：

- 在面对你们所说的问题时，你的家庭展现出了极大的勇气，这种勇于面对问题的精神非常难能可贵，能做到这些也很不容易。
- 虽然家庭中曾有性暴力、家庭暴力、物质成瘾和精神疾病，但是你们还是坚持下来了。
- 你们是战胜了性暴力、家庭暴力、物质成瘾以及精神疾病的斗士。
- 虽然有时可能感到愤怒和绝望，但你一直都是一个充满爱心、非常会照顾别人的人。

为了避免访谈结束后家庭成员深陷于刚刚提及的不幸经历，或是因问题没有得到澄清而困惑不解，治疗师在收尾时需要对该次访谈做总结，这一点非常重要。一般情况下我们都会和来访家庭分享访谈所获得的成果，赠予他们一份根据访谈信息绘制的家谱图，并要求来访家庭检验治疗师对其家庭故事的理解是否准确。这种做法本身就具有干预意义，因为这样可以让来访者在图中直观地看到自己家庭的各种模式，并且通过修改图谱来获取控制感。家庭成员们看到图形化的各种“家庭事实”，从而能开始从各个角度系统化地审视自己的家庭。让每位来访者感到自己是被理解的，并且能够将自己的情况与家庭环境背景紧密地联系起来，这是每一次家谱图访谈的工作目标。一直以来，我们都希望人们能够认识到“自身困苦”和“人际关系”、“当下状况”和“过往经历”之间的联系，发现这些联系可以为人们带来希望——在未来困苦可以被解除的希望。

ENOGRAMS 第 4 章 跨越时间和空间追踪家庭模式

在绘制家谱图的过程中，搞清楚到底是什么让家庭固着、深陷在某种观念或生命周期之中——这一点至关重要，而我们可以通过跨越时间和空间追踪家庭的变化来寻找答案。

重大生活事件

在家谱图中对生命周期过渡（life cycle transition）和可预测的关键生活事件做追踪具有重要的意义。需要追踪的内容包括：重大的生命周期过渡、工作变动、家庭成员的迁入迁出、家庭关系转变、迁居或移民、事业上的成功或失败等。追踪这些生活事件可以让治疗师了解家庭的发展史，以及这些历史对整个家庭、家庭中的个体都造成了什么样的影响。其中一些事件以人口统计学资料的形式呈现（例如，家庭成员的出生和亡故），另外的事件还包括恋爱、婚姻、分居、离婚、移民和工作变化等。令人期待的是，家谱图软件将能够帮助我们对生活事件做详细的追踪——将重大事件，如出生、疾病、亡故、法律纠纷、工作升迁等具体信息方便地标注在家谱图中；此外，软件还能按顺序记录每一个家庭成员的迁入和迁出时间。而在家谱图软件出现之前，我们只能将重大生活事件分别记录在独立的家庭大事年表中。

有些重大生活事件，如生命周期的过渡、重大创伤、家庭关系变化等，都值得我们挖掘更多的细节：

- 出生。当某一特定家庭成员出生时，其他家庭成员的反应如何？ 都有谁参加了洗礼或割礼仪式？新生儿的名字是为纪念谁而起的？或本应为纪念谁而起的？
- 亡故。当某一特定家庭成员离世时，其他家庭成员有何反应？谁受到的打击最大？谁最轻？都有谁参加了葬礼？谁本应去而没有去？因遗嘱问题，家庭中是否出现了冲突、断绝关系或其他关系变化？

- 迁居或移民。家庭什么时间因何移民至美国？他们如何应对因移民造成的各种丧失？家庭中已有几代人在美国生活？他们刚到来时的境况如何，他们是如何适应的？他们是如何坚持生存下来的？移民的一代人当中有哪些人掌握英语？英语会话能力对家庭关系有何影响？

家庭大事年表

在家谱图中记录一份家庭大事年表（family chronology）或列出一份重大家庭事件清单非常重要。按照时间顺序将重大家庭事件的日期记录下来，是追踪家庭模式的绝佳方法。将任何需要记录的家庭成员的人口统计学信息排列到年表中对于治疗干预非常有意义。而针对特定的时间节点绘制专门的家谱图也极具实用价值，这有助于弄清“当时到底发生了什么”“当时都有谁在家庭中一起生活”“各个家庭成员当时的年龄”“各个家庭成员当时都承受着什么样的压力”等问题。最新的两项研究将“评估家庭历史”的重要性推到了一个新的高度——人类基因组计划（Human Genome Project），它向我们显明遗传因素在疾病发病中的重要作用。在对预防性干预工作做了系统、全面的回顾和讨论之后，《国家临床医疗实践指南》（National Clinical Medical Practice Guideline）颁布（Wattendorf & Hadley，2005）。这些新发展都非常明确地表明，对家庭医疗历史掌握得越清晰精确，越有助于帮助家庭成员预防各类疾病、提高生活质量。

有时，为某一特殊时刻制作家庭大事年表对评估或治疗很有帮助，尤其是围绕症状发作，追踪疾病与当时家庭事件之间的关系，或寻找疾病、症状与其他家庭成员正在经历的生命周期事件之间是否存在联系（Barth，1993；Huygen，1982）。这样，我们可以考察前几代人在生命周期的相同阶段或父母在相同的年纪时，是否曾经面临相似于来访家庭当前所面临的压力。

为追踪某个特定家庭成员的家庭功能、生命周期过渡和各种症状，制作一份个人事件年表（individual chronology）也是非常有用的。通常的做法是将各个事件依发生时间在表格中按顺序列出。当家庭成员无法确认日期时，也应要求其给出大概的时间，在时间前面加问号以作标记（如：？84 或~84）。下面的年表展示了泰德·特纳（Ted Turner）家谱图中的关键时间点，此家谱图的内容在第 2 章已有讨论（见彩图 6）。虽然家谱图对年表中的所有内容都有记录，但以年表的形式按时间顺序记录家庭模式可以让这些信息更加清晰直观。另外，家谱图的重要性毋庸置疑——若不借助家谱图则很难将家庭结构清楚明确地表现出来。

泰德·特纳（Ted Turner）的简要年表：重大事件

1944 年	泰德 6 岁，被送往寄宿学校，他感到被抛弃并有过激的行为，大吵大闹，同年被逐出学校。
1947 年	全家迁居萨凡纳（Savannah），将泰德（9 岁）送入亚特兰大军校。
1953 年	泰德的妹妹玛丽·琼（Mary Jean），12 岁，被诊断患有狼疮，继而患上脑炎，造成脑损伤及严重的癫痫后遗症。不久，父子二人都无法忍受她的尖叫，她被隔离在家宅后面的一个房间里，由母亲照料。
1957 年	父母分居。在抚养妹妹的问题上发生冲突。母亲不想让她住院。妹妹遭受着巨大的痛苦，母亲获得女儿的完全抚养权；嗜酒而又暴虐的父亲获得泰德的完全抚养权。
1960 年	（12 月 15 日）妹妹 19 岁去世，父子二人已多年未探望过她。
1961 年	（7 月）泰德的女儿劳拉·李（Laura Lee）出生。他正忙于乘船航行而未见证女儿的出生。
1961 年	（7 月）泰德之父，爱德华·特纳（Ed Turner），住进银山（Silver Hill）精神病院戒酒。
1962 年	（9 月）爱德华·特纳，得到数百万美元生意，将他原有的中等规模广告公司发展成为美国南方最大的户外广告公司。
1962 年	（12 月）爱德华·特纳重返精神病院戒酒。
1963 年	（1 月）爱德华·特纳结束戒酒治疗。
1963 年	（3 月 5 日）爱德华·特纳 53 岁，多年来父子冲突不断，在一次争吵后，他举枪对准自己的头部开枪自杀，他曾用这把枪教泰德练习射击。当时儿子泰德 24 岁。
1991 年	泰德·特纳 53 岁，罹患抑郁症，曾感到自己将会与父亲一样在 53 岁时悲惨地死去，但他扭转了这个模式。通过药物和心理治疗，他的状况稳定下来，并与简·方达（Jane Fonda）结婚，而方达的生母在 42 岁生日时自杀身亡，当时简 17 岁。

无疑，家庭大事年表的长度和内容详细程度应根据收集到的人口统计学、家庭功能、家庭关系和重大事件等相关信息的深度和广度来确定。

家谱图评估还要求治疗师对来访家庭中“生活事件与家庭功能的改变之间存在什么样的联系”这一问题有所把握。家谱图应记录家庭历史中的诸多关键日期，这有助于治疗师发现生活事件与家庭功能变化在时间点上的关联。通常，家庭历史的某段时间中，那些看似毫无关联、却同时发生的事件之间，往往都蕴含着某种系统性的联系，并对家庭功能有着深远影响。

需要指出的是，我们应特别注意追踪那些家庭功能的持久性改变，它们常常与重大的家庭生活事件有关。在家谱图中，我们应仔细地检查那些创伤性事件、周年反应以及社会、经济和政治事件给家庭造成的影响是否在持续发酵，或不断地给家庭累加压力。从而，我们可以对各种剧变给家庭带来的冲击做出更有效的评估，并了解到在应对未来的变化和挑战时家庭中存在着哪些弱点和缺陷。

家庭事件的巧合

每当发现有数个重大家庭事件同期发生时，对其细节展开询问是明智之举。尤其须注意家谱图中出现的时间上的巧合。这一点非常重要，因为这些“巧合”（coincidence）可能隐含着某些家庭成员之间潜在的关联，或反映着某些情感模式、系统的家庭模式等。这种“巧合”所显明的可能正是家庭历史中某段备受压力的时期。无论如何，时间上的巧合能帮助我们锁定那些曾留下深刻情感印记的重要家庭历史。在此，我们想强调的不是某件事会“引起”另一件事，而是事件之间的关联会影响家庭模式的发展。伊丽莎白女王把 1992 年称作“灾祸之年”，因为那年英国王室遭受到各种压力的烦扰：安德鲁王子（Prince Andrew）和妻子萨拉·弗格森（Sarah Ferguson）分手；安妮公主（Princess Anne）与马克·菲利普斯（Mark Philips）上校离婚；有关查尔斯王储和戴安娜王妃婚姻亮红灯的流言四起，二人果真于当年年底宣布分手；温莎堡又发生了一场火灾，造成大约六千万美元的损失（彩图 12）。

在压力性生活事件同时涌现的情境下，我们特别关注每个家庭成员此时的情绪反应，同时也应对任何可能对家庭造成压力的潜在问题保持敏感。这些叠加涌现的压力还会以躯体症状的形式表现出来：事实正是如此，英国女王 1992 年因重感冒而在一次演讲中突然失声——这可能纯属巧合，但还有可能恰恰反映了各种压力对她身体的影响。据报道，那年英国女王饱受失眠折磨长达数月——她有很长一段时间入睡困难。正如女王本人所记录的，当时家事和国事的压力混杂在一起让她感到烦躁不安——数月来全球形势动荡不定，英国陷入严重经济衰退已达 3 年，数百万人失业，破产和房屋被银行收回的人数创下了纪录。

在其他情况下，巧合可能相隔一定时间后发生，可能是在周年纪念日或是在不同家庭成员的生命周期的同一时间段。例如，格雷戈里·贝特森（Gregory Bateson）的家谱图（见图 4.1）展示出一系列有趣的巧合。首先，格雷戈里的父母

图 4.1 贝特森（Bateson）家族

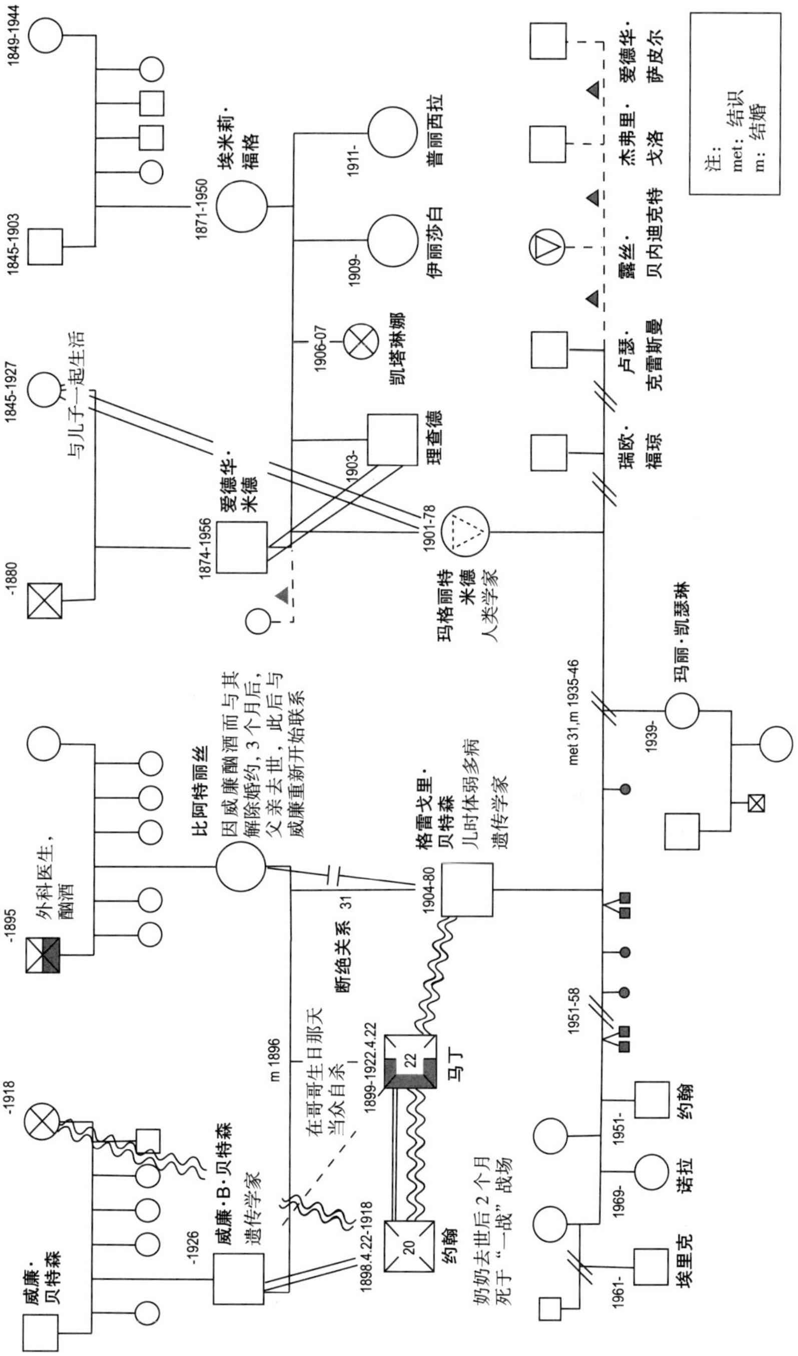

在他的外公去世后不久结婚。其次，次子马丁（Martin）在哥哥约翰（John）的生日那天自杀，而约翰已于4年前死于第一次世界大战。最后，格雷戈里在与母亲绝交后不久结识了玛格丽特·米德（Margaret Mead）。

从系统化的角度看，这些事件也许不只是巧合。格雷戈里的母亲比阿特丽丝（Beatrice）曾因未婚夫威廉姆·B. 贝特森（W. B. Bateson）酗酒而取消婚约。如此激烈的反应源于她自己的父亲也酗酒。三个月后，酗酒成性的父亲去世，比阿特丽丝登报发表声明，希望与威廉姆·B. 贝特森重归于好，威廉姆和她再度交往，并且很快结婚。下一代人中，格雷戈里在和母亲关系疏远后不久，巧遇玛格丽特并坠入爱河。当时玛格丽特正和她的第二任丈夫在偏远地区做人类学研究。我们可以推测，贝特森家族的孩子可能倾向于在与父母失去联结（死亡或离去）之后建立配偶关系。

格雷戈里·贝特森是威廉姆·B. 贝特森三个儿子中最小的一个，也是曾被认为最没出息的孩子，但后来他成为英国最著名的遗传学家之一。儿时格雷戈里体弱多病，学业成绩也不好。长子约翰（John）被长辈们视为全家的希望。他和次子马丁（Martin）只差一岁，关系非常亲密。格雷戈里比马丁小5岁，独自长大。约翰在第一次世界大战中战死沙场，几天后母亲在写给马丁的信中说道："仍有你和格雷戈里在我身边，你们要帮我重拾因失去约翰而丧失的生活勇气。"（Lipset, 1980, p.71）

约翰死后，马丁和父亲间的关系出现裂痕，而祖母在约翰死前2个月去世，这是另外一个巧合。马丁立志做一位诗人，而父亲却开始对他施压想让他成为动物学家。父子关系恶化，再加上受到心爱女郎冷落，马丁于1922年4月22日约翰生日那天在特拉法加广场（Trafalgar Square）开枪自杀。这被描述为"伦敦史上最具戏剧性的蓄意自杀"（Lipset，1980，p.93）。马丁选择在哥哥生日这天自杀也是周年纪念日反应（anniversary reaction）的实例，在以后的章节中我们还会对此展开讨论。是否马丁想向父母传递的是这样一个信息：他永远也无法成为哥哥的替代品？

重大的生活变动、转折及创伤

重大生活变动、转折及创伤对家庭系统及其成员都会造成巨大的影响。根据我们总结的经验，应格外关注"丧失"（loss）带来的影响（见参考文献中有关丧失的部分）。与其他变动相比，丧失之后的再适应过程对家庭来说可能难度更大。在贝特森家族中，两位兄长的去世对小弟格雷戈里造成了叠加式的影响。正如贝特森家族传记作者所说的："格雷戈里在无人关注的情况下长大，即使到了青年期，他也生活在长兄们的阴影之下。他时常暗暗感到约翰和马丁比自己更优秀……，而现在，兄长们的死似乎使格雷戈里成为父亲自然科学造诣的唯一继承人——也让他变成了家庭的核心成员。”（Lipset，1980，p.90）尽管他因此做出离开母亲、逃离家庭等反应，但后来，格雷戈里似乎展现出惊人的适应力：成为历史上最伟大的系统化思想家（systems thinker）之一，这也实现了父母对儿子抱有的各种最高期望。

肯尼迪（Kennedy）家族经历了非常多的创伤和丧失，如彩图13所示。这个家族中发生的早逝或意外身亡等悲剧事件如此之多，足以令人瞠目结舌。肯尼迪家族9个孩子中的4个，以及其中一个女儿的丈夫和未婚夫，未到中年就已离世；约翰·菲茨杰拉德·肯尼迪（John Fitzgerald Kennedy）在遭刺杀之前曾至少三次被判患有不治之症；罗斯玛丽（Rosemary）在20多岁时接受了脑叶切除手术；凯瑟琳（Kathleen）和未婚夫在一次飞行中遇难，而这发生在她第一任丈夫死于战争后不久，此外凯瑟琳因再婚问题与母亲决裂；泰德（Ted）在一次飞机失事中折断了脊椎（发生在哥哥约翰被刺7个月后），后又与恰帕奎迪克（Chappaquidick）共同经历了一场车祸，在这次事故中玛丽·乔·科佩奇尼（Mary Jo Kopechne）溺水身亡，这发生在哥哥罗伯特（Robert）被杀的12个月之后；甚至泰德的脑瘤手术也发生在罗伯特去世40周年的那一周里；而孙辈中也有两人在驾车时发生事故，车祸致使有人永久瘫痪或重伤。

通常，重大的生活事件会波及整个家庭系统，从多个方面对家庭造成影响。约翰和罗伯特的遇刺身亡对肯尼迪家族来说正是如此。除以上提及的泰德的事故之外，帕特里克（Patrick）在约翰（John）遇刺的纪念日与丈夫分手。在29名孙辈中，有一人脚部骨折却还驾机升空，结果机毁人亡；一人死于吸毒过量；一人因癌症截肢，一人死于滑雪；两人被诉犯有强奸罪；还有至少四人因吸毒被捕或住进精神病院；这些人中有五位是孙辈中的长子（孙辈中共有六位长子），这可能昭示出家族对儿子的重视以及长子地位承载着巨大的压力。

这种创伤模式也是罗丝·肯尼迪（Rose Kennedy）自己的原生家庭的特点（见彩图13）。她父亲家庭的12个子女只有三人身体健康。两个女孩及长子都在婴儿期夭折。其他五人严重酗酒，另外一个儿子因疟疾导致脑损伤而丧失生活的自理能力。她母亲一方家庭的九名子女中，两个儿子在童年期病死，一个在小时候被火车撞断了腿，另外两个因酗酒早亡，最大的悲剧是小女儿和她的朋友溺水身亡，而罗丝的母亲——当时只有8岁的乔希（Josie），负责看管她们。自然，孩子的死亡对于任何家庭来说都是毁灭性的打击，这一次又叠加了负罪和自责的复杂情结，尤其是乔希，因未能很好地照料、保护妹妹而导致家庭成员死亡。

泰德·肯尼迪两次危及生命的外伤均发生在两位长兄过世的当年：约翰死于1963年，而罗伯特于1968年死亡。尽管这些事件可能全无关联，但研究表明造成重大压力的生活事件会增加人们发生意外的可能性（Holmes & Masuda，1974；Holmes & Rahe，1967）。另外一个不幸的巧合是，约翰·肯尼迪于11月22日遇刺身亡，而这一天正是他父亲家族中两位曾祖父的忌日。

另一个在儿童发展关键期经历了多重创伤性丧失的家庭是罗斯福（Roosevelt）家族（见图 4.2）。埃莉诺（Eleanor）降生于父亲家族的艰难时刻。祖母在她出生几个月前的情人节那天去世；而情人节当天，在同一屋檐下西奥多·罗斯福（Theodore Roosevelt）的妻子在产下女儿爱丽丝（Alice）后死去。爱丽丝和埃莉诺同年出生，在相似的、充满丧失的环境中长大，但对于痛苦童年她们却有着截然不同的反应。后来爱丽丝曾说道，埃莉诺试图去做一个“乖孩子”，而她自己则一直高调张扬（Donn，2001，p.56）。爱丽丝以继女身份长大，有关她生母的任何内容在家庭中是永远不允许被提起的禁忌，家人也认为是她带坏了埃莉诺。最终她对埃莉诺和她们的表哥富兰克林（Franklin）结婚深怀怨恨。在埃莉诺的童年时代，她的父亲酗酒，住院，被迫离开家庭，这些都给她造成了深深的创伤，这让她成了孤儿。她在外婆家长大，那里有两个放荡不羁的舅舅。她 7 岁时母亲去世，9 岁时大弟去世，10 岁时父亲去世。

图 4.2 西奥多·罗斯福（Theodore Roosevelt）家族的多个创伤性丧失

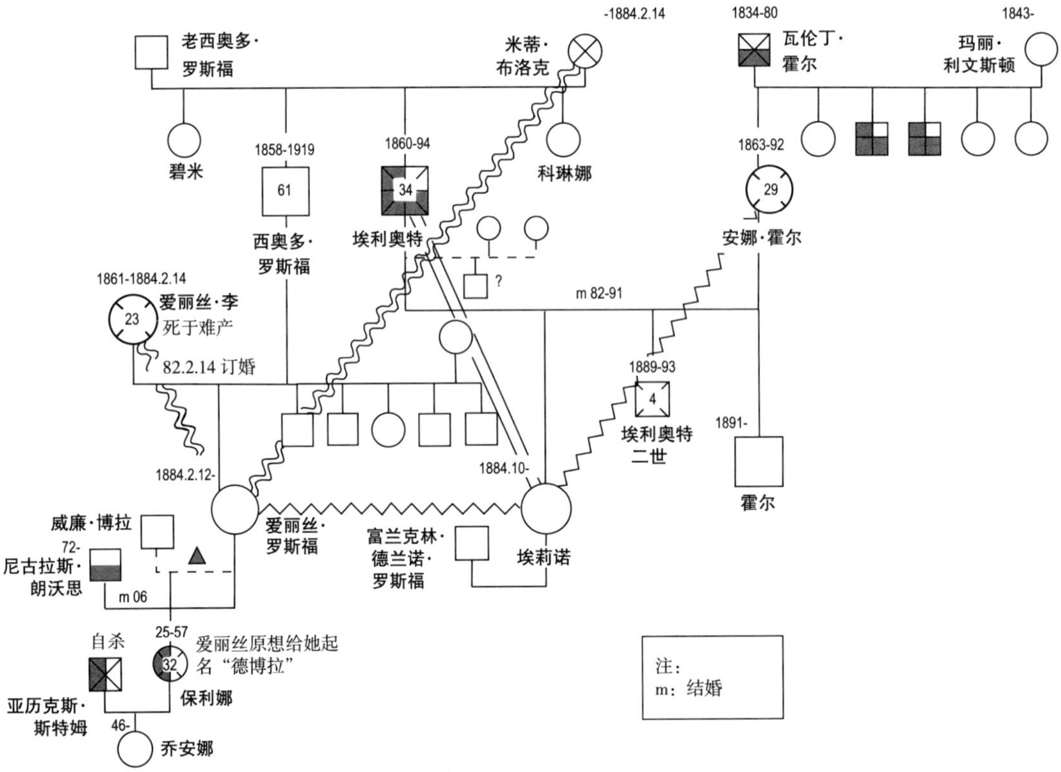

罗斯福家庭（Roosevelt）的部分大事年表

1880 年	（2 月 14 日）西奥多·罗斯福（Theodore Roosevelt）向爱丽丝·李（Alice Lee）求婚（据说爱丽丝起初拒绝了他，这让他深感绝望，以致尝试自杀）。
1884 年	（2 月 12 日）爱丽丝·李诞下婴儿，也取名爱丽丝。
1884 年	（2 月 14 日）爱丽丝·李·罗斯福去世，终年 23 岁。
1884 年	（2 月 14 日）西奥多·罗斯福的母亲米蒂·布洛克·罗斯福（Mittie Bulloch Roosevelt）在同一座房子内去世。
1884 年	（2 月 16 日）爱丽丝·李·罗斯福和米蒂·布洛克·罗斯福的葬礼同时举行，西奥多·罗斯福时年 26 岁。
1884 年	（夏天）西奥多·罗斯福强忍悲痛到美国西部探险，为总统职位而奔走，开展竞选巡游，这期间由姐姐碧米（Bamie）照顾爱丽丝。
1884 年	（10 月）埃莉诺·罗斯福出生，她是爱丽丝的叔叔埃利奥特（Elliott）的女儿。
1889 年	埃莉诺的弟弟埃利奥特二世出生。
1891 年	埃莉诺的小弟霍尔（Hall）出生。
1891 年	因父亲埃利奥特酗酒，埃莉诺的父母分居。
1891 年	埃利奥特·罗斯福被迫离开纽约，不再与家人联系，与另一个女人同居，可能育有一子。
1892 年	埃莉诺的母亲，安娜·霍尔（Anna Hall）去世（埃莉诺 7 岁）。
1893 年	埃莉诺的弟弟埃利奥特二世去世（埃莉诺 9 岁）。
1894 年	埃莉诺的父亲死于酗酒（埃莉诺 10 岁）。
1894 年	埃莉诺到外婆家生活，与两个放荡不羁的酒鬼舅舅生活在同一屋檐下，无人照看。
1904 年	埃莉诺与富兰克林结婚。
1906 年	作为总统，西奥多·罗斯福的政治生涯陷入困境。
1906 年	（1 月）爱子小西奥多未能进入哈佛大学。
1906 年	（2 月 17 日）22 岁的爱丽丝与 34 岁的国会议员尼古拉斯·朗沃思（Nicholas Longworth）结婚（西奥多·罗斯福时年 48 岁）。
1907 年	爱丽丝的婚姻不幸，大多时间夫妻分居。尼古拉斯严重酗酒并有很多情妇。他是个保守的共和党人，而爱丽丝的父亲却越来越远离共和党。
1919 年	西奥多·罗斯福去世（61 岁）。
1923 年	爱丽丝（39 岁）与参议员威廉·博拉（William Borah）有染。

1925 年	（2 月 14 日）爱丽丝于 41 岁生日后两天诞下一女，欲取名德博拉（Deborah），但这个名字遭到了尼古拉斯的反对，最后取名保利娜（Paulina），以纪念圣保罗（圣保罗是爱丽丝和威廉姆最喜欢的《圣经》人物）。
1946 年	保利娜诞下一女，取名乔安娜（Johanna）。
1952 年	（11 月）保利娜的丈夫亚历克斯·斯特姆（Alex Sturm）自杀身亡。
1957 年	（1 月 27 日）31 岁的保利娜自杀身亡。

在家谱图上看到如此多的悲剧，我们不禁要问，这些事件对埃莉诺日后的发展有何影响？有时，那些在丧失时段出生的孩子在日后更易出现问题，尤其是当他们成为父母特别关注的对象时。相反，埃莉诺的经历似乎增强了她的抗逆力，同时使她对别人的悲惨经历更为敏感。后来她说，艰难而孤独的青少年时代，使她强烈地渴望拥有一个自己的家庭，以弥补她失去了的那个家。后来遇到富兰克林·罗斯福的时候，她做到了。也许正是早年丧失和孤独的体验最终推动着她尽最大的可能去帮助他人，正如日后她对全世界的无私奉献所展示的那样。

在追踪家庭事件所造成的影响时，必须遵照心理发展的客观规律为框架（Carter & McGoldrick，2005b；Walsh，2003）。我们应考虑到重大事件发生时家庭成员的年龄及家庭结构。例如，像父母去世这样的重大事件对孩子的影响，有赖于孩子当时的情感及认知发展水平。年长些的孩子会有与年幼孩子不同的体验。作为长女，埃莉诺·罗斯福在父母双亡后，感到对年幼的弟弟负有重大责任。作为弟弟，彼得·方达对母亲的自杀表现出强烈的情绪反应，而他的姐姐简·方达则在大人的要求下显得非常克制。

婴儿或幼儿的死亡会对家庭造成巨大的创伤。在准备著名人物的家谱图时我们发现，他们很多人都是紧靠在另一个兄弟姐妹的夭折之前或之后出生的：贝多芬（Beethoven）、戴安娜王妃（Princess Diana）、本杰明·富兰克林（Benjamin Franklin）、西格蒙德·弗洛伊德（Sigmund Freud）、亨利·福特（Henry Ford）、托马斯·杰斐逊（Thomas Jefferson）、卡尔·古斯塔夫·荣格（C. G. Jung）、怀特兄弟（Wright brothers）、弗里达·卡罗（Frida Kahlo）、弗朗茨·卡夫卡（Franz Kafka）、古斯塔夫·马勒（Gustav Mahler）、尤金·奥尼尔（Eugene O'Neill）、迭戈·里韦拉（Diego Rivera）、哈利·斯塔克·沙利文（Harry Stack Sullivan）。你也许会把这仅仅归咎于那个时代的儿童死亡率较高；此外，我们还可将之推断为一个孩子的死会让其他还活着的孩子对父母变得更加“特别”；抑或，紧邻夭折者这一位置使孩子感到要为家庭做出更多贡献，以弥补丧子给家庭造成的损失。在各种情况下，我们常能发现，相对这位紧邻夭折者之前或之后出生的孩子来说，家庭中其他的兄弟姐妹与那位夭折者之间的关联往往并不那样密切——这也表明了“家庭结构中的所在位置”赋予了这些孩子某些“特殊之处”。

最后，“积极的”事情也会对家庭产生重大的影响。事实上，在我们研究的很多家庭中，某个家庭成员的声望对其他家人有着复杂的影响。作为名人的家庭成员，不仅个人隐私往往会遭侵犯，名人下一代的孩子们也常常倍感压力——要尽量做得像前人一样才不至有失颜面。西格蒙德·弗洛伊德之子马丁（Martin）说得好：“我从未有过成名的野心……我很高兴能沐浴在父亲荣誉的光芒下……天才之子只能是天才之子，试图摆脱父亲的光环、提升自己的名望、因自身努力去赢得别人赞许的机会几乎是不存在的。”（Wallechinsky & Wallace，1975，p.948）然而另一方面，前辈的功绩并未阻止许多人去努力超越！

史蒂文·史密斯（Steven Smith）是肯尼迪家族年轻一代的六位长子之一，他不沾毒品，也没有出现过任何行为问题，当提及舅舅们的死时，他说：“我有一种强烈而可怕的预感，就是生命中某个非常亲密的人可能随时离我而去。当你背负这种感觉时，你所做的一切都有种紧迫感。你会为他们奋发图强，如果没有这种感觉你也许不会这么努力，并且你会强烈地感到应利用好自己的每一分每一秒。”（Andrews，1998，p.167）

周年反应

有些所谓的巧合可以理解为“周年反应”（anniversary reaction），即家庭成员对某些重大或创伤性事件的周年纪念日表现出的反应。例如，某个家庭成员在每年的同一时间段都会变得抑郁低落——这恰恰是在其父母或兄弟姐妹的忌日前后，他人却可能并未意识到这其中的联系。马丁·贝特森选择在哥哥生日那天自杀正是如此。也许周年纪念日加剧了他的困窘和丧失感，进而选择自杀，以致他根本没有意识到自己为什么这样做。

如我们所见，当一个事件发生在另一事件的周年纪念日时，会使两个事件的意义同时被强化。托马斯·杰斐逊和约翰·亚当斯都于 1826 年 7 月 4 日去世，即美国《独立宣言》签署 50 周年纪念日。仿佛他们两人都想等到那个特殊的日子才肯离去。在纪念日那天去世无疑会深化这个周年纪念对家庭的意义。

历史上有记载的最典型的周年反应案例之一，是著名的精神科兼内科医生乔治·恩格尔（George Engel，1975）。在双胞胎哥哥因心脏病去世后，他详细记录了自己的每一年的周年反应。这些可能的联系在图 4.3 的家谱图中被清晰地展示出来。恩格尔在其双胞胎哥哥去世一周年忌日的前一天心脏病发作，似乎是因这个周年纪念日倍感焦虑而表现出的反应。恩格尔后来又提到，他经历了另一种周年反应，这一次是关于特定年龄而非某个日期。恩格尔的父亲58岁那年因心脏病去世。当接近这个年龄时，恩格尔发现自己越来越焦虑。他多次记错父亲去世的年龄，又担心自己会在相同的年纪死去。这些体验带领他展开探索，开始研究引起此类家庭经历的心理因素以及家庭都会通过哪些神秘方式来回避重大事件纪念日的影响（例如，忘记重大事件发生的日期和年份）。非常有趣的是，凯瑟琳·赫本（Katherine Hepburn）的哥哥自杀的日期及当时的境况（彩图17），在过去的80年中一再地被赫本家族传记作者们错误地报道（Mann，2006）。

换言之，创伤会使家庭陷入周年反应，通常在下一代人的相同生命周期中，即当家庭成员到达生命周期中某一点时，他们可能会有一种冥冥中的预感，认为发生在上一代人身上的事情也会发生在自己身上。例如，如果一个男人离家后即与父亲断交，他会预料自己的儿子有可能在刚成年时与自己断交。另一个例子是，一个家庭中有两代人在新婚后不久就有重要家庭成员去世。这种特殊的生命周期变化很可能会成为下一代人心中的隐忧，因为家庭成员会有意无意地害怕历史重演。

图 4.3 乔治·恩格尔（George Engel）的周年反应

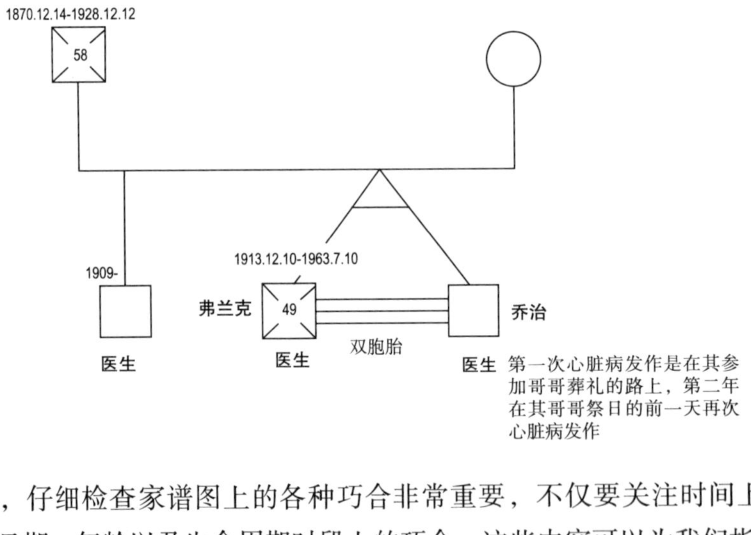

因此，仔细检查家谱图上的各种巧合非常重要，不仅要关注时间上的巧合，还应考察日期、年龄以及生命周期时段上的巧合。这些内容可以为我们指明事件之间的内部联系，以及各种变故对家庭功能的影响。一旦意识到这些，我们就可事先提醒家庭，有可能会出现哪些特定的周年反应。

将家庭置于历史背景下：社会、经济和政治事件

当然，家庭事件不会凭空发生。我们必须始终将家庭的发展历程置于其时代、历

史背景下加以考量，即应评估社会、经济、政治事件对家庭健康状况变化的影响——包括战争、移民、经济衰退等。将家谱图中的家庭事件与其发生的环境背景相关联起来，这一点非常重要（Cohler, Hosteler & Boxer，1998；Elder，1977，1986，1992）。

治疗师不仅需追踪重大家庭事件，同时还应将家庭的发展历程置于时代、历史环境背景下加以考察。例如，发生在1929年的自杀事件可能与某些社会环境层面的因素相关，如经济大萧条造成的股市暴跌；发生在1941年的婚姻可能与影响二人关系的历史事件有关，如丈夫将投身参加第二次世界大战。那些生活在20世纪60年代末或70年代动荡时期的人，无疑会受到越南战争的影响，不管他们是否实际参加了战争。

当然，肯尼迪家族的各种悲剧事件都发生在这个家族在历史和政治上举足轻重的时代。从个人层面来说，约翰·肯尼迪和弟弟罗伯特的逝世是家族的巨大损失，而且两位重要领导人的遇刺也使整个国家都沉浸在悲痛之中。也许是由于家族成员的个人经历与越战时期的美国历史相互交织混杂，使得肯尼迪家族难以顺应丧失家庭成员造成的影响，这一点显而易见，表现为下一代家庭成员的吸毒、冒险和行为失当等问题。泰德·肯尼迪的脑瘤手术就发生在他哥哥罗伯特被刺40周年纪念日的那一周内。

如果不知道弗里达·卡罗（见彩图10）出生在墨西哥革命风起云涌的时代，就未免难以理解她的家庭。她对自己所身处的革命时代也非常认同，她总是说自己生于1910年，即墨西哥的革命之年；而事实上她生于1907年。正如其作品所反映的那样，她的一生都在那个时代的文化与社会政治斗争中度过。

斯科特·乔普林（Scott Joplin），是废除奴隶制之后（1868）乔普林家庭中出生的第一个孩子，也是首位著名非裔美国作曲家，他的作品在美国可谓耳熟能详（见图4.4）。如果我们观察乔普林家族的家谱图，我们不禁要问：在所有颇具音乐天赋的兄弟姐妹之中，为什么斯科特最后成了著名作曲家？他的父母及所有孩子都极具音乐天赋，斯科特亦是如此，但可能正是因为家庭模式成就了他的特殊发展。在家谱图上我们看到，斯科特比长兄小7岁；斯科特出生后的两年中，每隔一年就再添一个弟弟；再往后6年，小弟出生；又过了3年，小妹出生。他的大哥门罗（Monroe）生于1861年，是乔普林家里6个孩子中唯一没上过学也没能成为音乐家的孩子。门罗与斯科特出生之间的年份正值美国南北战争时期，所以斯科特是内战之后家庭中出生的第一个孩子，这也可能是他的特别之处（尽管他们生活的得克萨斯州直到1870年才宣布废除奴隶制）。在这头两个孩子之间，他们的母亲有可能还曾经怀孕（缺乏详细信息）。如果他们的母亲弗洛伦丝·吉文斯（Florence Givens）在生育门罗和斯科特之间曾失去过其他孩子，这就能解释斯科特在她心中独一无二的地位了——他可能是母亲在数次流产之后出生的第一个孩子。弗洛伦丝不仅在斯科特小的时候想方设法培养他——曾经在她当保姆的人家中让儿子练习钢琴；甚至在丈夫为另一个女人离家而去这样的非常时期，她还想方设法专门为斯科特买了一架钢琴。也有人认为，斯科特卷入了父母的关系中，父亲抱怨母亲对斯科特的关注过于强烈，这也导致了父母的分手（Haskins，1978，p.54）。无论如何，斯科特自幼就感到自己“与众不同”，并接受了良好的教育，而他的哥哥门罗显然从未上过学，尽管他也像所有乔普林家的孩子一样曾学习音乐。斯科特·乔普林在 16 岁时就建立了一支乐队，未满 25 岁就赢得了“散拍爵士之王”（King of Ragtime）的称号。

移民是会对家庭造成巨大影响的又一事件（见参考文献的“移民”部分）。例如：在家庭移民的时间背景下对兄弟姐妹间的关系做评估，这一点非常重要。在母亲生育期间移民的家庭，会有两类不同的孩子，即移民之前出生的孩子和移民之后出生的孩子。移民之后出生的孩子可能在更好的环境下成长，也有可能恰恰相反，在更糟的环境下长大。

图 4.4 斯科特·乔普林（Scott Joplin）的家族

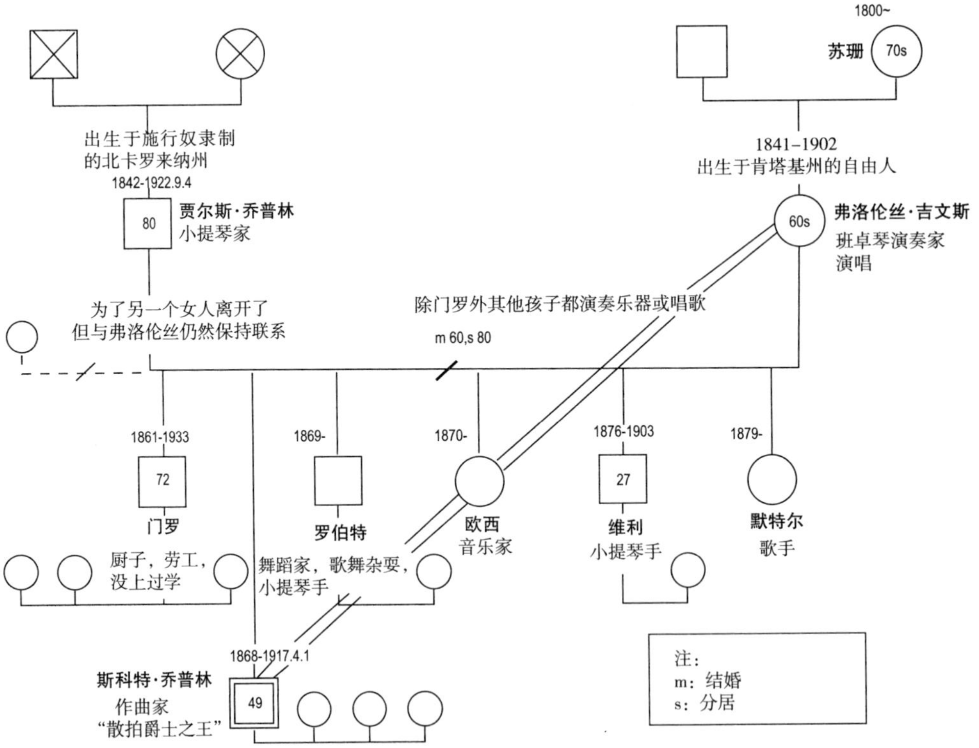

玛丽亚·卡拉斯（Maria Callas）的生平为我们展示了移民之后头生子所受压力的实例；她的迁居移民还夹杂了其他的许多压力（见图 4.5）。移民以及随之而来的

压力似乎对卡拉斯一家产生了很大影响。玛丽亚的父母乔治（George）和埃文吉利卡（Evangelica）都是希腊人。玛丽亚的外祖父非常反对这对恋人的婚事。但是在外祖父1916年因意外去世的两周后，外祖母立即让女儿和乔治结婚。这对夫妻先有了一个可爱的女儿，后又生了一个儿子，但是儿子3岁时死于脑膜炎。孩子刚刚夭折，父亲乔治就突然决定移居美国。凑巧的是在他们抵达美国时，正赶上举国哀悼哈丁（Harding）总统的逝世。初到美国时，丈夫无法继续从事药剂师的工作，他们因不懂英语而艰难度日。正是在这样的背景下，玛丽亚于父母移民美国5个月后降生。母亲因为生了个女儿感到非常失望，有很长一段时间她都不愿意抚养女儿，甚至这对夫妻在给女儿取名的问题上都不能达成一致，僵持数年。父亲历经多年的奋斗终于开了一家药店，但是后来在经济大萧条中又不得不变卖掉；那时也恰恰是玛丽亚入学的第一年。多年之后，玛丽亚的姐姐这样描述经济大萧条给家庭造成的重创：

> 说起大萧条，它给我留下了哪些真切的回忆呢？真的看到人们从高楼上往下跳？……当然没有，但当时那些没完没了的丧气新闻几乎淹没了你的现实生活——那些新闻告诉我们整个世界已陷入癫狂，完全乱了套。我怀疑作为小孩子，我们是否能理解那时正在发生的是什么……。作为生活正在不断改善的专业阶层家庭的孩子，我们很快意识到……以前被认为是理所当然的东西不能再指望了……。我曾经觉得，每个孩子都觉得他或她本人并不会受到报道中的那些怪事的影响，直到有一天晚上放学回家，才意识到经济上的灾难降临了……。现在人人自危，挣扎度日，爸爸开始负债……，（妈妈）所有的预言都成了现实。爸爸的新买卖顷刻间的损失就超过了我们以前在希腊的全部财产——现在什么都没有了。我们回到了初到美国时的生活水平。药店被迫转手变卖……，搬到更小的房子里去住。当妈妈听说药店出售的时候，她冲进药店指责爸爸，就好像整个西方世界的经济混乱都是爸爸一手造成的一样。爸爸不理她，转身离去。妈妈冲到危险药品橱柜前，抓了一把药片，吞了下去。妈妈任性而戏剧化的举动"圆满地"昭示了他们婚姻的终结。从此以后，他们虽生活在同一屋檐下，却更像是彼此怨恨的陌生人。（Callas，1989，pp.42–43）

大事年表

1916年	反对父母婚事的祖父刚刚去世，祖母就催促埃文吉利卡和乔治成婚。
1920年	瓦西里出生。
1923年	春，瓦西里因脑膜炎夭折。

1923 年	春，埃文吉利卡怀孕。
1923 年	乔治·卡拉斯暗自谋划全家移民美国。
1923 年	全家抵达纽约，正值美国举国哀悼哈丁总统逝世。
1923 年	在获得药剂师执照前，全家靠乔治做希腊语教师赚取的微薄收入维生，开药店后，直至大萧条之前，全家收入都还不错。
1923 年	12 月，玛丽亚出生，埃文吉利卡因生的不是男孩而非常失望，并拒绝照料玛丽亚。
1929 年	玛丽亚被汽车撞倒，并从此患上焦虑障碍。
1929 年	玛丽亚的学业成绩得了第一名；乔治失去了药房，而埃文吉利卡对此非常恼火，认为丈夫“不中用”并上演了自杀闹剧，夫妻的婚姻关系破裂。
1934 年	玛丽亚在歌唱比赛中获奖，埃文吉利卡决定把女儿作为自己通向成功的金钥匙，从此努力推动女儿的演艺发展。
1936 年	埃文吉利卡移民回到希腊。

这个家庭再一次陷入混乱，最终，自认为比丈夫优越的母亲带着女儿移民回到希腊，留下丈夫一个人在美国。玛丽亚父母的关系从此便彻底决裂，而童年的玛丽亚被承受着巨大生活压力的父母所忽略；最终在长大后，玛丽亚成了母亲“通往成功的敲门砖”，她被迫登台演出，帮助母亲实现那曾经幻想却从未亲身实现的梦想。

另一版本的故事是乔治·华盛顿·布莱克韦尔（George Washington Blackwell），他是第 2 章提到过（见图 2.12）的布莱克韦尔家庭中第 9 个也是最小的一个孩子，同时是全家从英国移民美洲大陆后出生的唯一一个孩子。他是全家唯一未受家庭道德信条束缚的人，也没有卷入社会改革活动中。相反，他是一个务实派、一个成功的商人，并成为全家的投资顾问。可能正是因为出生在一个崭新的国度，使他能够随心所欲地选择自己的发展方向（Horn，1980，pp.138–139）。

埃瑞克·埃里克森（Erik Erikson）在 1936 年移民美国后更改了姓名，这么做或许含有“摆脱犹太人身份”的意愿。30 年后，尽管已成为美国著名的儿童发展理论家及心理治疗专家，但在向儿子解释“为人之父”中遇到的困境时，他也提到了他的移民身份：“我让你妈妈操劳了太多太多，这和我是外来移民有关。她了解这个国家的一切，从一美元的价值到美国孩子的需要。我实在地感到，在养育你的过程中我没有起什么作用。”（引自 Erikson Bloland，1999，p.54）这些令人感动的话，尽管不能解释埃里克森的所有困惑（参阅第 8 章），却能反映出外来移民的无力感之深刻——甚至在多年之后，移民仍无法“读懂”或有效地适应美国文化。

图 4.5　玛丽亚·卡拉斯（Maria Callas）家族

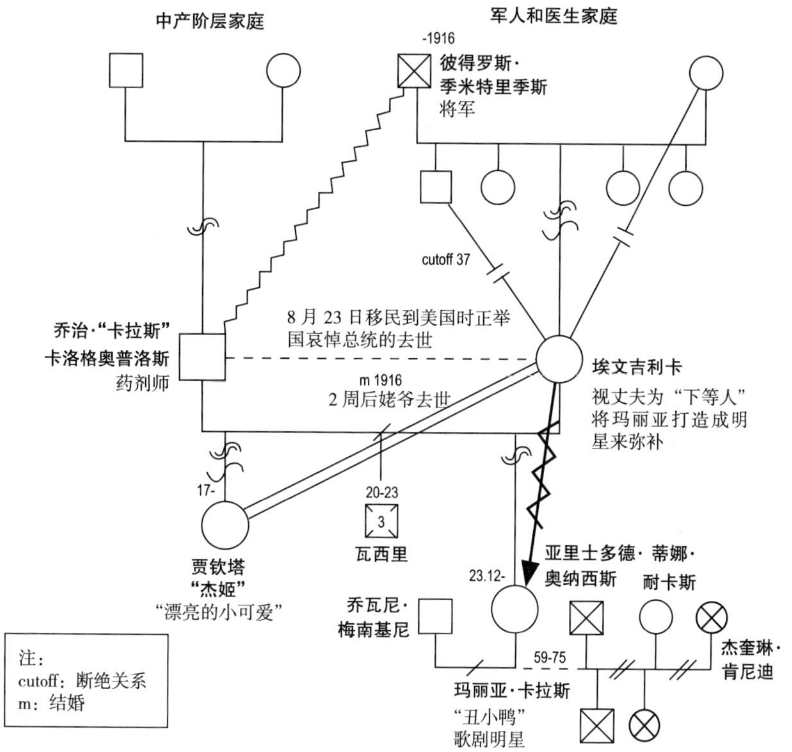

复杂的家谱图

由于家谱图相关的信息多样且丰富，可能导致绘制出的图谱过于复杂，因此目前尚无能够涵盖所有可能情况的绘图规则。在本书中，我们想展示的是如何处理常见的问题。首先，开始绘图之前应先做好规划。显然，如果一页纸的四分之三都被父亲的 3 个兄弟姐妹占据，而后当我们又发现母亲在 12 个同辈成员中排行最小时，麻烦就要来了。可见在开始着手绘图之前，了解兄弟姐妹的数量以及父母一代人的婚姻状况是很有益处的。绘图前，提问以下几个问题可以让我们对图谱的繁复程度有一个预先的估计，并有助于我们对绘图做恰当的规划：

- 父母分别有几次婚姻？
- 父母分别有几个兄弟姐妹，父母分别排行第几？

例如，在绘制简·方达父母的家庭结构时，基本框架如彩图 4 所示。图中展示了简的父母及祖父母的情况。她的父母在结婚之前分别有各自的婚史，父亲亨利在和简的母亲离婚后又有过几次婚姻。家谱图中，可将这些其他的婚姻在父亲或母亲的一侧标示出来，并注明日期以显示其顺序。

通常，索引人物是家谱图的焦点，其他人的相关细节信息应围绕此人展开。因此，家谱图的繁复程度有赖于所含信息的深度和广度。例如，若想绘制简·方达核心家庭的家谱图，需要了解更多关于她的母亲、父亲、兄弟姐妹的诸次婚姻，以及家庭中的自杀模式。家庭成员在精神科医院接受治疗和创伤性事件等各方面的细节信息。如彩图 5 所示，这个复杂又拥挤的家谱图展示了如下重要细节：

- 在这个家庭中，拥有多次婚史是平常之事。
- 亨利·方达最初的两任妻子都自杀了。
- 亨利·方达与第二任妻子，也就是简的母亲分手后数月，她就自杀了。当时他已与未来的第三任妻子，苏珊·布兰查德（Susan Blanchard）开始交往，并在 8 个月后与她结婚，他也极有可能是苏珊的女儿埃米（Amy）的父亲，并于 1953 年正式收养了埃米。
- 在亨利第三次婚姻的蜜月期，彼得·方达试图开枪自杀，险些身亡。
- 亨利·方达有两位密友自杀身亡；彼得的“秘密情人”布里奇特·海沃德（Bridget Hayward）也于 1960 年自杀，这发生在布里奇特母亲玛格丽特·萨拉文（Margaret Sullavan）自杀 10 个月之后，而玛格丽特正是亨利·方达的第一任妻子。
- 1965 年彼得最好的朋友自杀身亡，那一年他的父亲进入第五次婚姻，姐姐帕恩和简均初次结婚。

然而家谱图能展示的内容毕竟有限，尤其是涉及复杂的人际关系和多次的婚姻史。有时为了突出某些关键点，需要对家谱图做重新编排。例如，方达家谱图的结构特别突出了简和彼得的父母亨利·方达和弗朗西丝·西摩·方达（Frances Seymour Fonda）的婚姻。亨利结过 5 次婚。他的第一任妻子玛格丽特·萨拉文结过 4 次婚，亨利是她的第二任丈夫。玛格丽特的第三任丈夫，利兰·海沃德（Leland Hayward）——他同时也是亨利·方达的经纪人——也结过 5 次婚，其中两回是与同一人。他们的配偶也结过多次婚。从某种意义上讲，仅用一个家谱图几乎不可能将这些复杂的关系描述清楚。

对于某些复杂的家庭情况，需绘制多幅家谱图来表述。家谱图可以尽量清晰、概括地为我们展现出家庭的情况，同时又无法囊括家庭发展史的所有细节。比如，方达家族的家谱图并未包含以下信息：

- 弗朗西丝·西摩·方达是在住院治疗精神疾病时自杀的。

- 彼得的密友，比尔·海沃德（Bill Hayward），是亨利第一任妻子玛格丽特的儿子，他年轻时曾在门宁格诊所（Menninger Clinic）住院4年，朋友的这段经历对彼得产生了巨大影响，多年来他一直害怕自己也会有精神问题。
- 彼得爱慕的一位女士塔丽塔·格蒂（Tahlita Getty）后来也自杀了。
- 亨利·方达的第一任妻子玛格丽特·萨拉文，与她的第三任丈夫利兰·海沃德（亨利的经纪人）在加州与方达家相邻而居。在与海沃德分手后，玛格丽特带着孩子们搬到康涅狄格州，在那里再次与方达家成为邻居。
- 彼得·方达的第一任妻子后来和彼得的前经纪人结了婚。
- 简·方达和玛格丽特之女布鲁克·海沃德（Brooke Hayward）是一起长大的好朋友，她们一直希望父母能重归于好。
- 简是在一本电影杂志上得知母亲的死讯。彼得在5年后才知道母亲死于自杀，也就在同一周，他得知关系亲密的继母要与父亲分手。直到10年之后他才知道母亲是在精神病院中自杀的。
- 亨利显然从未与彼得或简谈论过他们母亲的自杀。
- 亨利和岳母私下为简的母亲举行了只有他们两人参加的葬礼。当天晚上亨利依旧登台演出。
- 尽管彼得在父亲蜜月期间，即母亲自杀8个月后，开枪打中自己的肚子，但是亨利从未询问过儿子是否因母亲的死而感到难过，大人们告诉彼得，他的生母死于心脏病。
- 1957年在亨利·方达的第四次蜜月期间，彼得变得非常烦躁以致寄宿学校勒令他退学。在当时正上大学的姐姐的安排下，他被送到内布拉斯加州的姑姑家，并接受精神科治疗。
- 在1965年亨利·方达第五次蜜月刚刚结束，彼得就因毒品被捕，判决因陪审团内部意见僵持对立而作罢。这一回，亨利依旧没有寻问儿子这是否与他有关。
- 多年来，彼得一直保存着好友斯托米（Stormy）送给他的一把枪（斯托米于1965年自杀），他终于在1972年将这把枪交给了自己的治疗师，因为他感到自己想要自杀，而不想使用它。
- 在彼得的成长过程中有很多极为重要的支持资源，包括：他的姐姐简，尽管简认为自己对弟弟并不好；姑姑哈丽雅特（Harriet），在数个关键时刻都是姑姑救了他；哈丽雅特的丈夫，姑父杰克（Jack），他笑起来“就像圣诞老人”；他的第一任继母苏珊·布兰查德，是彼得一生的密友；彼得同母异父的姐姐帕恩（Pan），也是他的教母，虽身处远方却一直支持着他；此外还有彼得的许多老师及治疗师。

方达家族的成员明显受到自杀和再婚的巨大影响，而且海沃德和方达两家过从甚密。或许彼得和简在童年都经历过种种创伤，但是他们成功地克服伤痛并发展出自己特有的力量，或许二人事业上所展现出的超凡勇气和人格魅力正是这种力量的显现。进而，简和泰德·特纳之间形成的关系（参见彩图 6）展示了又一个同类相聚的实例（尽管未能坚持下来），他们在面对许多自杀事件和其他创伤后，自身和生活都发生了蜕变。

自杀，是最具创伤性的死亡方式，其毒害性不言而喻，厘清导致自杀的相关事实也对理解方达家族至关重要。这些额外的家庭信息应在家庭大事年表上加以记录，如果可能，也要显示在家谱图上。

多次婚姻及相互通婚：高度交织的家庭

当家庭中存在多次相互通婚（如堂表亲结婚或继子女结婚），另一些问题就出现了——有时临床医生必须绘制数页图谱或是在家谱图上做特别标注才能把这些复杂的关系澄清。在电脑软件的帮助下，我们可以更方便地将这些复杂的情况呈现出来，又不至于把家谱图搞得复杂晦涩。有时，家庭成员之间的多重关系会使家谱图显得纷乱难懂，例如，同一家庭中的两人和来自另外同一家的两人结婚（见第 8 章的弗洛伊德家庭、图 5.10 的爱因斯坦家庭、彩图 13 的肯尼迪家族以及图 5.8 的罗斯福家庭）。英国王室的家谱图（见彩图 12）就是极具挑战性的案例之一，它是如此复杂，以至在一页纸上容纳不下。据说，地球上的任何两个人之间的关联都符合“六度分隔理论”（six degrees of separation），即只需要六个中间人就可以将任何两个互不相识的人关联起来。的确，我们知道，方达家族与亚当斯家族、亨利八世有关联，甚至也与丘吉尔（Churchill）家族有关联，而丘吉尔家族又和戴安娜王妃有关联（见图 5.1）。欧洲各国王室家族间都有多重的姻亲，这些内容不可能在单一的一张家谱图上显示出来。有迹象表明，温莎（Windsor）王室于 1917 年为自己起了这个英国化的名字，意在淡化其德国血统（见彩图 12）；温莎王室和本书提及的很多家族都有亲缘关系——通过埃德温娜·蒙巴顿（Edwina Montbatten）与乔治·布什（见彩图 11）、尼赫鲁（Nehru）家族（见图 7.2）、罗伯逊（Robeson）家族（见图 5.5）有关；通过杰奎琳·肯尼迪的妹妹李·布维尔·雷德茨维尔（Lee Bouvier Radziwell）的第一任丈夫迈克尔·坎菲尔德（Michael Canfield）与布维尔家族有关（见图 2.10），也与肯尼迪家族有关；与米娅·法罗（见彩图 2）有关则是通过维多利亚女王风流成性的儿子爱德华七世，有传言说他是米娅的祖父。绘制起始于维多利亚女王的英国王室家谱图（见彩图 12），若想将所有直系王室的关系都包含其中是极具挑战的工作——其中还有许多其他名人，如亚历山大·普希金（Alexander

Pushkin）、大卫·尼文（David Niven）、丹尼·凯（Danny Kaye）、诺埃尔·科沃德（Noel Coward）。

在多个家庭中长大的孩子

当孩子被收养或在几个不同家庭中长大，抑或辗转生活于多个领养家庭或亲友家庭时，家谱图就会变得复杂起来。如彩图 14 所示，这个家谱图展示了彼得·方达自出生到成年所生活过的 11 个家庭。家谱图有必要将有关生命周期过渡和家庭成员关系的信息尽可能地展示清楚。然而实际情况往往非常复杂。此时，实用性与可行性是首要原则。有时，唯一能清楚呈现孩子成长地点的方法，是为每个孩子都制作大事件年表。不久的将来，家谱图软件将可以追踪每个人一生的轨迹，包括其生活地点的变化。通过软件，我们将可以方便地绘制任何时期的家谱图来追踪不断变化的各种细节。

缺失的信息

发现缺失的信息也是绘制家谱图的重要关注点之一。为什么有的人对关于其父亲的任何事情都不甚了解？为什么母亲一方的姨妈和舅舅们似乎并不存在？对于家庭中的关系断绝、冲突或造成伤痛的丧失，缺失的信息会给我们什么样的提示？通常，补充缺失的信息能够引领我们帮助来访者发现新的可能性，或对那些一直以来都被避而不谈的戏剧性家庭事件做出澄清。如在方达家族中，尽管我们浏览过彼得、简和亨利的许多传记，但实际上要想为这对姐弟的父母任何一方之核心家庭画一幅基本家谱图都是办不到的。就他们的母亲弗朗西丝而言，这是可以理解的，因为她患有精神疾患并且早早就离开了家庭，尽管她的故事对其同辈兄弟姐妹及其子女造成了深远的影响。但就我们所知，弗朗西丝的父亲，她的兄弟姐妹，以及亨利的兄弟姐妹甚至都未参加她的葬礼。此外，亨利的妹妹哈丽雅特及其丈夫杰克在彼得的生活中扮演了重要角色——既是人生导师，又是守护天使，甚至当亨利和他的几任妻子都不在彼得身边时充当了父母的角色，但亨利的另一个妹妹杰恩（Jayne）却几乎从未被提及。所以，如果有人想帮助彼得或简了解他们的历史，这些姑姑们（以及她们的丈夫和孩子，如果有的话）都是重要资源。彼得曾写道，他无法了解已被数代人“漂白过滤”了的、无法被查明的家史真相，尽管他确信其成长过程中的那些令人困惑的经历一定是事出有因的。在评价 17 岁到姑姑哈丽雅特家生活时，他说：“我想对充斥着晦暗的冷漠、阴谋陷阱的‘家庭’说再见！”（Fonda，1998，p.133）对于父亲亨利的那些鲜有被谈及的历史，彼得说道：“在他身上发生过什么事，可能我们永远也不会知道。他从没挨过打；但是父亲一定是经历了某些事，使他如此的沉默和羞涩，就是这些特质铸就了他的性格。这是他在现实生活中的面具和伪装。他发现沉默会让自己感到更轻松些，我的意思是，这么做能让他的内心更轻松些……越深的情感，他就藏得越深。关于父亲我能说很多，因为我了解很多，但这些永远也不够。”（p.496）对于难以明晰的家族史，他说道：

> 当然，这种对过往隐私的严守不露也是母亲家族的特征。我对外祖父母的全部了解——他们都活到我将近 30 岁的时候——我的外祖父是个消沉的（也使人泄气的）酒鬼，有时在晚上，他烂醉如泥地回到家里，跌跌撞撞地边在草坪上割草，边厉声谩骂所谓文明社会中的不公。而对于外公的放肆，外祖母则是过度宽容的，其实，根本就不应该让他这样为所欲为。在母亲逐渐消失的那些年里，外祖母和我们生活在一起……，我怀疑自己是否还会再相信父母两边任何健在的长辈讲给我的故事。时光流逝得太快，有太多的机会对事实真相做修改和漂白，我已不想再问东问西、打扰哈丽雅特姑姑，她现在已九十高龄——是耄耋老人了。父亲的自传是讲给别人听的，充斥着漂白过的内容，基本背离了事实。父亲太过羞涩，太过注重隐私，根本不可能暴露那些压在他心底的往事。（p.116）

从系统化的角度看，我们也许可以帮彼得绘制一份家谱图，仔细研究缺失的信息（当然其中一些信息可从族谱中重新发掘），来揭示那些“被漂白的”家庭历史真相。缺失的信息往往会成为临床调查分析的重点，因为恰恰是这些被遗忘的部分，对于理解当事人来说，正是至关重要的部分。正如纳博科夫（Nabokov）笔下的一个角色所说的：“请记住，你所听到的故事是几经易手的版本，它先被讲述者说一遍，又被听者复述一遍，而故事中已逝的主角其实早已把两者都骗过了。”（Nabokov，1959，p.52）

矛盾的信息

最后，还有一个应注意的问题，即矛盾的信息。例如，3 位不同家庭成员对于同一个人的亡故日期给出了 3 个不同的回答，或者是，他们对家庭关系有着相互矛盾的描述，若面临这样的情况我们就要问一问究竟发生了什么。比尔·克林顿的父亲——比尔·布莱思（Bill Blythe），显然是个神秘而又颇具魅力的人物；他一直不断改换着自己的形象。关于他的描述有很多矛盾之处（见图 4.6）。甚至连他的出生日期到底是哪天都没有确切答案。家人说他生于 1918 年 2 月 27 日；入伍记录显示的是 1917 年 2 月 21 日。据维尔吉尼亚（Virginia）说，夫妻二人是在布莱思行军路过什里夫波特市（Shreveport）的时候相识的，但是军队的记录显示，在他们相识之前，布莱思已在那里驻扎了两个月。他并没有告诉维尔吉尼亚他曾在 1935 年 12 月结过婚，并于次年签署了离婚协议，也没有告诉她自己在 1938 年 1 月 17 日为儿子亨利·里昂·布莱思（Henry Leon Blythe）签署过出生证明。她也不知道他在 1938 年 8 月 11 日第二次结婚，并于婚后 9 个月再次离婚，被法官判为“极端残暴，并且无视自身应承担的责任”（Maraniss，1995）。维尔吉尼亚甚至不知道布莱思于 1940 年第三次结婚，这次的对象竟是其第一任妻子的妹妹，而这么做显然是他不想和那个声称怀了他孩子的第四个女人结婚。更有甚者，一个名叫莎伦·李·布莱思（Sharon Lee Blythe）的女孩的出生证于 1941 年在堪萨斯城注册，其母是密苏里州的一位女服务员，布莱思可能与她也结过婚，莎伦也许是他们的孩子。（除此之外，他甚至可能并不是比尔·克林顿的生父——尽管大家通常认为他就是比尔·克林顿的父亲；但是有人质疑，当母亲怀上克林顿的时候布莱思仍从军在意大利作战。但克林顿本人认为布莱思就是他的生父。）的确，克林顿长期生活在矛盾与冲突当中，后来他让整个美国也变成了这副样子。

不仅比尔·布莱思不断改头换面，粉饰自己过往的经历，以图掩盖各种矛盾之处，维尔吉尼亚·凯利·克林顿（Virginia Kelley Clinton）作为一名麻醉科护士，无论在工作场所还是生活的社区中也都充满了各种冲突。她曾被控涉嫌造成两名患者意外死亡。她和同事的一些行为遭到指控和反诉。这场官司她坚持了很久，但终被开除。这些难以澄清的矛盾致使维尔吉尼亚的生活混乱不堪并持续了很长时间。维尔吉尼亚的父亲也否认自己曾和女儿的第二任丈夫罗杰·克林顿（Roger Clinton）合伙贩卖私酒，而事实上他们的确做过；至于妻子长久以来对他不忠于婚姻的指控，他也一直不予承认。这个家庭有着很多的秘密和相互矛盾的信息，然而多年来他们却一直非常紧密，对此第 5 章将有所述及（见彩图 16）。

一个家庭中存在如此之多矛盾的信息的确有些极端，但是绘制家谱图的实践中各种信息上的不一致并不鲜见，我们需要将它们在图中标识出来，它们也许暗示出某些重要家庭情感之所在。布拉特（Bradt，1980）很久以前就建议在家谱图中使用不同的颜色来标识不同的信息来源。不久，在计算机软件的帮助下我们将可以更轻松地追踪那些矛盾的信息。

矛盾的信息、有过多次婚姻的复杂家庭、相互交织的关系、多次生命周期过渡及转变、多重的视角等，对于试图在有限空间内绘制家谱图的临床医生来说，提出了技能和才智上的挑战。在实际的实践中，我们有时需要即兴发挥，有时需要增加附页。

图 4.6 有关比尔·克林顿（Bill Clinton）父亲的矛盾信息

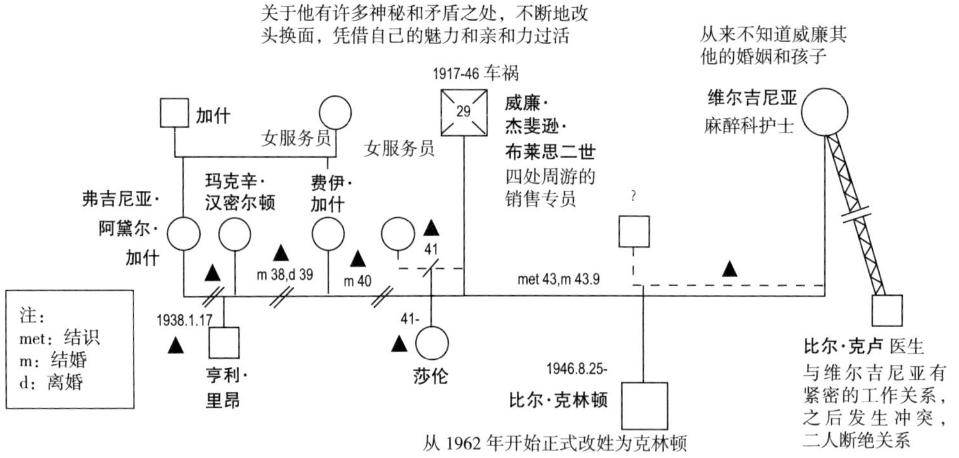

道德家谱图

保罗·佩卢索（Paul Peluso，2003）曾提议绘制道德家谱图（ethical genogram），涉及如下提问：

- 在道德或伦理方面你或你的家人曾经做过或本应做出的最艰难的抉择是什么？这些决定及决定的要点是如何执行的？
- 在家庭中哪些行为被认为是不道德的？当违反家庭道德准则时会怎样？你的家庭在道德或伦理准则方面是否有分歧？
- 对于成长过程中被灌输的道德准则和价值观，你是否发生过改变？
- 你的家庭道德准则是否符合社会的法律规范？家人中有没有谁做过违法的事情？如果有，其他人对此有何反应？
- 是否曾有家人违反过家庭的道德准则？如果有，其他人有何反应？是严厉对待还是宽大处理？对待这种情况的反应是一视同仁的、一贯如此的，还是区别对待，反应不一？
- 你的家庭最看重的价值观是什么？诚实、忠诚、纯洁、公平、谦恭，还是公正？

事业 / 工作家谱图

吉布森（Gibson，2005）提议在小学阶段设立专门的指导课程，应用家谱图帮助孩子们发现他们的职业兴趣。她建议在四、五年级时让孩子们绘制事业 / 工作家谱图（career / work genogram），并将此课程沿用至初、高中阶段，期望通过增进孩子们对他们家族的事业史有清晰的认识，从而促进他们发展自己的志向。显然，如果你是家庭中涉足某个行业的第一人，这就和延续已有的家庭事业发展道路是非常不一样的。和成长中的孩子们一起绘制职业生涯规划家谱图（career counseling genogram），能够让他们领会并思考自己应选择继承家庭传统还是另辟蹊径、开创新的事业。

性家谱图

有关性及文化的家谱图（Hardy & Laszloffy，1995；Hof & Berman，1986；McGlodrick，Loonan & Wolsifer，2006）有助于我们更好地理解症状、恐惧及性关系等问题所暗含的功能。在我们的生命周期中，应该并且必须将有关性的问题置于各种人际、家庭关系的大背景中去理解。绘制治疗师自己的性家谱图和文化家谱图亦可使治疗师受益匪浅，因为这可以将那些被带入治疗中的、治疗师自己的价值观显现出来。绘制此类家谱图的方法是：将某些特别的信息添加到基本家谱图框架中去，如个体、夫妻及家族史中有关性的历史：健康史和心理发展史、婚外性关系和亲密关系；以及其他主题，如回避与性相关的话题，或家庭成员间如何传递有关性的信息等。绘制有关性和文化的家谱图极利于帮助夫妻理解自己及对方的性、文化背景。这可以帮助来访者意识到他们在成长中形成的价值观，并发现这些价值观如何影响了他们的性观念、性行为和相关的性焦虑。

有关性家谱图的提问

下面是有关性家谱图的一些提问（改编自 Hof & Berman，1986；McGlodrick，Loonan & Wolsifer，2006）：

- 关于性、亲密关系、男性气概和女性气质等话题，配偶双方从各自家庭中都获得了哪些公开和隐蔽的信息？
- 谁在性、情感、身体方面最为开放？谁最保守？这些情况对其他家庭成员有何影响？
- 性及亲密关系是如何受到鼓励、遭到劝阻、受到限制，或被传授的？上一代人对此是否意见一致？
- 家庭成员是否有和其宗教背景不符的性观念或亲密关系？它们都产生了哪些影响？
- 你的家族是否在以下方面有不可告人的秘密：亲密关系、性、虐待、乱伦、性侵、意外怀孕、婚外情、未婚先孕、堕胎、近亲结婚？
- 关于你的家族，你不愿提及的有关性和亲密关系的问题是什么？谁可能有答案？你是如何知道的？

- 对于控制生育这一概念，家庭有何作为？
- 家里如何处理色情资料，如含有性内容的书籍或杂志？
- 对于含有大量性内容的媒体资料，如色情作品或黄片等，在原生家庭中是如何处理和对待的？现在，在你的家庭或亲密关系中是如何对待这些东西的？
- 你所见过的家庭或亲密关系中，对一夫一妻制有什么样的规则？被他人追求或谈论此事，是被容许的吗？
- 过去婚外情或嫖娼是可被宽容或可以讨论的吗？现在，在你的家庭或亲密关系中如果有此类问题，是如何处理的？
- 在上一代家庭成员中，谁的亲密关系是你最想效仿或最不想效仿的？ 你认为家庭成员的性关系或亲密关系是否受到如下因素影响：道德教条、贫困、事业成功、性别、性取向、移民、语言困难、种族等。
- 你的家族中是否有人与不同种族、阶层及宗教背景的人通婚？ 这对家庭中的其他人有何影响？这对他们的性关系或亲密关系有何影响？
- 你的宗教观念或文化规则对你自己的性观念及亲密关系有何影响？你自己的观念与所属宗教或文化团体的观念有不同之处吗？
- 家中是否有人在性观念或亲密关系上与家族的文化或性别规范不相符？家里的其他人对此有何反应？
- 你从家里获得的性观念及亲密关系方面的信息，有哪些是你希望先修改而后再传给下一代的？
- 你原生家庭的家规与配偶的原生家庭的家规相似还是不同？那些不同之处对你的性关系或亲密关系有何影响？
- 你认为，作为夫妻你们该如何处理分歧？关于性你们达成了哪些一致的意见？
- 作为不同性别的人，偏见或压迫等因素如何影响你的家庭及个人发展？
- 你的初次性经验是在什么情况下发生的？当时你感觉如何？现在你对性的感觉如何？

显然，绘制一幅包括所有你想收集的性信息的家谱图是非常困难的。通常，多代人的婚恋关系可以清晰明确地反映在图谱之上，但更加私密的性关系则需要特殊的符号和连线来表明。无论如何，这些议题都非常重要，运用家谱图来组织追踪有关性的议题对于评估性关系史是最行之有效的方法。

我们还可以创建很多关于“特定主题”家谱图：抚养养育、健康和疾病、教育、希望和康复、幽默、职业、宠物和爱好等。重要的是，追踪长期的家庭模式而不只聚焦于某一个体，这是在历史发展的视角下理解人类经验的关键性框架。

GENOGRAMS 第5章 解读家庭结构

通过检视家庭关系结构、家庭组成、兄弟姐妹排行以及各种家庭构成，治疗师可以提出许多有关家庭主题、家庭角色、家庭关系的假设，并通过进一步询问家庭信息加以验证。本书基于系统家庭理论解读家谱图。若读者希望进一步了解本章中述及的理论，请参阅鲍恩（Bowen）的著作（见“家谱图评估与家庭系统理论”参考文献）、兄弟姐妹排行（见“兄弟姐妹”参考文献），麦戈德里克（McGoldrick，1995）、哈里·勒纳（Harrier Lerner，1990，1994，1997，2002，2005），以及其他一些家庭治疗师的著作，他们的工作无不证实对于解决当前面临的难题来说，“理解家庭历史”具有重要价值。

探索家谱图时首先应分析家庭的基本结构，即图表上由线段和符号所展示出的家庭结构。考察家谱图的结构可以引导我们根据家庭构成、兄弟姐妹排行，以及其他特定的家庭结构等信息对家庭角色、家庭关系及家庭功能提出相应的假设。

家庭模式若在一代又一代人身上重复出现，则很可能被强化。若某个家庭成员处于与上一代人相似的家庭结构中，他们就很有可能再度重复上一代人的家庭模式。举例来说：假设母亲在三姐妹中排行最小，如果她也有三个女儿的话，她就有可能过度认同最小的女儿。或者，如果同一家庭的三代人都出现过分居或离异，他们很可能觉得离婚是稀松平常的事。

家户组成

家户组成（household composition）是家谱图上首先应关注和分析的内容。我们需要分辨面前呈现的是一个传统核心家庭家户（nuclear family household）、单亲家户（single-parent household）、多家户家庭（multihousehold family）、多家庭家户（multifamily household）、大家庭家户（extended family household），还是一个包含外

来者的家户。

传统核心家庭家户

在美国的家户构成中，传统的核心家庭家户（原配夫妻及子女）的比例正在逐渐下降，从1970年的40%下降到2003年的23%（Fields, 2003）。就其本身而言，这种家庭结构已不再是治疗师特别关注的对象。但是，在压力之下这种家庭结构相对于大家庭更缺乏灵活性。若一个传统的核心家庭户正在承受巨大的压力或存在严重的婚姻危机，那么，治疗师应调查是什么因素和力量使家庭凝聚在一起，以及家庭还需要或者能够获得哪些应对资源。此外，核心家庭很可能存在一些可预期的父母—子女三角关系，如母亲与孩子结盟对抗父亲，父母一方与一个孩子结盟对抗另一方或另一个孩子，父母联盟应对"病弱的"或者"不听话的"孩子，或是兄弟姐妹结盟对付争吵不休的父母。

单亲家户

单亲家户中只有父亲或母亲一方养育着孩子，这种情况可能缘于未婚单亲生育或领养，也可能是由于配偶亡故、离异、分居，或夫妻一方遗弃家庭出走所致。若在家谱图上发现单亲家庭结构，则治疗师应询问并探究单亲家庭的成因、独自养育子女所面临的困境、经济上的困难，以及可获取的资源，如大家庭、教父教母或朋友的支持等。

彩图15展示了比尔·克林顿的童年，他的单亲妈妈维尔吉尼亚与自己的父母生活在一起，23岁时生下了比尔。新近守寡、没有什么实际的工作技能、又没有钱，维尔吉尼亚自己几乎无任何生活资源可言。幸运的是，她的父母可以支持她的生计，不过很快家中就形成了最常见的三代三角关系：维尔吉尼亚感觉自己像个外人似的在娘家生活，而外祖父母与孩子更亲近。正如克林顿的母亲（Clinton-Kelley，1994）所说的：

> 与此同时，母亲开始全情投入地教导我如何做一位合格的妈妈。她这是出于好心，但实际却让我感觉好像又做回了卑微的见习护士……，唉……我妈妈就是在扮演上帝的角色……，当妈妈不独占孩子的时候，我才能带小比尔出门，推着他的小车四处转转。（pp.61–63）

维尔吉尼亚决定于次年到新奥尔良完成学业，她把比尔·克林顿留给父母照料。当她回来再次和家人一起生活时，关系冲突加剧了：

母亲越来越令我恼火。我已经25、26甚至27岁了，却仍然和父母住在一起。当然，这是好事，白天有人照顾比尔，但这也有代价。当我在麻醉师学校上学的时候，母亲就已经与比尔形影不离，现在我工作了，母亲依然对他特别宠爱。她给他穿衣喂饭，带他散步，买东西。给亲爱的外孙买什么东西她都不嫌贵。（pp.77–78）

这些问题在单亲家户的家庭结构中是可以预见的，临床医生一旦在家谱图上看到单亲结构，就要问问是否存在着上述这些典型模式。同时，也应关注夫妻一方的缺失对于家庭（特别是对孩子）的影响，以及与此相关的关系模式和三角关系等等。对于比尔·克林顿而言，他说他很幸运，在童年并未意识到这种三角关系：

我是外公外婆带大的。他们极为尽责，也很爱我，但遗憾的是，他们彼此之间互相爱得不够，而外婆爱我胜过爱我妈妈。当然，那时我幸运地对此全然无知。我只知道他们很爱我。后来，当我观察那些在艰苦环境中长大的孩子时……我才意识到自己是多么的幸运。不管他们之间的关系如何，外公外婆和妈妈一直让我感到我是他们心目中最重要的那个人。（Clinton，2005，pp.9–10）

对于已故的父亲比尔·布莱思，比尔·克林顿写道：

我的一生都在极力弥补这段空白。我紧紧抓住能告诉我更多有关那个给予我生命的男人的每一张照片、每一个故事、抑或每一片笔迹……。无论事实如何……父亲的身世要比近半个世纪以来他在我心中的理想形象更为神秘、复杂——反观我的生活，对此我毫不奇怪……。父亲让我感到我要为两个人而努力生活，我应该做得足够好，就好像能以某种方式弥补父亲本应有的生活那样。正是父亲的故事让我年纪轻轻就对死亡有所感悟。明白自己也有可能早逝，这激励着我善用生命中的每一分每一秒，去迎接下一个更大的挑战。即使前途未卜，我也总是一刻不停歇。（Clinton，2005，pp.5–7）

通常，单亲家户是多家户网络（multihousehold network）的一部分。多家户网络（multihousehold network）有时也称作双核心家庭（binuclear families）（Ahrons，1998）或多核心家庭（multinuclear families）。这样的家庭中，某个孩子同时是几个不同家庭的组成部分。这种情况要求孩子发展出更为复杂的适应技巧，去应对每个家庭中所必须适应的各种环境。

再婚家庭

在离异或配偶亡故之后，原来的夫妻单方或双方再婚，将继父或继母带入家庭，就形成了再婚家庭。夫妻双方在之前婚姻中所生子女现在可能生活在同一个家庭里，也可能分散在不同家庭中，或者在不同家庭之间来回穿梭。

再婚家庭需要处理一些特殊问题，如监护权、探望权、嫉妒、偏袒、有关忠诚的冲突、继父母或继子女的问题等。治疗师应探究离异及再婚对每个家庭成员造成的影响。这种家庭关系模式和固有的三角关系在比尔·克林顿的家庭（见彩图16）中都有反映。他的父亲威廉·杰斐逊·布莱思二世（William Jefferson Blythe，Jr.）在与克林顿的母亲维尔吉尼亚·卡西迪（Virginia Cassidy）结婚之前曾有过多次婚姻，维尔吉尼亚在许多年之后才知道这些真相，而此时她已垂垂老矣。

此类家庭结构及生活状态都在不断地变动之中，而要想通过家谱图将这些历程详尽地反映出来实在是一大挑战。维尔吉尼亚·卡西迪于1950年比尔·克林顿4岁时再婚。她的第二任丈夫罗杰·克林顿之前也结过婚。维尔吉尼亚后来与罗杰离婚，但数月之后又再次复婚。比尔·克林顿人到中年才知道生父布莱思早年曾与其他女人生下同父异母的一个哥哥和一个姐姐。比尔·克林顿曾经与那位哥哥会面，但从没见过同父异母的姐姐（Clinton，2005）。

大家庭的网络

不同种族的人们对"家庭"的定义有很大差异（McGoldrick，Giordano，& Garcia-Preto，2005）。治疗师应关注包括教父教母以及其他形式在内的亲属网络，并分析这些家庭结构对家庭关系模式都产生了什么样的影响。姑姑姨妈、叔叔舅舅、堂表亲、继子女、保姆等都是家庭的一部分。照看孩子的人、密友或其他对家庭特别重要的"外人"（outsider）是非正式的亲属关系网络的组成部分，也应将他们添加到家谱图上。正如克林顿家谱图中的保姆兼抚养者科拉·沃克（Cora Walker）那样，她从1953年开始在克林顿家工作，后来她的女儿梅耶（Maye）一直照顾维尔吉尼亚·克林顿直到1994年维尔吉尼亚去世。在图中我们还添加了比尔·克林顿在小学时结识的朋友：文斯·福斯特（Vince Foster）、马克·麦克拉蒂（Mac McLarty）和乔·普尔维斯（Joe Purvis），50年后他们作为幕僚与克林顿一同入主白宫。

核心家庭可能会和祖辈人一起生活。而这种现象在单亲家庭中更为普遍，单亲妈妈常会与自己的母亲同住，以此获得帮助和支持，正如维尔吉尼亚·布莱思那样。对于三代人生活在一起的家户，治疗师应围绕以下方面进行探索：代际界限、结盟、冲突，特别是有关子女养育方面的事情。拿维尔吉尼亚·克林顿来说，她一直敬慕父亲，却又认为母亲非常强势。

对于生活在一起的大家庭，治疗师应细致地了解和分析各个成员在家庭中的角色和家庭关系。每个人的家庭关系因个体的家庭角色、位置的不同而不同。夫妻某一方的父母、兄弟姐妹、姑姑姨妈、叔叔舅舅、堂表亲们，对另一方而言可能就像不速之客；寄养或收养的孩子常常会卷入某种三角关系中，成为“特殊分子”或“问题儿童”，具体情况会随孩子自身的品质及家庭情况而定。重点应考察当大家庭的成员或外来人进入家庭后，核心家庭及大家庭双方各表现出什么样的反应。

在兄弟姐妹中的排序

尽管个人在兄弟姐妹中的排序对于其人生发展的影响一直都存在争议，但长久以来，不胜枚举的文学作品中依然经常提及出生顺序、性别、与其他兄弟姐妹年龄上的差距等，这些方面具有特别的重要性（见“兄弟姐妹”参考文献）。有许多因素都会对兄弟姐妹间的关系模式造成影响，包括：出生时间、排行、种族和生活环境，等等。此外，在特定情况下，如家庭解体时，兄弟姐妹会成为彼此的生活资源和看护者。1962 年比尔·克林顿的母亲与继父离异时，从未被继父收养的比尔决定正式改姓。虽然他不愿与妈妈刚刚离开的那个嗜酒如命、残忍暴虐的继父再有任何干系，但比尔深爱着自己同母异父的弟弟，并感到自己必须保护他，为了弟弟，比尔将自己的姓氏改为克林顿。

在当下的社会中，兄弟姐妹关系模式正经历着一场巨大的变革——随着节育和避孕措施的发展、妇女运动的兴起、越来越多的妇女参加工作以及传统家庭结构的改变等社会变迁，产生了各种新形式的生育、养育方式和家庭结构。

兄弟姐妹各自成长的经历也会存在巨大的差别。一个重要的影响因素即幼时兄弟姐妹共处时间的长短。两个年龄相仿的孩子，特别是相同性别的话，通常会花很多的时间共处。他们共同分享父母的关注，被双双抚育长大。间隔较长时间出生的兄弟姐妹共处的时间相对较少，也少有共同的成长经历；他们成长于家庭发展的不同阶段；因其成长的各个阶段都是各自分开经历的，所以在很多方面他们都更像独生子女（Toman，1976）。荣格（见彩图 7）实际上就是这样的“独子”。在他出生之前，一个哥哥和一个姐姐都夭折了，而妹妹比荣格晚 9 年才出生，荣格的成长经历可能更接近独子，而不像一个有兄弟姐妹的孩子。

当今世界，离婚、再婚率飙升，很多家庭都是亲兄弟姐妹、继兄弟姐妹、同父异母或同母异父兄弟姐妹的组合，这些孩子可能生活在不同的家庭当中，只是偶尔聚在一起。此外，独生子女也越来越多，他们可能会与玩伴形成亲如手足的紧密关系。另外，相比于前几代人，现在出现了更多拥有两个孩子的家庭，与多兄弟姐妹相比，两个孩子之间的关系更加紧密。毋庸置疑，兄弟姐妹在一起的时间越长，他们的关系可能越紧密。在多子女家庭中，根据性别和年龄的差异，会形成一些小集团。相差 18 个月的兄弟俩可能形成二人组，而在他们之后第五年和第七年出生的小妹妹，则可能形成第二个子系统。

兄弟姐妹会彼此扶助和相互依靠，当父母不在身边或不能提供照料的时候尤为如此。简·方达和彼得·方达很早就开始自己照料自己。姐弟俩从很小时起不再享有父母的情感关爱——失去父亲是因为亨利个性孤僻并经常离家在外、巡游演出；失去母亲是因为弗朗西丝患有精神障碍；随之而来的是母亲令人心碎的自杀；直至成年之前，姐弟两人的生活一直充满动荡不安。正如许多在创伤环境中长大的孩子一样，在这个痛苦动荡的世界中，他们成为彼此的避风港。彼得说，在他很小的时候，父亲就总不在身边，“我几乎忘了或根本没意识到妈妈越来越多地把自己关在卧室里，窗帘紧闭……，我和简凑在一起……，我们在卧室之间的墙上挖了许多小洞，这样我们就能在晚上说话了。那时（现在仍是）有那么多的悄悄话可以向着属于我们的小洞轻语”。（Fonda，1998，pp.14–15）“搬家，打包所有的家当又重新安置，无论距离远近，都是生活中最痛苦的事情……，我感到简和我已被逐出我们的乐园，在父母那难以言说的征途上艰难跋涉。”（p.35）“简成了我的救星。尽管她说她讨厌我，有时也对我发脾气，但每个紧要关头她都会和我在一起。那些时候只有姐姐和弟弟、弟弟和姐姐。”（p.39）

彼得·方达在 10 岁时开枪自杀未果受伤，当时父亲亨利正身在远方享受他第三次婚姻的蜜月，此时是简陪在彼得身边悉心照料弟弟。彼得 16 岁被学校开除时并无监护人在其身边，此时又是刚刚读大学的简赶回来帮助弟弟。彼得这样评价简·方达：“除了简我一无所有。她就是我的全部。”（p.54）多年之后他写道：“我非常需要简的认可。在我寻求认可的排名上，简仅排在父亲后面一点点，我们越亲密，联系越多，她的关爱对我就越发重要。”（pp.292–293）

50 多岁时，在简·方达生命的危急关头，她让彼得许诺单独陪她共处五天。她说要和他一起谈谈两人的童年，了解弟弟记忆里的点点滴滴，好让她试着把童年生活中困惑混乱、支离破碎的只言片语拼接整合到一起，她怕在还没有完成这些之前就失去他。（p.474）

出生排行

个体在原生家庭中的情感位置与其出生排行有关，个体将来与配偶和子女的关系也与出生排行有着特别的联系。家里排行老大的孩子更有可能发展出较强的责任感，他们尽职尽责，喜欢扮演父母的角色，而最小的孩子则倾向于表现得孩子气且无忧无虑。长彼得两岁的简·方达，一直以来都是一个极富责任感的孩子，她追随父亲的事业，小小年纪就涉足影视圈，而彼得多年来则扮演着反抗权威的角色。通常，长子长女会感到自己非常特别，对维持家庭福祉或继承家庭传统负有特殊的责任。他们可能感到自己的生命中充满了各种英雄式的使命。此外，有时长子或长女可能会对弟弟妹妹心怀怨恨，觉得是弟弟妹妹夺走了父母对自己的关爱，而这些关爱曾经是专属于他们的。中间出生的孩子可能会感觉被夹在中间，抑或必须努力寻求、发现自己的位置，才能让自己显得突出而与众不同（Sulloway，1996）。出生顺序也可能对人们与配偶、朋友、同事的关系有很大影响。当然这并不意味着出生顺序本身就是某种特定的个性，影响兄弟姐妹家庭角色的因素还有很多，比如兄弟姐妹的数量、性情、残障、外貌、种族、智力、天资、性别、性取向以及每个人出生时家庭经历的其他事件——亡故、迁居、疾病或经济状况的变化等。

双胞胎

同卵双胞胎的成长经历常常几近完全相同。现在双胞胎和多胞胎越来越多。尽管每八次受孕中才有一次形成双胞胎的机会，但当今世界上每五十人中就有一对双胞胎（Wright，1995）。同胞兄弟姐妹之间有着特殊的关系，这是一种将家庭其他成员排除在外的关系。难解难分的双胞胎之所以会引起我们的注意，也许是因为他们的存在是对“个体独一性”提出的挑战（Wright，1995）。据说，他们彼此间拥有特有的语言，相互间有着神秘的心灵感应。双胞胎之一去世时，另一个可能终生负疚。甚至异卵双胞胎由于拥有共同的生活经历，也会表现出许多相似之处。

对于双胞胎而言，最大的挑战是发展独立的个性。由于他们没有自己独一的出生顺序，而是共享同一出生时间，别人会把他们混为一谈，他们往往会为了刻意区分彼此而走极端。

男孩、女孩的不同角色

通常，男孩和女孩在家庭中有着非常不同的角色。相对于兄弟姐妹有男有女的家庭，在同辈全是女性的家庭中女孩有着不同的同辈关系模式。实证研究表明，由于社会习俗更偏好男孩，因而社会化过程中男孩与女孩之间的相互隔离自童年早期就已十分显著（Maccoby，1990）。在既有男孩又有女孩的家庭环境中，男孩更易对女孩不理不睬或欺凌打骂，与此同时，女孩的心愿或愿望往往不会像男孩一样得到重视。如果男孩比女孩大，则男孩通常是被关爱和照顾的对象。如果男孩比女孩小，则可能因其特殊的位置而被姐姐嫉妒和怨恨。

戴安娜王妃就是一例，尽管她的家庭有其特殊之处，但也反映出普遍的、世界性的性别问题（见图 5.1）。她在家里排行第三，而她家庭的社会地位完全取决于父母能否生下一个男婴，才能在爷爷斯潘塞伯爵（Earl Spencer）七世去世后继承价值 1.4 亿美元的遗产。她的父母盼子心切，因为如果生不出男孩的话，他们终将不

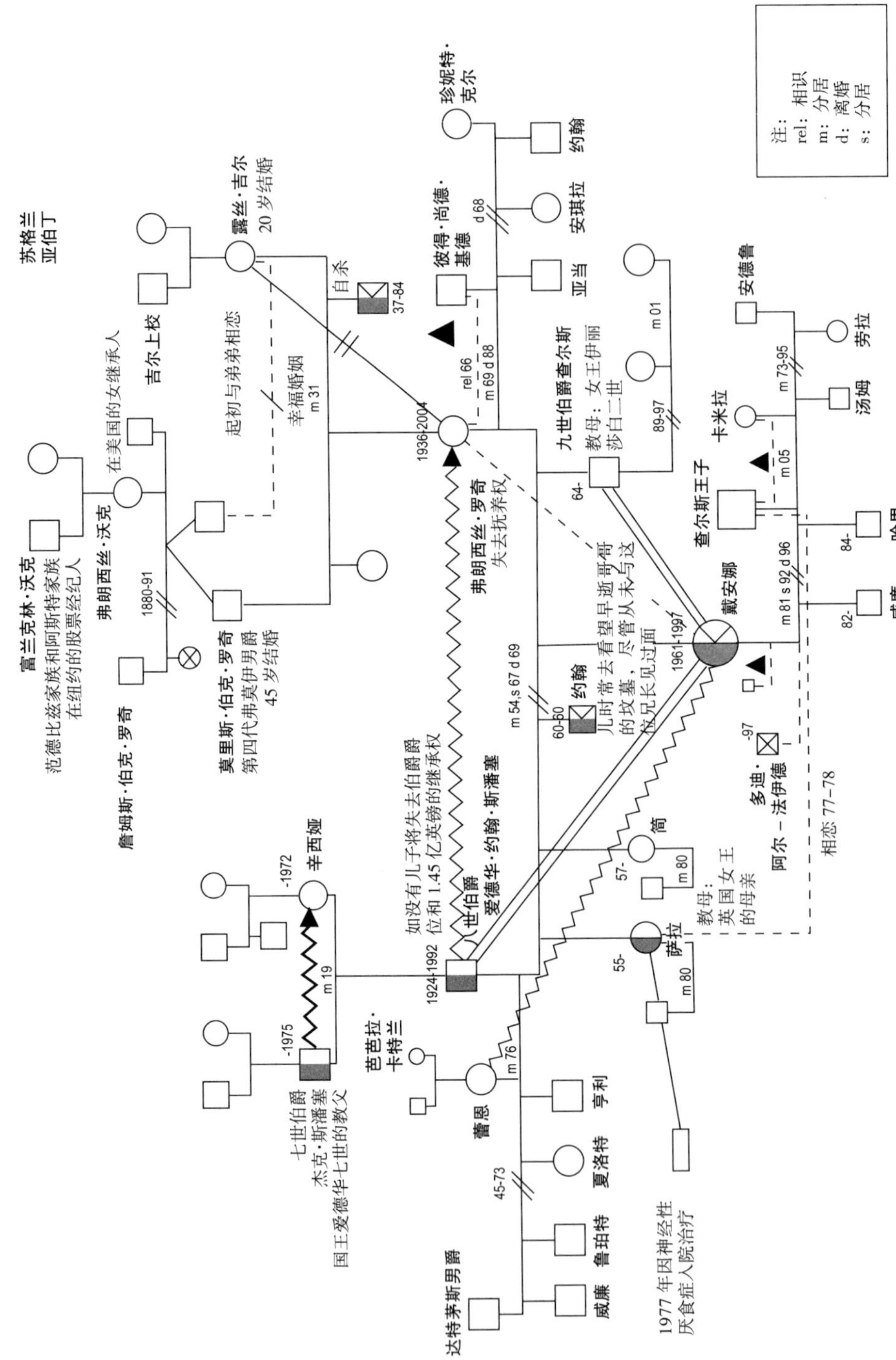

图 5.1 戴安娜王妃（Princess Diana）的家庭

得不离开现在的居所。戴安娜出生的前一年，父母曾有过一个残疾的男婴，但这个孩子在降生后不久就夭折了。当戴安娜出生的时候，父母万分失望，以至于没有为她做出生注册；此外，她也是家里唯一一个没有王室教父教母的孩子。正如戴安娜所述："我让父母失望极了，他们一直盼望能生个男孩。他们曾如此确信我就是个男孩，甚至都未曾准备一个女孩的名字。"（Campbell，1998，p.1）尽管最终她被以一位曾经差点儿嫁入王室的祖先的名字命名，但可能正是戴安娜在家庭中的位置造成了她的挫败感，同时又塑造了她特立独行的个性。童年的戴安娜经常去探访已故哥哥的墓地，尽管她从未与这位小哥哥谋面。在这样的一个盼子心切却又痛失爱子的家庭中，作为三女儿的戴安娜致力于寻找一个与众不同的位置，后来她的确做到了。三年后弟弟的出生使她的地位大为改善。同时，弟弟顺理成章地成了戴安娜的最爱（特别是在父母离异不久之后），两人相互依靠，彼此照顾，就像我们在上文中提到的简·方达和彼得·方达那样。

图 5.2 杰基·鲁滨逊（Jackie Robinson）的家庭

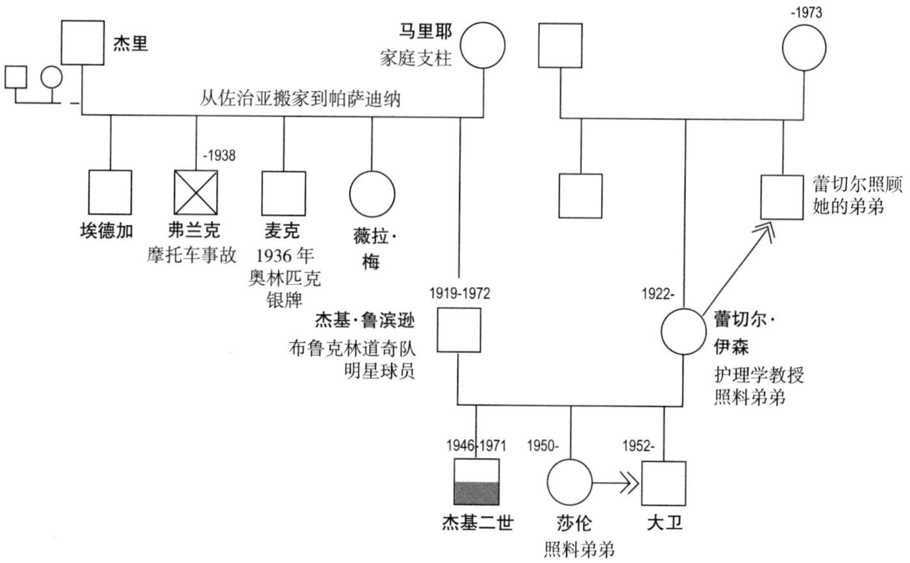

在童年时期，姐妹之间常会互相照料并照顾家里的男孩；同时，在吸引父母关注方面，她们又互为对手和竞争者。尽管父母们出于好意，但向儿子传递的信息却可能与向女儿传递的内容完全不同。杰基·鲁滨逊（Jackie Robinson）是布鲁克林道奇棒球队中著名的多面手、首席垒手，他的女儿莎伦（Sharon）排行老二——她还有一个哥哥杰基二世（Jackie Jr.）和一个弟弟大卫（David）；杰基的妻子蕾切尔（Rachel）恰巧在其原生家庭中也是排行第二，拥有同女儿一样的同辈关系位置（如

图 5.2 所示）。杰基在谈及女儿莎伦时说道：

> 在我们眼里，她是如此理想和完美的一个孩子，甚至在每个接触过她的人眼里，她都显得太过完美以至不太真实。尽管父亲爱子有加，但女儿却有其特别之处。我们的关系现在仍然如此，也许更深……蕾切尔在同样的家庭模式中长大——夹在两个兄弟之间。她忙忙碌碌、惹人喜爱，但却并不总是开心快乐，她是家里的支柱，弟弟需要她来照料。我们认为莎伦足够坚强，似乎可以应对生活中的任何困难，这么想对她似乎有些残忍。多年来，我们把她的良好发展认作是理所当然的。她几乎从不把自己的痛苦表现出来，也很少用任何夸张的方式来引起别人的关注。（Robinson，1972，p.242）

尽管母亲是女强人的典范——她充满活力、事业有成；父母也有意努力地教养女儿向相反的方向发展，但莎伦还是落入了典型的姐妹行为模式。莎伦后来写道：

> 有时候杰基（她的哥哥）会把我按倒，挠我痒痒直到我哭喊出来为止。尽管如此，我还是顺理成章地担负起了哥哥和弟弟的保护者的角色……尽管母亲教导我不要这么做，我会在屋后的小山上跑上跑下，为哥哥和弟弟端水递饭，而他们则坐在湖边钓鱼。（Robinson，1996，p.88）

造成姐妹关系错综复杂的原因有很多：家族关系纽带、家庭关系的时长、被赋予的照顾他人的责任，以及为了吸引男性注意和获得认可而形成的竞争关系等。这是一种既纠缠又亲密的特别关系；尽管这种关系的重要性和影响力常常被我们的社会所否认——在大多数的民间故事或传说中，常常会有男孩夹在姐妹之间出生，而姐妹们为了吸引他的关注而相互竞争的情节（Bernikow，1980）。在此母亲很少被提及，当然，"灰姑娘"故事中那个挑拨离间的母亲是个例外。在许多文学作品中，姐姐常被刻画成恶魔的样子，小妹妹则纯真无邪、惹人怜爱；男主角会将自己的爱和财富倾注给"乖乖女"小妹妹，而她则会报之以绝对的忠诚，并自愿成为他的"心肝宝贝"。在临床评估中，这种"不那么美好的童话"——家庭中的女性如何看待彼此，以及由此产生的问题都值得我们重点关注。女性之间的冲突从来不是表面上那么简单，治疗师应关注和评估当女性之间无法结盟时，是谁会从中获益（McGoldrick，1989）。

同时我们应注意，在评估兄弟姐妹的性别角色（以及其他性别角色）时，应以评估对象所在的文化环境为大背景去考量，这一点应引起重视。在很多文化中，对女儿的期望是指望她将来可以照顾家人，包括照顾她们的哥哥或弟弟。有一些族群，如爱尔兰裔和非洲裔美国家庭，出于各种历史原因可能会过度保护儿子，对女儿却不怎么上心（Watson，1998）。而其他族群则可能没有这类特殊规矩。比如，英国人认为男孩和女孩在做家务方面是平等的。无论如何，我们都应关注性别角色对兄弟姐妹关系模式产生的影响。

和与生俱来就心怀使命感的长子不同，长女通常对自己的责任感到既矛盾又内疚。无论怎样，她们都觉得自己做得还不够多、不够好，她们永远不会放弃照顾家庭的努力，试图将家中的所有事都打理好。

长子、长女

一般来说，家庭中出生的第一个孩子最有可能成为过度担当和认真负责的那一个。他们是优秀的领导者，因为在指挥弟弟妹妹并尽职尽责照料他们的过程中，长子或长女积累了丰富的经验。然而，身为长子或长女真是五味杂陈。作为父母的期待和新家庭的开端，头生子可能会受到其后出生的孩子们所不会获得的极大关注。然而有时，这也带来了巨大的压力。第一个孩子更倾向于认为自己对家庭肩负重任——努力工作以提升整个家庭的地位，扶助家庭进入更高的社会阶层常常是他们心目中的职责。

乔治·华盛顿（见图5.3）就是非常突出的一个例子。虽然还有两个比他大许多的同父异母哥哥［直到青春期他们才有接触，其中一个哥哥劳伦斯（Lawrence）在父亲去世后成为乔治的监护人］，但乔治·华盛顿在家中拥有长子地位。乔治出色的领导才能是美利坚合众国得以建立的重要因素。20岁时他在弗吉尼亚州入伍，很快就崭露头角，23岁便成为弗吉尼亚军队总司令。他在战场上展现出近乎神奇的才干——振奋将士们的士气，身先士卒地带领部下投入战斗，又能毫发无损地告捷。作为出色的领导者，他做事极为专注，并会尽力支持自己的下属完成目标而从不计较个人得失，正如他一生中无私地帮助弟弟妹妹和其他家人一样。

另外一个典型例子是切·格瓦拉（Che Guevara），他是五个孩子中最富责任感的长子（见图5.4）。和乔治·华盛顿一样，切·格瓦拉也是天生的领袖。也许正因如此，他成为古巴和南美游击战争的英雄。他忠实地履行长子的职责，继承了父母的社会主义革命价值观。他的父亲埃内斯托·格瓦拉·林奇（Ernesto Guevara Lynch）全身心地投入到当时的政治运动中，与西班牙内战流亡者成为朋友，并在生活的城镇创立了共和国援助委员会（Comite de Ayuda a la Republica）——西班牙共和国全国团结组织的分部之一。他的母亲，赛莉亚·格瓦拉（Celia Guevara）也是一位革命者。她以波西米亚式的风格治家——房间中到处都是书籍和报纸；所有家庭成员都享有言论自由；她鼓励孩子们畅所欲言。在切·格瓦拉的成长过程中，身边围绕着许多同情西班牙民主革命的人。作为体弱多病的长子（切·格瓦拉的童年一直受哮喘折磨），他一直和母亲非常亲近，母亲在自己家中教他识字读书。他早早地就展现出许多与母亲相似的特质——果断、有主见、激进、独立和对他人本能地忠诚（Anderson，1997，p.17）。

图 5.3 华盛顿（Washington）家族

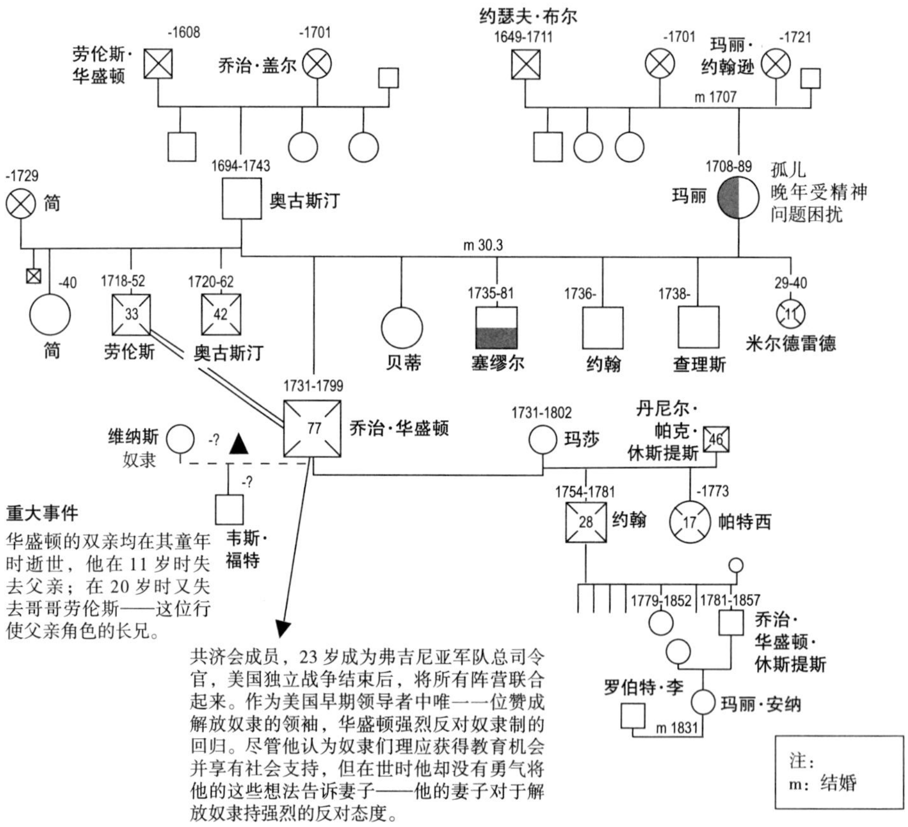

长女与长子一样，通常也具有相似的责任感，她们认真实干、照顾他人、颇具领导才能。但是，女孩通常不会享有与男孩相似的特权，家人对她们的期望也不像对男孩那么高。因而长女往往既被“老大”的责任所禁锢，却又未能获得特权或拥有更多的自尊感。当家中只有女孩时，长女可能会享有某些本应给予儿子的特权，并被寄予厚望。正如凯瑟琳·赫本（Katherine Hepburn）母亲的命运，她是争取妇女参政运动的领袖，也是三个女儿中的老大，后来不得不带着妹妹们去读大学。

在大女儿之后出生的那个儿子有可能成为实际上的“老大”，正如托马斯·杰斐逊（见彩图 18）和约翰·昆西·亚当斯那样（见图 2.13）。

如果兄长或姐姐患病或残疾，则年龄较小的子女也有可能会承担“长子或长

图 5.4　切·格瓦拉（Che Guevara）

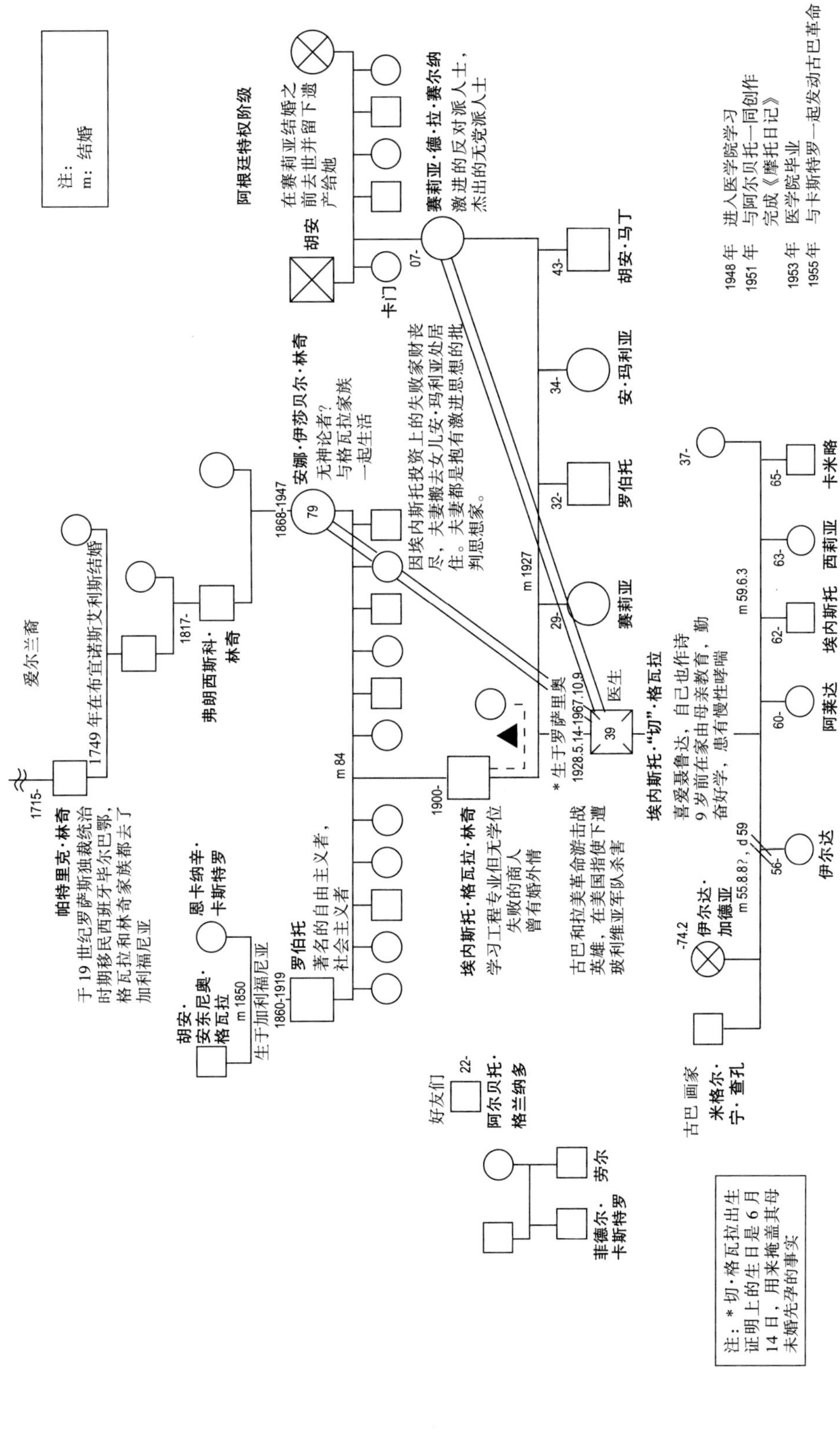

女”角色。在哥哥15岁上吊自缢之后，13岁的凯瑟琳·赫本成为家里的长女（见彩图17）。实际上，在此之前她就早已被赋予长女的角色——必须去照顾从小就抑郁并患有多种疾病的哥哥。此外，还有许多其他因素也对这种角色转变造成了影响，包括家族中许多男性的自杀，以及家族中的女性们在面对丧失时展现出的重振家庭生机的英雄主义作风。事实上，凯瑟琳·赫本的母亲姬特·霍顿（Kit Houghton）很早就成了孤儿——父亲在她13岁那年自杀，两年后姬特的母亲也去世了。作为“母亲”，姬特竭尽全力确保“女儿们”能够接受教育，将来可以不靠男人而独立生活。姬特·霍顿成功地打赢了与伯父之间的官司，并于16岁进入布林莫尔学院（Bryn Mawr）学习，同时她抚养两个妹妹直到送她们进入大学。

排行最小的孩子

最小的孩子常常感到自己非常特别——因不必像长子、长女那样承担沉重的责任，他们往往会自我放纵、不修边幅。当家里有许多孩子时，这种感觉更胜一筹。两个孩子中的老二比十个孩子中的老末有更强的“成双配对感”（sense of pairing and twinship）——除非他与哥哥或姐姐的年龄相差很大。无视世俗、我行我素……幼子有时会展现出惊人的创造力，从而引领变革和创新，托马斯·爱迪生（Thomas Edison）、本杰明·富兰克林（Benjamin Franklin）、玛丽·居里（Marie Curie）、保罗·弗莱雷（Paolo Freire）和保罗·罗伯逊（Paul Robeson）都在此列（有关这些家庭的更多细节，请参阅 McGoldrick，1995；Sulloway，1996）。

由于一直都是家人关注的焦点，最小的孩子可能会因这种特殊地位而自认无所不能。他们会显得更加无忧无虑，沉溺享乐，而不是追求成就。相较于哥哥或姐姐，他们较少自我怀疑，却更具创造力，敢为他人之不敢为。他们也会被宠坏，孤芳自傲。尽管如此，他们的特权观念有时也会带来挫败和失望。此外，当哥哥姐姐离家之后，最小的孩子会有一段时间作为家里唯一的孩子。这是独享父母关注的机会，但也会有被哥哥姐姐抛弃的感觉。

最小孩子的其他个性特点也是显而易见的。由于有哥哥姐姐的照顾，他们自然就成了“宝贝”，是哥哥姐姐关注的中心，总是希望获得别人的帮助和照顾。幼子更易离经叛道，觉得必须脱离“千恩万宠”的地位，导致行为叛逆，正如爱迪生和富兰克林那样，在青春期就选择离家出走。

家中的小妹总是被呵护的那一个，沐浴在关爱之中，似乎她的生活蓝图早已被设定好。她要么被宠坏、享有特权（若有好几个哥哥更是如此），要么就是在大家庭中受到忽视，关爱总是最后才能轮到她。筋疲力尽的父母会对小女儿呼来喝去又不放在心上，这可能会让她心怀怨恨。如果是家中唯一的女孩，这个最小的妹妹也可能更像一个小公主，抑或是哥哥们的奴仆，但在成年后成为哥哥们的密友，代替父母成为将家庭凝聚在一起的那个人。

保罗·罗伯逊（见图 5.5）是家中最小的儿子，他聪慧过人、独具创造力又多才多艺。因其家庭是非洲裔美国人，在种族歧视盛行的社会中他显得更加与众不同。他在各项体育运动中都非常出色，他也是大学里“优等生荣誉协会”的一员，并获得在大学毕业典礼上致辞的殊荣。成年后，他从律师改行成为享誉世界的歌唱家、影星、政治演说家。罗伯逊深感每个兄弟姐妹在他生命中的重要性。他说每个人都给予了他更多一份的爱，视他为“天之骄子……明日之星”（Robeson，1988，p.16）。这通常是幼子的角色，特别当家庭历经坎坷之时更是如此。

排行中间的孩子

在长幼之间出生的孩子在家里被“夹在中间”，既不像长子那样开风气之先，也不像幼子那样是个“掌上明珠”。因而，生在中间的孩子会有迷失方向的风险，特别是当所有孩子都是同一性别的时候。另一方面，中间的孩子也可能会成为最出色的协调者，比起奋发图强的哥哥姐姐，他们更温和、善于处事，比起弟弟妹妹，他们更少放纵自己。他们甚至会喜欢那遭到忽视的感觉。

生在中间的孩子可能发展得优异出众，最佳例证之一就是马丁·路德·金（见图 5.6），他能够担当多种角色，将群众紧密地凝聚在一起。他那著名的“非暴力抵抗运动”思想非常契合于他排行中间的身份。通常处在中间位置出生的孩子没有威权在手，对于他或她来说，将各方力量联合起来似乎是天性使然。排行最小的孩子不太可能成为好的领导者，但排行中间的孩子与前者不同，他们善于斡旋于各方之间、将各种因素协调统筹起来——他们更有可能成为杰出的协调者和领导者。

中间的孩子并不用为承担责任而背负很大压力，但是总体来说，他们必须格外努力才能凸显自己，因为他们没有什么特殊角色可言。罗伯逊家庭的五个孩子中，有三个孩子位于中间位置，他们都扮演了各式各样“中间孩子”的角色。大哥威廉·德鲁（William Drew）被以父亲的名字命名，他追随父亲的足迹也在林肯大学求学，后又考入医学院。二哥里德（Reed），虽也才华横溢，却脾气太过暴躁，在社会上艰难求生，最终成为“自我迷失”的中间孩子；保罗认为，他从这个哥哥那里学到了强硬的品质。三儿子本（Ben）具有运动天赋，他性情温和，是保罗的好榜样，另外他与父亲一样也是位成功的牧师。第四个孩子玛丽昂（Marion）是唯一的女孩，她像母亲一样成为教师，因和蔼可亲而远近闻名。对保罗而言，本和玛丽昂这两位年龄上与他最近的同辈成为他最重要的教导者，他们“言语含蓄，个性坚强，坚守原则，永远对弟弟无私奉献”（Robeson，1988，p.13）。这种相互扶助非常重要，因为保罗 5 岁那年他们的母亲在一场大火中不幸遇难。本和玛丽昂都不想成为关注的焦点而一心促进别人的发展，这些都是中间孩子的典型特质。

图 5.5 保罗·罗伯逊（Paul Robeson）

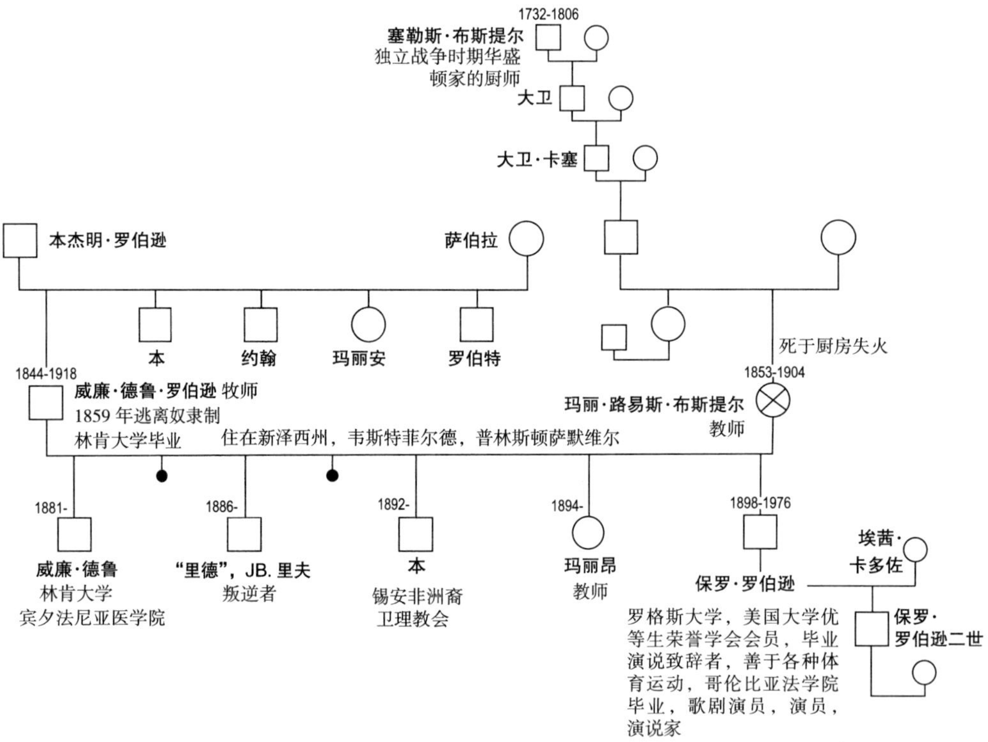

里德也有自己的招数，他总是随身带着一小袋石子，在身处险境时用来自卫。保罗·罗伯逊很崇拜这位“粗犷”的二哥，从他那里学到了如何对种族歧视和恶意伤害做出快速的反击。尽管里德没有实现父亲的远大期望，保罗还是对这位哥哥怀有特殊的感情。保罗后来写道：

> 他在学校、教堂或是体育场上没有赢得什么荣誉，但每当想起他时我总是充满感情。他躁动、叛逆、愤世嫉俗、挑战白人制定的规则。我认识很多像里德一样的黑人，每天都能见到他们。他们以自己鲁莽的方式盲目地探寻着出路；单枪匹马地将愤怒的拳头砸向只有靠众人合力才能推倒的高墙……，只有当……一切都改变了……，像里德那样的愤怒青年才能平静地生活，再没人有理由对他们皱一下眉。（Robeson，1988，p.14）

图 5.6 马丁·路德·金（Martin Luther King）的家庭

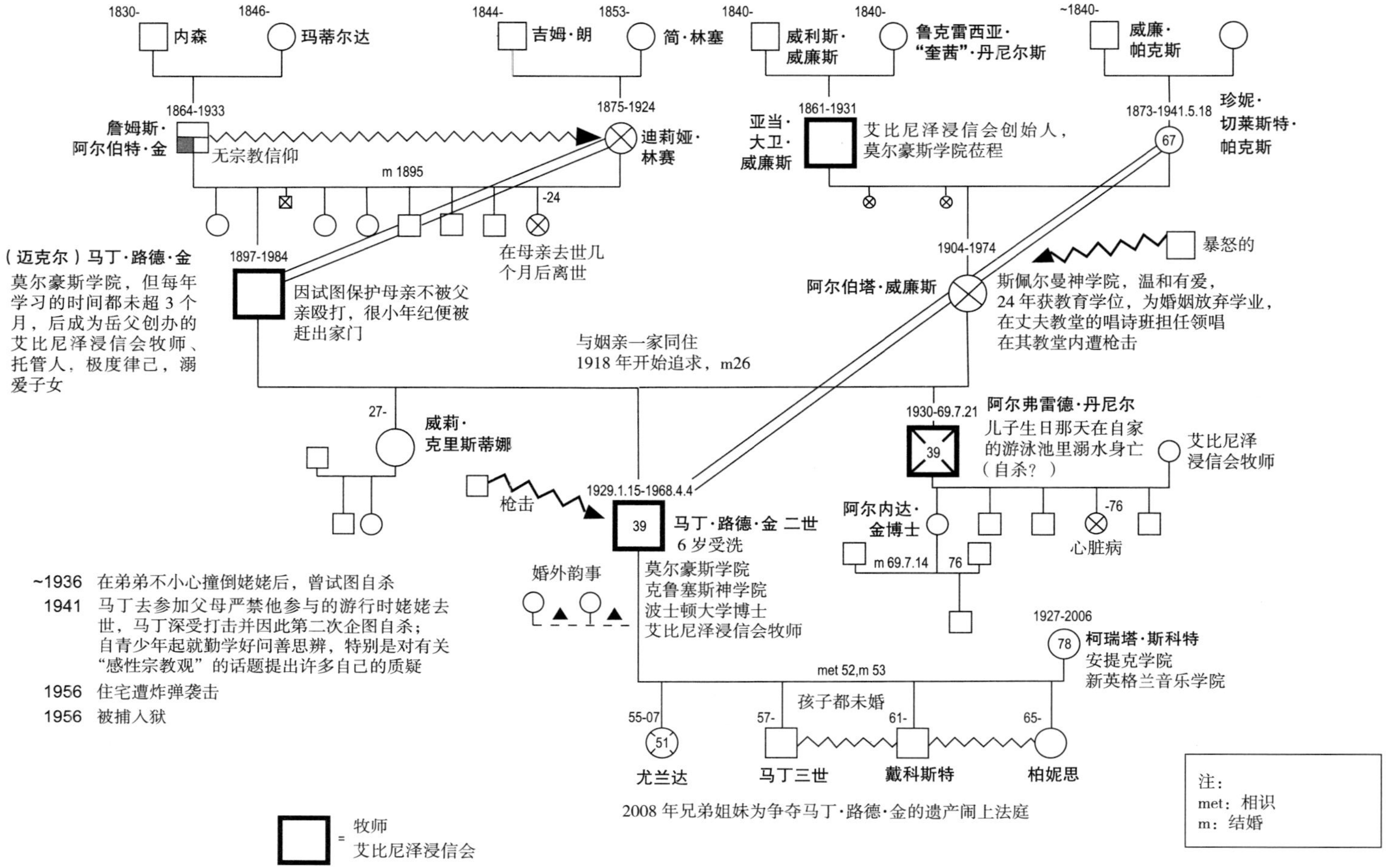

尽管老罗伯逊牧师不赞成里德叛逆无畏、放荡不羁的生活方式，并最终因儿子触犯法律而将其赶出家门，但保罗却仍视里德为榜样，认为正是哥哥教给了他应如何捍卫自己的权益。就像很多中间的孩子勇于表达其他人不敢表达的情绪一样，里德肆意地宣泄着他对种族主义的愤怒。在保罗·罗伯逊著名的传记体话剧中，他说他与父亲之间有一个永远无法谈论的话题——关于哥哥里德。他记得父亲因担心里德把弟弟们带坏而将其赶出家门，在里德出走的那个晚上，保罗曾幻想着能与父亲、哥哥本一道去找到里德并把他带回家。他想象着自己如何在父亲面前为里德辩护：

> 哦，爸爸，别改换话题……，里德并不是坏榜样。他对我说的仅仅是“孩子，你说得太多了”这样的话。他一直告诉我要昂首挺胸地站着，像个男子汉的样子。“不能矮人一等，如果他们打你，你就更狠地打回去。”我知道《圣经》上的话，爸爸，但是里德也是你的儿子！你总是说在我身上看到你自己。爸爸，所有的儿子身上其实都有你。（Dean，1989，p.298）

这段戏剧性的表达有力地展现了家庭中各个孩子扮演的不同角色，如果一个人被赶走，这对家庭的影响非常大，尽管有的家人并未意识到这些影响。

毋庸置疑，中间的孩子可能表现出长子、幼子或兼而有之的性格特点。他或她不得不为在家庭中争取地位而努力，除非这个孩子是家中仅有的男孩或女孩。他可能不像长子或幼子那样背负着家庭赋予的沉重期望，但他或她必须想方设法博得关注。阿尔弗雷德·阿德勒（Alfred Adler）是排行居中孩子的又一例证（见图 5.7）。阿德勒是提出“孩子排行对家庭发展极具重要性”这一观点，并做详细理论阐述的先驱之一，显然，他的很多想法源于自身经历：

阿德勒认为，根据出生排行位置的不同，每一个孩子的出生和成长，都背负着家长赋予的特定期望。从整体来看，长子的位置要优于其他弟弟们。他被灌输认为自己更强壮、更聪明、最负责任感。这就是为什么长子常常更看重权威和传统，观念显得更为保守。相反，幼子总是面临被宠坏或成为胆怯的居家男的风险。长子常继承父业，而幼子更有可能成为艺术家，抑或由于过度补偿，他会雄心勃勃，成为整个家庭的救星。家中的次子则备受两面夹击，一方面要努力赶超哥哥，另一方面又担心被弟弟超越。若家中只有一个孩子，那么独子更可能受到溺爱，比幼子得到更多的宠爱。父母对他的健康过度关注，这会引起他的焦虑进而让他变得胆怯。总之，兄弟姐妹之间年龄上的差异、男女比例以及他们各自在家中的排行位置等因素，都会对家庭模式产生影响。如果在长子之后紧跟着妹妹，有段时间哥哥可能会担心妹妹发展得太快而超越他。还有其他一些情况，如家里只有一个女孩其他全是男孩，或家里只有一个男孩其他全是女孩（阿德勒认为，这是非常不好的一种情况）。（Ellenberger，1970，pp.613–614）

图 5.7 阿尔弗雷德·阿德勒（Alfred Adler）的家庭

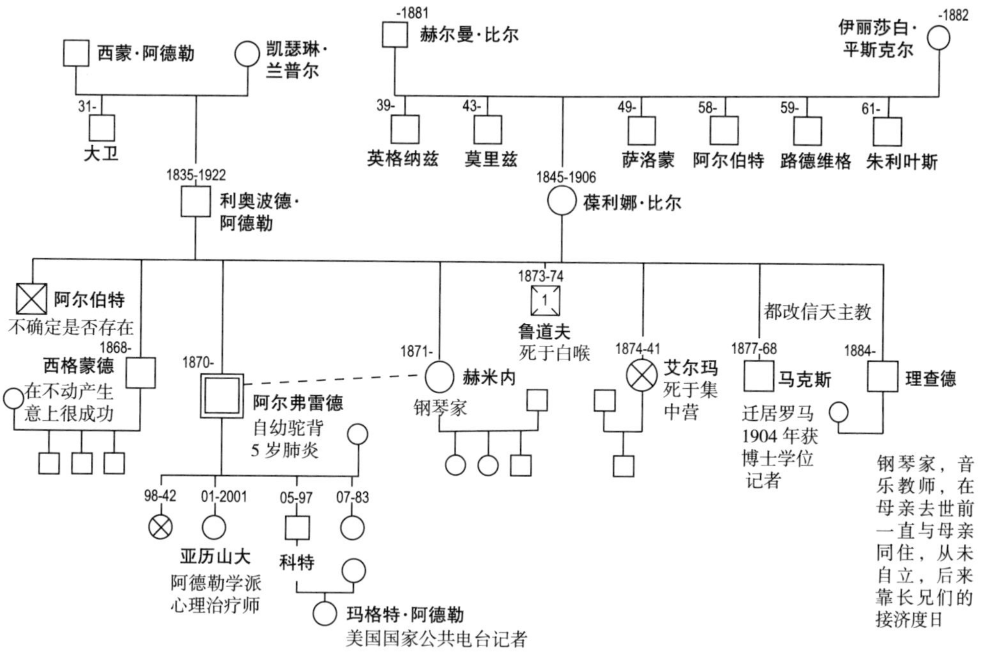

这些理论与阿德勒本人的家庭生活很相似。他自幼体弱多病（患有佝偻，5岁时险些死于肺炎，两次遭遇车祸），一直在哥哥西格蒙德（Sigmund）的阴影中长大（也叫西格蒙德！与弗洛伊德同名），哥哥追随父亲的足迹，成为成功的商人。正如家谱图所示，阿德勒有一个小他一岁的妹妹赫米内（Hermine），长大后两人似乎无甚往来；很可能阿德勒的确是在被妹妹超越的担忧下长大。4岁那年，阿德勒的三弟死于紧临他的襁褓中。四弟马克斯（Max），看起来“天生叛逆”（Sulloway，1996）并且显然非常嫉妒哥哥阿德勒；马克斯远离家人搬到罗马，并皈依天主教。理查德（Richard），是典型的幼子，他被宠坏，生活上从未自立。他和母亲一起生活，直至母亲去世。理查德一直梦想着能成为艺术家或音乐家，但后来却难以维持生计，不得不寄于阿德勒篱下，靠阿德勒和大哥西格蒙德的接济度日。然而阿德勒的子女们虽然熟悉父亲的理论并且后来也成为知名心理学家，但他们对父亲的同辈关系全貌却并不十分了解，对于祖辈的家庭关系更是知之甚少了（个人谈话，Kurt & Alexandra Adler，1984）。

家谱图中的那些缺失信息总是非常有趣。在阿德勒的家族中，尽管他坚信兄弟姐妹关系在决定个体行为方面具有重要作用，但传记作者对他本人的兄弟姐妹排行给出了粗略又自相矛盾的描述（见参考文献“阿尔弗雷德·阿德勒”部分）。我们对阿德勒父母的兄弟姐妹及其父母的家庭模式知之更少，这种情况同样也适用于弗洛伊德、霍尼（Horney）和荣格，尽管人们对他们的工作及其在心理学领域的建树都抱有极大的兴趣。当然了，传记作家们的任务还是要继续发掘历史的全貌（McGoldrick，1995）。

独生子女

独生子女可能集长子的严谨和责任感与幼子的特立独行和特权感于一身。他们更亲近成人，以寻求爱与认同，同时也期待获得大人们的全部关注。他们最大的挑战就是如何与同龄人建立“紧密而个人化”的关系。他们在社会上更为独立，而不太重视伙伴关系，很小就展现出成人的行为模式。可能由于父母的过度关注和保护，他们有时会更为焦虑。独生子女通常在一生中都会与父母保持紧密的关系，而与朋友或配偶建立亲密关系却比较困难。

印度的第二任总理英迪拉·甘地（Indira Gandhi）就是独生子女的例证之一（见图7.2）。她在成人的世界中孤独地长大，很早便成了父亲的知己。她具有长子/长女的显著特征——极富使命感与责任感；但作为领袖，她表现得专制、独来独往、独断专行。她的父亲与祖父也都具有独子的特征。父亲贾瓦哈拉尔·尼赫鲁（Jawaharlal Nehru）比其之后出生的弟弟妹妹足足大了11岁。祖父莫狄拉尔·尼赫鲁（Motilal Nehru）也是印度领导人，他比哥哥姐姐小很多。在莫狄拉尔出生之前他的父亲就去世了，他后来在已成人的哥哥家中长大。贾瓦哈拉尔的母亲和英迪拉的母亲都重病缠身，这无疑也强化了父女二人身上那种独子式的独立性，也强化了父女之间的紧密关系。

兄弟姐妹排行与夫妻关系

兄弟姐妹关系通常为夫妻关系设定了模板，决定夫妻双方以何种方式彼此分享、互相依靠与协调互动——配偶间的嫉妒、权力争夺和对立竞争都会在兄弟姐妹关系中预先上演。兄弟姐妹关系通常是一个人最早的同伴关系，因而，夫妻关系可能是对出生顺序和性别家庭模式的复制。一般来说，当夫妻间的关系与他们原生家庭中兄弟姐妹关系模式相匹配时，他们的关系会更好。例如，一个老大配一个老小，而不是两个老大的结合。如果妻子是多子女家庭的长女并且尽心地照顾弟弟妹妹，那么她很可能会被一位富有支配欲、能为她负责的长子所吸引。但随着时间的流逝，她很可能会对其配偶的大权独揽非常反感，因为在她的经验中还是自己做主更舒服。

假如各个方面都没有差别（在现实生活中实难如此！），基于兄弟姐妹排行模式的理想夫妻搭配应该是：丈夫家中有个妹妹，而妻子家中有个哥哥。当然，照料者与需要照料者相匹配，抑或领导者与追随者相匹配，都不是亲密相爱、婚姻幸福的保证，而只能确保关系上存在熟悉感。

除了出生顺序上的匹配互补，是否拥有异性兄弟姐妹对于夫妻关系也有影响。最糟糕的夫妻搭配可能是：妻子是许多姐妹中的幺女，而丈夫是许多兄弟中的幼子，他们都缺乏与异性亲密相处的经历，且都想充当那个“最受宠爱的孩子”，等着别人来照顾，因而可能让婚姻问题重重。

作为长女的埃莉诺·罗斯福，和她的堂兄——独子富兰克林（见图 5.8），堪称

图 5.8 埃莉诺（Eleanor）和富兰克林·罗斯福（Franklin Roosevelt）

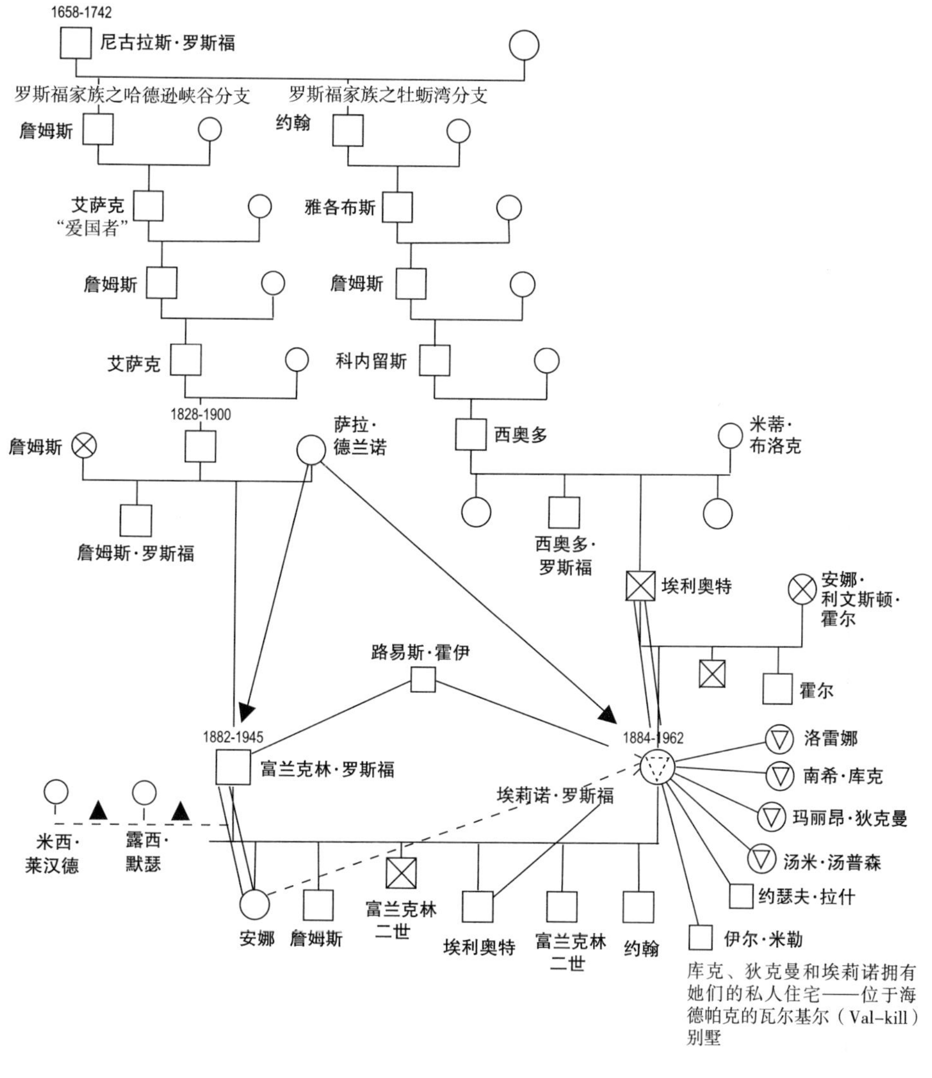

强势夫妻的典范，他们的婚姻之所以能够延续，是因为他们有能力发展各自独立的生活空间。他们在各自的领域中都成为领袖，又分居独立生活，只在假日相聚。新婚之初，埃莉诺对富兰克林和他那权威式的母亲总是非常顺从。富兰克林的母亲萨拉·德兰诺（Sara Delano）在这对新婚夫妇的生活中扮演着重要角色。然而，随着埃莉诺越来越自信，在发展出自己的个人兴趣后，她就渐渐展现出作为长女所特有的果断。当埃莉诺发现富兰克林与露西·默瑟（Lucy Mercer）的情书时，危机出现了。在富兰克林的母亲出面调停后夫妻双方达成协议，使埃莉诺重归婚姻生活（这是罗斯福全部档案中唯一一份尚未公之于众的文件）。由于长子和独生子女都与父母关系密切，萨拉可能是唯一能让这对夫妻生活在一起的人，她也的确做到了。

罗斯福夫妇维持着婚姻关系但分居生活，而政治是他们共同的工作领域。富兰克林因小儿麻痹瘫痪之后，埃莉诺成了他政治生涯中的关键人物。同时，她也有属于自己的亲密关系、政治观点和社交活动，在海德公园有自己的住所与好友聚会。

理查德·伯顿（Richard Burton）和伊丽莎白·泰勒（Elizabeth Taylor）二人曾两次结婚又离婚，为我们提供了一个颇具戏剧色彩的例子，即两个最小的孩子如何争当“老幺”，都希望寻求一个专有的照料者（见图 5.9）。伯顿在家里 13 个孩子中排名倒数第二，因为他和弟弟年龄相仿，家人也拿他当幼子看待。在伯顿的大家庭中，最小的几个孩子都具有幼子般的性格。伊丽莎白·泰勒是两个孩子中的老二，哥哥的需求总是让位于她的明星生活，这当然进一步强化了她的个人特权感。伯顿和泰勒夫妻因戏剧性、歇斯底里的争吵而闻名，二人在强求他人和耍孩子气方面一个赛过一个。

当然，还有其他许多种排行组合的匹配。独生子女若结合在一起可能会面临某些特殊困难，因为夫妻双方都没有与兄弟姐妹紧密共同生活的经验。他们或努力融合，或比其他类型的夫妻有更多的独处经验。排行中间的孩子可能最适合作独生子的搭档，因为这些孩子有着扮演多种角色的经验。

当然，排行位置互补的夫妻也可能会出问题，这就要求我们对特定的家庭做细致深入的研究。此处的一例是作为长女的玛格丽特·米德（Margaret Mead），与排行最小的格雷戈里·贝特森（Gregory Bateson）结婚（见图 4.1）。他们的个性特质清晰地反映出他们在原生家庭中的排行位置。尽管贝特森是幼子，但在两个哥哥去世后，他被迫承接起他们未竟的事业。玛格丽特和格雷戈里的女儿凯瑟琳·贝特森（Catherine Bateson）这样描述父母双方截然不同的个人风格：

> 玛格丽特处理问题的方式一定来自早年各种成功解决问题的经验，这可

图 5.9 伯顿（Burton）/泰勒（Taylor）（两个家庭中最小孩子的婚姻）

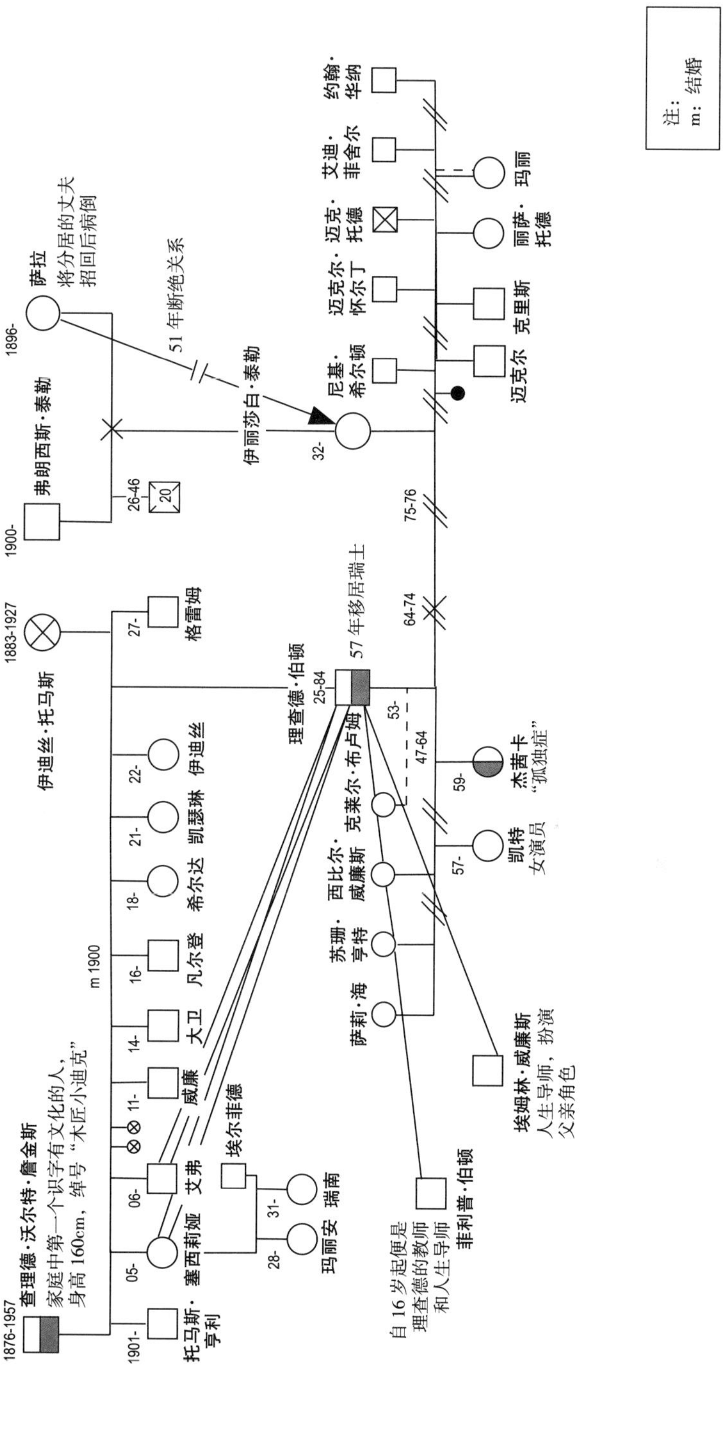

能与长女的个人经历有关，后又被多年来成功管理弟妹的经历强化。格雷戈里则是典型幼子式的生活风格，相对来说他没有能力改变身边的事情。他会更多地寻求理解。他的确不喜欢为解决问题而努力，无论在看病就医还是政治观点都是如此。（Bateson，1984，p.176）

然而米德和贝特森各自的排行位置及解决问题的方式并没有形成互补式的求助—助人关系，而是不断地制造争吵与对彼此的失望。由于比格雷戈里大 3 岁，玛格丽特作为领导方的角色被强化了（她母亲也是长女，同样比丈夫大 3 岁）。凯瑟琳·贝特森这样描述父母的关系：

在婚姻生活中，母亲是规则制定者，而格雷戈里缺乏这种无处不在的用心……他的生活充满了不了了之和半途而废，但对玛格丽特来说，每个线头都值得去精心缝制。（p.27）

然而正是格雷戈里比任何人都更猛烈地反击她，希望尽力营造属于自己的生活……每当玛格丽特发现夫妻关系出了问题，她就会一跃而起全副武装地去处理和对峙。（p.111）

他开始抗拒玛格丽特，这也是对他的原生家庭特别是对他母亲充满怨恨的反叛。（p.160）

很可能是因为哥哥马丁（Martin）于 1922 年自杀，以及随后父母指手画脚、步步紧逼地插手格雷戈里的生活，干预和控制其人生中的种种选择，这些都是他在解决问题、努力做任何事情时倍感焦虑的原因。（p.176）

这段对贝特森的描述恰好印证了他作为幼子的处境——期待着被照顾、被关爱，然而又对照顾者（即身为长女的玛格丽特）表现得很叛逆。正如第 4 章所述，由于两个哥哥意外死亡，使他在 18 岁时成为独子，家庭对丧子的种种补偿全都集于他一身，这一切改变了家庭对格雷戈里的期待。尽管格雷戈里和玛格丽特在家庭排行上互补，但格雷戈里刚成年时在排行上的突变可能是造成他与玛格丽特婚姻不和谐的原因之一。

格雷戈里和玛格丽特的父亲也有相似之处，格雷戈里作为家中仅存的孩子，与母亲的关系过于紧密，以致最终恶化到彼此断绝关系。玛格丽特·米德的父亲也是独子，在他 6 岁时父亲去世，母亲对他疼爱有加。时值青春期的格雷戈里·贝特森在母亲过度紧密的重压下离家出走，而童年即与母亲关系非常亲密的爱德华·米德（Edward Mead），在婚后依然与母亲同住直到她去世。

排行位置与亲子养育

父母可能过分认同那个与自己性别、排行都相同的孩子。如果父亲是5个孩子中的老大，并认为自己小时候承担了太多责任，而弟弟妹妹们却可以“干尽坏事而不受罚”，当自己的孩子出生后，他会宠爱长子，而让更小的孩子们严守训诫、唯命是从。如果母亲曾对自己的妹妹心怀嫉妒，那么她可能会发现自己很难对小女儿抱有什么同情心。父母也可能因为孩子与其原生家庭中的某个成员非常相似而认同这个孩子。

当认同感如此强烈，以至父母去重复原生家庭中旧有的家庭模式时，排行位置的代际问题就会显现出来。例如一位讨厌被自己哥哥呼来喝去的母亲，会经常指责儿子欺负他的妹妹。此外，父母自己的成长经历不同，也会致使他们错怪子女；身为独生子女的父母可能会误认为兄弟姐妹之间正常的争吵是某种病态的信号。

兄弟姐妹关系对个体成年生活的影响

兄弟姐妹关系对个体的成年生活有着重要影响，特别是在中年以后。但是，如果个体一直积压着负面的情绪，那么照顾年老的父母将会很困难。此时，分开多年的兄弟姐妹要以不熟悉的新方式合作。与父母关系最密切的孩子，通常是女儿，会承担更多照顾父母的责任，这会让其他孩子长期压抑的嫉妒或不满浮出水面。

父母双双过世之后，兄弟姐妹之间才首次真正地独立自主。这也是他们相互疏离的最终完成时，特别是当旧有的竞争关系还在持续的情况下，所有的尚未了结的旧事和冲突都可能火上浇油、愈演愈烈。然而兄弟姐妹之间关系越好，就越不会出现这种相互疏离或源于其他创伤性家庭事件所导致的兄弟姐妹关系恶化。

影响兄弟姐妹排行的其他因素

有一点非常重要，即并不能将依据兄弟姐妹排行而推论出的种种假设直接认定为事实。通常，有关兄弟姐妹排行的假设可能会受诸多其他因素影响，才最终决定了一个人是否与这些假设中的特点相符。例如，兄弟姐妹模式与堂表亲模式的关系可能会改变或强化某些兄弟姐妹模式。比如，作为哥哥的伍迪·艾伦只有一个妹妹，然而在他的大家庭中所有堂表亲都是女性，这种情况可能强化了他的角色模式。他的母亲也有5个姐妹。的确，在整个高中岁月里，伍迪·艾伦一直和堂妹共处一室，彼此也一直非常亲近。这样的模式也许会极大地强化一种家庭模式，即作为一个妹妹的哥哥会很特别，被极端地珍视溺爱。

杰奎琳·布维尔·肯尼迪（见图2.10）是另外一例，下面我们来看一看这个家庭中的兄弟姐妹排行是如何嵌入到堂表亲排行中的。杰奎琳有一个妹妹，她们两人一直关系紧密，同时也彼此竞争。母亲再婚之后，她又添了两个同母异父的弟弟和妹妹，同时继父还有很多孩子。此外，在生父的大家族中也有很多堂兄弟姐妹，童年的暑假里，杰奎琳和他们共度了许多时光。在这些同辈人中，她是 3 个同年出生的堂兄妹之一。杰奎琳非常喜欢几个年长的堂哥，特别是比她大 9 岁的米歇尔（Michel），她甚至在遗嘱中提到了他。当米歇尔的母亲与他那嗜酒成性的父亲离异之后，米歇尔被判给父亲抚养，这让他在家庭中角色的特殊地位变得更为突出，这件事给整个家庭带来了巨大的痛苦，因为他们觉得失去了这一代人中唯一一位姓布维尔的男性。家庭中这种惧怕丧失男性的脆弱感始于杰奎琳的祖辈，那一辈人里，12 个孩子中只有 4 个男孩，而这 4 人中又只有一人活到结婚生子；12 个孩子中尽管有 5 人长寿，但她们却始终未婚。“叔叔和姑姑的力量”也可能对其下一代的兄弟姐妹排行造成影响，假如他们特别钟爱或关注某个侄女或者侄子，这会强化兄弟姐妹模式。叔叔和姑姑在向下一代人传递他们未竟的梦想或传递家庭传统方面扮演着重要角色。

家族发展史中其他的经历也会使兄弟姐妹模式发生改变。例如，理查德·伯顿（Richard Burton）在 2 岁丧母后便生活在复杂的家庭环境中（见图 5.9），比他大 19 岁的大姐塞西莉娅（Cecilia）刚刚结婚，事实上她扮演了理查德和其他几个孩子母亲的角色，但正如伯顿所说的，“塞西莉娅很棒，可是她不是我的妈妈”。（Bragg，1990，p.69）

父亲的角色由二哥艾弗（Ifor）担当，后来又被老师菲利普·伯顿（Philip Burton）所取代，再后来被另一个专横的男人埃姆林·威廉斯（Emlyn Williams）所担当……。他的小妹妹们其实是他的外甥女（塞西莉娅的女儿们），他的大姐姐们更像是姨妈，大哥哥们则像叔叔，堂兄弟们像亲兄弟，而真正的姨妈们像母亲……，他有很多不同的圈子……，错综复杂，精心安排，经常变换，并行不悖，这就是他的生活；他的“正常生活”（Bragg，1990，p.69）。

因此，像探讨家庭生活中的任何其他因素一样，我们必须在多种家庭模式的复杂背景当中去探讨兄弟姐妹排行。也许是性情使然，或是不得不如此，兄弟姐妹有时也可能像非亲缘的陌生人，而非亲缘者却扮演了兄弟姐妹的角色，正如伯顿家族的情况。的确，对兄弟姐妹排行的实证性研究最好是非结论性的，因为有很多其他各种因素可能都在影响着排行位置的作用。尽管如此，我们依然应关注个体在兄弟姐妹中的排行，为个体在家庭中的角色提供了一般性的临床解释；在未找到典型的家庭模式之前，兄弟姐妹排行为我们提示了存在着其他的可能性，指引我们去探索。此外，经常被治疗师忽略的成年兄弟姐妹，在治疗和护理中也可能是非常重要的资源。

家庭发展史中每个孩子的出生时间：有时候，在家庭发展史上某个关键时刻出生的孩子会被赋予额外的期望——附加在他或她通常的排行期望之上。这些期望也许会放大排行位置的特点（如过于负责的长子）或改变正常的排行角色（如中间的孩子或幼子却发挥长子或独子的作用）。特别是在家人去世和生活发生改变的时刻——一个在祖父母去世前后出生的孩子可能在家庭中扮演特殊的角色，如西格蒙德·弗洛伊德，他不仅出生的时间是一个再婚家庭的组建之初，同时也是祖父去世 3 个月之际。

孩子的特质：一个具有某种特定品质的孩子也可能改变家庭对排行的惯常期望。例如，若长子体弱多病，年幼却极具某种天赋的其他孩子则可能扮演长子的角色，可参见凯瑟琳·赫本在家庭中与其夭折的哥哥的关系（见彩图 17）。如果老大带有某种特殊问题（如心理或生理缺陷），家人也可能像老幺那样对待他。

家庭对孩子的“规划”：父母可能会为某个孩子制订特别的计划，无论其排行位置如何。比如希望他或她成为承担家庭责任的人，抑或作为家庭的“心肝宝贝”。此外，对于与某位家庭成员相像的孩子，可能被期望能够发展得与那个人一样，或肩负起那个人的家庭角色。有时，孩子的秉性也可能与排行位置相冲突。值得注意的是，有些孩子无法实现排行赋予他们的角色期待，而有些孩子则勇敢地与家庭强加的规划做斗争——长子拒绝承担照料者的职责或拒不成为家庭规则的维护者，抑或是幼子想方设法成为领导者。当然，不同的文化背景对排行位置和性别角色的期待也千差万别。例如，亚洲文化对孩子的期望因排行位置和性别的不同而差异很大，但犹太和英裔家庭则相对更民主些。在有些家庭中，最愿意负责的孩子——但并不一定是长子——后来成了领导者。

孩子的命名方式通常也透露出有关家庭“规划”的重要信息：例如，尽管格雷戈里·贝特森是最小的儿子，但却以父亲心目中的英雄格里哥·孟德尔（Gregor Mendel）的名字命名，也许，在家庭的“规划”中，他被期待能够成为一名伟大的自然科学家。在另一例中，约翰·昆西·亚当斯（见图 2.13）打破了家庭中四代人将长子命名为约翰的传统，而将他的长子命名为乔治·华盛顿·亚当斯（George Washington Adams），以纪念那个与他父亲关系不睦的人。尽管家谱图中的名字或昵称可以为家庭“规划”提供信息，但治疗师依然需要细心寻找其他更多的线索。例如，肯尼迪家族的历史（见彩图 13）显示了“让男性参加竞选成为政治人物”的家庭“规划”。众所周知，长子约瑟夫·肯尼迪（Joseph P. Kennedy）是被父亲指定参加总统竞选的孩子，但他不幸夭折，这让父亲未能如愿。后来，约瑟夫的三个弟弟都竞选过总统，两个妹夫竞选过副总统或州长。下一代人也不出所料，有多人参加政治竞选。

当然，也有一些时候名字反映了其他的情况。欧西·戴维斯（Ossie Davis）本来被命名为瑞福德·查特曼·戴维斯（Raiford Chatman Davis）以纪念他的祖父（Davis &

Dee，2000），但是当郡里的书记员问他的姓名时，母亲回答“R. C. 戴维斯”，书记员认为母亲说的是“欧西·戴维斯”。在种族主义盛行的佐治亚州，身为黑人的母亲不敢对白人书记员提出任何质疑，因此，从那时起他就改叫欧西了。

子女的排行与父母的排行：如果某个子女的排行和同性别父母的排行相同，则他在家庭中的位置会变得尤其特别。因此，一个长子的大儿子会被赋予特别的期望，而之后出生的孩子则可能并不会背负这些期待。如果一个男人与自己的父亲关系不睦，那么很可能到了下一代，他与相同排行的儿子的关系也会不好。当然，这种情况更可能出现在对排行位置有较强规则的文化中（McGoldrick & Watson，2005）。

特殊的家庭结构

在治疗师浏览家谱图时，当发现某些特定的家庭结构“跃然纸上”，往往暗示着其中存在某种关键性的家庭因素或问题。在第 2 章（见图 2.12）谈到的美国第一位女性内科医生伊丽莎白·布莱克韦尔（Elizabeth Blackwell）的家谱图就向我们展示了这种家庭模式:（A）多数女性都事业有成;（B）她的父亲塞缪尔·布莱克韦尔（Samuel Blackwell）的 5 个姐妹均不曾结婚，他本人的 5 个女儿也终身未嫁，第四代人中的 12 个女儿也只有少数人结婚;（C）有很多人收养孩子，甚至布莱克韦尔家族中的未婚女性也是如此。

上述的家庭结构有待我们在女权主义和成功女性（少有男性）的家族中对性别角色的意义做进一步的探讨。对影响这种家庭模式的规则和态度进行分析和探索是非常有趣的工作。霍恩（Horn，1983）对这种家庭模式给出了一些解释，他说道：布莱克韦尔家族对婚姻持有负面看法，不鼓励女儿们结婚。伊丽莎白三个弟媳中的两个在奥柏林上大学时就是好朋友，她们是露西·斯通（Lucy Stone）——著名的女权论者、安托瓦妮特·布朗（Antoinette Brown）——美国第一位女性牧师。她们都曾决定终身不嫁而选择领养孩子，但在遇到出众的布莱克韦尔兄弟后，她们改变了初衷。布莱克韦尔五姐妹中的四个都非常成功——伊丽莎白和艾米莉（Emily）是医生，安娜（Anna）是作家，艾伦（Ellen）是艺术家，只有二姐玛丽昂（Marion）因患病而没有什么成就。无独有偶，她们的兄弟塞缪尔的五个女儿中有四个也非常成功（两个是医生，一个是国务部长，一个是艺术家），第五个女儿患病导致残障。这揭示出一种互补的模式，这种模式通常出现在兄弟姐妹或配偶在表现上泾渭分明的家庭中。我们不禁会想，在这样的家庭中是否有更深层的动力在发挥作用，看上去某个人好像是在为另一些人承担着什么（也许是吸收了负面的能量，生活在疾病或愤怒之中），从而解放了另一些人的创造力并使他们成就斐然。

美国第三任总统托马斯·杰斐逊的家谱图极其复杂，其婚姻与人际联系纵横交错地集中在少数几个家庭当中（既包括白人，也包括黑人奴隶，见彩图18）。这种结构在北美奴隶时代非常常见，白人奴隶主经常与女奴生下孩子，又否认与孩子有血缘关系，使得非洲裔美国人很难了解自己的历史（Pinderhughes，1998）。这种因压迫而带来的否认和冲突，以及历史上对非洲裔美国人的文化和家庭历史的蓄意掩盖，是美国文化的耻辱。直面这段历史有助于愈合历史遗留下的创伤、改变这种压迫模式。搞清种族间的家庭结构是一项极具挑战的工作，正如学者平德尤格斯（Pinderhughes，1998）所说的：

> 美国历史对非洲裔美国人记载上的缺失是普遍的、堂而皇之的，无论是黑人还是白人，每个人都对非洲裔美国人以及他们在建设国家中所做的贡献熟视无睹……。对于谱写美国国家历史，他们不具任何权力，也没有任何资源去传播自己的故事。非洲裔美国人的历史被无视或歪曲，直至不久之前，我们一直都未能也不愿去揭露这些歪曲和谎言，默许对过去的遗忘……，但是我们越来越意识到，尽管很痛苦，加深对历史的认识却可以增强人民的力量。这种意识激励着我们重启记忆，昭示真相，只有这样破败的伤口才能开始愈合，我们才能更好地面对现在、建设未来。（p.170）

历史学家们极不情愿面对诸如托马斯·杰斐逊这样的人物的家族史的真相，因为其中有太多相互交织的情史与人际关联。杰斐逊的白人家庭及很多白人历史学家都曾极力试图掩饰这段历史。直到最近，面对杰斐逊和赫明斯（Hemings）后代的DNA检测的直接证据，这些“白人至上”主义的学者们才不得不承认自己的种族歧视。因此，有必要重新去评估我们所看到的历史，以理解家谱图里各种关系的真相。

实际上，杰斐逊的岳父与他的女奴贝蒂·赫明斯（Betty Hemings）保持秘密关系，她为他生了6个孩子，还有迹象表明，后来杰斐逊与贝蒂的女儿莎莉·赫明斯（Sally Hemings），即杰斐逊妻子玛莎·威利斯（Martha Wayles）同父异母的妹妹保持了38年的秘密恋情，育有7个子女。杰斐逊的2个女儿都与堂表亲结了婚：玛莎曾嫁给祖母家的一个堂兄，玛丽亚（Maria）嫁给了姨妈家的表哥。此外，玛莎·杰斐逊的第一任丈夫是她继母第一任丈夫的弟弟。

另一特殊的家庭结构是一家的两个孩子与另一家的两个孩子结婚，如弗洛伊德/贝尔奈斯（Freud/Bernays）家族（见图8.4）。西格蒙德娶了玛莎·贝尔奈斯（Martha Bernays），而他的妹妹安娜·弗洛伊德嫁给了玛莎的哥哥埃莱（Eli）。这两对夫妻曾彼此竞争多年。

阿尔伯特·爱因斯坦（Albert Einstein）抛弃了第一任妻子，与另一个婚前与他有染的女人结婚（见图 5.10）。她是爱因斯坦姨妈的女儿，也是他爷爷的弟弟的孙女。爱因斯坦与前妻米列娃（Mileva）还有一个神秘的大女儿，1901 年出生的丽丝瑞尔（Liserl）——在他们 1903 年结婚前所生，近一个世纪的时间几乎无人知晓这个事实！对于孩子降生、亲密关系、意外死亡等信息的有意掩盖，常常会加剧它们对家庭的影响和冲击。丽丝瑞尔的重现让我们产生了很多猜想，在她身上到底发生了什么，为什么她的存在一直是个秘密。近年又出现了另一个可能是爱因斯坦孩子的人。他现在 60 多岁，外貌很像爱因斯坦，也是个物理学家。显然，爱因斯坦的第二任妻子在这个孩子还是婴儿的时候就抛弃了他。

图 5.10 爱因斯坦（Einstein）的家庭

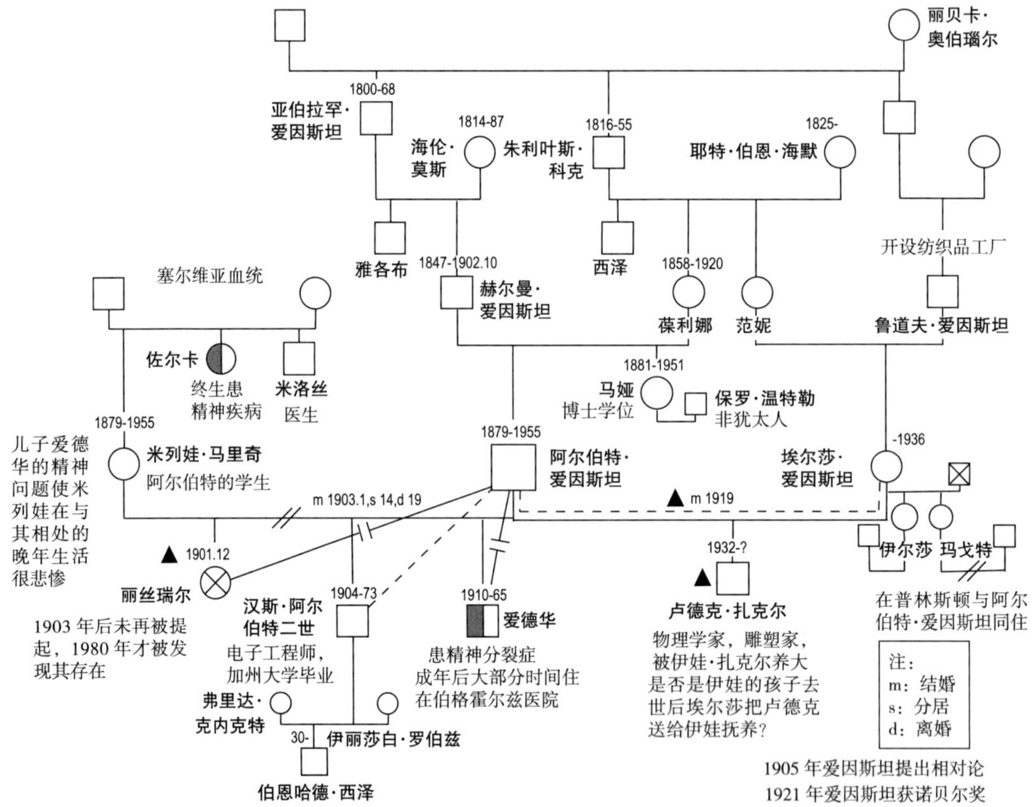

在爱因斯坦和杰斐逊的家庭中，秘密、否认和相互交织的成员关系是否展示出某种相似的融合过程？我们也会以同样的方式质疑弗洛伊德家庭，因为这个家庭也对弗洛伊德父亲的前两任妻子以及其他一些事情刻意地避而不谈（参阅第 8 章），还有其后西格蒙德和安娜两兄妹与丽丝瑞尔两兄妹的婚姻带来的融合。最后还有事实证明，西格蒙德·弗洛伊德和他的儿子马丁（Martin）都与各自妻子的妹妹有染。

杰斐逊、弗洛伊德/贝尔奈斯以及爱因斯坦的家谱图中呈现的这些特别的关系，让我们对家庭内部通婚所形成的三角关系产生很多猜想，家庭的期望是否影响到他们选择不与外人通婚。在杰斐逊家庭中，我们知道他的妻子在临终时让他保证不再结婚。他在痛失妻子和四个子女后，对幸存的两个女儿十分疼爱，很明确地鼓励她们及他的奴隶们在家庭内部通婚（Brodie，1974，p.47）。他与女儿玛莎的关系最为密切，可想而知，杰斐逊与女儿的丈夫托马斯·曼·兰道夫（Thomas Mann Randolph）关系不好，而与另一个女婿杰克·易贝斯（Jack Eppes）关系要好——他正是杰斐逊妻子的妹妹伊丽莎白的儿子。事实上，兰道夫感觉到了杰斐逊的偏爱，变得对易贝斯非常嫉妒。

治疗师应将家谱图上呈现的这种特别的家庭模式视为线索，同时也应观察和分析看看是否还存在着其他的模式（比如每一代人都曾多次再婚）或其他结构性的反差（比如，夫妻一方来自大家庭，而另一方是独生子女），这些模式都可能暗示着家庭中存在某种失衡的状况。

在多个家庭中长大的孩子：寄养、领养及孤儿院的经历

很多孩子是在多种成长环境下长大的，其原因可能是父母离异、亡故、再婚或其他特殊情况，这要求他们暂时或永久地生活在不同的环境当中。治疗师常常未能很好地利用家谱图追踪此类孩子一生的发展轨迹，也没将孩子复杂的多种家庭背景纳入考虑之中。我们认为，家谱图是追踪背景多变的孩子之成长轨迹的得力工具，因为有关孩子寄居的各种不同环境仅使用文字很难记录清楚。不管多么复杂，治疗师对成长历史追踪得越清楚，就越能对孩子的真实经历及各种形式的归属做出更佳评估。当个体因疾病、创伤事件或其他丧失等生活突变而不得不生活在不同的家户当中，家谱图可以帮助治疗师厘清他在这些家户中生活发展的脉络和历程。

密歇根州的家庭治疗师费尔南多·科隆（Fernando Colon）博士，多年来一直非常关注领养家庭中长大的孩子的家庭史。科隆失去母亲后曾在多个领养家庭中生活。长大后他致力于开发反映自己生活经历的家谱图（Colon，1973，1998；Colon-Lopez，2005），也帮助他人系统地评估儿童安置及领养问题（Colon，1978）。他明确地指出，分析领养家庭的家谱图对理解孩子一生的发展具有非常重要的作用。科隆本人一直与第三个养母的亲孙子们保持联系。他们一起度假，并经常探望他们的祖母，也就是科隆的养母。被领养孩子们的成长史中有很多共同之处，而我们的寄养、领养系统和社会却并未对这些孩子的成长发展史给予足够重视。家谱图最具魅

力之处在于，它可以引领我们去探索各种可能发生的亲密关系，这些贯穿一生的联结是生活中重要的资源。在此，重要的不仅是相似的、共同的个人发展史，当前的人际联系也会为我们的生活添加力量，使未来更加丰富多彩。

科隆－洛佩兹（Colon-Lopez）已出版了他的生平传记（2005），其中也附有许多图表及家谱图。从出生开始，他的大部分时间都是在领养家庭中度过的。科隆的童年经历了多种兄弟姐妹排行位置，这也是使他在长大后能够灵活处理多种关系的因素之一。他曾是三个孩子中的老幺、三个孩子中的老大以及三个孩子中的老二；也曾是两个孩子中的老大、两个孩子中的老二；并且很罕见地在第三个领养家庭中是唯一的孩子直至高中毕业，他在家庭中的位置是很特殊的。同时，三个领养兄弟在一起的时间很长（每人 4 年），这也无疑对他影响很大，特别是他们与科隆的年龄都差不多。除了年龄之外，他和养母与弟弟约翰尼（Johnny）之间的特殊关系也很重要。约翰尼患有重度智力发育迟滞，在这个家庭只生活了 4 个月。科隆和养母都与弟弟越来越亲近，科隆还清晰地记得约翰尼是如何努力地学叫科隆的名字——费尔南多，而当科隆和母亲不得不把约翰尼送走时，他们是如此伤心，痛哭流涕。

尽管那时的领养体系的原则是，一旦孩子进入新家庭就不能再与之前的其他家庭保持任何联系，但科隆的养母并不赞同这种与过去一刀两断的做法并尽力与之抗争。在领养之初，他的一个领养兄弟肯尼思（Kenneth）非常抑郁。肯尼思有五个亲兄弟，养母打破常规，带他去见他的同胞哥哥们，从那之后，肯尼思开始变得可以适应新生活了。科隆与养母的孙辈们一直保持着联系，此外，他还一直与亲生父母双方的家庭成员保持密切联系。

不管关系是好还是坏，有利还是有害，都不应该被忽视。大多数时候，关系不总是积极的也不总是消极的，而是兼而有之。收集家谱图上的信息使人们把生活中很多琐碎的细节编织在一起，成为有意义的整体。科隆成年后竭力寻找并重新与生活在波多黎各和美国的家人取得联系，这花费了他 30 年的时间。尽管父亲告诉他生母已经去世，科隆还是找到了她曾经生活的小镇，发现她曾在精神病院中度过很多年，在前几年才刚刚过世；不过故乡小镇中几乎每个人都与科隆有一些亲缘联系。

科隆的经历给那些持有“断绝的家庭关系是无法修复”之观点的人上了令人敬畏的一课，我们认为，没有哪种关系是可以被彻底弃绝的，因为你并不知道还有谁和你的这个“断绝”的关系也存在着关联。我们鼓励人们永远不要断绝任何关系，而是要敞开沟通的大门，以备有一天人们愿意去面对、处理某些问题并重新相互取得联系。通过创造性地运用家谱图，科隆一直与寄养家庭保持着联系，并在整整一代人之后，重新与他的原生家庭重聚，并获得了丰厚的回报（Colon-Lopez，2005）。

家庭纽带的断绝——无论是生物学意义上的还是因领养、寄养或离异和再婚而造成的断绝——在我眼里都是极大的悲剧。这通常会导致治疗师的介入，以取代某人原生系统中的关系。费尔南多·科隆的家族就是一个绝好的示例，关系的断绝会让我们感到沮丧、被抛弃，变得虚弱。与某个人断绝关系会使得个体与许多家庭成员决裂，并失去许多潜在的人际关系。这削弱了人生的整体结构。绘制家谱图，浏览图中所有相关联的人，可以昭示关系断绝的损失多么巨大，进而阻止这种过于简单化和断绝关系的倾向。

科隆的经历展示了在领养家庭中长大的孩子与其他领养家庭之成员之间的联系可能持续一生；而在之后的生活中与曾经共同生活过的家庭成员重新取得联系也具有特别的意义。当然，孤儿院的经历也是如此，正如约翰·伏沃斯基（John Folwarski）那打动人心的回忆录中所记述的内容（1998）。据伏沃斯基算来，他大概有3000个兄弟姐妹——也就是说有3000名同代人一同生活在那个孤儿之家（芝加哥圣海德威格孤儿院），他们拥有相同的父母和祖父母——管理孤儿院的修女和神父们。图5.11是记录伏沃斯基成长经历的家庭图示例（1937—1950）。

成年后，伏沃斯基意识到他们的家谱图对所有人都有真实的意义，他的很多“兄弟姐妹”相约会面并一起分享回忆，与他们的老师/母亲重聚，这强化了“家”的感觉。的确，伏沃斯基描述了绘制和浏览家谱图本身所蕴含的巨大意义，家谱图帮助他重读了自己成长的历史。这是绘制家谱图具有重要意义的又一佐证——无论人们的过往经历中有多少悲怆，家谱图都可以帮助人们去承纳、去见证纷繁复杂的人生。

图 5.11 圣海德威格孤儿院（St. Hedwing's Orphanage）的大家庭

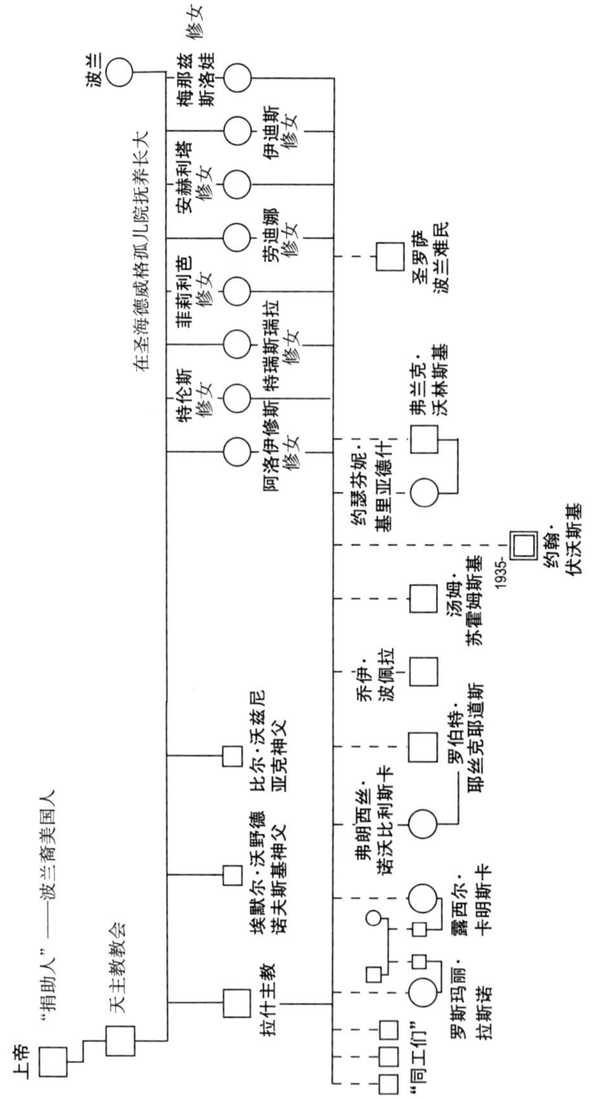

彩图 1 罗德里格斯（Rodriguez）家庭的历史与成员关系

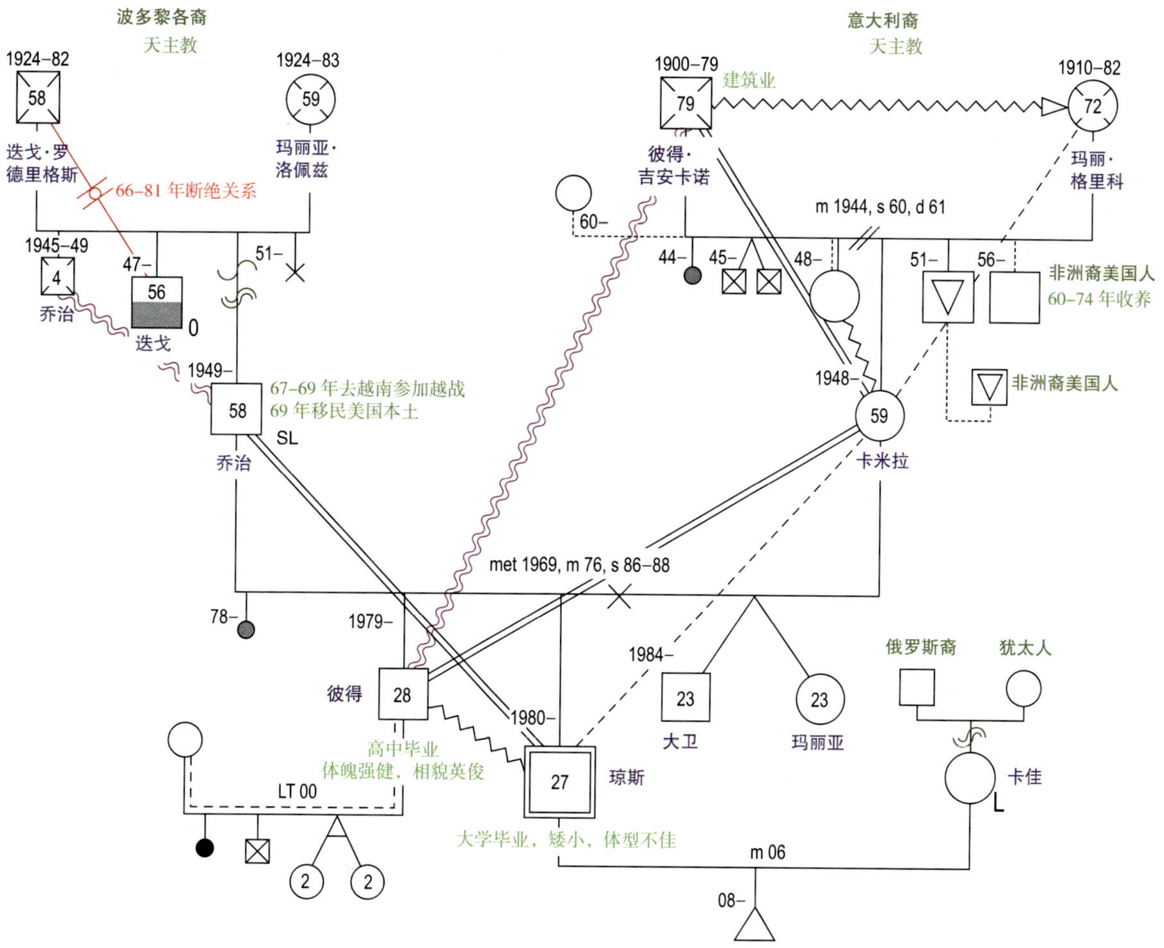

蓝 = 名字
绿 = 地域、文化和宗教背景
蓝绿 = 个人信息
红 = 断绝关系、心理创伤或躯体疾病
紫 = 其他重要信息

注：
met：相识
m：结婚
s：分居
d：离婚
LT：同居
L：语言不通

彩图 2　米娅·法罗（Mia Farrow）亲生和收养的孩子

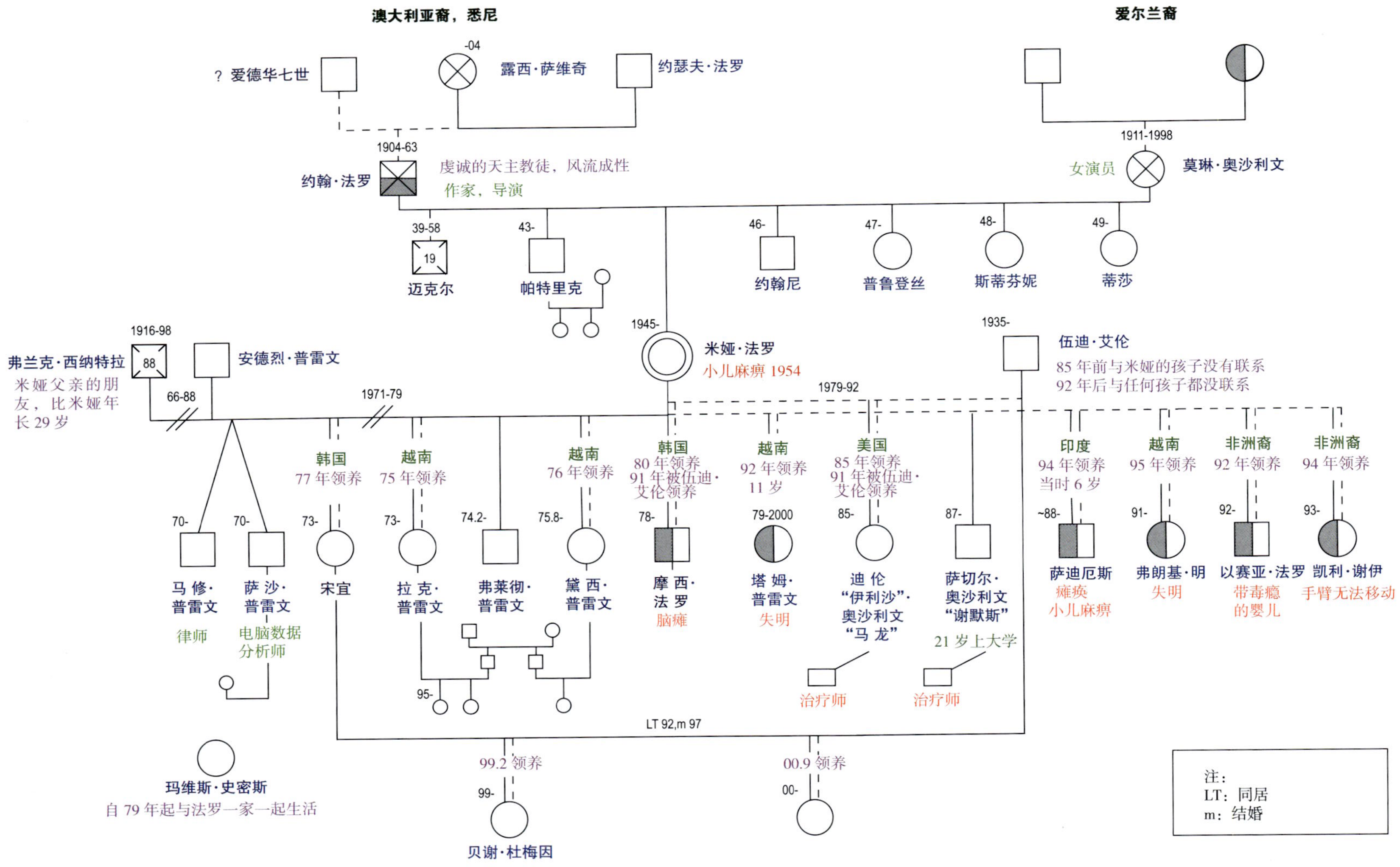

彩图 3　路易斯·阿姆斯特朗（Louis Armstrong）生活背景

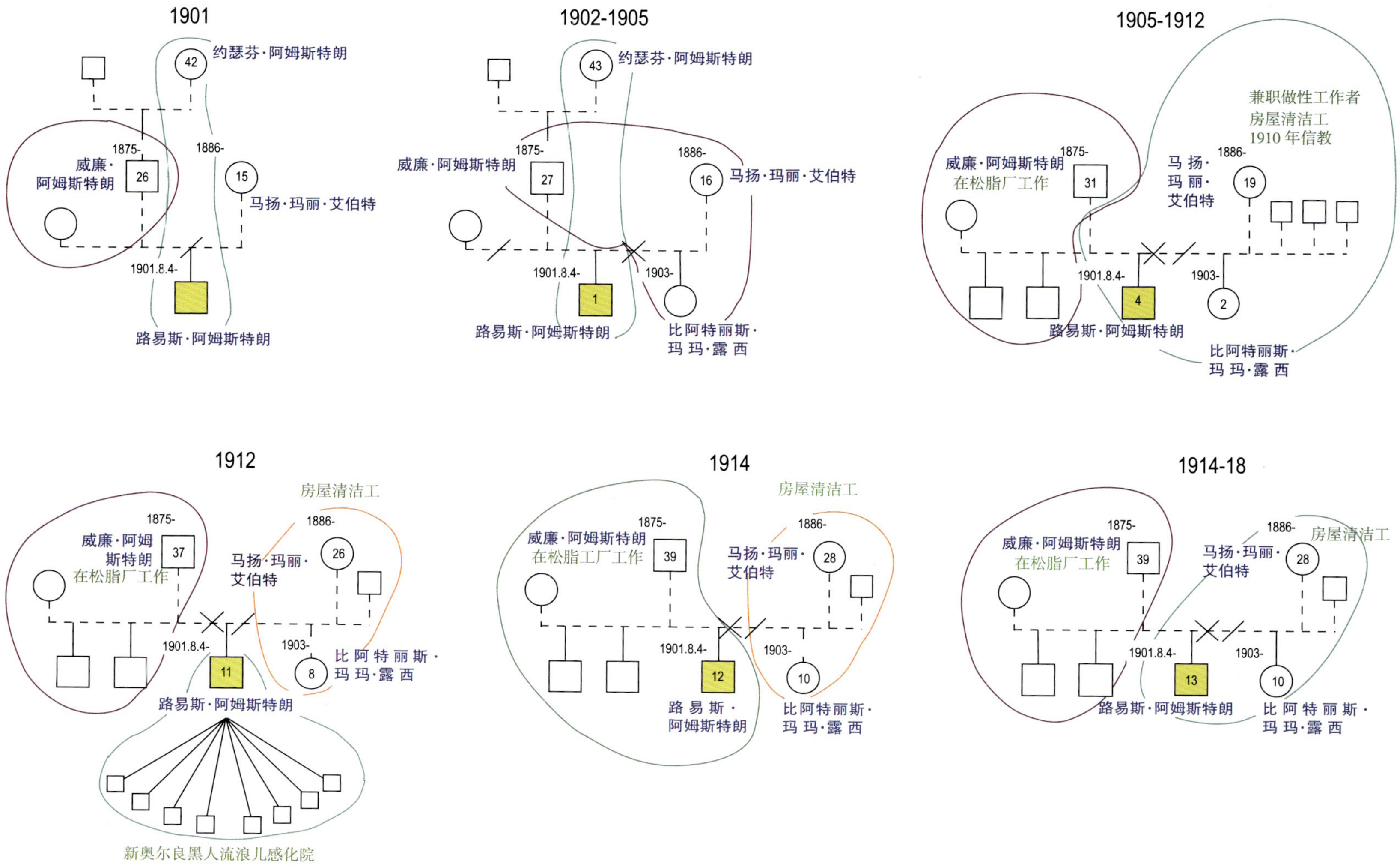

彩图 4　方达（Fonda）家庭成员人口统计学资料

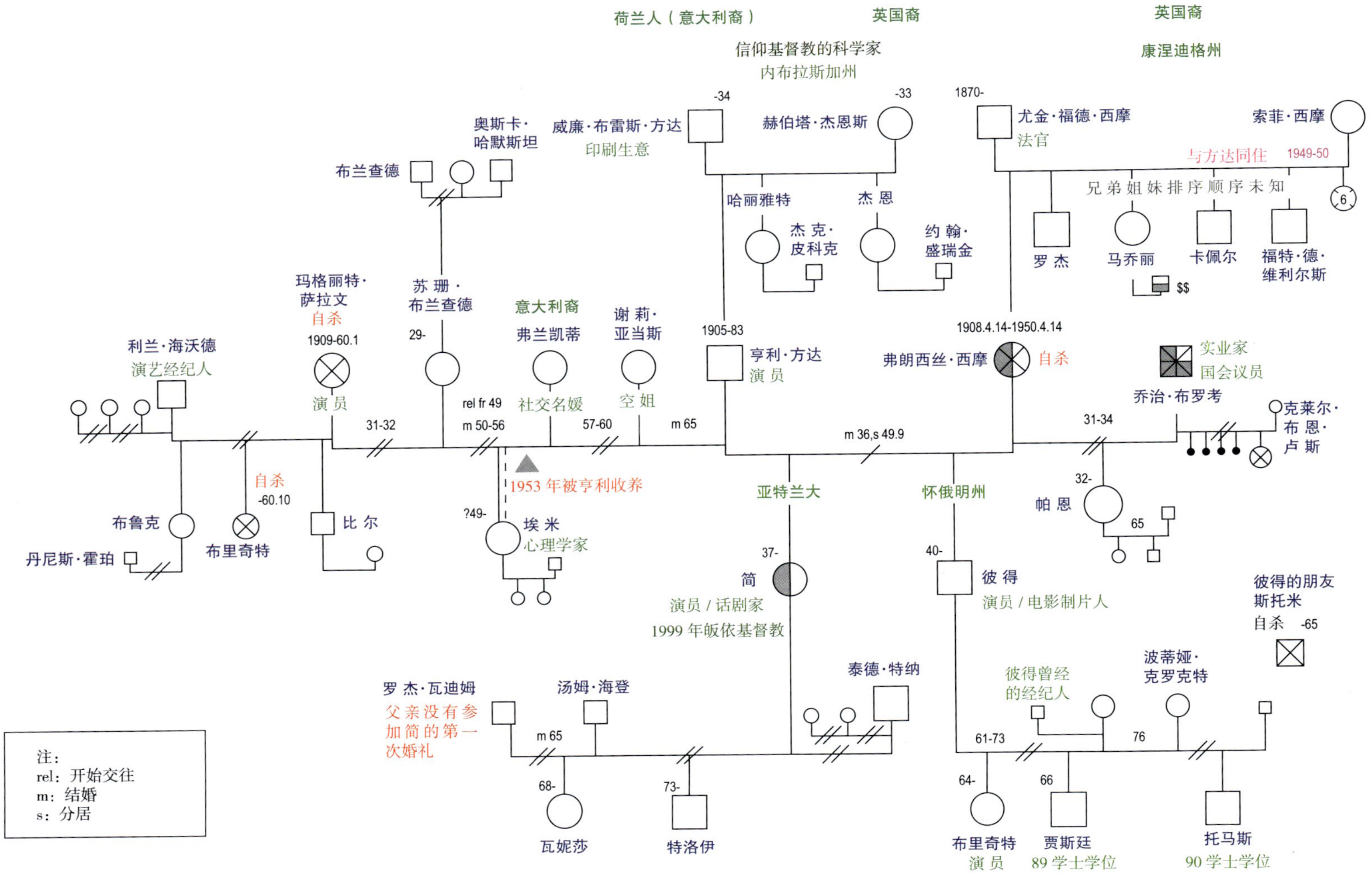

彩图 5 方达（Fonda）家庭功能家谱图

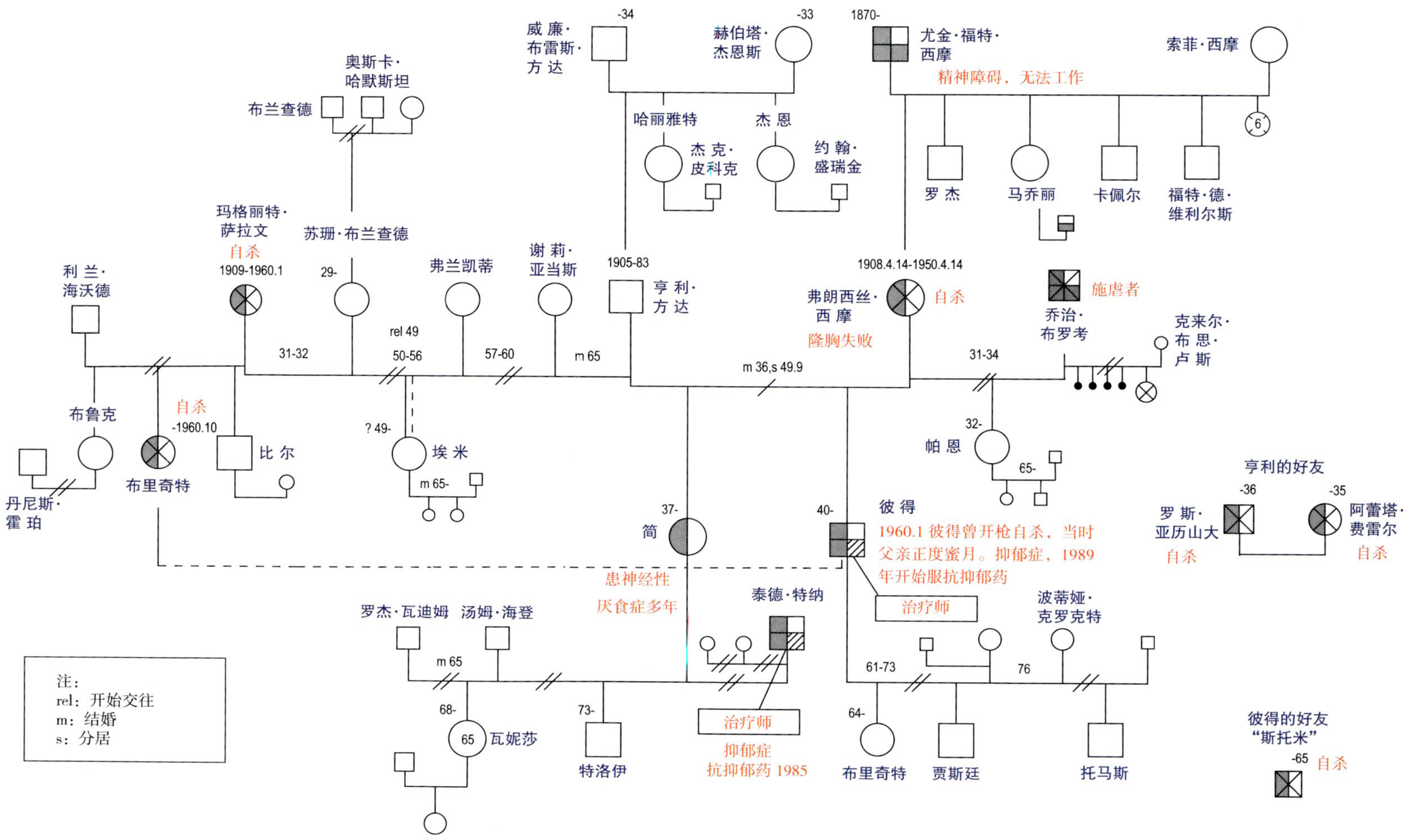

彩图 8　罗德里格斯（Rodriguez）家庭的背景信息联系

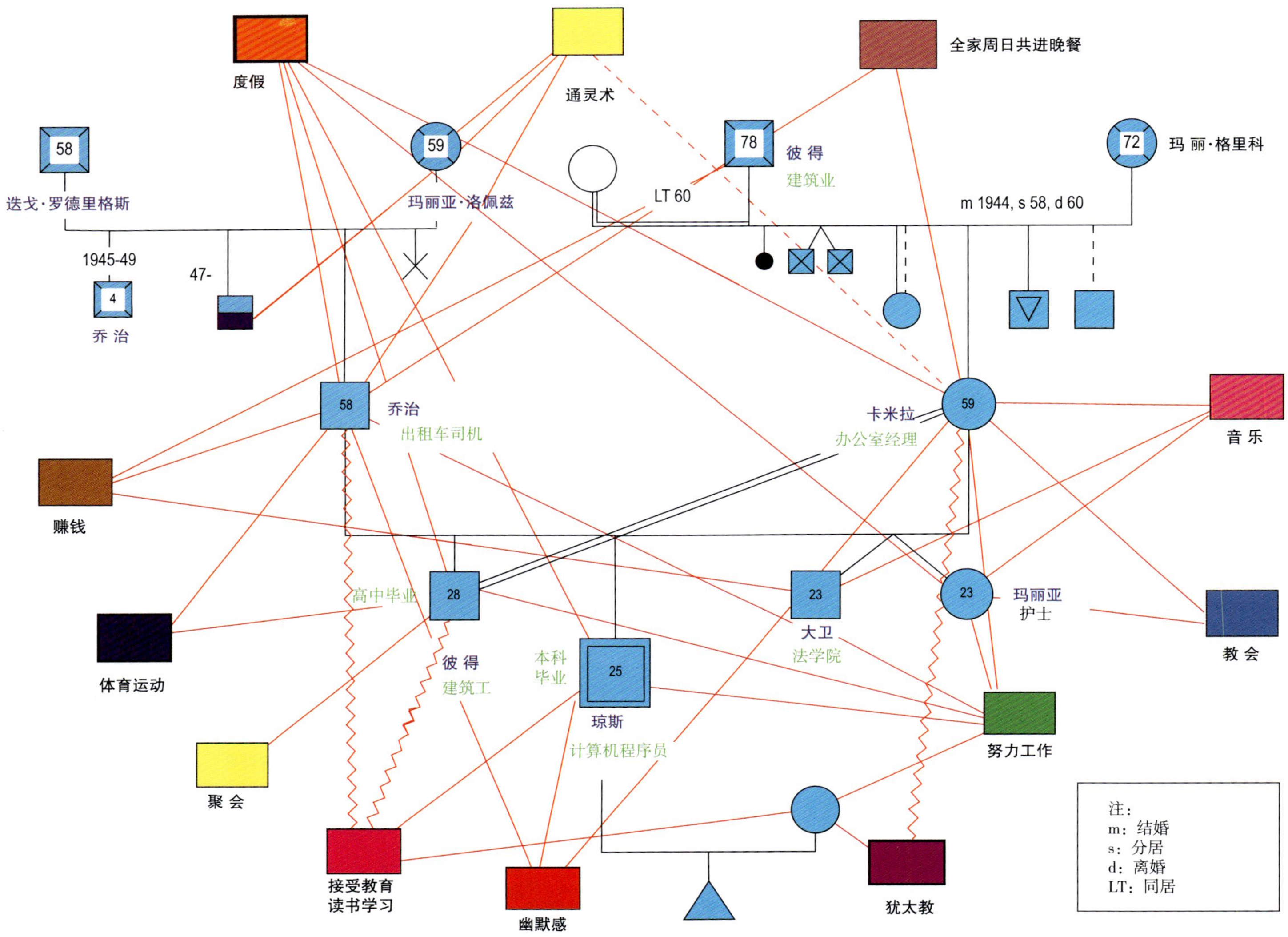

彩图 9 弗里达·卡罗（Frida Kahlo）；“我的家庭”，1951 年 © 墨西哥城，弗里达博物馆（格林伯格，1997 年）

彩图 10　文化家谱图：卡罗—里韦拉（Kahlo-Rivera）家族

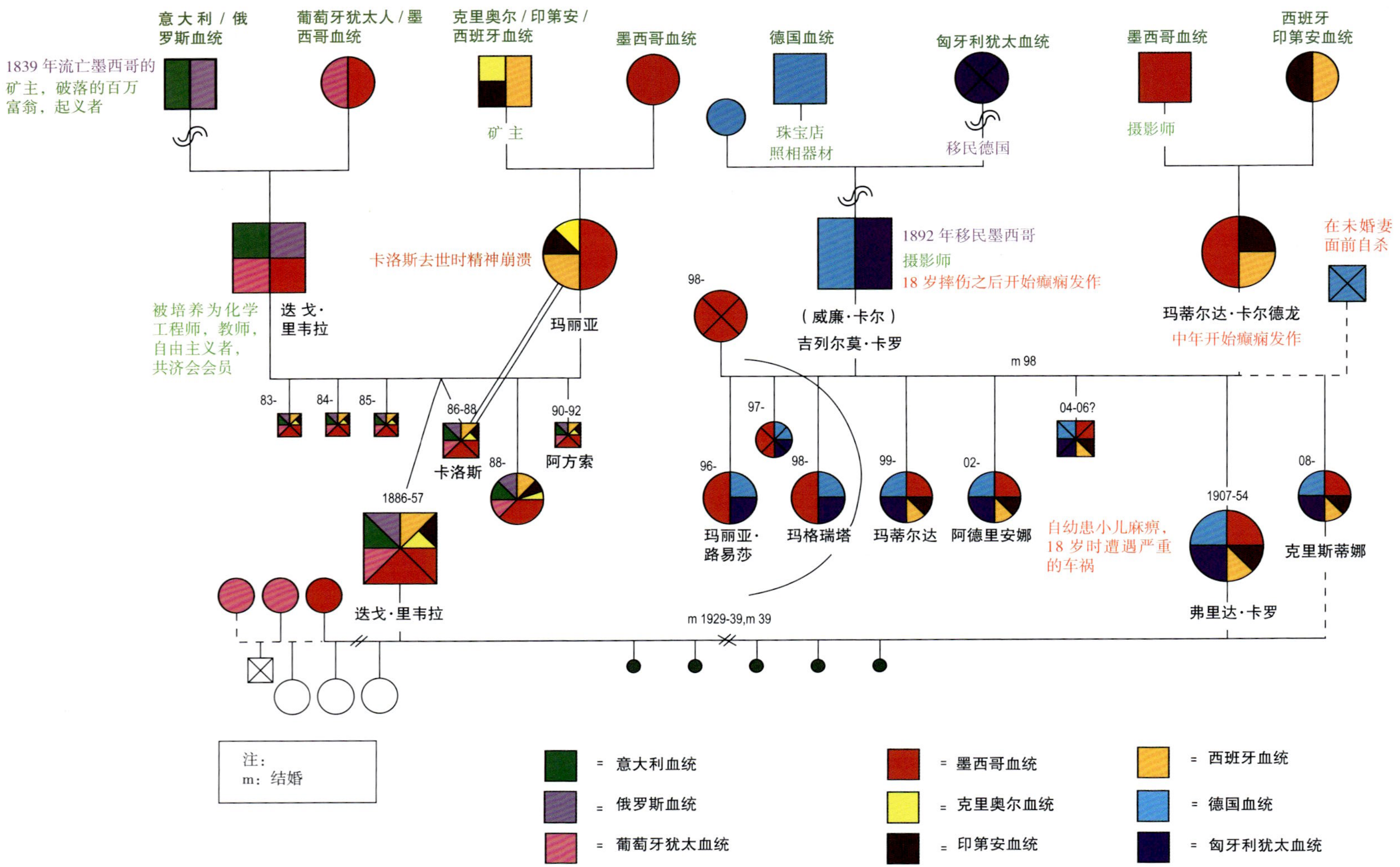

彩图 11　乔治· W. 布什 (George W. Bush)

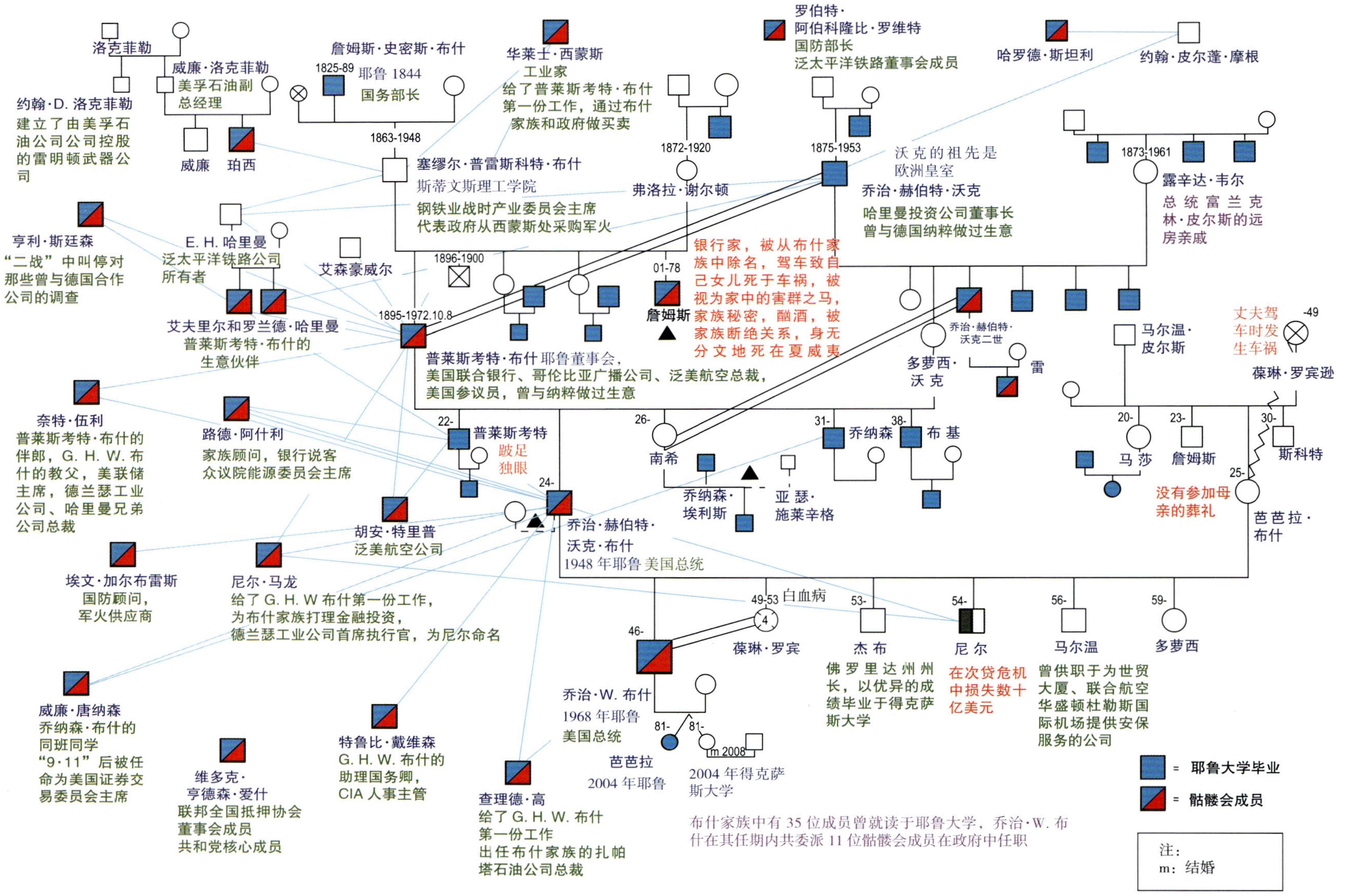

彩图 12 英国王室——温莎（Windsors）家族

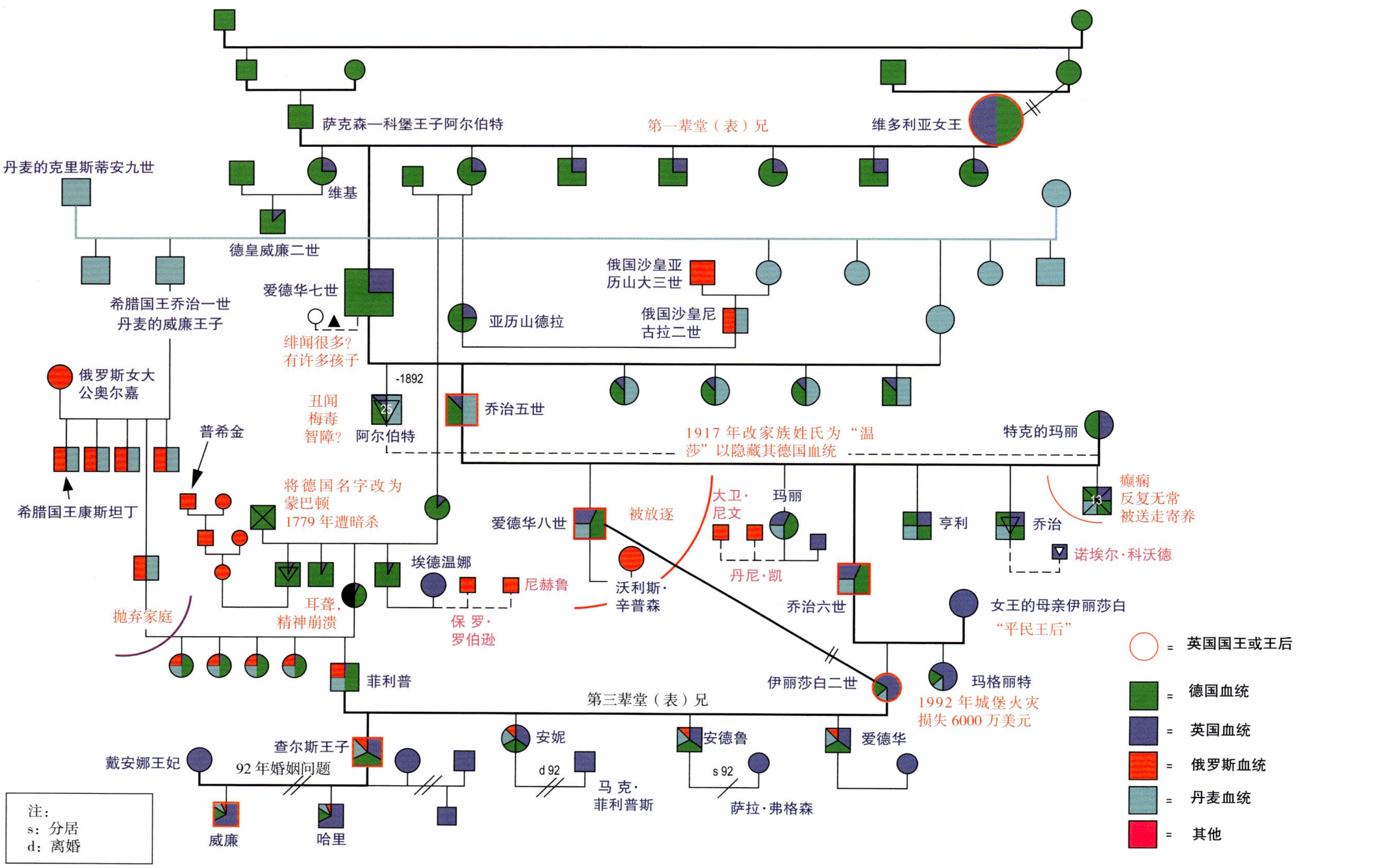

彩图 15 比尔·克林顿（Bill Clinton）的生活变迁

彩图 13 肯尼迪（Kennedy）家族

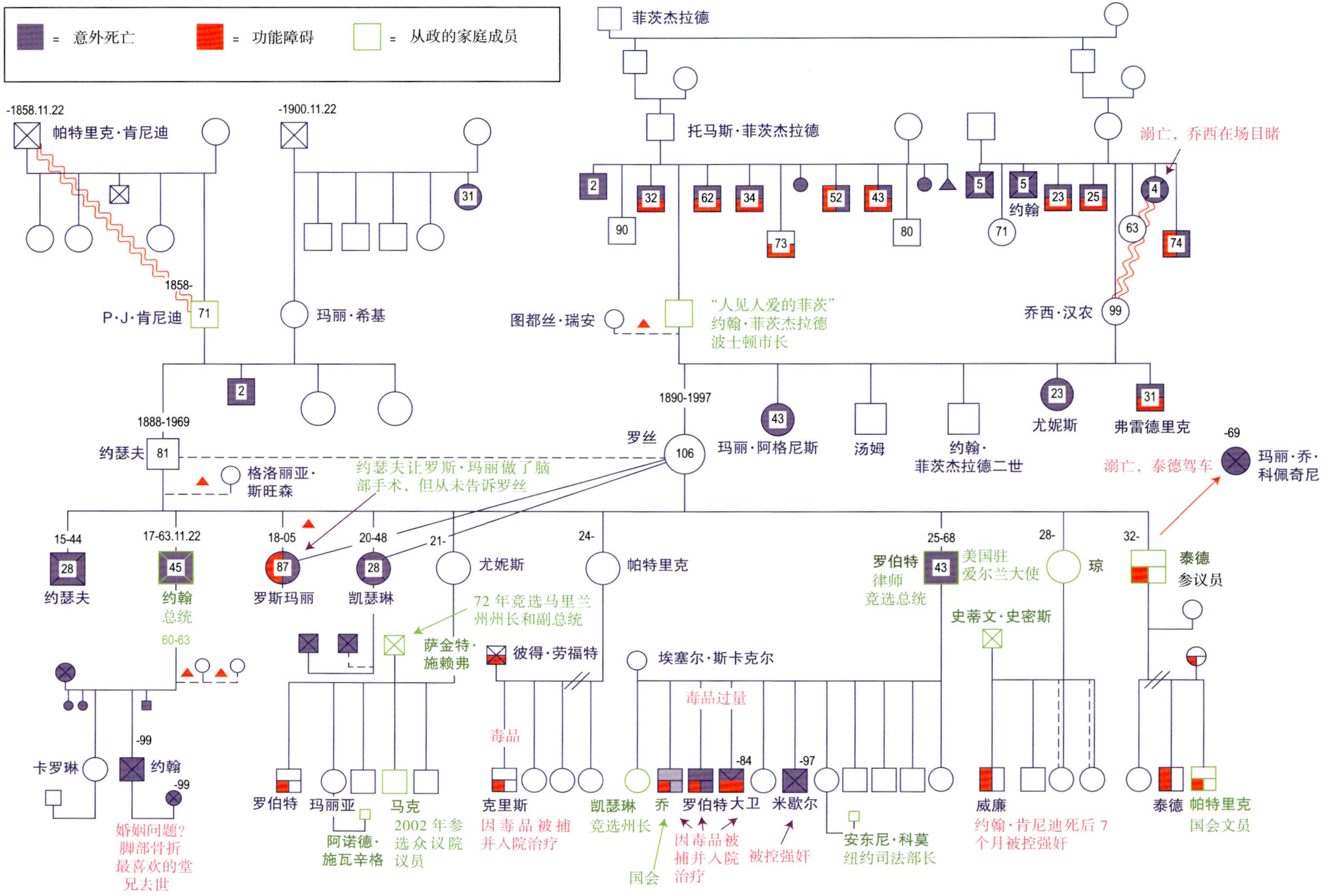

彩图 16 比尔·克林顿（Bill Clinton）的家庭

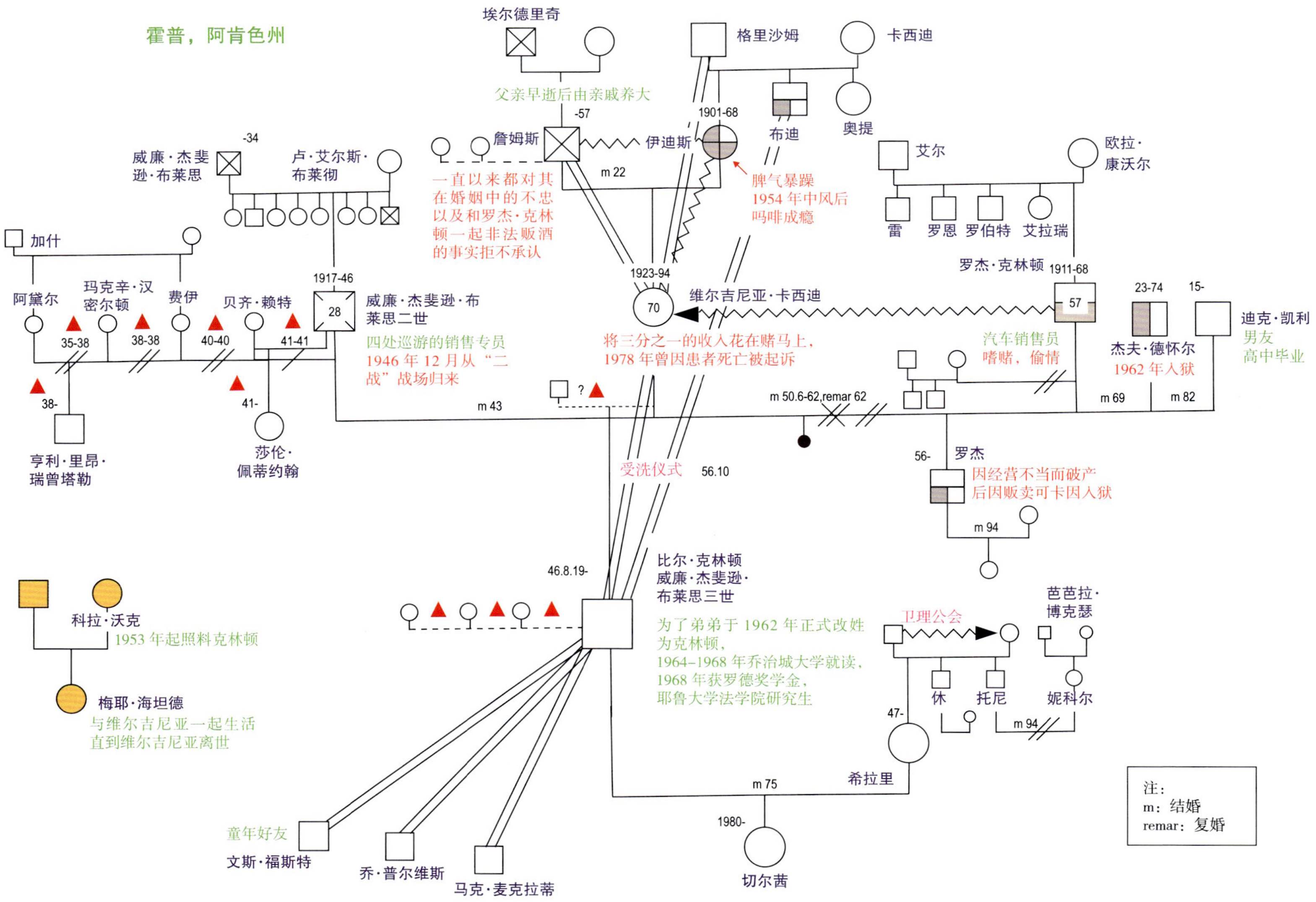

彩图 17　赫本（Hepburn）家族

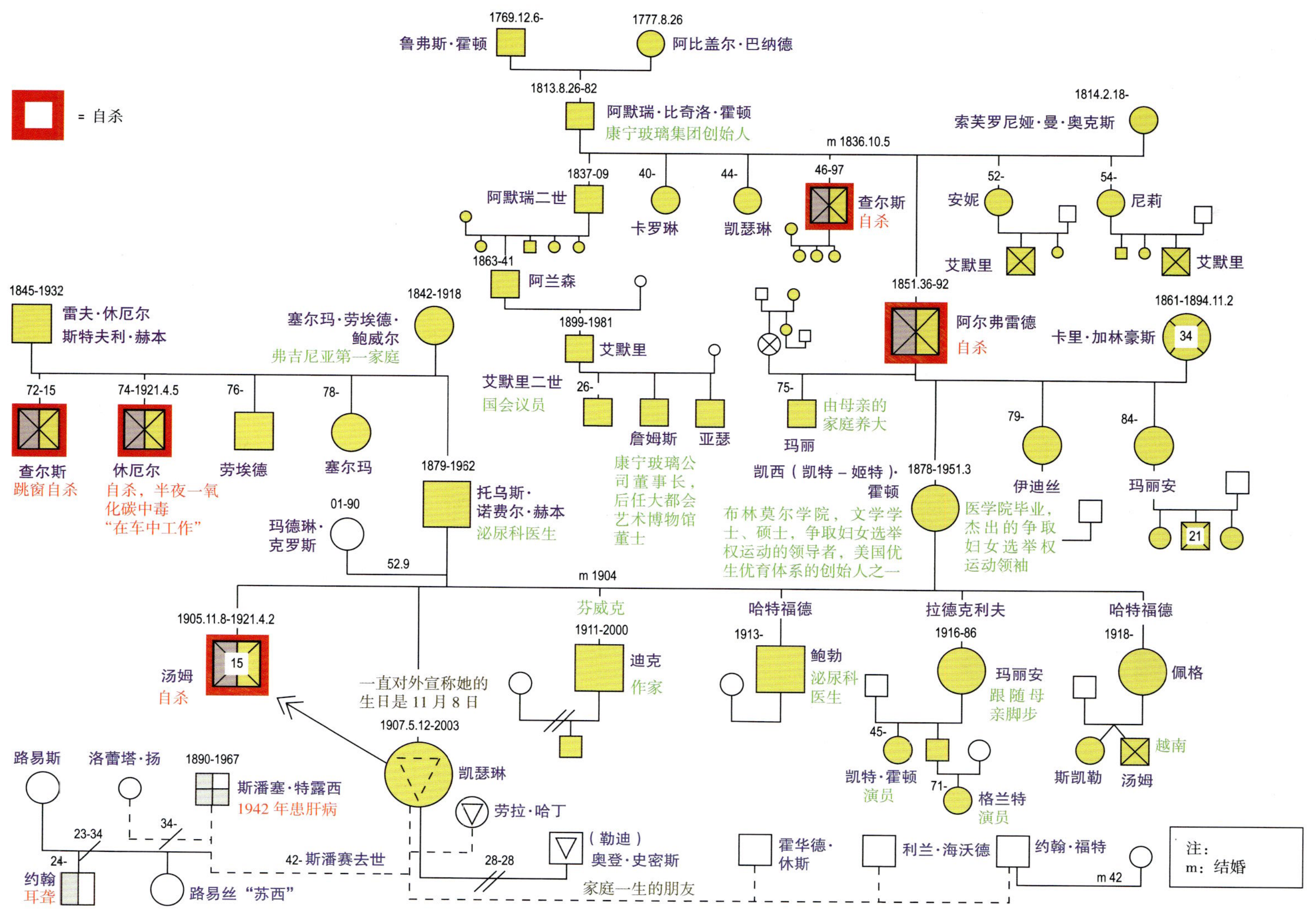

彩图 18　杰斐逊（Jefferson）家族

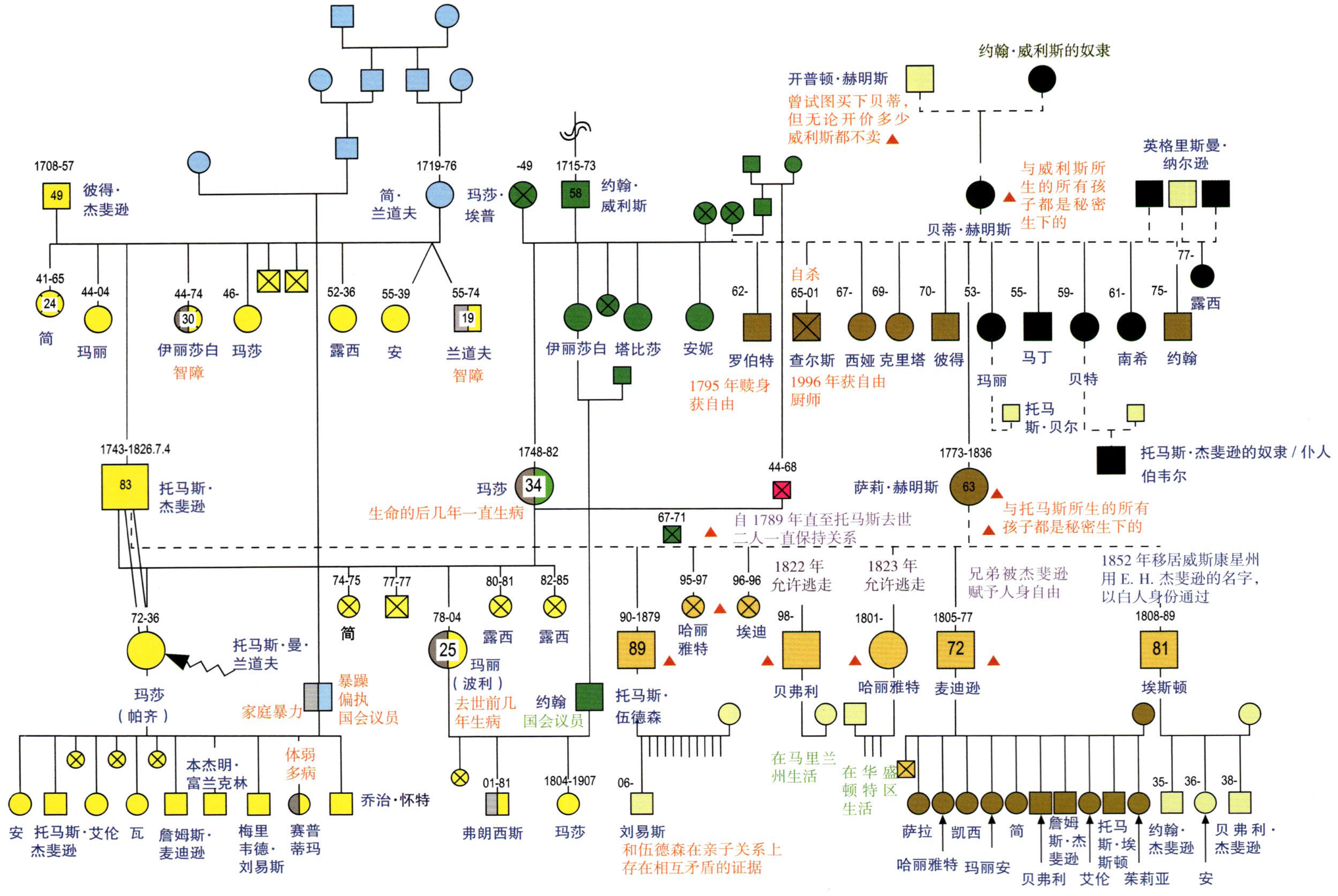

彩图 19 随时间发展而变化的护理关系家谱图

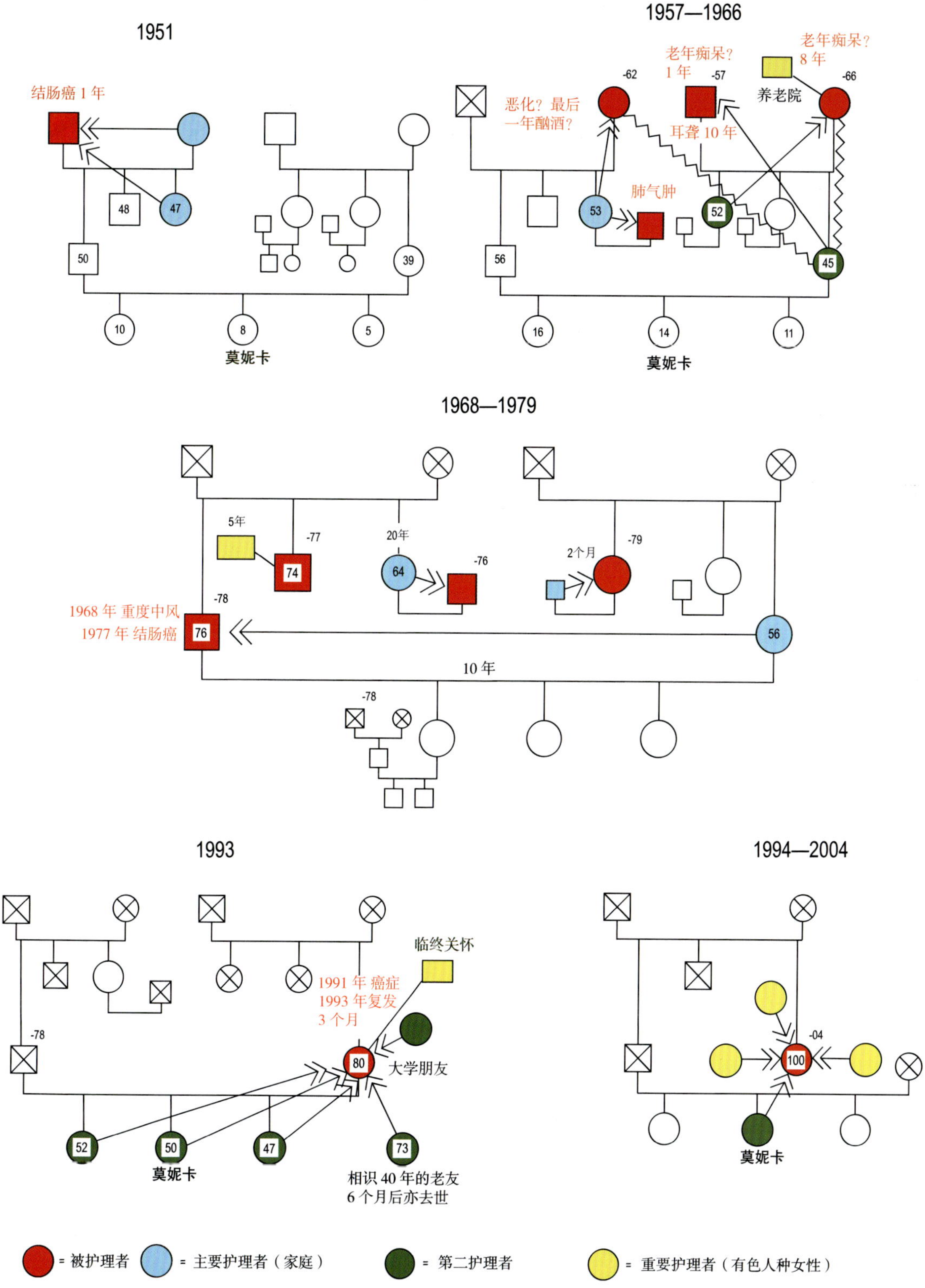

彩图 20　夫妻各自家庭的职业背景

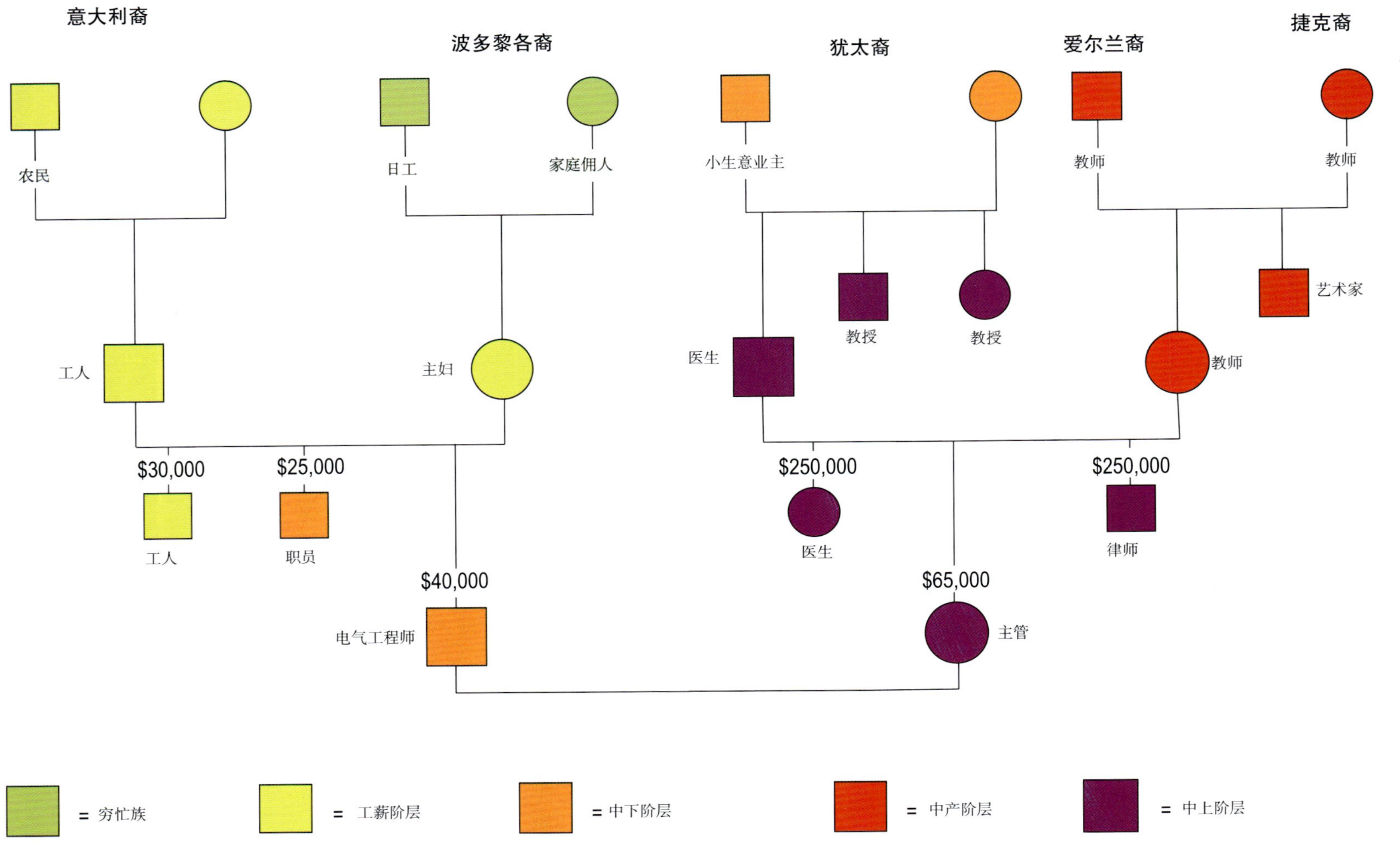

彩图 21 治疗开始和结束时的夫妻

治疗开始

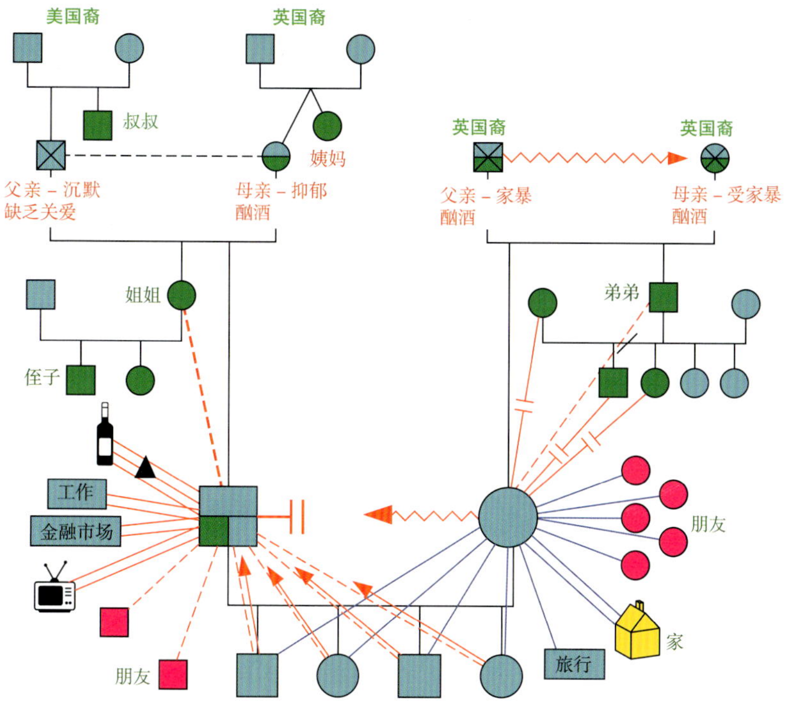

治疗结束

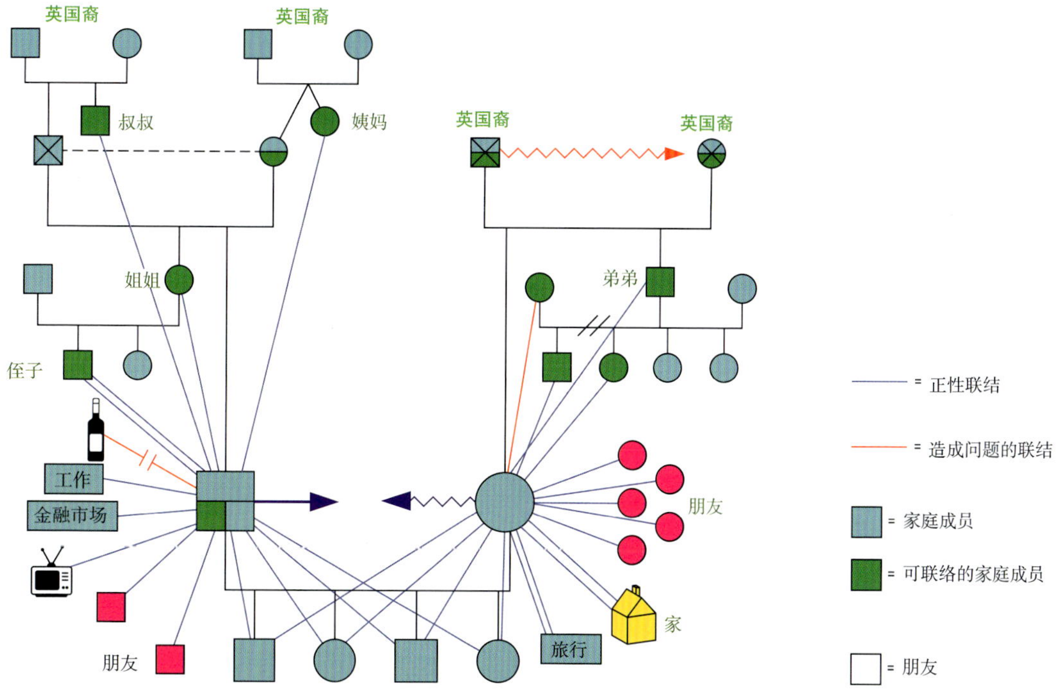

彩图 22 赖希（Reich）的家庭三角关系

1908

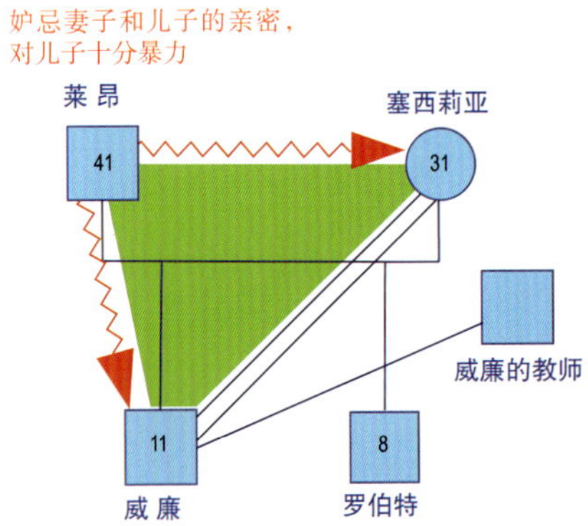

威廉与母亲亲近，与暴躁的父亲疏远。

1909

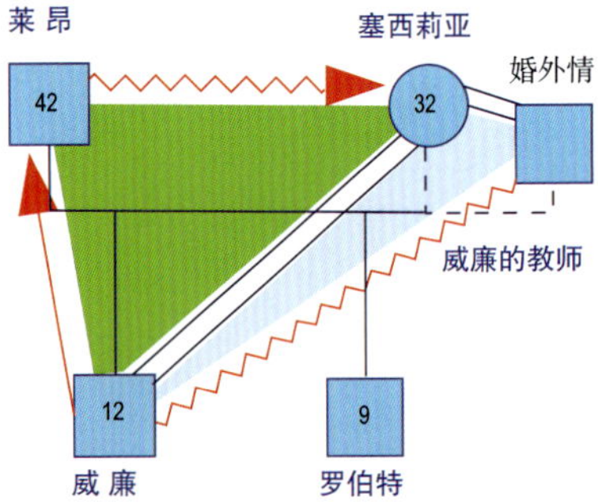

威廉因为母亲没有保护他而生母亲的气，
将母亲出轨的事向父亲告发。

1910

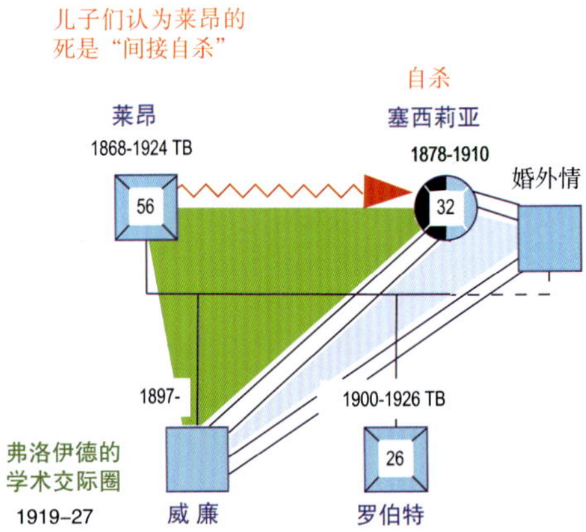

父亲暴力地质问母亲的婚外情，
母亲愤而自杀。
赖希在他的余生中都坚信无罪疚感性表达理论（guilt-free sexual expression）是治疗神经官能症的良方。

1956

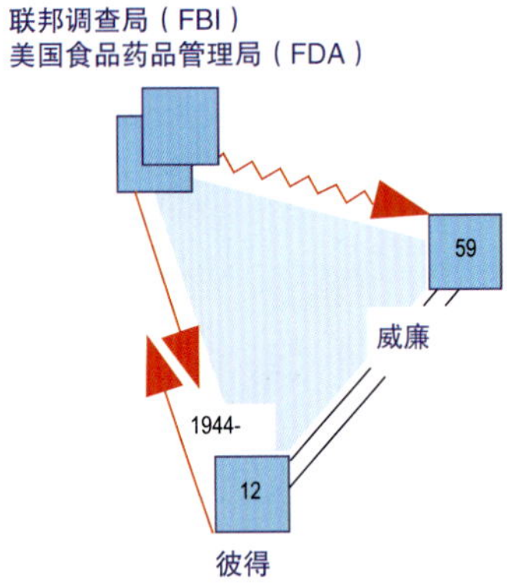

当赖希自己的儿子到了与父亲家中出事相仿的年龄时，FBI 和 FDA 对赖希的理论提起诉讼，并焚毁了他的著作，前来逮捕他，他们向彼得询问他父亲的去处，彼得因害怕而出卖了父亲。
赖希在狱中去世，但他的书至今仍在出版！

彩图 23 勃朗特家族

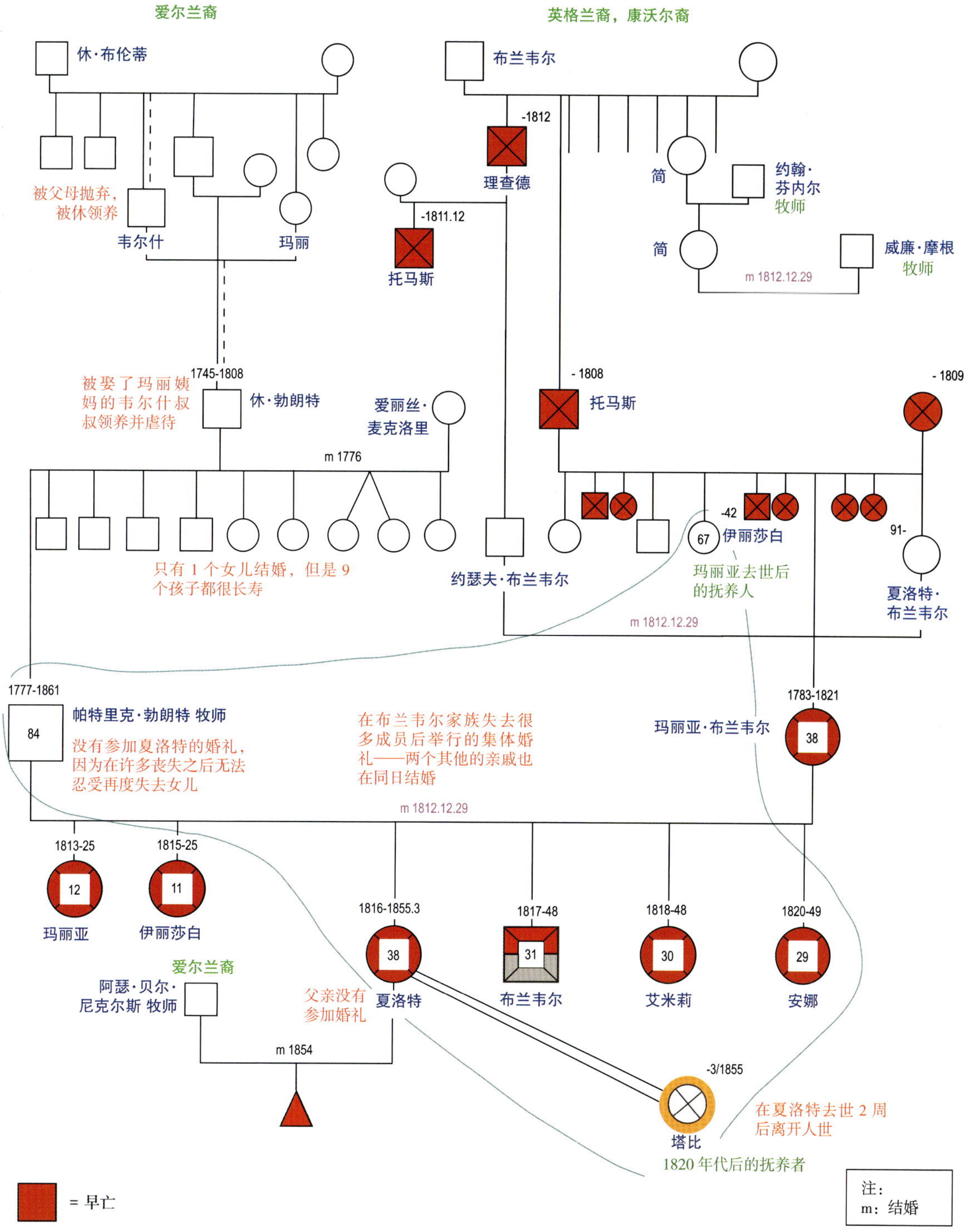

爱尔兰裔
英格兰裔，康沃尔裔
休·布伦蒂
布兰韦尔
-1812
理查德
被父母抛弃，
被休领养
韦尔什
玛丽
-1811.12
托马斯
简
约翰·
芬内尔
牧师
简
威廉·摩根
牧师
m 1812.12.29
被娶了玛丽姨
妈的韦尔什叔
叔领养并虐待
1745-1808
休·勃朗特
爱丽丝·
麦克洛里
m 1776
- 1808
托马斯
- 1809
-42
67
伊丽莎白
91-
只有 1 个女儿结婚，但是 9
个孩子都很长寿
约瑟夫·布兰韦尔
玛丽亚去世后
的抚养人
夏洛特·
布兰韦尔
m 1812.12.29
1777-1861
84
帕特里克·勃朗特 牧师
没有参加夏洛特的婚礼，
因为在许多丧失之后无法
忍受再度失去女儿
在布兰韦尔家族失去很
多成员后举行的集体婚
礼——两个其他的亲戚也
在同日结婚
玛丽亚·布兰韦尔
1783-1821
38
m 1812.12.29
1813-25
12
玛丽亚
1815-25
11
伊丽莎白
1816-1855.3
38
夏洛特
1817-48
31
布兰韦尔
1818-48
30
艾米莉
1820-49
29
安娜
爱尔兰裔
阿瑟·贝尔·
尼克尔斯 牧师
父亲没有
参加婚礼
m 1854
-3/1855
塔比
1820 年代后的抚养者
在夏洛特去世 2 周
后离开人世
= 早亡
注：
m：结婚

彩图 24 英国王室家庭关系

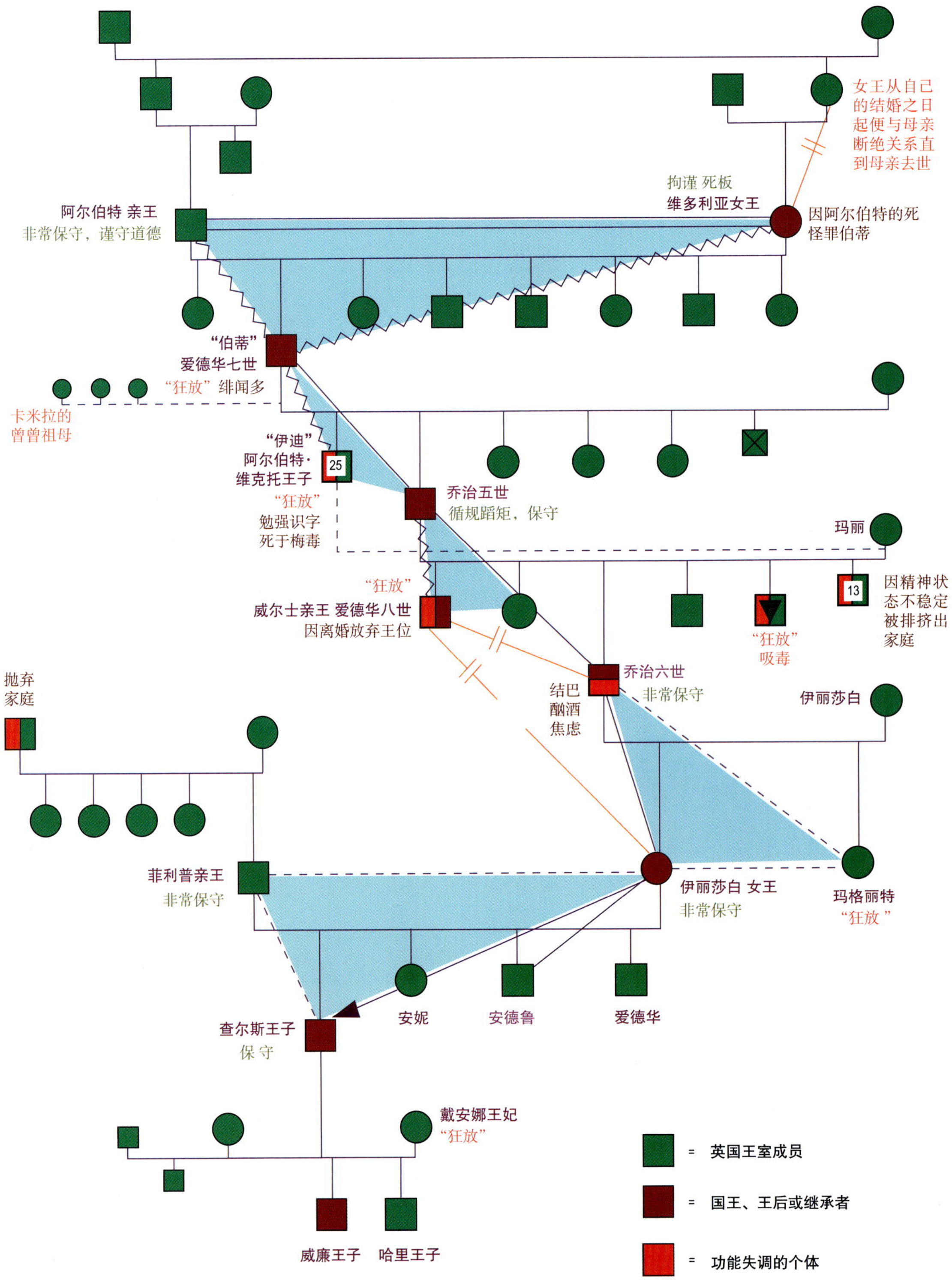

彩图 25　埃瑞克·埃里克森（Erik Erikson）的家庭（出生之年：1902）

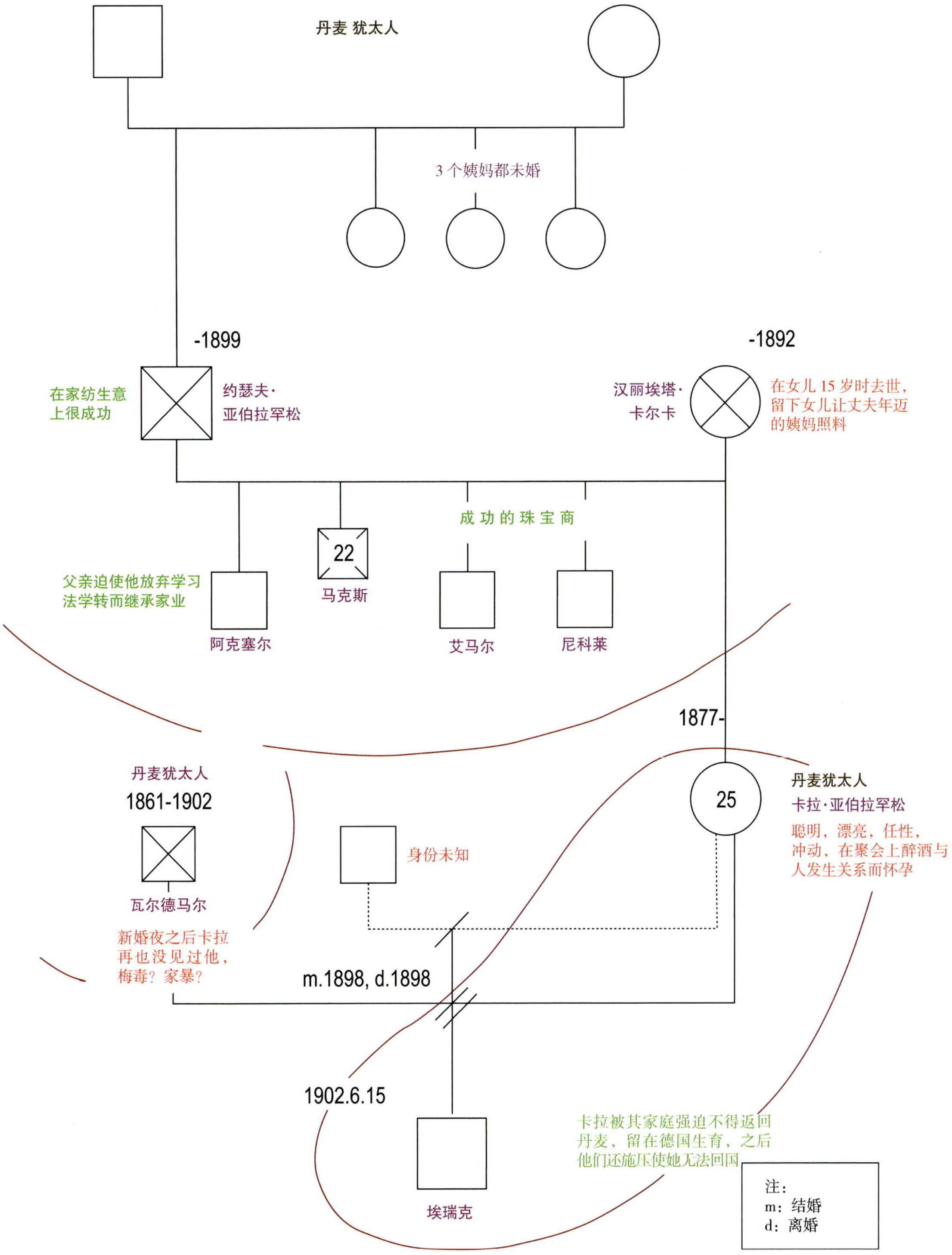

彩图 26　埃瑞克·埃里克森（Erik Erikson）的家庭

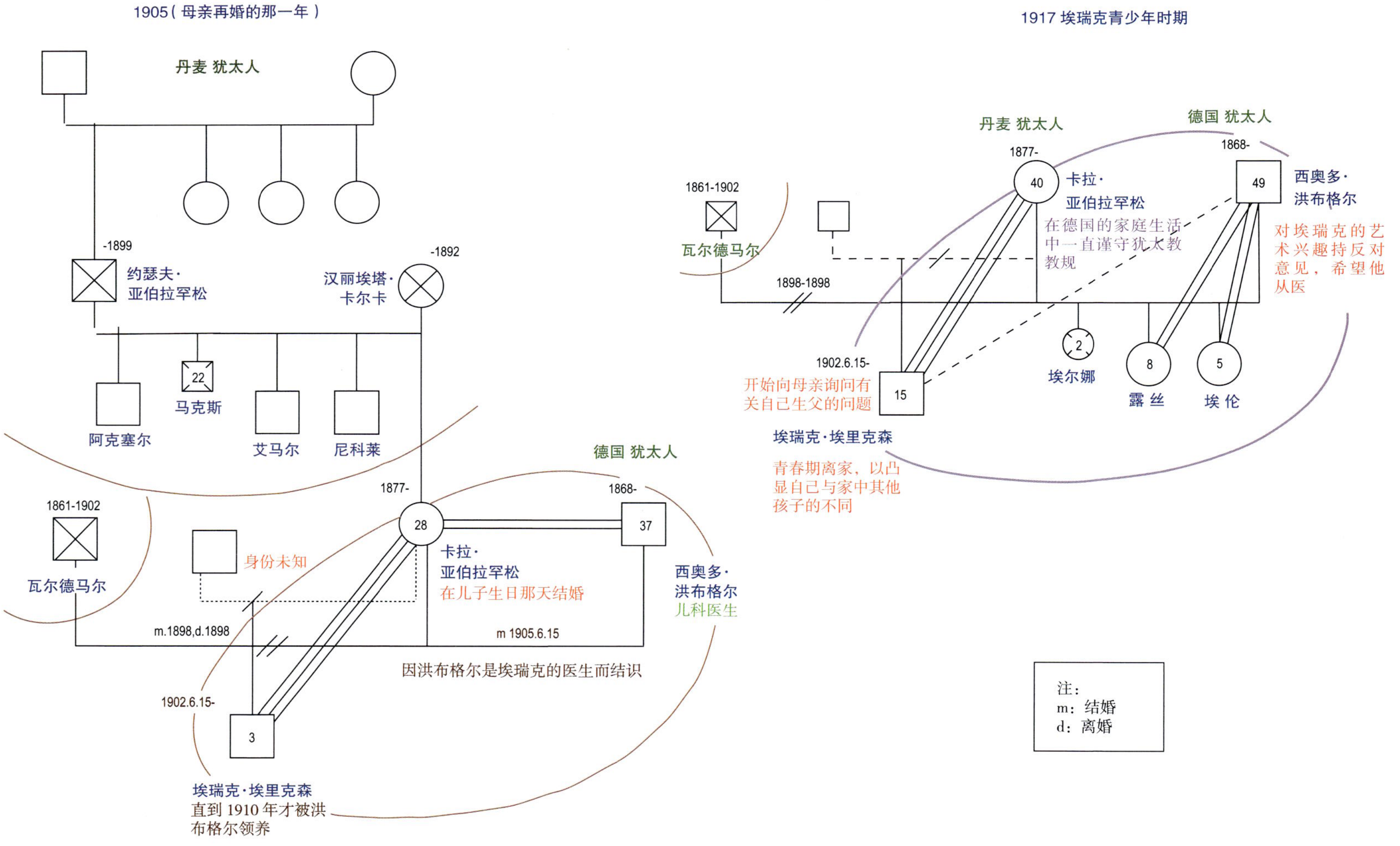

彩图 27　埃瑞克·埃里克森（Erik Erikson）的家庭（1944 年）

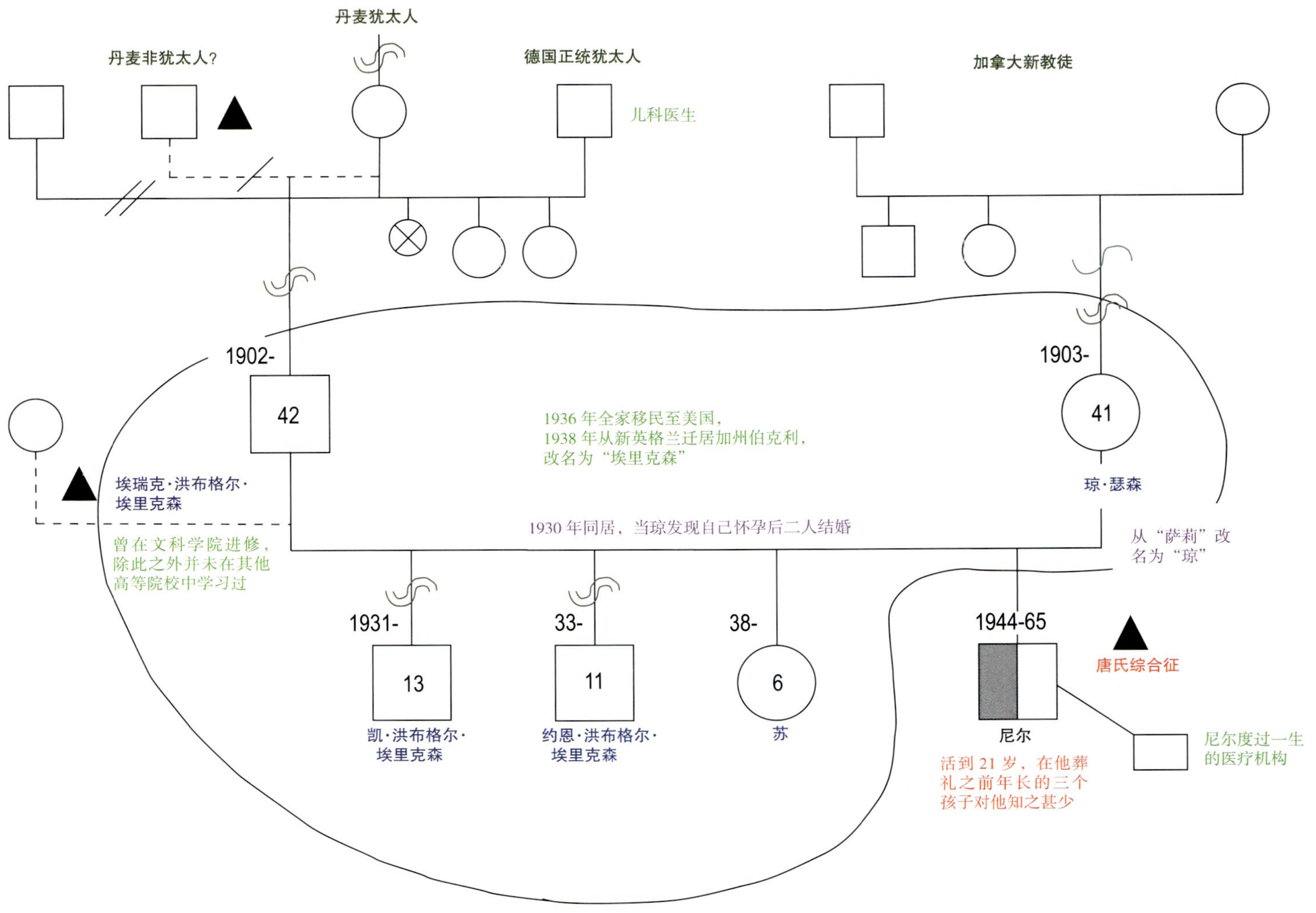

彩图 28 弗洛伊德的家庭（1939 年）

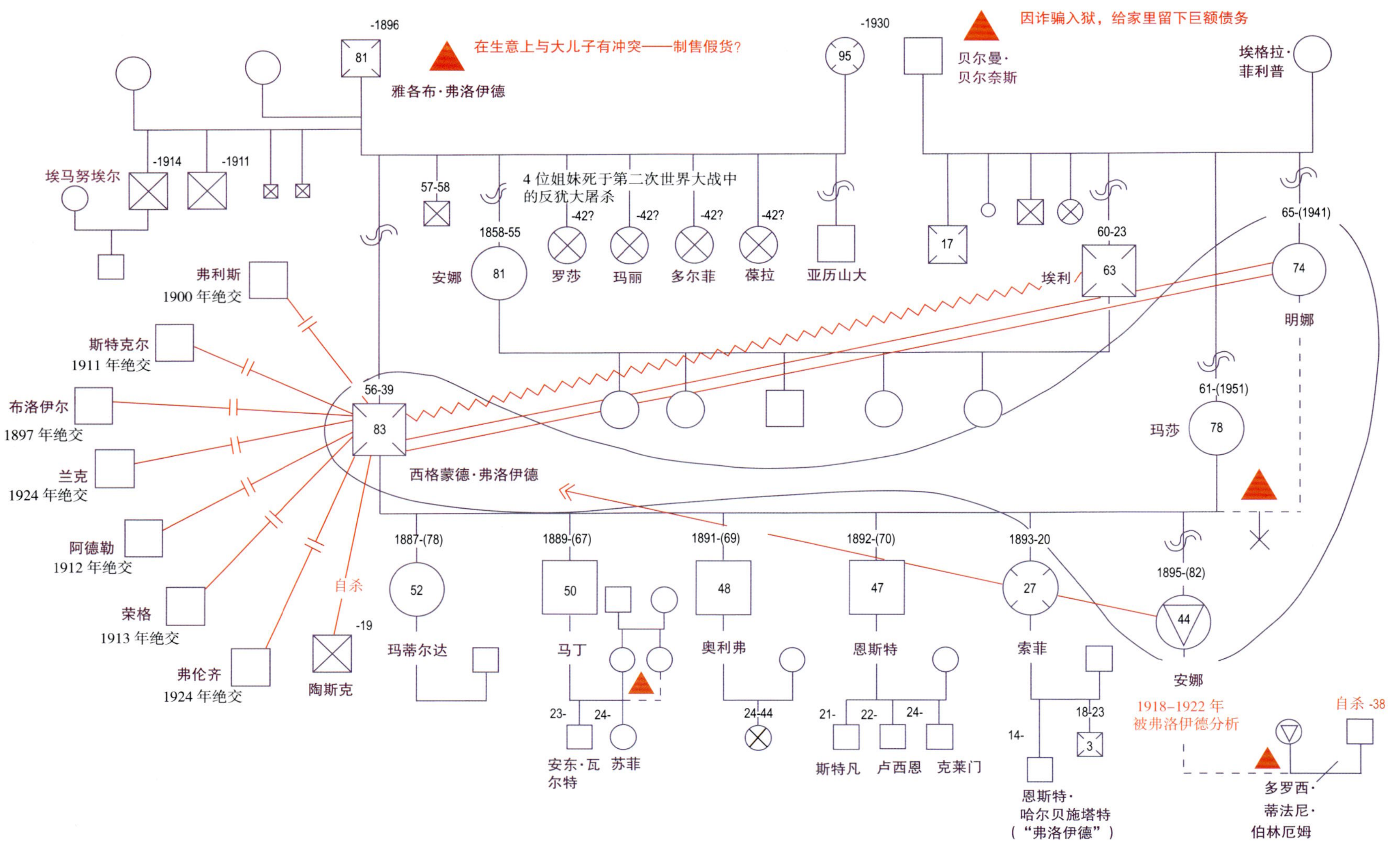

彩图 29 珍妮（Jenny）的游戏家谱图

彩图 30　单亲父亲建构的游戏家谱图

彩图 31　亚历克西丝（Alexis）的游戏家谱图

彩图 32　浩二的游戏家谱图

G ENOGRAMS 第6章 评估家庭的模式与功能

家谱图可以反映出家庭结构、家庭成员角色、家庭成员功能和家庭资源等各方面的模式，分析、评估这些模式是否平衡，有助于治疗师对“该家庭如何应对压力”提出假设。平衡或不平衡是对于家庭系统的整体功能而言。家庭系统并不是整齐划一的；通常在同一个家庭中存在性格迥异的家庭成员。在功能良好的家庭中，这些性格特点通常是相互平衡的。比如，我们已经看到长子 / 女与幼子 / 女的互补性：长子 / 女倾向于照顾别人，与幼子 / 女倾向于被照顾之间的互相平衡。

治疗师通过寻找“突出醒目”的反差与性格特点来发现平衡或不平衡的家庭模式，而后便可思考：这些反差和特质如何配合了家庭的整体功能？使家庭系统达到了怎样的平衡？不平衡时系统中存在哪些压力？比如，如果家庭中只有一个人问题重重而其他所有人状态都很好，我们不禁要问，那个功能失调者的症状在整个系统中扮演着什么角色，发挥着什么作用？

家庭结构

有时我们可以看到家庭结构上的差异会持续几代人之久。比如，一对夫妻各自原生家庭结构的不同已持续几代人，在家谱图上呈现出一边倒的情况：夫妻当中一方来自大家庭，有数不清的姑姑、伯伯和叔叔；而另一方则是独生子女，其父母也都是独生子女。这其中既有平衡之处，也有不平衡之处。一方面，夫妻双方都被对方的生活经验吸引。一个享受小家庭的私密，而另一个喜欢大家庭的丰富多彩。另一方面，双方亲戚数量上相差甚远也会带来问题。一方可能长袖善舞、偏好丰富多样的人际关系，而另一方可能需要专一简单的私密关系。有关家庭结构不平衡的常见问题之一发生在夫妻一方来自离婚和再婚很普遍的家庭，而另一方来自始终完整的家庭。若在家谱图上发现这种家庭结构上的差异，治疗师便可以进一步探询夫妻双方对婚姻的设想或期望上存在哪些差异。

家庭角色

在功能良好的家庭中，家庭成员承担着各种不同的角色：照顾者、依附者、供养者、发言人等。有时候家谱图上可以清晰地看到，太多人扮演着同一个角色，独生子女被单亲父母、祖父母、叔叔和阿姨们共同抚养长大就是一个例子。相反的情况是某一个家庭成员需要照顾很多其他家庭成员，比如两个哥哥去世后的西奥多·肯尼迪（见彩图 13）。作为他那一代人中唯一幸存的男性家族成员，西奥多在去世哥哥们留下的、两个失去父亲的家庭中扮演着重要的角色，与此同时还要照顾自己的家庭。一旦治疗师看到这样的家庭，就要对家庭当前既有的平衡状态展开探讨，以及分析家庭为了照顾众多孩子，还有哪些可利用的资源。

在现代婚姻中，家庭角色的分配很少完全基于性别而常常是分工合作。因此，父母双方都可能是家庭的照顾者、供养者和代言人。当然，这种平衡不会自发地、顺理成章地达成，而是一个充满矛盾和冲突的领域，在夫妻都工作的家庭中尤其如此。

家庭功能的水平和风格

家庭成员通常会以各自不同的风格和水平来实践自己的家庭功能。这些模式通常是平衡的，因而不同家庭成员的功能会彼此紧密契合。我们需要检视家谱图，寻找家庭功能的反差和特异品质，这有助于理解整体家庭系统的功能水平。

每一个新组建的家庭都需要磨合家庭成员间不同的风格和行为方式。其结果通常大体上是互补性的，且有利于子女的成长。但是某些家庭平衡可能会导致或纵容系统中某个人出现功能失调。比如，我们经常在家谱图中见到的一种互补模式——过度承担责任的人与一个酒鬼的婚姻（Bepko & Krestan，1985；Steinglass，Bennett，Wolin，& Reiss，1987）（见图 6.1）。

在这种互补模式中，不饮酒的一方被迫过度承担责任，去平衡酗酒一方的不负责任。因为酗酒行为在本质上会致使酗酒者责任感降低，于是另一方便肩负起了各种家庭责任；若非如此，那么子女很有可能会填补进来承担成人的角色。若夫妻双方都“主动地”成为照顾者和被照顾者，则关系得以保持稳定。有时整个家庭的所有成员可能以这样互补的方式围绕某个功能有障碍的人形成一个完整的系统。

有时候，当家庭某一方面的功能出现障碍，家庭成员们会想办法对日常的困难进行补偿。电话的发明者，亚历山大·格雷厄姆·贝尔（Alexander Graham Bell）的家庭就是这样（见图 6.2）。贝尔的母亲和妻子都几乎完全失聪。这个家庭里的三代男性——贝尔本人、他父亲和伯父以及他的祖父——全都致力于说话和发声。贝尔的祖父写过一篇关于语音发声的经典文章。贝尔的父亲和伯父都投身于传授父亲的方法。这个家庭非常具有创造力。贝尔只有十来岁时，父亲就建议他和哥哥发明一种可以交谈的机器。他们发明的机器非常好地再现了人类的声音，以至于惹恼了邻居，因为邻居以为搅得他心神不宁的是贝尔家婴儿的哭声。家庭中一些成员善于言谈和倾听，填补了另一些成员因听不到任何声音而造成的语言障碍缺憾。

图 6.1 酗酒问题（过度承担责任和不负责任）

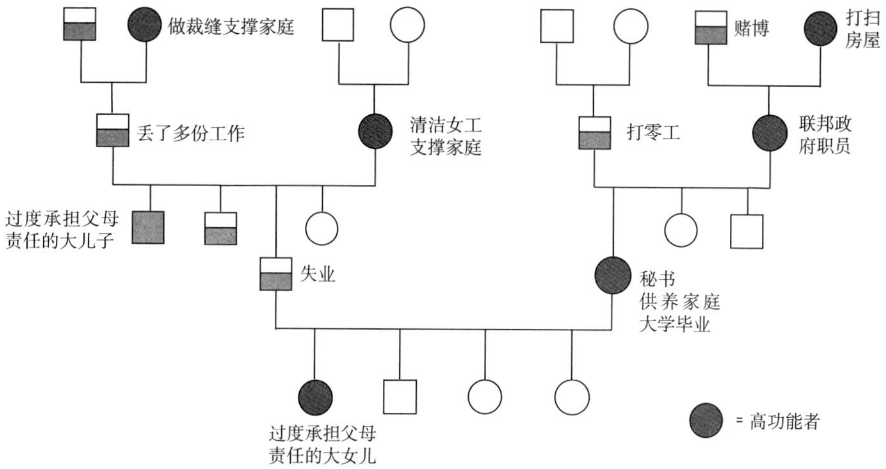

要分析家庭功能的各种可能模式，关键在于判断系统中是否存在适应或平衡。家庭成员之间若存在巨大反差，是为了维持系统稳定，还是将家庭推向另一种平衡？有时系统分崩离析，并不是由一两个成员出现功能障碍所引起，而是由原先曾致力维持系统平衡的照顾者身心耗竭所致。在有成员患慢性病的家庭中，各个家庭成员通常都能够在短期内改变自己、支持患者，但往往难以长期维持下去。

护理和护理工作家谱图

为了理解家庭在护理即将离世老人上的规则和策略，很有必要绘制“护理行为家谱图”，以此来显示哪些家庭成员在离世前需要长期的护理，又是哪些人提供了护理。我们认为这个问题非常重要，所以专门设计了一个符号（单条线带双箭头）来标识出那些主要的护理者，以及在家庭成员需要照顾时会提供帮助的人。

例如，在我自己（莫妮卡·麦戈德里克）的家族中，我的父母和祖父母这两代中几乎每个人在晚年都需要长期的护理（见图 6.3），而几乎所有的护理者都是女性。我母亲在父亲中风后护理了他 10 年；我姑姑护理了她那患有肺气肿的丈夫 20 年；我的祖父患癌症后，祖母和姑姑护理了他一年；之后姑姑又护理祖母许多年，直到她过世。正是这位曾多年护理丈夫和双亲的姑姑，后来在几位家庭护士的照顾下活到了 100 岁。这些家庭护士全部是少数族裔女性，而这其中可以看到我们的社会对护理工作有很严重的轻视和贬低。也正是这个原因，我们需要对临床家谱图中的护理模式特别关注。

图 6.2 亚历山大·格雷厄姆·贝尔（Alexander Graham Bell）的家族

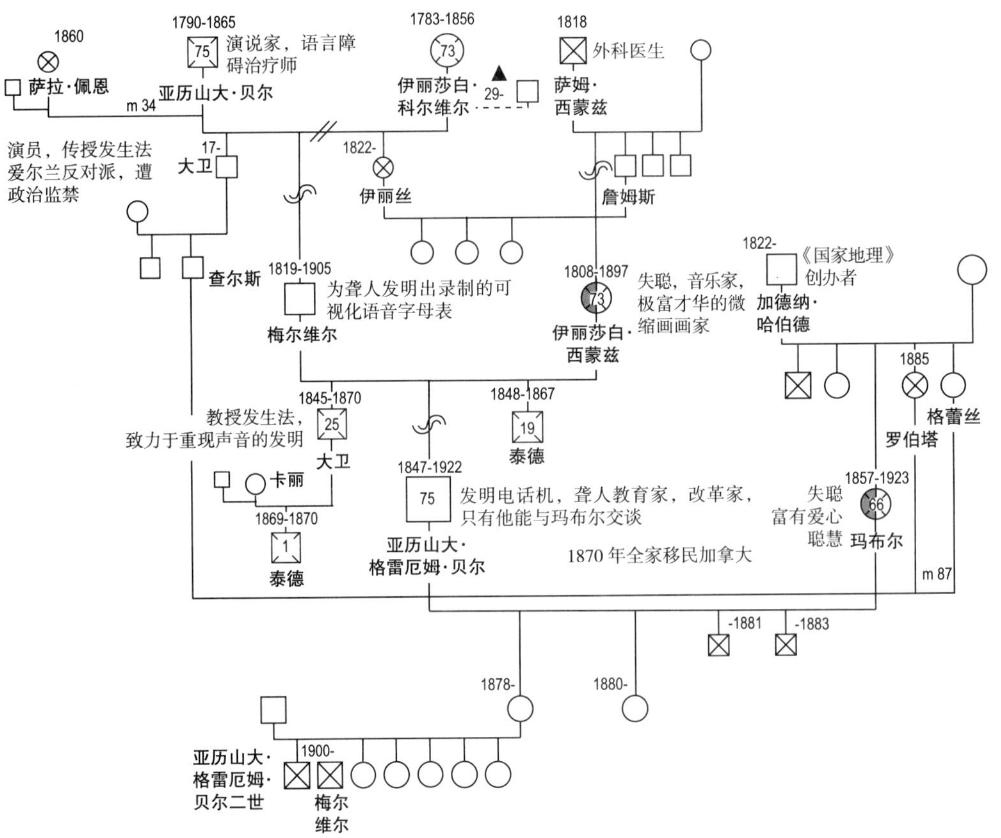

来访的家庭可能不会主动提及护理方面的问题，这是因为我们缺乏一种社会教育，即应对家庭生活所需的护理服务心存感激。由于我们的社会并不看重护理行业，人们常常对其视而不见，而通常护理恰恰是由那些最无权力地位的女性——收入最低的有色人种女性——所提供的。但与此同时，我们早就知道，促使家庭前来寻求帮助的根本原因之一，并不仅仅是某个家庭成员出现症状，还可能是那位承担职责的护理者精疲力竭、无法为继。因此，治疗干预之前需要对整个家谱图做全面性的评估，来寻找治愈的源泉，以及那些可以帮助家庭重回生活正轨的资源。

家谱图同样可用来分析在某个特定时间段中，护理行为如何对整个家庭产生影响（见彩图 19）。在我的家庭中，在一系列不同的时间段内，对某位家庭成员的护理工作是当时家庭的主要问题。从这张图中可以看到，我家的长辈大多在晚年故去，这对他们子女的影响不大，但对家庭中女性的压力却非常大，并可能影响到系统中其他部分的三角关系。现在我可以清晰地意识到，在妈妈生命中第一段护理老人的时期（1957—1966）我和她的关系极为紧张。祖母和外祖母长期健康状况不佳，妈妈与她们的关系都不太好，她也未能在她们生命的最后时光护理她们。我现在也意识到，在第二段护理别人的时期（1968—1979）中，不仅妈妈的角色变了，她在系统中的权力也变了。她成为我们大家的领袖。而在此前，她的领导才能被“为人妻”的身份牢牢地束缚住。在第一段护理时期中，她有很多责任，却没有多少权力。但当她成为我父亲的护理者之后，她同样身负责任却首次可以自己掌管财务。尽管面临经济压力和个人压力，她却变得更加可爱、更少的自我防御。只有在探索了这些与性别、权力和生命周期有关的护理模式之后，我才对自己家庭中的许多动力机制有所认识。

图 6.3 看护、护理行为家谱图

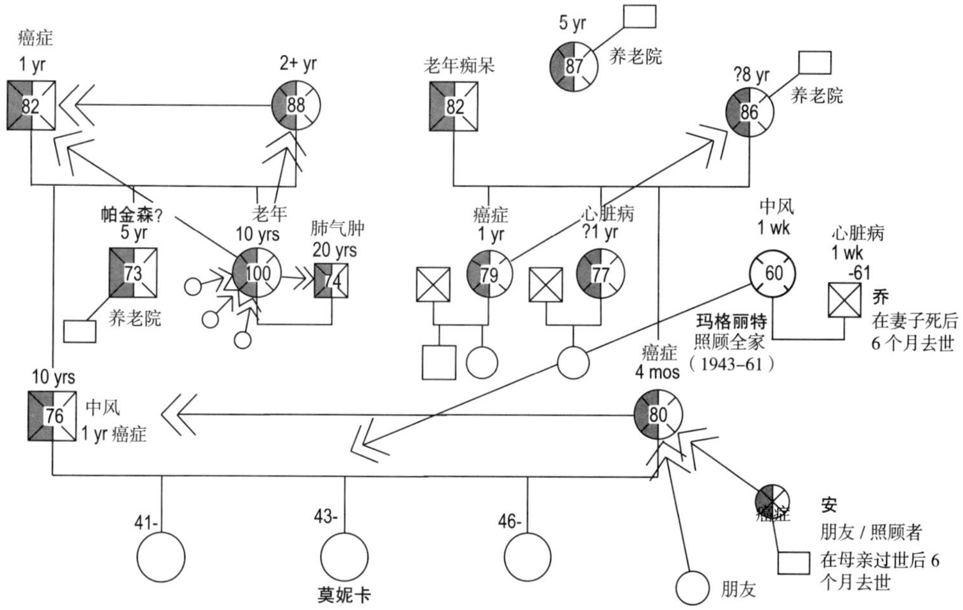

为自己的家庭制作护理工作家谱图，极大地增加了我对未来护理工作的敏感度。思考谁需要我们的护理，谁又可以护理我们，这能使我们在人际互动中变得更加体贴。沃尔什（1998）建议我们开发团体式的护理工作，将家庭中的男性和女性都包括进来，鼓励兄弟姐妹分担护理责任，也分享护理带来的亲密。

在很多文化中，家庭结构里最无权无势的儿媳承担着护理婆婆的重任。有关性别角色的规则在这个关系中往往对冲突贡献颇多。反观我们的社会，这种问题关系通常在亚裔家庭中最为突出，传统上女儿长大嫁人后就要离开自己的原生家庭成为婆家的一员，这常常使妻子们处在家庭边缘的位置。在美国主流社会中，女儿比儿媳承担着更多的护理职责。然而，挑战这种偏见对于维护兄弟姐妹关系很有益处，这种护理关系是成年生活的主要资源。当女儿因护理年迈的双亲感到不堪重负时，通过家庭治疗或策略指导使其能够挑战传统观念，这样可以极大地帮助家庭恢复到更加高效、更加平衡的状态。

例如，阿琳·亚当斯（Arlene Adams）曾经有一年都非常郁闷，因为每个周末她都要赶 3 小时路去护理罹患癌症不久于世的母亲，而她的哥哥约翰，住在离母亲只有 10 分钟路程的地方却一个月才来探望一次（见图 6.4）。当阿琳见到母亲时，母亲就会如数家珍地历数约翰和他的两个儿子这周都做了些什么，这些都是她从儿媳每周的电话通话中得知的。与此同时，母亲却从未询问过阿琳和她的孩子们过得怎样；此外，母亲对阿琳每周末为了过来与她共度时光而所做的牺牲毫不在意。

图 6.4 阿琳·亚当斯（Arlene Adams）

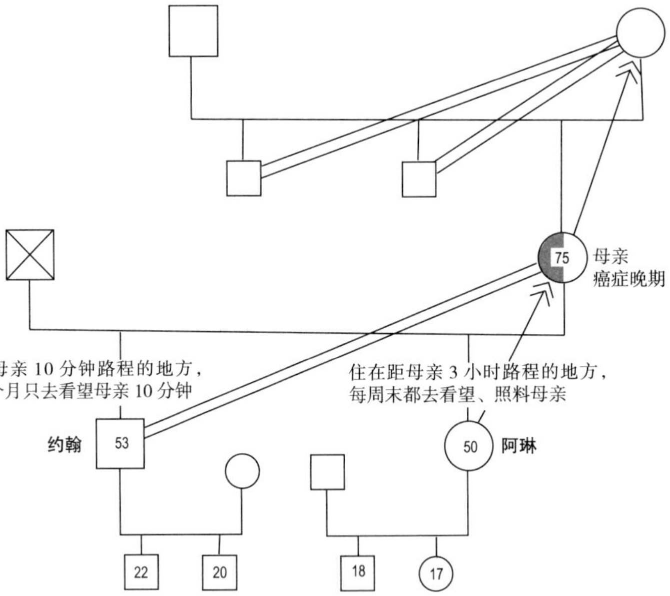

通过家庭治疗，渐渐地，阿琳能够把对自己在家中是“二等公民”的恼怒和挫败感与哥哥联系起来。她找机会写信给母亲和哥哥，并最终当面和他们讨论从小就被限定的家庭角色。阿琳告诉妈妈，她知道外公外婆也把妈妈当作舅舅们身边的配角，而这困扰了阿琳很多年。尽管起初拒绝承认，阿琳的妈妈不久就开始在周末告诉女儿，她回忆起许多自己父母把儿子置于优先地位的故事。而这些分享拉近了这对母女的关系。

探索抗逆力

探索家庭在遭遇丧失、创伤和功能障碍时的抗逆力（Walsh, 2006）是家谱图评估的一个重要方面；正是家庭中的抗逆力（resilience）使他们在经历创伤后得以继续前行。关注并突出强调这些资源是非常重要的。墨西哥艺术家弗里达·卡罗（见彩图 9）就是抗逆力的典型代表。她的作品反映出她那非凡的能力——能够将经历的痛苦创伤转化为受益终生的创造力。弗里达家庭的抗逆力表现在他们生活的很多方面。例如，弗里达先是在 6 岁时患上小儿麻痹症，造成她右腿短小，肌肉萎缩。18 岁时她又遭遇车祸，一根钢管刺穿了她的骨盆，造成脊柱骨折。事故给她带来终生的痛苦和多次手术。巧合的是，她的父亲也同样在 18 岁时摔了一跤，造成脑损伤和癫痫，打碎了他的大学梦，这改变了他一生的轨迹。这次事故成了影响他次年移民墨西哥的主要因素之一，在那里他改名换姓，从威廉·卡尔（Wilhelm Kahl）变成了吉列尔莫·卡罗（Guillermo Kahlo）。尽管那起事故的后遗症还会带来痛苦，但他成为墨西哥著名的摄影师。弗里达是他最为疼爱的孩子，她也在自己的事故之后发现可以将艺术作为一种宣泄内心的方式，而此前她肩负着父亲赋予的成为学者和医生的梦想。后来她成为一名艺术家，就像父亲以及更早之前的外祖父一样。

弗里达·卡罗的父母在早年都经历过巨大的创伤。她的母亲是一位聪明、迷人的西班牙、墨西哥和印第安混血姑娘，她爱上了一个德国人，他却当着她的面自杀身亡。终其一生，她都保留着他的书信集，尽管她嫁给了吉列尔莫·卡罗并生育了四女一子，但她从不曾真正展示自己的潜能。而吉列尔莫·卡罗自己，在刚刚进入纽伦堡大学学习、前途一片光明之时，却因那起意外事故而不得不中断学业。他的母亲也恰在这一时期过世，父亲很快再婚。吉列尔莫不喜欢继母，不久他便决定移民墨西哥。在那里他结了婚，育有三个女儿。但二女儿降生短短几天就夭折了，而他的太太在生三女儿时因难产去世。当天晚上，卡罗遇到了他的第二任太太。她同意嫁给卡罗，但前提是卡罗必须将他的两个女儿送入修道院学校。也是这位太太鼓励卡罗以摄影师的身份与她的父亲合伙创业。尽管他很有才华，早期也曾努力重塑自己，但不幸的是，卡罗似乎未能从早年的创伤中恢复过来，他变得越来越苦闷孤僻。吉列尔莫最钟爱的女儿弗里达虽然也身患残疾，但她向世人展现出将创伤经历转化为希望和艺术的伟大能力。

家庭资源

家庭成员通常拥有各自不同的资源，体现在金钱、健康、活力、技能、富有意义的工作以及支持系统等各个方面。当在家谱图中观察到这些方面存在极大的差距时，治疗师应对家庭系统如何处理这些不平衡状况展开探索。当这些差距体现在夫妻之间时，男女双方固有的权力不平衡会被放大，当然，如果是女性拥有金钱、健康、工作优势或社会地位的话，男女间的不平衡也可能会抵消掉。

在彩图 20 展示的家谱图上，夫妻在社会阶层和职业背景方面存在着很大差距。那么以下问题就会浮现出来：

- 夫妻如何处理他们在社会经济阶层和文化背景方面的差异？
- 夫妻如何处理他们在收入以及对生活水平预期上的差异？
- 在其他方面是否还有重大的不平衡？他们的价值观是否一致？
- 不同的经济收入对夫妻有何影响？不同的教育和工作背景呢？不同的社会阶层呢？
- 不同的经济收入对其他兄弟姐妹有何影响？不同的教育程度和工作背景呢？不同的社会阶层呢？

当然，其他家庭成员的反应对评估也很重要。两个家庭对这桩婚姻的感受如何？赞成还是不赞成？家谱图提示治疗师应注意这些方面可能潜藏的问题。

资源差异同样可能造成问题，如兄弟姐妹中的某个人比其他人更成功。具体来说，家庭中的一个孩子在经济或社会地位上都非常出众，而其他的孩子则相对差很多，这就会带来不平衡；未达到家庭期望的不成功的孩子，会反过来嫉恨那个出人头地却不对别人提供任何支持的成功者。当资源（情绪和经济）出现匮乏时，尤其是在护理父母或生病的同辈家人等问题上，兄弟姐妹之间可能会爆发冲突或断绝关系。家庭成员会纠缠于到底谁才是为护理家人付出最多的那一个。当几个孩子境况都还良好、只有一个孩子或父母一方需要护理时，则更容易达到各方都满意的平衡，而不会过度拖累某一个人。有时一个非常富有的孩子可能会提供经济上的支持，但不想付出时间和情感，这也给家庭带来不平衡的感觉。子女之间或子女与父母之间的地理距离也会带来不平衡，这尤其会发生在只有一个孩子住得离父母较近，方便照顾他们的情况下。他，或更有可能是她，会筋疲力尽同时又心怀不满。未婚或没孩子的子女常被不公地认为更应该担当起护理父母（尤其是照顾独居的父 / 母）的责任。所有这些子女在照顾父母责任上的不平衡，是否存在不公，等等，都会对家庭关系产生深远的消极影响，这些方面都值得我们探索。

GENOGRAMS 第7章 关系模式与三角关系

家谱图可以让治疗师洞察到家庭中的紧张关系，将家庭的结构以及家庭所处的生命周期阶段呈现出来，治疗师可以据此来推定家庭中的重要关系和界限模式。了解两个家庭成员以何种方式联合起来对抗第三位家庭成员，这是制订临床干预方案的重中之重。“去三角化”是一个重要的过程，在这个过程中家庭成员们要学会把自己从僵化的三角关系模式中解放出来。家庭关系不仅非常复杂，还会自然地随着时间变化而发生改变。除了展现复杂的家庭关系外，家谱图还能向我们显示出那些值得深入研究的关系模式。

由两个人组成的关系系统是最基础的人际系统。我们可以从双人关系入手来分析家谱图，使用各种线形将这些关系简要地表述为“亲密”“融合”“敌对”“冲突”“疏远”“断绝”等。这些双人关系会在整个家庭系统中重复出现。而这些双人关系通常会引入第三人而发展成为三角关系，在三角关系中，两个人联合起来与第三个人形成关系。

如果只是关注家谱图中的双人关系，我们会发现每张家谱图都在讲述着类似的信息：所有的儿子都与父亲冲突，与母亲都很亲密；而所有的女儿正好相反，与母亲关系疏远或冲突，与父亲关系亲密。与此同时，夫妻之间的关系都是疏远或冲突的。所有这些关系无疑都相互纠缠在一起。母亲与儿子之间的亲密程度和父亲与儿子之间的距离相关，夫妻之间的问题与亲子联盟相关。换句话说，特定的关系模式可以补偿婚姻中的距离；代际的联合与冲突能够以某种方式相互协调。第三代的子女可能会陷入跨代际的联盟和冲突中，影响他们与父母以及父母彼此间的关系。我们可以预料，除非他们努力去改变，否则这些子女会重复这种疏离化的婚姻关系，并且在未来也会与自己的孩子形成联盟和冲突的关系。

双人关系倾向于相互联合、协同发挥作用，因此我们必须将家庭系统看作由多个三角关系相互作用而构成的整体。从这个角度出发，父亲与女儿关系亲密可能是他与妻子关系疏远的结果，同时也可能导致母女之间的冲突。对家庭系统中任何一个三角关系都能推理出相同的假设：任意两人的互动都与三人之间的关系密不可分。三角关系的成因学说是系统家庭理论中最重要的内容之一（Bowen，1978；Caplow，1968；Carter & McGoldrick，2005b；Fogarty，1975；Guerin，Fogarty，Fay & Kautto，1996；Kerr & Bowen，1988）。

三角关系

解读复杂的家庭关系是理解家谱图中关系模式的基础。由于本书篇幅有限，我们不可能将所有的复杂家庭关系都覆盖到，但我们会从系统家庭理论的视角出发对一些常见的关系结构提供解释，以帮助大家理解家谱图。如果我们收集到的家庭关系非常有限，那么在这种情况下家谱图是一个非常有益的工具，能够帮助我们推断可能存在的三角关系。

本节中，我们主要关注三角关系，或者说是家谱图中呈现的一组组三人关系。在三角关系中，每一个人的行为都受另外两个人的影响。当家庭中两个人的行为与第三个人有关时，三角关系就形成了。形成三角关系常常能够缓解最初那个两人关系中的张力。比如，两个家庭成员可能联合起来"帮助"第三个人，后者在他们看来需要被帮助或者是个"受害者"；又或者这两个人联合起来对抗第三个人，而后者在他们眼中就是个"恶棍"。两个人因第三个人而联合到一起是三角关系的典型特征（Bowen，1978）。任何一个处在三角关系中的人，他的行为都是另外两人之行为的结果。

任何一个三角关系都是某个更大的系统模式的一部分。因此，孩子对不堪重负的母亲发脾气不仅是母亲与孩子关系的结果，而且极有可能是母亲与父亲之间关系的结果，甚至可能是这二者与过度卷入的祖父之间关系的结果，或者是与一个或多个成人、早熟的兄长或姐姐等人物之间关系的结果。以上这些只是列举了一些可能存在的情况。在鲍恩的理论中，健康的发展包括分化（differentiation）或成熟（maturity），指的是个体在每个关系中都能独立自主地发挥自己的功能，而不会因某人与第三人的关系而与这个人形成某种自动化的关系模式。

当系统中的张力过大，两个人通常会与第三个人形成三角关系来缓解压力。分化意味着个体与他人的互动交往是基于交往对象本身，而不是因为这个人与别人的关系。因此，即使爸爸和妈妈正发生冲突，女儿可以和妈妈有亲密的关系，也同样可以和爸爸有亲密的关系。三角关系必须同以下情况区分开，比如两个孩子可能联合起来对抗某个高压的父/母。这种联合不同于三角关系，是因为两个孩子有意联合起来增加自己的力量，而各自的行为并不会受到另一个孩子与家长关系的影响。

父母—子女三角关系

父母有可能通过关注子女来缓解紧张的夫妻关系。无论表现出什么样的情绪模式（愤怒、关爱、依赖），只要两个人因第三个人而联合在一起，即可决定它属于三角关系。通过家谱图，我们可以很方便地识别出这些三角关系，因为家庭的结构模式、有关生命周期以及二人关系的信息可以非常清晰地告诉我们哪三个人极有可能被三角化。如果三个人只是相互关联，并不意味着他们一定处于三角关系中。三角关系意味着三人相互依赖，每个人的功能都受另外两人间关系的影响。如果在三人关系中，一个人只是在某次谈话中选择支持另一个人，那么这三个人形成的并不一定是三角关系。但是，如果这种关系模式有规律地反复出现，那么他们就极可能是组成了三角关系。

如尤金·奥尼尔（Eugene O'Neill）的家谱图（见图7.1）所展现的一样，兄弟之间通常是竞争性的三角关系。杰米（Jamie）与尤金之间紧张而竞争的关系持续了一生（杰米45岁去世）。通过家谱图我们不难推测他们父母的关系也较紧张，第二代人的冲突通常是上一代人冲突的转移和再现。事实上，奥尼尔夫妇在整个婚姻中都彼此不睦、冲突不断。也许兄弟俩的关系恶化是因为杰米被认定应对弟弟——埃德蒙（Edmund）的死负责，因为杰米意外地将麻疹传染给了埃德蒙。而尤金则被认定应对妈妈的药物成瘾负责，因为妈妈在生他时染上吗啡成瘾。毫无疑问，兄弟之间的冲突不仅反映出父母间的冲突，而且也将父母的注意力从自身问题上转移出来。

较为常见的一种三角关系模式是：父母中的一方与孩子联合对抗另一方，从而使另一方变成“外人”。以系统家庭理论的视角来看，这种三角关系可以被理解为，疏离和压迫孩子或父母中的另一方，使其不能独立地行使家庭功能；总之，孩子会因此和父母中的一方相融合，而与另一方形成冲突的关系。

顺便说一句，儿子与母亲之间非常紧密，这类关系本身并不是问题，也不一定就是一种不好的经历。我们发现，在我们研究的很多名人家庭中，如比尔·克林顿（Bill Clinton）、富兰克林·罗斯福（Franklin Roosevelt）、哈里·杜鲁门（Harry Truman）、弗兰克·劳埃德·赖特（Frank Lloyd Wright）、道格拉斯·麦克阿瑟（Douglas MacArthur）、吉米·卡特（Jimmy Carter）、切·格瓦拉（Che Guevara）等家庭，这种情况非常普遍。

但是如果个体处于三角关系中，其中亲密的关系与冲突、疏远的关系相互影响，就真的会造成功能失调的后果。通常，那些由家长设定的家庭模式会深深地嵌入家庭关系之中，这些三角关系也能反映出更广大层面的系统问题，正如尼赫鲁（Nehru）的家庭所展示的那样（见图7.2）。

图 7.1　奥尼尔（O' Neill）的家庭关系及三角关系

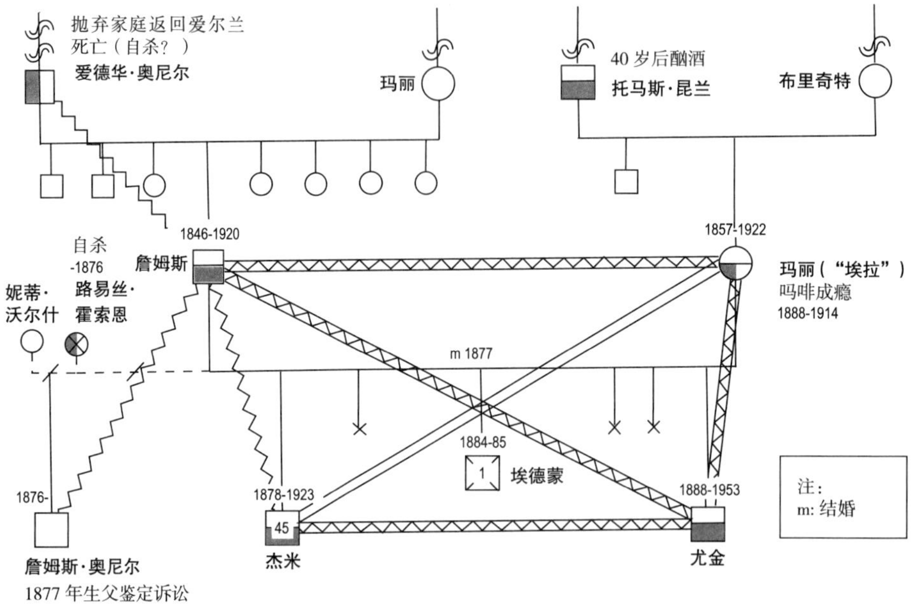

根据贾瓦哈拉尔·尼赫鲁的描述，他从小感到自己被夹在父母中间，在这样的三角关系中长大。在他还是小孩子的时候偷了父亲的一支笔，结果整个家庭都投入搜寻这支笔的工作中：

> 最终，那支笔被找到了，我的罪名也被公之于天下。爸爸非常生气，他狠狠地揍了我一顿。疼痛和羞愧让我不知所措，我冲到妈妈面前寻求安慰。接下来几天，各种各样的药膏和软膏被涂在我因疼痛而不停颤抖的身体上。我并没有因为这次的惩罚对父亲怀恨在心……，我对他的崇拜和感情一如既往，但却增加了恐惧。我对母亲却不一样，我不害怕她，因为我知道她会原谅我做的一切。而且因为她对我的爱毫无条件也毫无保留，我觉得我甚至可以控制她。（摘自 Ali，1985，p.8）

多年来，尼赫鲁一直将母亲视为他对抗父亲的盟友，尤其是当他在英格兰学习期间为了经济问题而与父亲发生争执时（Wolpert，1996，p.8）。塔里克·阿里（Tarik Ali），尼赫鲁的传记作者，从家长的视角对这个三角关系加以解读。他认为尼赫鲁的父亲其实非常疼爱这个独子：

> 对家庭里的小男孩拳脚相加只是古老传统的一部分。家庭以自己独有的

方式重现了整个社会的权力结构。女性的服从是其中最显著的一个方面，但是，还有一方面也同样重要：那就是男性社会化的仪式性过程……，这对父子的关系中铭刻并且昭示着男性的支配地位。暴力一直都存在其中、潜伏在背后，有时候隐藏起来，有时候公开地表现。总能看到伤痕。即使那些实际的伤口已经愈合，但压抑的愤怒和怨恨却伴随受害者终生。这一影响在家庭成员之间发展变化着。贾瓦哈拉尔对他父亲的依恋是真实的，但也无可避免地包含矛盾的感受。（p.9）

图 7.2 尼赫鲁–甘地（Nehru-Gandhi）家庭

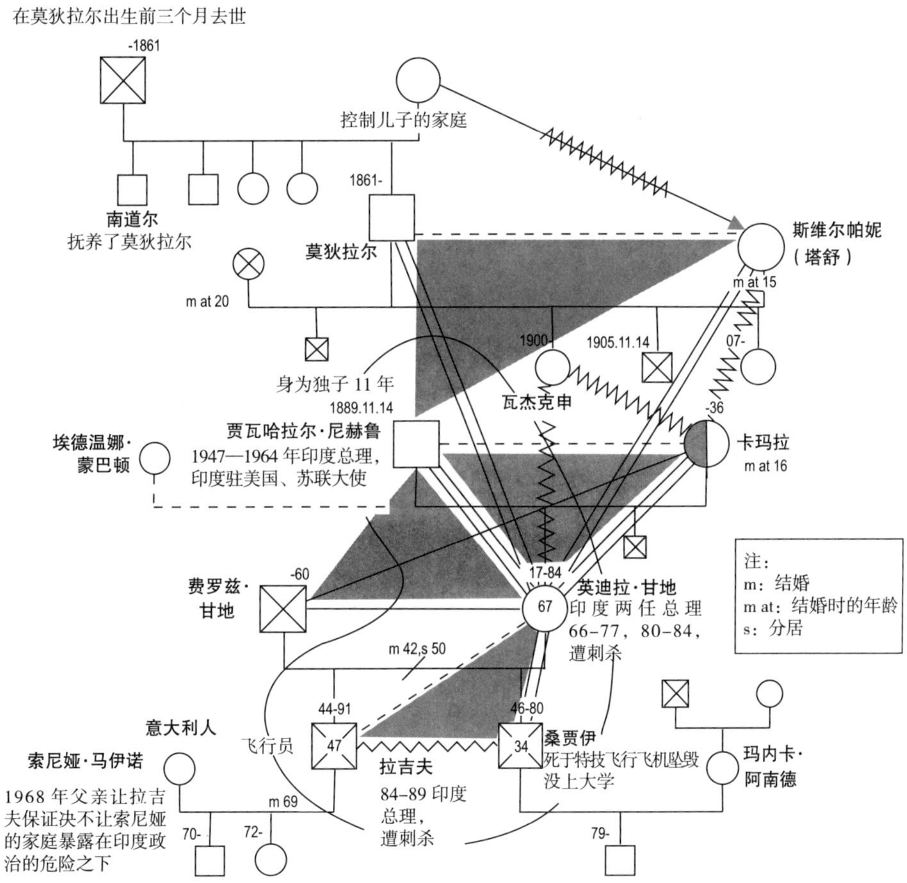

这种三角关系在尼赫鲁和他的女儿英迪拉之间再度上演。英迪拉儿时与母亲非常亲密，而她的母亲并不受尼赫鲁家庭重视，也没有得到过尼赫鲁的保护。卡玛拉（Kamala）教育她的女儿不要相信男人，要自强，要独立。遗憾的是，在英迪拉 11 岁的时候，卡玛拉感染肺结核，并在英迪拉成年之前就离开了人世。之后，英迪拉和尼赫鲁的关系变得紧密，直到尼赫鲁去世。英迪拉嫁给了费罗兹·甘地（Feroze Gandhi）并且育有两子，但因为她的父亲从一开始就不喜欢她的丈夫，所以在两个儿子还小的时候英迪拉便带着他们离开了丈夫，和父亲一起生活。费罗兹实际上一直都非常担忧妻子有朝一日会因她的家族而离开自己。而后，在第三代人中，英迪拉和她的小儿子桑贾伊（Sanjay）关系极其紧密。在小儿子桑贾伊死后，她与大儿子拉吉夫（Rajiv）才变得亲近起来。对所有三代家庭成员来说，夫妻之间的情感都非常淡薄，使得几代家庭成员很容易形成跨代际的三角关系。而且，我们还未涉及那些数之不尽的有关媳妇的三角关系［拉吉夫的意大利妻子索尼娅（Sonia）和桑贾伊的锡克教妻子玛内卡·阿南德（Maneka Anand），她父亲的死甚至与桑贾伊有牵连］；也没有涉及尼赫鲁与埃德温娜·蒙巴顿（Edwina Mountbatten）——英国王室成员，菲利普王子的婶婶——之间长达数年的暧昧关系（见彩图 21）。

图 7.3 埃莉诺·罗斯福（Eleanor Roosevelt）三角关系

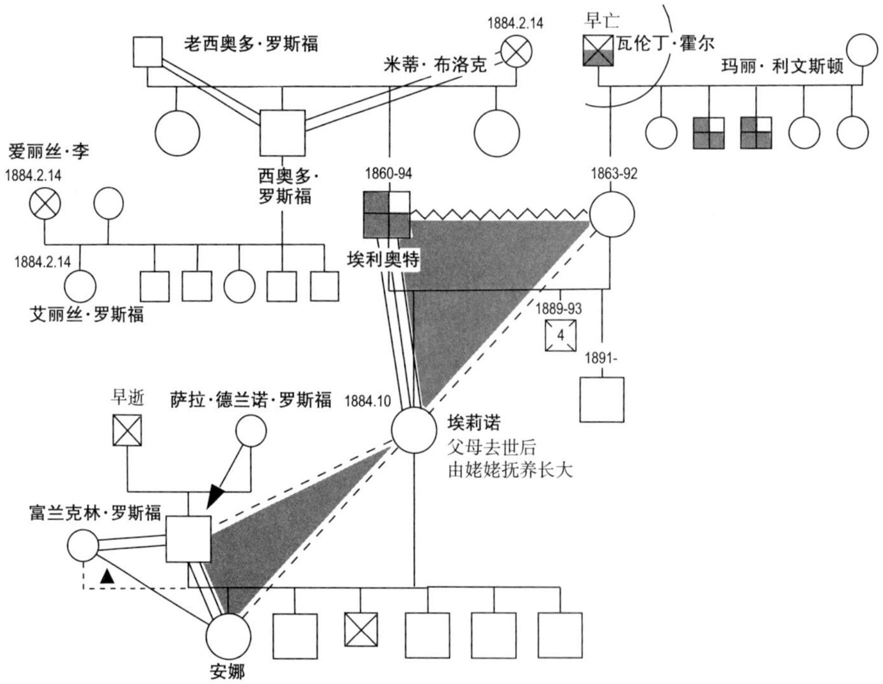

埃莉诺·罗斯福的家谱图展现的则是另一种形态的父母—子女三角关系（见图 7.3）。虽然埃莉诺的双亲在她 11 岁前就已去世，但她一直都铭记着她与父亲之间有着深厚感情，而母亲在她的记忆中既严厉又冷漠。事实上，她的父亲是一个不负责任的酒鬼，她的母亲将丈夫送进精神病院并和他分居。但在埃莉诺眼中，爸爸是英雄，而妈妈是个坏人。在这个三角关系中，埃莉诺站在父亲一边对抗母亲。当父母之间存在严重冲突时，这种情况非常普遍。孩子被夹在父母中间，陷入应该忠实于谁的两难境地。孩子会试图安抚或调解陷入冲突中的父母——孩子在此所处的位置非常不稳定。这种形式的父母—子女三角关系在离婚和再婚的家庭中极为常见（稍后讨论）。这种三角关系在下一代家庭成员，即埃莉诺和她的女儿安娜（Anna）之间再度出现：就像身为长女的埃莉诺一样，安娜更喜欢父亲富兰克林，而认为埃莉诺过于苛刻。在安娜青春期时，母女间的关系非常紧张，这种状态一直持续到她的父亲感染脊髓灰质炎之后才得以改善。埃莉诺感受到女儿安娜对她最大的背叛是在入驻白宫和戴维营时期，安娜背着她去讨好父亲和父亲的女友。幸运的是，在后来的生活中埃莉诺和安娜改变了这种母女间断绝关系的模式，变得非常紧密（McGoldrick，1995）。

常见的夫妻三角关系

夫妻不仅可以和孩子形成三角关系，还可以和其他的人、动物（如家中的宠物狗）或物品（如电视、酒精）等形成三角关系。彩图21的家谱图展现的是一个刚刚开始治疗的家庭。丈夫的生活重心是工作、金融市场和看电视。由于丈夫的矢口否认，直到后来我们才得知他还有酒精依赖问题（酒精被他视作“秘密情人”）。因为丈夫和妻子都予以否认，治疗师直到一年之后才知道丈夫的酗酒问题非常严重。家庭成员主诉的问题是丈夫感到难以与妻子形成真实的情感联结，而妻子表现为虽然需要婚姻关系，但内心却对丈夫怀有强烈的愤怒。双方都在其他地方找到了情感寄托，但彼此间的关系非常脆弱，而且这种情况已经持续多年。夫妻双方均是英国后裔，而且都没有意识到各自从功能不良的原生家庭中习得了强烈的隔绝感。双方都将自己的原生家庭描述为“再正常不过”。妻子将自己的注意力放在照顾孩子和打理家务上，而且与朋友的关系非常要好。孩子虽然十分希望获得父亲的关爱，但丈夫却很少关注孩子。在治疗过程中，这对夫妻通过家谱图开始寻找彼此关系的问题，并且尝试修复家庭中断绝了的情感联系。

彩图21清楚地展示出夫妻双方从原生家庭的模式所做的诸多改变。而且，丈夫开始关注孩子，并将精力从酒精和金融市场上转移出来。妻子和她的哥哥以及哥哥的前妻恢复了联系，并且重拾了以前的爱好——旅行。这些改变并没有彻底解决夫妻之间的冲突，但的确有所改善，丈夫开始能够接近妻子，而妻子也不那么沉浸在自己对丈夫的愤怒之中。这是系统家庭夫妻治疗的典型例子：在系统家庭治疗中，治疗师会评估夫妻在家庭系统中所处于的所有关系，而非仅仅关注于某个给双方造成困扰的特定问题。夫妻双方均通过与其他人或物形成三角关系，来解决彼此之间存在的、让双方都感到难以处理的焦虑，而这种焦虑来自早年在原生家庭中就感受到的、难以解决的问题。去三角化，是系统家庭治疗的重中之重。系统家庭治疗不仅关注夫妻双方之间的关系，还会在更宏观的背景中探讨这个关系对他们与其他人或物的互动造成了什么样的影响。

姻亲关系恐怕是最常见的夫妻三角关系。通常来说，这种三角关系涉及家庭中备受宠爱的儿子、他的母亲以及他的妻子。这种姻亲三角关系有多种表现形式。夫妻可能通过关注婆婆哪里做得不好来转移小两口之间的冲突。或者妻子可能抱怨说都是因为婆婆造成了丈夫身上有某个缺点，而婆婆很可能会抱怨媳妇把自己的“宝贝儿子”拐跑了。丈夫则可能非常享受母亲和妻子为他争吵；他也极有可能无法应付母亲或妻子之中的一方。当然，这种姻亲三角关系也可以发生在夫妻和他们任意的一个家长之间，但是妻子通常在三角关系中承担着主要的角色、卷入得更多，也带有更多的情绪。因此，在这种三角关系中，妻子通常是压力的中心。当然，在某些文化中，比如在亚洲，妻子常常和婆婆生活在一起，而且会受到婆婆的控制，这种情况形成的三角关系会造成极大压力。

另外一种常见的夫妻三角关系是婚外情。显然，婚姻之外的关系会影响到婚姻内部的方方面面，即使婚姻能够持续，这段婚外关系也会成为夫妻间一个主要的焦虑源。外遇能够部分缓解婚姻冲突产生的压力，它为夫妻一方提供了释放压力的途径，抑或外遇能够将夫妻的注意力从潜藏的问题上转移出来。构成三角关系的外遇可以是正在发生的，也可以是过去发生的。比如尤金·奥尼尔的父亲詹姆斯（James）在结婚前曾有过两段恋爱经历（见图 7.1）。第一个女朋友在詹姆斯提出分手时自杀身亡。第二个女朋友妮蒂·沃尔什（Nettie Walsh）声称詹姆斯是其儿子的生父并提起亲子鉴定诉讼。这次诉讼丑闻后来成为贯穿詹姆斯与埃拉（Ella）婚姻整个历程的压力源。

威廉·赖希（Wilhelm Reich），弗洛伊德的追随者，他一生都致力于证明性驱力是推动人类发展的核心动力。他的家谱图（见彩图 22）展示出因外遇三角关系导致的家庭悲剧。威廉发现他的母亲和他的家庭教师有暧昧关系，然后他向父亲告发。父亲前去质问母亲，母亲却以自杀作为回应。也许赖希之后将“所有形式的性行为都是无罪的”这一信条的大力推广，便是企图为自己造成的家庭悲剧做出补偿。不幸的是，在下一代家庭成员中，赖希的儿子在相同的年龄遭遇相似的创伤。FBI 上门要逮捕赖希，儿子被迫说出父亲的去向。赖希被捕入狱，没过多久便不幸去世。

三角关系还可以围绕除人物之外的事物形成。夫妻可能将自己的精力投注于家庭以外的领域，投注对象可以是工作、爱好、酒精、宠物、网络，等等，但投入的情感都是相同的。常见的情况是，丈夫与工作、酒精或者网络关系越紧密，妻子对丈夫以及丈夫的“情感”投注对象的感觉就会越差。妻子对丈夫的感觉不好，就会进一步将丈夫推向构成三角关系的那个事物。当存在这种情况时，我们可以从家谱图中发现端倪。彼得·方达非常依恋他的宠物狗，特别是在母亲自杀之后，他感到非常孤独，因为父亲离家在外，他必须和外祖母住在一起。但是，他的外祖母非常讨厌那只狗，有一天趁彼得不在家给小狗执行了安乐死（见图 7.4）。而为此彼得一直都没有原谅外祖母。

图 7.4 彼得·方达与宠物狗和外祖母构成的三角关系

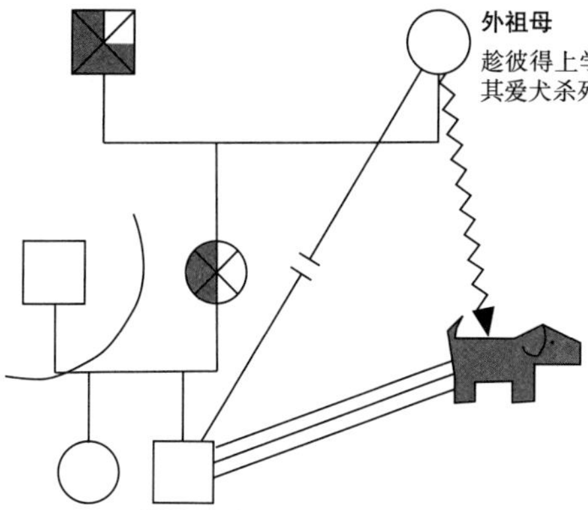

毫无疑问，这个三角关系反映出家庭中真实存在的、外祖母无法应对的其他三角关系。宠物狗成了替罪羊，成为外祖母遭遇丧女不幸后疏泄情绪的对象：外祖母面对女儿的精神疾病和自杀，需要独自（被她死去的酒鬼丈夫和亨利·方达抛弃）处理女儿的后事和抚养孩子，还要照顾另一个酗酒的女婿。与其他宠物一样，这只狗很可能对家庭中暗藏的压力有所察觉而显得焦躁不安，而这对于外祖母来说可谓雪上加霜。可见，三角关系能够让多种压力作用于某一个节点并对家庭中的各方产生交互式的影响。

离婚和再婚家庭中的三角关系

如果家谱图中存在分居或离异，我们可以预见其中很有可能暗含着某些特定的关系模式。比如，孩子会理想化那个不在身边的家长，同时怪罪于那个抚养他的家长，正如埃莉诺·罗斯福那样（见图 7.3）。子女们被夹在交战的父母中间，一些支持父亲，另一些支持母亲。而长辈通常会鼓动自己的子女对抗冲突的另一方。

如果家长再婚，我们还需要探讨另一类特定的三角关系（McGoldrick & Carter,

2005b)。这类三角关系在再婚家庭的家谱图中非常容易被标定出来，原因之一在于，此类三角关系常源自家庭结构，而非参与者的人格特征。这使得这类三角关系相当容易预测。孩子们基本上从未对失去某个家长有所准备，不论是因为死亡还是离异。父母无法被替代，而且没有哪一个家长是无关紧要的，不论他或她去世或消失多少年，因此造成的影响都不会消失。因此，再婚家庭中的自己人—外来人结构模式在这种情况下非常普遍，而且很容易造成三角关系。孩子们对新的继父、继母做何反应由多种因素决定，包括孩子的性别以及离异发生时孩子所处的生命周期阶段（McGoldrick & Carter，2005b），然而某些三角关系是难以避免的。比如，亨利·方达在前妻自杀后与苏珊·布兰查德（Susan Blanchard）再婚（见彩图 4），10 岁的彼得和 13 岁的简对此表现出的反应就截然不同。彼得仍然非常需要一个母亲，而简已进入青春期，因此她可能会更加排斥继母。4 年后亨利·方达再次分居，这时彼得 14 岁，简 17 岁并已开始上大学。彼得在得知可能会失去第二位妈妈时显得非常伤心；而父亲亨利却认为如果彼得去看望他的继母，这会显得彼得对爸爸和爸爸的新娘很不在乎。彼得反驳道，他不会和苏珊断绝关系，无论何时只要自己想去就会去看望她（Fonda，1998，p.84）。我们可以很直观地观察到变动中的离婚家庭结构如何建构出相互牵连的三角关系（见图 7.5）。

图 7.5 方达（Fonda）家庭中的离异和再婚三角关系（1955 年）

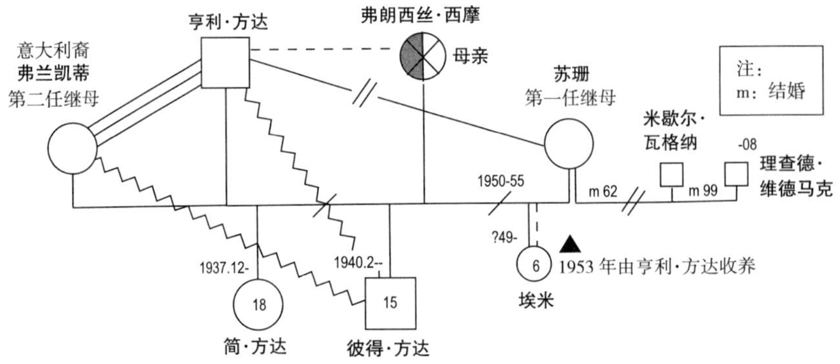

图 7.6 中的家谱图展示了再婚家庭中可能出现的各种三角关系。子女、他们的生父以及与孩子们合不来的继母可构成一种常见的三角关系。继母从来都难以取代生母的地位，子女几乎都是和亲生父母组成联盟，而不是继父母。当然除了彼得·方达那种情况外，他失去母亲的时候还很幼小，急需情感上的联结。在再婚家庭中，对于身为监护人的父亲来说，新婚妻子可以给他在前段婚姻中的丧失带来新的希望；但对于孩子来说，继母是个威胁，她可能会把剩下的这个家长也抢走。

再婚家庭中通常存在几种不同的三角关系。一种由子女、生父和继母构成——

子女和父亲的新妻子（“邪恶”的继母）相互充满敌意。继母通常会担心丈夫较多关注他原来的孩子而冷落了自己，而丈夫则会陷入忠于妻子还是忠于孩子的矛盾境地。这种情况对他来说是一个不稳定的三角关系，因为与争斗中的双方都保持亲密关系实在困难。他的挣扎会在这一结构中展现无遗。但是这种结构同时也暗含了解决之道：父亲必须把他的精力首先放在加强与子女的情感联系上，由此新的婚姻才能跟随着他对子女的这种先期承诺推进发展。

图 7.6 离异和再婚家庭中典型三角关系家谱图

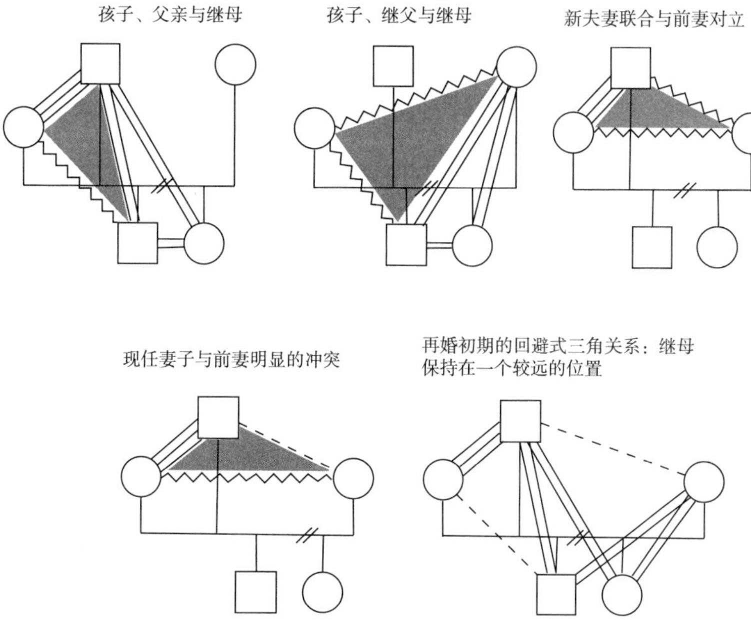

第二种三角关系通常与前一种有关，由子女、继母和生母构成。子女会对妄图取代亲生母亲的继母心生怨恨。新妻子在家庭里会感到不被接纳，而前妻则会感受到新妻子对自己造成的威胁。在这种三角关系中，生母与继母之间毫无征兆地爆发冲突并不少见。与此有关的另一个三角关系，涉及丈夫、前妻和现任妻子，这确实非常普遍。新夫妻与前妻之间存在张力，而前妻处在家庭之外。由此可能产生两种三角关系。要么是新的夫妻团结起来对抗前任，将她视为造成所有问题的罪魁祸首；或者是现任妻子和前妻公开发生冲突，而丈夫在背后鼓动现任妻子替他出气。

当然，三角关系也可能发生在生母、子女和继父之间。但是，因为我们的文化对母性的要求比对父性高得多，所以一般继母是最难的家庭角色（McGoldrick & Carter，2005b）。

这种结构像其他情况一样，也暗示出解决的方法：继父母需尽量避免企图去占据子女生活的中心位置，因为这样做会造成孩子对父母忠诚上的冲突。继父母应站在距离子女较远的位置上，逐渐培养与孩子的关系，渐渐地替代孩子们的生父或生母，就像图 7.6 中最后一个家谱图那样。要想保持这种关系上的平衡状态，还有一点要求就是离异的父母应保持合作的状态，这样孩子们就可以不受干扰地保有对父母的忠诚感——但显然这对许多家庭来说绝非易事！

尤金·奥尼尔的家谱图展现了再婚家庭中这类三角关系的后果（McGoldrick, 1995）。不论是第一次婚姻还是第二次婚姻，尤金·奥尼尔在离婚后与子女的关系都不好（见图 7.7）。奥尼尔和他的第二任太太阿格尼丝（Agnes）分开时，他们最小的孩子奥娜（Oona）只有 3 岁。因为婚姻破裂、太过悲伤，他不仅和妻子阿格尼丝断绝了来往，还与孩子断绝了关系，甚至不愿提起她们的名字。他对自己需要支付给她们“高昂”的赡养费愤愤不平，阿格尼丝则非常嫉妒尤金的第三任妻子卡洛塔（Carlotta）。当奥娜长大成人与查理·卓别林结婚后，奥尼尔就拒绝再与她有任何联系。这也可能是受到其他相关的三角关系影响。阿格尼丝自己似乎和卓别林有性关系，而卓别林又和卡洛塔是非常要好的朋友（Gelb & Gelb, 1987）。总之，三角关系在再婚家庭中会迅速增多！

图 7.7 尤金·奥尼尔（Eugene O’Neill）的再婚三角关系

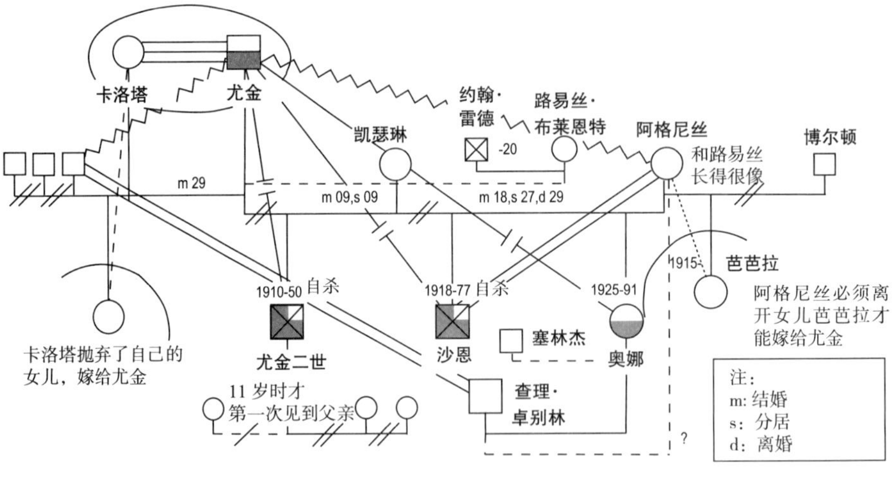

最后值得一提的是，再婚家庭中的姻亲常常不能保持中立。例如，丈夫的妈妈和新婚妻子之间可能关系非常紧张。因此，祖父母一辈常常会被卷入再婚家庭的三角关系中，使关系变得更加紧张。他们会与自己已成年的子女结盟，尤其在针对前任配偶时，因为往往他们会认为前任配偶是造成离异的罪魁祸首。

寄养或领养家庭中的三角关系

父母 / 子女三角关系非常普遍，尤其当家庭中有一个或多个寄养或领养孩子的时候。父母之间的紧张关系——可能源于双方无法生育——会呈现在领养孩子之前。这可能会促使父母以激烈的消极态度看待孩子，把孩子当作外人对待，利用孩子将家庭的注意力从某些问题上转移开来。

领养或寄养家庭在很多方面与再婚家庭非常相似，因为他们都牵涉两个家庭：抚养孩子的家庭和生育孩子的家庭。不论领养家庭是否知道孩子的亲生父母是谁，这种情况都会出现，因为人们可以像与真实的人物一样与某段记忆或某种想象形成三角关系。比如，图 7.8 中展现的就是一些相互关联的三角关系。这个家庭从另外两个家庭那里分别领养了一个男孩。当大儿子布拉德（Brad）自己成为父亲之后，他决定和自己的亲生父母恢复联系。布拉德的生母在他上大学的时候曾和他有过联络，但因为养父母对此感到非常伤心和失望，布拉德就不再与生母见面。7 年后，当他自己的儿子出生后，布拉德改变了主意。最近他还去看望他的生父和同父异母的妹妹。但养父母又一次为此非常愤怒，认为布拉德与亲生父母的联系是对他们养育之恩的背叛。这激活了一个涉及布拉德和鲍勃（Bob）的三角关系。在这个三角关系中，布拉德是一个“坏哥哥”，而鲍勃是一个“好弟弟”，因为鲍勃从来没有想过去联系他的亲生家庭。

图 7.8 被领养子女与生父母和养父母构成的三角关系

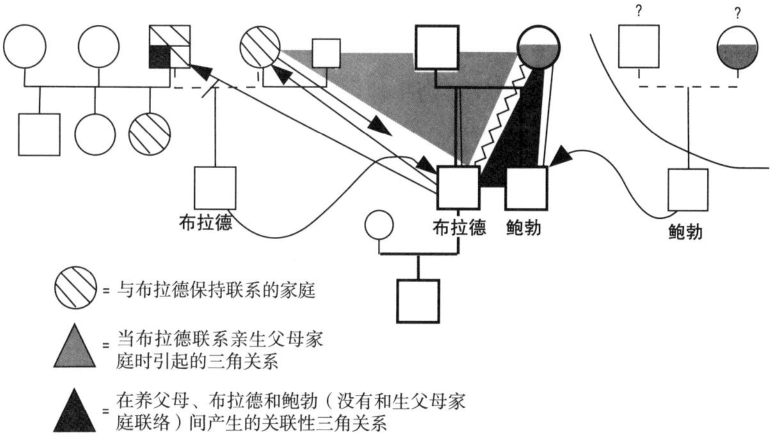

任何一个被领养的孩子都会幻想自己的亲生父母更爱自己，更慷慨大方，等等。养父母也会参与这类幻想出来的三角关系，抱怨那些并不存在的亲生父母造成

了自己与养子养女相处中的困难（如不良基因）。如果家庭中还有亲生子女，那么领养/寄养子女与亲生子女之间存在三角关系也非常的常见。

跨代际三角关系

如前文提到的，三角关系可能涉及多个代际。最常见的三代三角关系可能是祖父母与孙辈联合对抗父母。如果在家谱图中存在这种三角关系，那么便预示着父母在三角关系中对于祖孙联盟来说已经成为不具任何影响力的外人。就像比尔·克林顿的家庭（见彩图 15）一样，如果家庭中缺少父母中的一方，而另一方——通常是母亲——与祖父母生活在一起，那么这种跨代际三角关系就很容易出现。由于祖父母承担了抚养子女的责任或因祖孙联合对抗母亲，通常母亲在家庭中会变得势单力薄。

家庭外的关系

家庭成员之间关系的紧张程度会受到家庭与外部环境之关系的影响；家庭系统越封闭，与外界关系越薄弱，系统内的关系就会越紧张。因此，如果在家谱图上发现家庭中存在融合性的关系模式或紧张的三角关系，那么我们就有必要研究一下这个家庭与外部世界的界限如何。比如，尤金·奥尼尔和第三任妻子卡洛塔的融合程度跟他们与子女、原生家庭以及外部世界所有的人和物的断绝在程度上是相等同的（见图 7.7）。

勃朗特（Brontë）家庭内（见彩图 23）发展出一种不断重复的“融合—断绝”式的关系模式，这可能都是源于丧失而造成的结果。夏洛特（Charlotte）是这个家庭所有的子女中唯一一个与外部世界保持联系的个体。其余 3 个孩子成年后在 9 个月内相继去世，一个接着一个，就好像他们之间紧密的融合使得他们不能失去任何一个同胞而独自生活下去。先是酗酒和毒品成瘾的大儿子在家中悲惨地死去。自他下葬的那一天起，二妹艾米莉（Emily）就再也没迈出过家门一步，不久后也去世了。最小的妹妹安娜（Anna）不久也紧随姐姐离开了人世。这样的一张家谱图引发了有关“这个家庭牢固的界限从何而来”等诸多疑问。除夏洛特之外的所有子女都从没有离开过家庭，哪怕只是一小会儿的时间。只要他们走出家门就会生病。夭折的那两个姐妹小时候第一次离家期间便感染了致命的疾病，并且在短时间内相继去世。当夏洛特第一次告诉父亲她想结婚时，父亲变得怒不可遏，并且解雇了他的助理牧师，即夏洛特的未婚夫。后来虽然父亲同意他们结合，但条件是他们必须保证永远不会离开他（McGoldrick，1995）。但当夏洛特真正结婚并怀孕之后，她和她一生的监护人塔比（Tabby）在两周之内相继离世。

跨越时间的三角关系

追溯家庭的三角关系可以帮助我们更好地理解这个家庭的发展过程。以这一代的英国王室为例（见图 7.9），显然，查尔斯（Charles）王子儿时与母亲的关系非常亲密。后来，他遇到了卡米拉（Camilla），一个大他两岁的成熟女性。据传，卡米拉对查尔斯王子说："我的曾曾祖母是你曾曾祖父（爱德华七世）的情人。你对这事怎么看？"查尔斯王子的母亲显然非常不支持这段关系，而且在那个时候，查尔斯王子还不想疏远和母亲的关系，为此他放弃了卡米拉。16 年后查尔斯王子 29 岁时，他遇到了新的希望——戴安娜，戴安娜当时只有 16 岁，而且是查尔斯王子约会过的女朋友的妹妹。女王看好查尔斯和戴安娜的关系，两个恋人结婚了。但从结婚之后，戴安娜就变得不开心，出现抑郁和贪食的症状。她的梦想没有成真。查尔斯王子也同样不开心，他向母亲求助，但是他的母亲不但没有帮到什么，而且传递出这样的信息：你处理不好自己的事情让我很失望。面对这些，查尔斯王子对自己的婚姻失望透顶。同时，戴安娜开始接受治疗，但她的治疗师告诉她，她无法摆脱这个非常复杂的家庭和处境。后来，查尔斯与卡米拉开始重新交往。与此同时，戴安娜的情况也开始好转，她又活跃起来：传出绯闻、出入交际圈、投入慈善事业并频繁地在媒体上亮相。

不久之后，整个世界都被卷入他们的关系之中，而且大多数人都站在了戴安娜一边。随后戴安娜与他的情人越来越亲密，之后一同不幸离世，她的那个负性的三角关系就此画上了句号（过早辞世的人通常会被美化，这是极其常见的）。最终，查尔斯王子又花了 8 年的时间才与那个他爱慕了 30 年的女人卡米拉走到一起；显然，他已经不在意母亲是否反对了。

如果我们转回头看看这个王室家庭前几代成员之间的三角关系，会发现还有其他的三角关系也持续了相当长的时间才结束。维多利亚女王，即查尔斯王子的曾曾曾祖母，从结婚开始直到她的母亲去世，母女二人都形同陌路。而查尔斯王子的母亲与她的叔父断绝往来长达 30 年之久，这缘于她的叔父为了与一位离异的女性结婚而选择放弃王位。可见，一个家庭中的三角关系常常会持续很长时间，即使参与者可能已经有了很大改变。这类三角关系在王室中已有很长的历史，在查尔斯王子的第二段婚姻及其子女身上将会发生什么，或在其他类似情况的家庭中又会发生什么，只能有待时间去发现了。

实际上，追溯到维多利亚女王那一代，在每一代王位继承人中我们都能发现相同的家庭模式（见彩图 24）。维多利亚以她的高标准和严要求而著称，并且"维

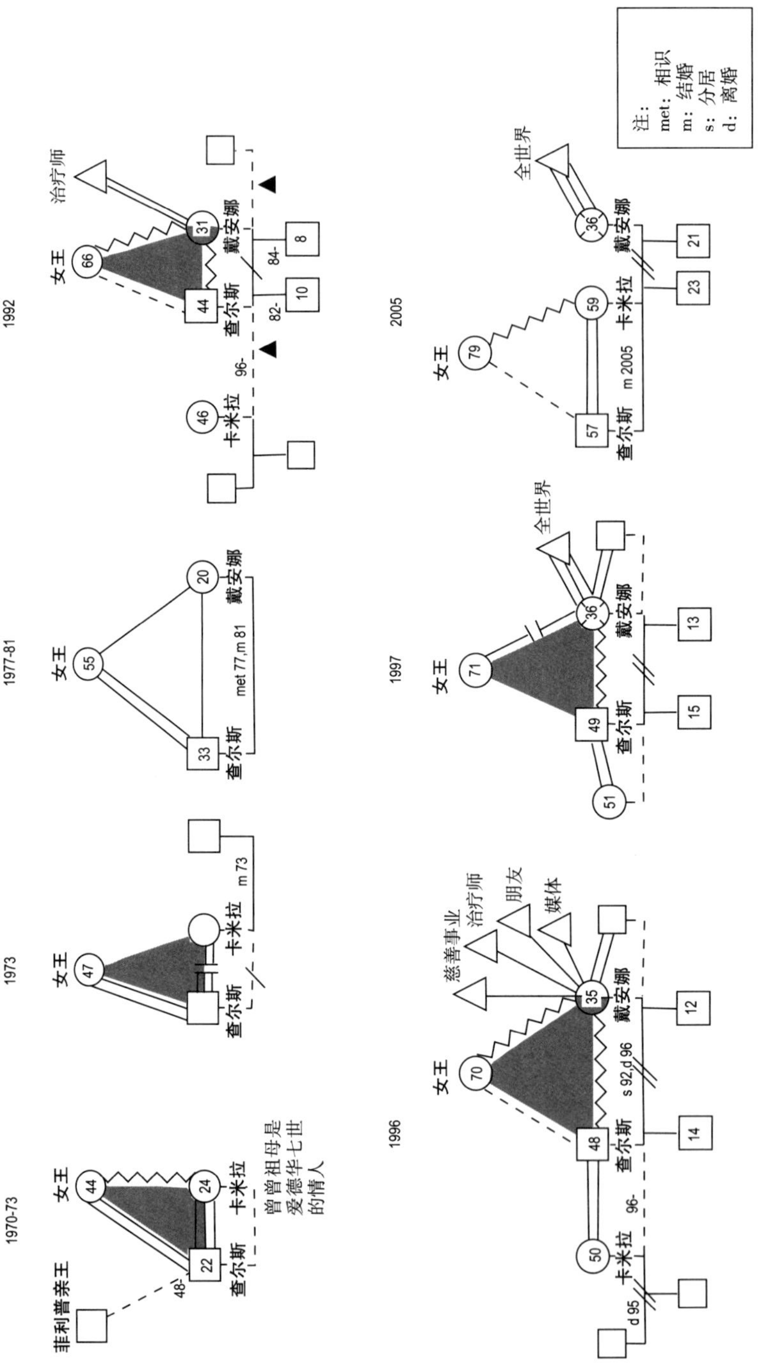

图 7.9 英国王室的三角关系

多利亚式”已成为这些高标准的代名词。她的大儿子阿尔伯特·爱德华（Albert Edward），从小就以热爱乡野生活闻名于世，直到50多岁才继承王位。爱德华的大儿子也是从小就过着放纵行乐的生活，25岁就英年早逝。但很多人认为这对他来说是幸运的，因为他一定无法忍受王室生活的循规蹈矩。因此王位由保守而拘谨的弟弟乔治五世继承。幸好，乔治从没有爱上过离异的女性。乔治国王的大儿子又是一位对婚姻极其任性的人，为了和已离异两次的沃利斯·辛普森（Wallis Simpson）在一起，他甚至放弃了王位继承权。保守的乔治六世取代乔治五世成为国王，但之后便因忙于政务而鲜有机会和家人共处。可以看到，每一代王室成员都有一个非常重要的三角关系，不论是好儿子还是坏儿子，好父母还是坏父母，戴安娜与查尔斯之间的三角关系只是历史长河中的沧海一粟。

GENOGRAMS

第 8 章 追踪个体与家庭的生命周期

临床评估要求我们在收集家谱图信息的过程中关注个体与家庭的生命周期（life cycle）发展阶段（McGoldrick & Carter，2005a）。在绘制家谱图时，我们依据时间的推进与时代的发展来描述家庭。由于生活中的各种人际关系都在不断变化，人们需要时常修订对自我的定义。家谱图能够记录不同个体的发展轨迹，因此它可以帮助我们追溯个人的生活发展历程。家谱图可在极大的广度和深度上呈现个人与家庭的发展史，这一得力工具大大降低了追溯与评估人类发展历程的难度。家谱图和家庭大事年表都是从生命周期的视角来对家庭进行评估，沿着时间的展开去追踪家庭世世代代从出生到去世的发展历程（参见参考文献“家庭生命周期”部分）。家庭的发展就像一首交响曲，每一个音符存在的意义都依托于它本身的韵律以及它和其他音符间的和谐关系，此外，家庭交响乐中还蕴含着对过去美妙旋律的回忆和对尚待谱写之曲的期盼。家谱图可以使家庭生命周期更加清晰地显现出来，进而让我们能够对家庭的情况有更深入的解读。无论是生命周期中不同阶段出现的典型模式，还是“意外事件”发生后随之而来的可预知的问题，都非常有助于我们了解家庭的发展变化过程。

埃瑞克·埃里克森（Erik Erikson）的生命周期

著名的心理发展理论家埃瑞克·埃里克森的家谱图是一个很好的例子，让我们可以领会家谱图作为一种有效工具对于以生命周期的视角去理解个体心理状态具有重大价值。尽管埃瑞克·埃里克森终其一生钻研身份认同（自我同一性）的概念，可他从来没有机会去了解自己的身份。他曾和其他研究人员一起致力于探寻他父亲的身份认同，可是同时却对发掘事实真相有所保留。并且后来，他创造了自己的姓氏“Erikson”，似乎寓意为“埃瑞克（Erik），我的儿子（son）”。很多人说他改换姓氏是为了隐藏自己的犹太血统以及与德国有关的成长背景（他在德国出生长大）。

此外，新的姓氏也强调着自己与素未谋面的、带有北欧血统的父亲以及那从未经历过的北欧文化传统。

埃里克森的毕生心理发展理论受到广泛的推崇，但这一理论本身似乎也可以反映出埃里克森家庭的某些缺陷与特殊之处，以及他在生命周期中经历的种种不同的文化环境（Carter & McGoldrick，2005；Friedman，1999）。埃里克森提出的人类心理发展理论包含 8 个阶段，每个阶段都有对应的发展良好与功能失调状态：

1. **婴儿前期**：信任对不信任
2. **幼年早期**：自主对羞怯、疑虑
3. **幼儿时期**：主动对内疚、罪恶
4. **儿童时期**：勤奋对自卑
5. **青春期**：自我同一对角色混乱（指家庭以外的自我身份认同）
6. **成年早期**：形成亲密关系对隔离
7. **中年期**：繁衍对停滞
8. **中老年期**：自我完善、整合对失望

在埃里克森的理论中，第一阶段主要关注人际关系层面，母亲与孩子之间的信任与不信任，之后的各阶段直到成年早期都全部关注自我管理能力而非人际关系或与家庭成员间的交流。但实际上，如果人们在生命的前 20 年仅仅关注自主性、自律性、勤奋和自我身份认同，那么成年期的“亲密关系”将很难达成。另外，在健康发展中那些被称为消极观念的内容，如羞耻、怀疑、罪恶感、自卑以及身份认同扩散——事实上对于发展健康的亲密关系来说是必要的。对于“亲密关系”，我们需要认识到：

- 我们并不是全知全能的［因而才能形成健康的依恋（依赖）并带有自卑感］。
- 我们有时会犯错误（导致羞耻和内疚，促使我们想要改变自己的不良行为）。
- 我们需要为自己的观点和行为留下怀疑的空间，以便向他人学习。
- 我们需要对自己、家人和他人的身份有一种共生式的、相互对照式的认识，而并不是脱离他人独立存在。

很多人批评埃里克森的理论仅适用于男性，但即使对男性来说，埃里克森理论中的各个阶段也与亲密感互不相容。如果一个人将成长精力主要集中在达成自我发展的成就上，那么实际上他很难形成有助于建立成熟亲密关系和互依性的人际关系所必需的人际技巧。

埃里克森的家谱图（见彩图 25）也许可以帮助我们更深入地了解他提出的心理图式的局限性。埃里克森曾说，人生中最初两年的主要任务是与母亲发展信任关系。埃里克森的母亲卡拉·亚伯拉罕松（Karla Abrahamson）是一位丹麦籍犹太人，据说她在兄弟们举办聚会上醉酒，并怀上了埃里克森。她当时要么是睡着了，要么是烂醉如泥，以至于不知道自己和谁发生了关系（Friedman，1999）。在去德国的旅途中她发现自己怀了孕。她的父亲为了避免这桩丑闻让家族蒙羞，要求卡拉留在德国不得返回丹麦。随后，家人又迫使她留在那里抚养孩子。埃里克森的妈妈是否知道谁是孩子的父亲这件事尚不清楚。卡拉从来没有告诉过儿子他真正的生父是谁，因此埃里克森终生都被这个疑团所困。埃里克森的女儿后来写道：

> 我爸爸从来不知道……他的生父究竟是谁。在我看来，最悲伤的事情是他的妈妈一直都拒绝告诉他这个重要人物的身份。她的解释是，在我父亲 3 岁时她曾向她嫁给的那个男人保证过，她永远都不会泄露这个信息。但是她的解释反映出她更在乎其他人的想法而不顾我父亲想了解事实的迫切需求。（Erikson Boland，1999，p.56−57）

1905 年，在埃里克森 3 岁生日那天，母亲嫁给了一位德国裔犹太人，儿科医生西奥多·洪布格尔（Theodor Homburger），卡拉却因此被家族扫地出门。这是又一次不顾及儿子身份认同需求的举动（见彩图 26）。洪布格尔只要求卡拉答应他一件事：告诉埃里克森他就是亲生父亲，但实际上埃里克森从未相信过这一点。埃里克森后来表示，“（我）一直感觉得到……对自己身份的怀疑……，在我的童年里……我坚信自己是来自另一个家庭的人”（Friedman，1999，p.33）。洪布格尔用了整整 5 年时间才完成收养埃里克森的所有法律手续，这个行为也体现出他在承担父子关系上的矛盾情绪。埃里克森童年最好的朋友彼得·布洛斯（Peter Blos）表示，“被收养是埃里克森存在感的核心主题”（Friedman，1999，p.28）。继父和母亲带着埃里克森一起去度蜜月，在这个过程中，埃里克森制作了一幅关于他自己、母亲还有洪布格尔的木版画，画中的他显得痛苦且孤独，而身后则是父母拥抱的场景。显然，他对继父抢走母亲闷闷不乐。因此，埃里克森的毕生发展理论就顺理成章地着力于自主性、独立性等方面，而非人与人之间的相互依赖。正如木刻画中所展示的，在没有任何家庭支持的情况下，埃里克森的母亲被迫承担起单亲家长的重担独立生活；埃里克森不得不接受母亲因继父的存在而疏远自己的事实，以至于他也必须在童年早期就被迫自立。因此，在童年余下的日子里，埃里克森作为一个继子专注于自律性、主导性和上进心方面的发展，特别是这个再婚家庭在若干年后又为他带来了 3 个同父异母的妹妹。

埃里克森在童年时期（见彩图26）与母亲保持着紧密的关系，但却未与小自己7岁和10岁的妹妹产生任何特别的感情（与他年纪最接近的妹妹在2岁时夭折）。家里要求家庭成员都讲德语，埃里克森为此感到终生遗憾，因为他为此忘记了怎么说丹麦语。长大以后，就父亲身份的问题他反复询问母亲，母亲最终承认洪布格尔并非他的亲生父亲。埃里克森14岁的时候，母亲告诉埃里克森他是自己与第一任丈夫生的孩子，但埃里克森认为这仍不是事实。埃里克森与朋友彼得·布洛斯不停地讨论他所认为的亲生父亲该应有的特质。在埃里克森的一生中，母亲曾告诉他各种版本的故事，但却从未讲述过真相。对于寻亲，艾里克森说："既然父亲遗弃了我，这证明他并没有那么在意我……那我现在为什么还要费尽心机地去找他呢？"（Friedman，1999，p.39）尽管害怕知道事情的真相，但埃里克森仍然遏制不了内心的疑惑。

在之后的人生道路上，埃里克森似乎重复了母亲和继父强加于他的这种保守秘密的状态。在他的理论中，"繁衍"阶段发生在"抚养子女"阶段之前，然而在他人看来，后者才是最具再生力的任务。1944年，埃里克森和妻子琼（Joan）在他们生活最艰难的时期提出了这部分理论，当时他们的第四个孩子尼尔（Neil）刚刚降生，而这个孩子先天患有唐氏综合征（见彩图27）。

埃瑞克和妻子琼·埃里克森商定，保守存在第四个孩子的秘密。尼尔被送到一个寄养机构直至21岁去世，在此期间他们一直都告诉其他人尼尔已经死了。他们很少去探望他，甚至尼尔的葬礼也未曾参加，而是交给其他孩子去操办。

人们不禁会好奇，这个可怕的家秘史对埃里克森夫妇有何影响，使他们对生命周期有了自己的认识，特别是他们在描述繁衍概念的时候并不是指生命周期中的生育阶段而是中年阶段。他们把尼尔当作"一个生物学上的失败"，甚至希望他从未出生过（Friedman，1999，p.22）。这个悲剧故事不仅反映出他们个人在处理家史事实上的失败，在某种程度上也反映出我们的社会对成功者强加的压力。这种情况导致育有残疾儿童的家庭感到被忽视、隔离、被抛弃，甚至可能因为惧怕面对压力而以谎言去维护家庭的健康形象。埃里克森家庭的悲惨故事揭示了在面对社会压力时，家庭可能会用谎言去歪曲他们的真实生活，特别是当他们有悖于当时社会的文化背景或世俗眼光时更是如此。这些故事必然导致我们对埃里克森标榜的"正常发展"理论提出质疑，毕竟那些年他一直生活在谎言中，一边是尽力假扮完美的五口之家，另一边却秘密地驱逐了第六个与整个家庭看上去格格不入的孩子。埃里克森是一位理论领袖，他所提出的关于儿童的理论和人类毕生发展的观点仍然被广泛地传授着。他的理论的局限性反而凸显出评估家庭生命周期的价值，特别是追寻"家庭秘密"的重要性。秘密可能会扭曲一个家庭几代人的生命历程，并且导致外显的家庭形象与内在的现实家庭关系错位失衡。

家谱图可以非常有效地跟踪家庭历史中某些特定的关键点。在不久的将来，家谱图软件将可以帮助我们根据生命周期的阶段跟踪家庭的发展，记录某个时刻具体的情景，帮助我们对这些关键点形成更深入的理解，比如埃里克森的出生时间、他母亲的再婚时间或是儿子尼尔的出生时间。

例如，我们并不知道卡拉怀上埃瑞克时她的家庭状况如何，尽管当时发生的事情都很有意义。是不是她的家庭正承受着一定的压力，导致他们在她怀孕的时候没有为她和她的孩子提供支持，而是将她逐出家门？到底是什么让她把自己灌醉，年纪轻轻就怀上孩子？卡拉的母亲在她 15 岁时去世，而她的父亲和哥哥们并不在乎她，他们把她丢给上了年纪的姑姑们。卡拉的父亲在她 21 岁时去世，正是在她刚刚结婚并享受蜜月的时候，却祸从天降痛失亲人。她的哥哥阿克塞尔（Axel）不得不到罗马去接她回家，而阿克塞尔本人也不得不放弃他正在学习的法律专业，转而子承父业。由此可以看出，这个家庭表面上看似成功，却暗流涌动着许多情感上的焦虑。如果卡拉的确是在哥哥们举行的聚会上怀孕，那么哥哥们是否与此也有所牵连？他们是不是间接地造成了这个“意外”，然后又指责她让家族蒙羞？

卡拉的父母因何去世？他们的离去对卡拉和哥哥们有何影响？哥哥们是否因某些因素而感到社会地位受到威胁，而实际上压力并非全部来自妹妹的未婚先孕？还是以当时社会的典型模式，他们站在男性性别的优越地位上欺凌她？到底是三个未婚姑姑决定掏钱让她远离家庭视线，还是哥哥们做出的这个决定？是不是他们承受的压力让他们直到若干年后还始终不能接纳她，甚至孩子已经出生也宁可让她独自一人在异乡生活。关于再婚这一关键点（见彩图 26），我们可以了解到埃里克森早在 3 岁时就已经意识到洪布格尔不是他的亲生父亲。

如果我们继续观察 1944 年对尼尔事件保密的这个决定，我们可以想象，是由于曾经经历的悲惨与苦难，让这对已育有一个孩子的移民夫妇做出了保守尼尔存在的秘密这个重大的决定。正在持续的第二次世界大战和埃里克森拥有一半犹太血统的移民身份也可能是他们做此决定的诱因。家谱图可以凸显出家庭在某一历史时刻所承受的压力，了解当时谁在家中生活，年纪几何，进而我们可以围绕时间关键点跟踪家庭历史的细节。

有趣的是，埃里克森的女儿苏（Sue）一生都在她与父亲的亲密关系中挣扎着，她最终总结道，成熟发展要求一个人必须具备“有效的人际互动”，你需要的是“他人能够接受你的身份”（Erikson Boland，1999，p.61）。她指出，生活中的羞怯、疑虑、内疚、自卑感和角色混乱等都会导致成长发展的失败。她说母亲曾告诉她，埃里克森夫妻二人都曾因顾及声誉而不敢向外界求助。埃里克森的理论成就使他无法承认自身的不足，也不能在需要帮助的时候敞开心扉。苏说道：

> 当你力图树立某种与个人经验相悖的公众形象时，重要的方式就是羞愧的逆向表现——自我欺骗，这种感觉在羞愧与骄傲两种情感的对比中油然而生。我想我父亲一定很难过，因为在家庭关系中他无法达到内心设想的形象。……我渴望与父亲亲近，但却被他长期的对自我缺陷的回避而阻碍，这种抵触感来自他自幼就养成的逃避羞愧与沮丧的防御方式。（Erikson Boland，1999，p.61）

她以父亲为例，清楚地阐明了健康的人际交往能力对亲密感是多么的重要——知道自己并非全知全能的（自卑感），知道自己也会犯错（内疚），对自己的思想和行为存疑，在家庭以及与他人的关系中获得身份认同，而非远离他们。相反，埃里克森的母亲——卡拉，被迫完全依靠自己生存，埃里克森也同样被迫在这种缺乏正常发展资源的环境中长大。

通过埃里克森的家庭我们可以看到，家谱图能够将富有争议的生命周期关键点凸显出来，从而帮助我们理解未来家庭的发展方式。家谱图还可以帮助我们追踪家庭模式，观察人们在家庭生命周期中的阶段性变化。通过图中呈现的各种家庭结构，我们可以发现不同的三角关系，并将之关联到每一阶段的生活事件。

家庭在发展进程中贯穿着一系列的人生里程碑、变动或成长关键点，它们包括：与原生家庭分离、确定伴侣、生育、抚养、送走子女与退休。在生命周期的每个关键点上，家庭需要对自身的状态有清晰的认识，才能顺利地步入下一个阶段。有些家庭很难应对这些家庭生命周期的变更，尤其是对家庭中的那些难以适应新环境的个体或在变更时刻顽固不化的个体。抛开主诉的症状，治疗师应反复评估整个家庭是否在适应生命周期的变更上存在困难。从家谱图中记录的年龄和日期可以看出家庭正面临怎样的生命周期变更，治疗师应判断这些生命周期是否在正常的轨道中发生发展。家庭生命周期的每个阶段，如一些变化发生的关键时间点或家庭成员的年龄段等，通常都有一个相对普遍的正常的发展轨道。虽然这些所谓的“正常”或“常态化”的发展轨道也在随着社会大环境的变化而不断改变，但是一旦发生的事件超出了正常范围或预值范围，治疗师就要考虑这个家庭所出现的问题是否与生命周期变更有关。

因此，在家谱图中浏览那些年龄上与正常生命周期阶段相差甚大的家庭成员是非常重要的。家谱图中标注的日期，如出生、死亡、离家、婚配、分离和离异对于评估家庭是否处于“正常”范围非常有帮助。例如，当家庭中没有一个孩子在40岁前离家或初婚，这个家庭就可能在离家和建立亲密关系方面存在问题。抑或，我们会对27岁的丈夫与47岁的妻子婚配事件提出疑问，他们如何相识，这样的婚配又是如何融入原生家庭或社区等不同的模式当中的？一位在43岁才第一次生育的女性，一位 70 岁才成为父亲的男性，或者一个家庭中三个儿子都未到中年就已亡故——这些偏离正常生命周期模式的方面都提示我们应对该家庭进行更深入的探究。

在所有的文化中，往往都会对情侣在生命周期中某个特定时段内完婚有一个预设的“正常”范围。在我们的社会中，那些早于 20 岁和晚于 35 岁结婚的人，都是离婚的高危人群。尽管在当今的社会中初婚的正常年龄段已向后推移，大多数情侣们在接近 30 岁甚至 35 岁后才结婚。同时，通过新技术保存精子和卵子也拓宽了生命周期中可供选择的生育时间范围。

邂逅、订婚、结婚之间，分居、离异和再婚之间的时间也值得分析。有时，生活事件发生的间隔时间过于短暂，以至于家庭成员没有太多的时间处理好情感上的转变（McGoldrick & Carter，2005b）。例如，亨利·方达在他第二任妻子自杀（见图 2.7）后八个月就再婚了，可以推断他并未处理上一段婚姻的感情问题，或至少可以推测出亨利有婚外情的嫌疑。事实上，亨利已经和这位未来的妻子保持了一年的情侣关系。甚至还有可能她在那个时候已经怀上了亨利的孩子，这个孩子数年后才被亨利领养。（是不是还有可能这个孩子的降生和前妻自杀的时间重合，使亨利无法同时协调、接受这两个事实？）亨利如此迫切地步入新的婚姻显示出他急于把之前的婚姻抛诸脑后。由此我们也对这个家庭，尤其是家中的孩子们如何适应这样的家庭剧变产生了疑问。亨利从未与孩子们谈论过弗朗西丝自杀这件事，这一点更明显地告诉我们在他尝试向前看、继续生活，他并没有独自或和孩子们一起面对与处理由这个创伤带来的悲痛之情。

弗洛伊德（Freud）的家庭生命周期

通过考察生命周期追溯家庭历史是了解个体或家庭的重要途径。在临床实践中，从生命周期的角度出发运用家谱图可以帮助来访者了解自己家庭的传承和历史。弗洛伊德作为心理治疗的鼻祖，他的理论也影响着我们的专业传承。然而，弗洛伊德本人其实也像其他人一样深受自己家庭背景的煎熬，甚至因此蒙羞，他也曾刻意掩藏自己的家庭历史，以致我们必须通过深入挖掘才能一窥究竟。尽管如此，我们仍可以通过家谱图了解弗洛伊德本人的生命周期发展轨迹。

弗洛伊德父母的恋爱与婚姻：家庭的结合

鉴于生命周期具有循环和重复的性质，我们可以从任何一个切入点开始讲述家庭的故事。谈到弗洛伊德的家庭，我们则可以从他出生之前的几年开始，那正是他父母恋爱的时期。

家谱图可以揭示因结婚或再婚而结合的两个原生家庭各自的生命周期。若要组建一个新的家庭，男女双方都必须要与对方的原生家庭达成妥协。家谱图可以追溯双方在各自原生家庭中的角色以及与之相关的各种问题。如果配偶中的一方感受到来自对方家庭的竞争压力（如弗洛伊德的家庭所经历的），或者父母反对孩子的婚姻选择，这些情况下往往可能出现姻亲三角关系。家谱图还可以记述婚姻之前的亲密关系及其对婚姻关系的影响和干扰。可惜的是，我们对弗洛伊德家族姻亲关系的了解几乎为零。

雅各布（Jacob）和阿马利娅（Amalia）婚姻时期弗洛伊德家族大事年表

1832 年	雅各布·弗洛伊德（Jacob Freud），16 岁，与莎莉·坎纳（Sally Kanner）结婚。
1833 年	（4 月）雅各布和莎莉的第一个孩子埃马努埃尔（Emanuel）出生。
1834 年	雅各布和莎莉的第二个孩子菲利普（Philipp）出生。
1835 年?	第三个孩子出生，性别、出生日期和死因不详。
1837 年?	第四个孩子出生，性别、出生日期和死因不详 。
1852 年	记录显示雅各布的第一任妻子莎莉·坎纳仍然健在，但不知是否离婚，是否在这一年年末前亡故。
1852 年	雅各布·弗洛伊德与第二任妻子丽贝卡（Rebecca）结婚，有两份记录分别显示当时丽贝卡是 31 岁或 32 岁（Krüll, 1986）。
1852 年	（10 月至 12 月间）丽贝卡去世（？）
1853 年	（12 月）雅各布似乎在生意场上遭遇危机而将产业交给埃马努埃尔打理，雅各布之后所从事的工作无从考证。（他的儿子后来也在中年时遭遇事业低谷。）
1854 年	（或更早）埃马努埃尔与玛利亚（Maria）结婚。
1854 年	（或稍早时间）阿马利娅的父亲破产且名誉扫地。
1855 年	（7 月 29 日）雅各布与阿马利娅结婚，自 1852 年至此之前雅各布都被记录为鳏夫。
1855 年	（8 月 13 日）埃马努埃尔的第一个儿子约翰出生（他之后成为西格蒙德的侄子）。

如图 8.1 描绘的 1855 年弗洛伊德家族的家谱图，雅各布·弗洛伊德和阿马利娅·纳撒森（Amalia Nathansohn）的婚姻有若干非典型的方面（二人都是犹太人，并且

生活在歧视、迫害犹太人的文化环境中），阿马利娅的父亲在 10 年前曾经和雅各布共事（直到他们的生意都遭遇严重危机）。雅各布当时已 40 岁，正准备开始第三次婚姻，而阿马利娅当时年仅 20 岁。阿马利娅甚至比雅各布在第一次婚姻中所生的儿子年纪还要小。我们对雅各布的第一任妻子莎莉·坎纳无从了解，对他们所生的两个夭折的孩子也一无所知。雅各布的第二任妻子丽贝卡我们也是知之甚少。我们无从考证他们是离了婚，还是这前两位妻子都去世了。另外，雅各布的第一次婚姻开始于他年仅 16 岁的时候，我们不排除有意外怀孕的可能性（Anzieu，1986）。第二次婚姻更是一个谜团。丽贝卡从未被家庭成员提起过，我们仅仅通过官方的户籍记录才得知她的存在，她似乎是在 1852 年与雅各布结婚，而雅各布的儿子埃马努埃尔和菲利普当时已经长大，很明显他们知道她的存在。还有一种可能就是她被误认为是雅各布的妻子，而实际上丽贝卡·弗洛伊德·罗奈尔（Rebecca Freud Rawnial）想通过这种方式隐藏她实为雅各布的弟弟约瑟夫（Josef）之妻的身份；约瑟夫因犯罪被捕入狱。而阿马利娅也肯定知道丽贝卡的存在，他们生活在同一个镇子上，此外雅各布还曾经为阿马利娅的父亲工作，但西格蒙德却从未提起过丽贝卡。那么，难道她有什么事情令这个家庭蒙羞？是精神方面的疾病？还是自杀？无论实情是什么，我们可以肯定的是，雅各布和阿马利娅的婚姻是在他早期婚姻不幸和痛失两个幼子的阴影下开始的。

图 8.1 弗洛伊德 / 纳撒森（Freud / Nathansohn）家族（1855 年）

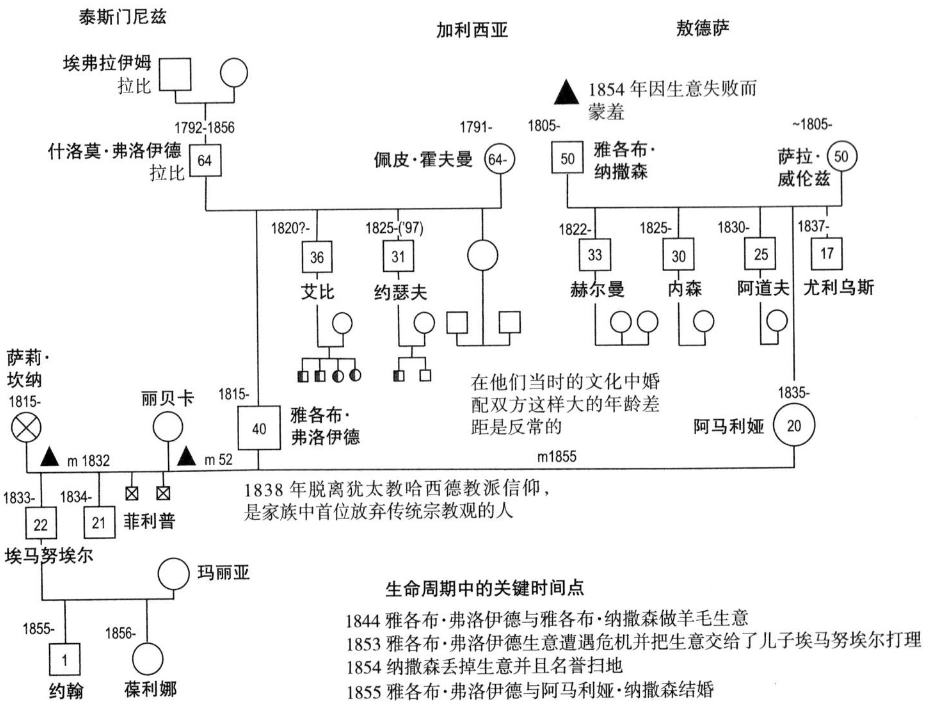

当我们仔细观察一幅家谱图的时候，尤其应重点标注家庭成员在生命周期进程中的年龄，每当出现新婚夫妇，应重点标注夫妻双方在各自家庭之生命周期阶段中的位置。雅各布和年仅 20 岁的阿马利娅成婚时，他已经荣升祖父名头了，而阿马利娅则仅仅是他儿子的同龄人，刚刚成年。他们两个人怎么会成为夫妻呢？即使以当时当地的风俗来看，他们这样的年龄差距也是很难被理解的（Krüll，1986）。我们不禁要问，是什么原因导致阿马利娅委身相许给这样一位已有多个成年子嗣和结过两次婚的长者？也许是受她父亲不久前破产和名誉扫地事件的影响，她渴望生命里能有一个稳定而安全的长者（Swales，1986）。无论从哪个角度来看，阿马利娅给我们的印象都是一位年轻活泼的家中幺女。而雅各布，作为和阿马利娅父亲共事、周游四方的商人，已经在事业上达到一定高度，但是他的事业在中年时似乎停顿了。根据过往的经验我们可以推测，年龄差异会导致个体在婚姻经验和对婚姻的期望上存在差异，亦有可能造成下一代人在生命周期过渡时出现问题。前一阶段的生命周期中没有处理妥当的问题也会给接下来的生命周期过渡增加困难，让情况变得更复杂。正如雅各布的前几次婚姻和他神秘的过去，在年龄和对婚姻预期上的差异，伴随着经济状况的不稳定，雅各布和阿马利娅正是在这些悬而未决的复杂问题中步入了婚姻殿堂。

再婚家庭的家谱图中至少有两个可预见的三角关系：（1）包含新任配偶和前任配偶（或对前任配偶的记忆）的三角关系；（2）包含新任配偶和前任子女的三角关系。我们对阿马利娅与雅各布前任妻子们的关系毫不知情，我们也不知道她与埃马努埃尔和菲利普的关系如何。但我们知道，西格蒙德·弗洛伊德成年后说他曾想象他的母亲与菲利普之间有情人式的关系。而在婚后的第三年，雅各布帮助他的儿子移民英国，也许其中有部分原因是为了让妻子和儿子保持安全的距离。

向父母身份过渡与有新生儿的家庭

描述初为父母的夫妻的家谱图通常能够将家庭在这个阶段面临的压力清晰地呈现出来。在家谱图上画出兄弟姐妹的图谱，可以揭示孩子出生时的家庭环境，以及家庭环境如何影响孩子在家中的特殊地位。此外，家谱图还能凸显出这一时期典型的母亲、父亲和孩子间的三角关系。

弗洛伊德（Freud）家庭大事年表，1856 年至 1859 年

1856 年	（2 月 21 日）雅各布的父亲什洛莫·弗洛伊德（Schlomo Freud）去

	世。（雅各布 40 岁，同时妻子已有身孕，那是他们的第一个孩子西格蒙德。后来雅各布去世时西格蒙德也是 40 岁！）
1856 年	（5 月 6 日）雅各布和阿马利娅在摩拉维亚的弗莱堡（今皮尔博尔，捷克共和国境内），迎来了西格蒙德的诞生。
1857 年	（10 月）西格蒙德的弟弟尤利乌斯（Julius）出生。
1858 年	（3 月）阿马利娅 20 岁的弟弟，尤利乌斯·纳撒森（Julius Nathansohn）死于结核病。
1858 年	（4 月 15 日）西格蒙德的弟弟尤利乌斯去世。
1858 年	威廉·弗利斯（Wilhelm Fleiss）出生，他是西格蒙德·弗洛伊德多年来最亲密的朋友和“兄弟”。西格蒙德把弗利斯当作弟弟尤利乌斯看待。
1858 年	（12 月）西格蒙德的妹妹安娜（Anna）出生。
1859 年	（1 月）西格蒙德的保姆被西格蒙德同父异母的哥哥菲利普告发她在阿马利娅生产安娜的时候盗窃财物，并因此锒铛入狱。
1859 年	（8 月）西格蒙德同父异母的哥哥埃马努埃尔和菲利普携全家移民英国，包括西格蒙德非常喜欢的侄子约翰（John）。
1859 年	（8 月）弗洛伊德一家由弗莱堡搬到莱比锡城，显然是因犹太人身份而遭到迫害，使一家人的经济状况恶化。

西格蒙德于 1856 年在摩拉维亚的弗莱堡出生。从弗洛伊德家 1859 年的家谱图（见图 8.2）和大事年表中可以看出，他出生的那个时期家里发生了很多事情。父亲在西格蒙德身上寄托了许多特殊的情感，特别是雅各布的父亲在西格蒙德出生前不到 3 个月的时候去世；西格蒙德的名字来自这位名叫什洛莫的祖父，一位拉比（犹太教教士）；西格蒙德或许就是以他的样子为目标被抚养成人的，成为像拉比那样的人——受尊敬的师长和极富智慧的领导者。西格蒙德的家庭角色显然也受到他与生俱来的才华的影响。另一个影响到他家庭角色的因素可能是在出生时整个家庭对他寄予了厚望。后来，全家经历了两次迫不得已的搬迁，雅各布在事业上遭到重创，让他一蹶不振。家庭剧变对西格蒙德的妹妹，特别是安娜和多尔菲（Dolfi），造成的冲击可能会更大。

同样重要的是，西格蒙德的弟弟尤利乌斯在西格蒙德 17 个月大的时候出生，却只活了 6 个月。一个孩子的早亡会增强父母对其他活着的孩子的感情。处在同一年龄段的孩子，尤其是同性别的孩子，往往会成为那个夭折孩子的替代者。因此，在失去第二个儿子后，母亲会更重视西格蒙德。阿马利娅的丧子之痛更是和弟弟去世带来的悲伤相叠加。她的弟弟也名为尤利乌斯，于婴儿去世前的一个月死于肺结核，他当时年仅 20 岁（Krüll，1986）。毫无疑问，她早已知道弟弟病入膏肓，而她提前 6 个月为她的儿子取了和弟弟相同的名字。这个命名非同寻常，她这样做实际上有违犹太习俗（在习俗中为了向先人致敬，人们常用已过世亲人的名字给孩子命名）。可见，阿马利娅情感上的需求要比文化习俗的压力强烈得多。这对西格蒙德造成了什么样的影响？西格蒙德后来曾说，他当时迎接弟弟的心态是“心怀恶意，而且幼稚地嫉妒他，之后他的死让我深感内疚”。（引自 1986 年 Krüll，p.135）

图 8.2 弗洛伊德（Freud）的家谱图（1859 年）

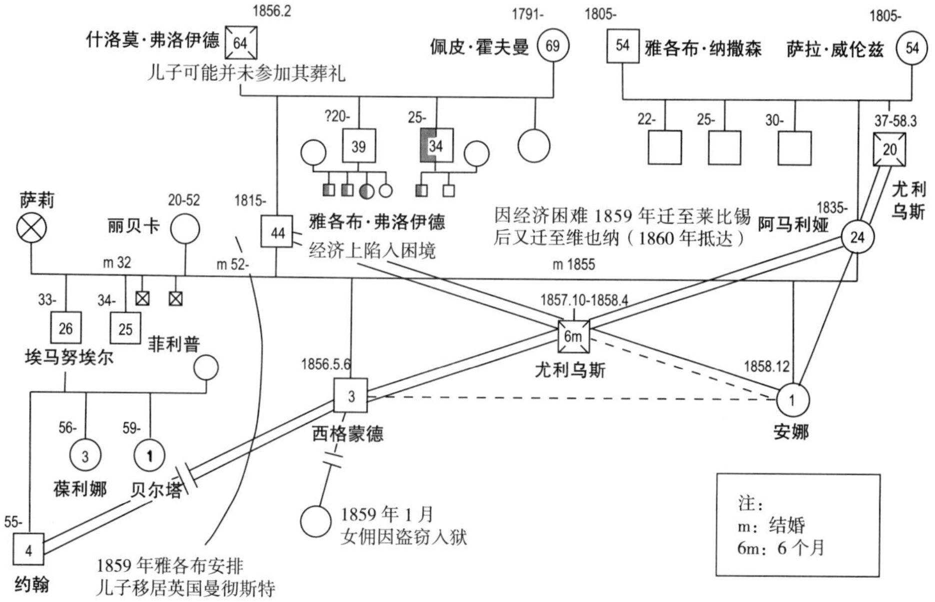

有时，年龄最大的孩子可能会对其后降生的孩子心怀不满，感到自己在家中的地位受到新来者的威胁。从很小的时候，西格蒙德就将妹妹安娜视为一个入侵者，而安娜也嫉恨哥哥在家中享有的特殊地位和特权。阿马利娅在失去第二个孩子尤利乌斯之前怀上了安娜。发现自己怀孕并同时经历丧子之痛对阿马利娅来说肯定是百般难熬。西格蒙德与妹妹安娜之间的竞争可能与安娜是母亲丧子后的第一个孩子有关，出生排位上的特殊性常常会引发这种冲突性的家庭情绪。这种情感层面的竞争往往会持续到成年。西格蒙德与妹妹安娜的关系似乎从来没有真正亲密过，成年以后的关系亦很疏远。

这个新家庭的第一阶段（西格蒙德作为长子降生）以家人分离、部分家人移民而告终。我们不知道弗洛伊德一家人为什么离开弗莱堡。西格蒙德3岁的时候，他的同父异母兄弟携家人移居英国，而雅各布则与家人先搬到莱比锡城，然后迁居维也纳，可能部分上是因为经济不景气。他们也许参与了造假货，因此必须要避避风头（Swales，1986）。埃马努埃尔和菲利普也许会让阿马利娅联想起雅各布之前的婚姻。而且，如前所述，也许是阿马利娅和菲利普之间有婚外情的嫌疑使雅各布想让他们保持距离。不管怎么说，雅各布、阿马利娅和埃马努埃尔夫妇共用同一位保姆，两家的孩子们相处得也很亲近，所以哥哥及其家人的离去对于西格蒙德来说是一个重大丧失。

家谱图还展示出引发弗洛伊德家庭中复杂兄妹关系的另一个因素。西格蒙德在3岁以前一直与比他大一岁有余的侄子约翰共同长大，他们情同手足。西格蒙德曾向欧内斯特·琼斯（Ernest Jones）提及这段重要关系（1953）：

> 在我3岁之前，我们始终形影不离；我们不分彼此，追逐打闹……。这段童年关系决定了后来我与同年龄人交往的感情基调。（p.8）

西格蒙德的另一个丧失是他的保姆，她在安娜刚刚出生时，因偷窃而被解雇。可见，在短短3年内，西格蒙德经历了许多的丧失：弟弟的夭折、保姆被解雇、同父异母兄弟和他们的孩子移民异国、妹妹的出生（从他身边把母亲夺走），最后是全家的迁居。与此同时，弗洛伊德一家的经济状况一直时好时坏。

弗洛伊德（Freud）家庭大事年表，从19世纪60年代到70年代

1860年	弗洛伊德全家定居维也纳。
1860年	（3月）西格蒙德的妹妹罗莎（Rosa）出生。
1861年	（3月）西格蒙德的妹妹玛丽（Marie）出生。
1862年	（7月）西格蒙德的妹妹多尔菲（Dolfi）出生。
1863年	（5月）西格蒙德的妹妹葆拉（Paula）出生。
1865年	（7月20日）叔叔约瑟夫·弗洛伊德（Joseph Freud）涉嫌制售假货被捕。
1865年	（10月）外祖父雅各布·纳撒森（Nathansohn）去世。
1866年	（2月）叔叔约瑟夫·弗洛伊德被判入狱10年。
1866年	（4月）弟弟亚历山大（Alexander）出生，由西格蒙德为他命名。
1868年	西格蒙德进入大学预科学习。
1873年	西格蒙德进入医学院学习。

西格蒙德是 8 个孩子中的长子。家谱图（见图 8.3）展示了西格蒙德预科结束开始念医学院那一年之前的家庭状况。

比起婚姻本身来说，第一个孩子的出生更深刻地标志着一个新家庭的确立。对于新婚夫妻来说，与原生家庭相比，有了子女往往意味着目前的家庭更具合法性和更具向心力。

西格蒙德在母亲心目中一定占有非同寻常的位置。他与母亲关系紧密，阿马利娅总是说西格蒙德是她的“宝贝西格”。在任何情况下，他都是整个家庭的中心。弗洛伊德家中有一则众所周知的轶事，西格蒙德的妹妹安娜想学习弹钢琴，母亲就买了一架钢琴，但当西格蒙德抱怨弹琴声打扰到他学习时，钢琴立刻就被处理掉了。妹妹从此也再没上过钢琴课。西格蒙德在家中的特殊地位进一步表现在他 10 岁时，家人让他给刚出生的弟弟亚历山大命名这件事上。（在他自己的婚姻中，西格蒙德以自己心目中的男性英雄或他们的女性亲属为参考，分别为 6 个孩子命名！）弗洛伊德家在传统上更重视男孩，这进一步稳固了西格蒙德在家里的特有地位。

图 8.3 弗洛伊德（Freud）的家谱图（1873 年）

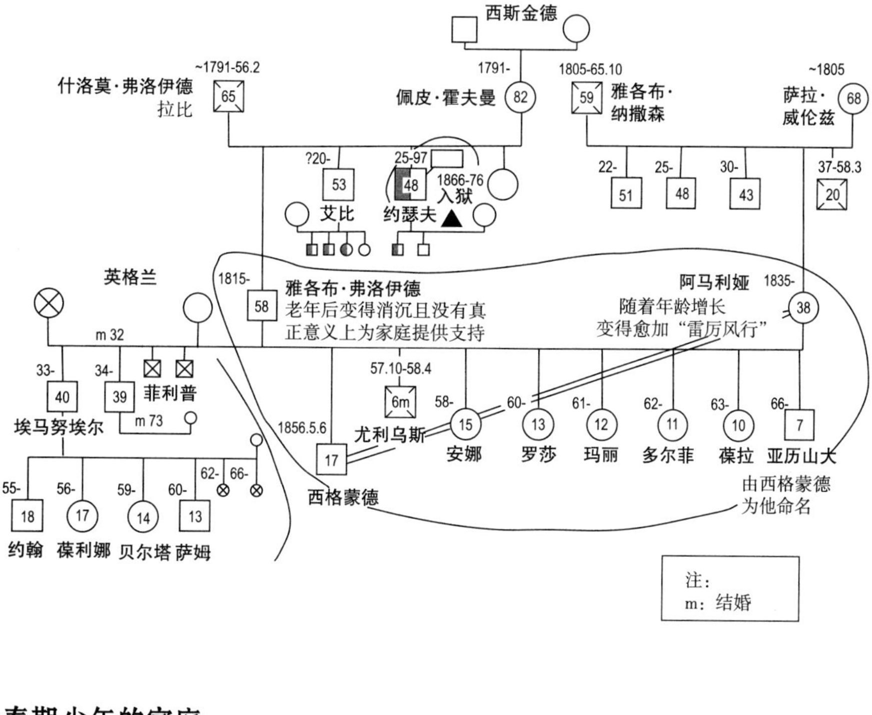

有青春期少年的家庭

一旦孩子进入青春期，因为他们将不再依赖父母，家庭的首要任务就是要面对两代人关系间即将发生质变。在此期间，有可能出现两种常见的三角关系，一种是青少年、他们的同辈和他们的父母形成的三角关系；另一种是青少年、他们的父母和他们的祖父母组成的三角关系。在青少年开始努力寻找自己的身份认同、第二性征与创造力逐渐发展的同时，父母们则在自己的事业和夫妻关系的局限中苦苦挣扎，这会强化两代人之间的冲突。

我们对西格蒙德·弗洛伊德青春期时家里的具体情况知之甚少，但家谱图表明，这是一个在养育子女上负担很重的家庭，家里有7个孩子，而且都尚未离家。也可能雅各布和阿马利娅年龄上的差距在生命周期的这个阶段会显得格外显眼。雅各布步入花甲之年，已明显感到年事渐高。西格蒙德后来描述父亲曾对埃马努埃尔和菲利普两位哥哥表达了相当的不满和失望。相比之下，阿马利娅比雅各布年轻20岁，仍然精力充沛、充满魅力、年轻又有活力。我们不知道年龄、精力水平和体貌上的不同是否会使雅各布和阿马利娅之间的关系变得紧张或激发冲突，但是，鉴于对西格蒙德的关爱呵护满足以及需要一个大家庭的生活需求，阿马利娅很可能将精力都集中在她的孩子而非配偶身上。西格蒙德后来说，他觉得他必须弥补父亲对母亲的情感缺失。雅各布的弟弟约瑟夫因制售假货被判入狱，西格蒙德说，父亲在此期间倍感痛苦和耻辱，以致头发变得花白。显然，雅各布可能与此有所牵连——至少埃马努埃尔和菲利普难逃干系，如前所述，这可能也是导致他们移民英格兰的原因（Krüll, 1986; Swales, 1986）。

在青春期，孩子们开始对家庭以外的生活产生兴趣，参与校园生活，结交同龄朋友。西格蒙德在学校表现得非常好，而且8年中有6年他的成绩都是大学预科班上的第一名。但是在与同龄人的相处中他就没那么顺利了。所有记录都显示，他是一个害羞、严肃的8岁男孩，更偏重学习而非社交。无论家庭在现实中是否对外人界限分明，家谱图都应将孩子生活中重要的同龄人标注其中。我们知道西格蒙德在学校只有一个亲密的朋友——爱德华·西尔伯施泰因（Eduard Silberstein），他们俩性情相投，组成了一个“秘密小团体”。在16岁那年，西格蒙德暗恋上一个朋友的妹妹——吉塞拉·弗卢斯（Gisela Fluss），但从未向她表达过自己的感情。弗洛伊德在学校中脱颖而出，专注于学业上的成功，这也许正是为了证明他在家中的特殊地位，不辜负家人寄予的厚望，也可能是为了弥补父亲和同父异母的兄长们生活上的失意。

中年时期的家庭：孩子们的成长、离家和准备组建自己的家庭

这是一个以“准备”为主题的时期，即孩子们离开家准备开展他们自己的人生旅程。在以前，孩子们婚后才会离开原生家庭，这个阶段从孩子们结婚、有了自己的婚姻生活开始。而现在的社会中，大多数人会经历越来越长的离家单身期。这个阶段是现代家庭之生命周期的基石，它对之后的各个生命周期阶段也至关重要。这个阶段的缩短或延长，可能会影响到之后的所有生命周期转变。家谱图可以为我们展示“准备阶段”的持续时间，也能将造成“准备阶段”延迟的因素清晰地展现出来。

我们掌握的有关西格蒙德·弗洛伊德成长阶段的家庭信息非常少。正如已经提到的，西格蒙德在其家庭中具有非同寻常的地位。有时，这可能会导致“准备期转变困难”，年轻人不愿离开这种特殊地位，家长也不愿意让自己最看重的孩子离开。这正是西格蒙德的经历，他直到 30 岁和玛莎·贝尔奈斯（Martha Bernays）结婚才真正离家，搬到一处公寓不再与父母同住。而照例，西格蒙德的妹妹多尔菲则一生未嫁，留在家中照看父母。下一代中西格蒙德的女儿安娜也是如此。

观察弗洛伊德生命周期的发展可以看到一个有趣的事实，即西格蒙德完成医学院学习的时间。他花了 8 年时间取得学位，但随后的多年中却并未从业，这在当时对于并不富裕的家庭来说是很不寻常的。也许是他觉得母亲仍需要他留在家里，不管怎样，他显然没有认真考虑自己需要独立生活，直到他想与玛莎结婚。正如弗洛伊德经历中显示的那样，他的学生时代和订婚期都相对很长，当家谱图显示个体向生命周期的下一阶段过渡出现障碍时，治疗师就应探索和分析阻碍发展与过渡的因素。在西格蒙德案例中，阻碍生命周期发展的，既有经济方面的因素也有感情方面的问题。

弗洛伊德（Freud）和贝尔奈斯（Bernays）家族大事年表，19 世纪 80 年代

1855 年	贝尔曼·贝尔奈斯（Berman Bernays）的大儿子艾萨克（Isaac）出生。
1856 年	贝尔奈斯家庭的第二个孩子流产。
1856 年	贝尔奈斯家庭第二个儿子出生。
1857 年	贝尔曼·贝尔奈斯有了一个女儿。
1859 年	贝尔曼·贝尔奈斯的第二个儿子 3 岁时夭折。
1859 年	贝尔曼·贝尔奈斯的小女儿 2 岁时夭折。
1860 年	贝尔曼·贝尔奈斯的儿子埃利（Eli）出生，他后来娶了西格蒙德的妹妹安娜。
1861 年	贝尔曼·贝尔奈斯的女儿玛莎出生，她后来嫁给了西格蒙德·弗洛伊德。

1865 年	贝尔曼·贝尔奈斯最小的女儿明娜（Minna）出生，后与弗洛伊德发生婚外情。
1867 年	贝尔曼·贝尔奈斯破产并因诈骗罪被捕。
1868 年	贝尔曼入狱。
1872 年	玛莎问题不断的哥哥艾萨克 17 岁时去世。
1873 年	西格蒙德进入医学院学习。
1879 年	贝尔曼去世，遗留下巨额债务。
1881 年	西格蒙德用了 8 年时间完成医学院的学习。
1882 年	（4 月）西格蒙德与玛莎·贝尔奈斯相识。
1882 年	（4 月）西格蒙德在结识玛莎之后销毁了自己所有的论文和信件。
1882 年	埃利与安娜相识。
1882 年	（6 月 17 日）西格蒙德与玛莎·贝尔奈斯私订终身。
1883 年	玛莎的妹妹明娜与伊格纳茨·勋伯格（Ignaz Schonberg）订婚，他是西格蒙德的密友。伊格纳茨患有肺结核。
1883 年	（6 月）经埃利安排，玛莎、明娜与母亲迁居汉堡，可能是因为债务和随之而来的窘境。西格蒙德对与玛莎分离很不高兴，并为此指责埃利。
1883 年	（9 月）西格蒙德的朋友纳塔·魏斯（Nathan Weiss）自杀。
1883 年	（10 月）玛莎的弟弟埃利与西格蒙德的妹妹安娜结婚。西格蒙德未出席婚礼，甚至在写给玛莎的信件中也对此只字未提。
1884 年	（7 月 18 日）西格蒙德开始使用可卡因，并推荐他人使用。他发表了关于可卡因的论文。有证据表明，弗洛伊德自己使用并建议他人使用可卡因直到 18 世纪 90 年代中期（Isbister，1985）。
1884 年	雅各布·弗洛伊德的事业陷入困境。
1885 年	（4 月）西格蒙德再次销毁他的所有论文。
1885 年	（6 月）伊格纳茨·勋伯格取消了与明娜的婚约。
1886 年	伊格纳茨·勋伯格死于结核病。
1886 年	（9 月 14 日）西格蒙德和玛莎在玛莎姑妈的资助下结婚。
1887 年	（10 月）西格蒙德和玛莎的第一个孩子玛蒂尔达（Mathilda）出生，名字取自同事布洛伊尔（Breuer）的妻子。
1887 年	西格蒙德结识威廉·弗利斯（Wilhelm Fleiss），并与其成为最重要和最亲密的朋友，直到 1900 年因一次有关抄袭的指控，二人关系破裂。

婚姻与下一代人的加入

浏览过弗洛伊德家庭生命周期的前几个转变，我们来到了下一个阶段：西格蒙德·弗洛伊德与玛莎·贝尔奈斯的婚姻。家谱图为两个家庭的传承发展和他们在家庭文化融合上经历的困难提供了宝贵的线索。

如果看一下玛莎·贝尔奈斯的家谱图（见图 8.4）和大事年表，我们会发现其中与弗洛伊德家族有着某些惊人的相似之处。贝尔奈斯家族像弗洛伊德家族一样，不得不面对孩子夭折的苦难，幸存下来的大儿子埃利和西格蒙德很像，是家族中最小的女儿所生的幸存于世的长子。1867 年，孩子们甚至还不到十几岁，玛莎的父亲便因诈骗罪被捕入狱，给家庭带来了极大耻辱，这与西格蒙德及其家人经历的家庭丑闻如出一辙，西格蒙德的叔叔，或许还有父亲和同父异母的兄弟都被牵连到制假售假的案件中。这里也有一些可以和更上一代类比的情况，西格蒙德的外祖父生意失败，在阿马利娅只有 18 岁的时候留下破败不堪的家业，带着羞耻与世长辞。同样，在玛莎·贝尔奈斯 18 岁那年，早前使整个家族都蒙羞的父亲死于心脏病发作，同时给家里留下了一笔巨额债务。这与弗洛伊德的家庭有些相似，雅各布晚年明显处于失业状态，我们不清楚贝尔奈斯家族是如何渡过难关的。玛莎的哥哥埃利独立支撑起这个家，但最终还是逃离了维也纳，以避免破产和躲避讨债者的围追堵截。西格蒙德与玛莎在 1882 年相识，二人在两个月后就秘密订婚，但后来玛莎的母亲与女儿们迁居汉堡激怒了西格蒙德。我们可以推测，西格蒙德和玛莎遭受过相似的耻辱并且都有着某些希望隐藏的家庭背景，这些可能都是促使他们彼此吸引的因素。

从家谱图可以看出，弗洛伊德家族和贝尔奈斯家族在西格蒙德这一代人之中的双重关系较为罕见。这种不寻常的结构意味着两个家庭之间关系复杂，并且很有可能存在三角关系。尤其是当一个家庭的长子与另一个家庭的长女结婚时，更容易促发三角关系。如前所述，西格蒙德与妹妹安娜关系疏远。也许他们之间存在常见的长子与幼女式的兄妹之争。也许他将安娜的出生与失去弟弟尤利乌斯、叔叔尤利乌斯、他的保姆、他的同父异母兄弟和他的堂兄弟的事联系在一起。不管是什么原因，西格蒙德似乎心怀怨恨。但埃利与西格蒙德不同，埃利有钱娶安娜。事实上，他掌控了家里的一小笔遗产；“囊中羞涩”至少是西格蒙德和玛莎无法提前结婚的原因之一（Young Bruehl，1988）。也许正是由于这些原因，西格蒙德没有出席埃利和安娜的婚礼。事实上，他甚至没有在写给玛莎的信中提到他没去参加妹妹婚礼这一事实。有意思的是，西格蒙德几乎每天都给玛莎写信，且在安娜婚礼后不久就和玛莎讨论起是否去参加她的一个表亲的婚礼，而这个家庭活动明显又没那么重要。

西格蒙德对妹妹和妹夫的反感在这对夫妻移居纽约后更为加剧，没怎么念过

图 8.4 弗洛伊德（Freud）的家谱图（1884 年）

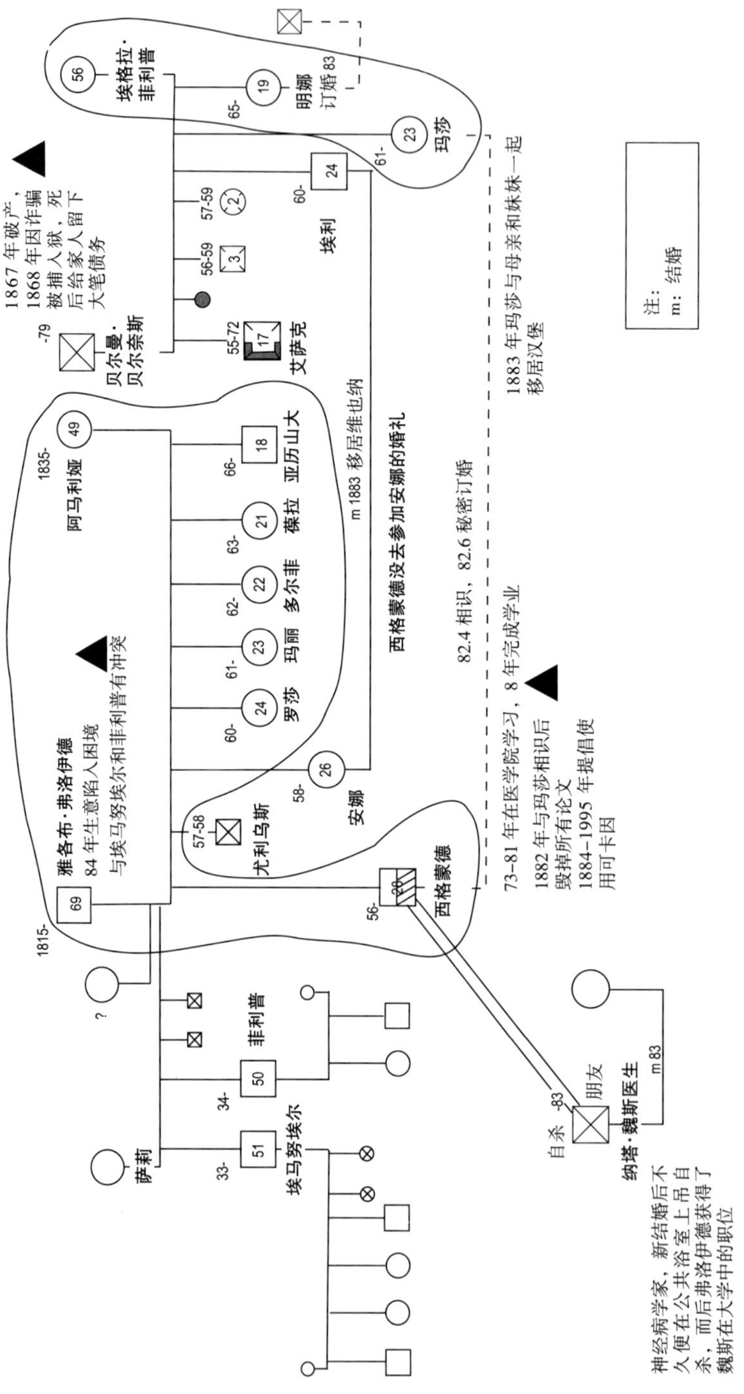

书的埃利变得非常富有，而受过良好教育的西格蒙德却要艰苦度日、养家糊口。三角关系围绕着这两个极端的家庭展开，埃利和安娜的家庭富有但价值观太过功利；而西格蒙德和他的家庭生活拮据，但认为自己学识上更优越。

出现在这一生命周期阶段中的三角关系往往涉及配偶和另一方的家庭。的确，在弗洛伊德的案例中三角关系显而易见。西格蒙德和玛莎双方的家庭在两人婚前就各有问题。双方都有财务方面的困难，而这方面的忧虑一直持续到他们结婚后 5 年多。玛莎及其母亲和妹妹在她与西格蒙德订婚一年后搬到汉堡，这意味着他们将有很长一段时间不能见面；而西格蒙德认为这是埃利从中作梗。西格蒙德感到玛莎与其原生家庭的关系威胁到了他们二人的关系，并且因玛莎对哥哥埃利的言听计从而感到非常嫉妒，西格蒙德因此对玛莎表现出极强的占有欲，变得非常刻薄。他在给玛莎的信中写道：

> 你想到过你将要离开的那一天了吗？我只许你离开两周，不能多也不能少，是的，否则我的自私会把我和你妈妈、和埃利对立起来。我会因此惹是生非，让每个人都不得安宁，而你明白，不管你有多孝顺，我都不会停止。从现在开始，你只是你家里的客人，就像我典当了的珍宝，一旦富有，我便会尽快把你赎回。自古以来，女人不都是要离开父母而跟随她选择的男人吗？（给玛莎的信，1882 年 8 月 14 日，弗洛伊德，1960，p.23）

西格蒙德甚至威胁如果玛莎不放弃对哥哥的忠诚他就要撕毁他们的婚约，他对玛莎写道：

> 你只能二选一。如果你还不够爱我，不会为了我去和你的家庭断绝关系，那么你就必定会失去我，但是这样你的生活就毁了，而你从你的家人那里并不能得到什么。（引自 Appignanesi & Forrester，1992，p.31）

然而，玛莎在与西格蒙德婚姻中一直与她的其他家庭成员保持联系，仍然忠于自己的信仰——正统的犹太教，尽管她的丈夫拒斥任何宗教。结婚多年后，她曾说，西格蒙德在婚后不允许她点亮第一个星期五晚上的安息日烛火，这可是生命中让她最苦恼的经历之一（Appignanesi & Forrester，1992）。西格蒙德死后，68 岁的玛莎就又开始在每周五的晚上点燃蜡烛。

生儿育女，下一代

弗洛伊德（Freud）家庭大事年表，1896 年前后

1887 年	第一个女儿，玛蒂尔达出生，以同事布洛伊尔妻子的名字命名。
1889 年	第一个儿子，马丁（Martin）出生。西格蒙德以他的导师夏可（Charcot）的名字为孩子命名。
1891 年	（2 月）第三个孩子奥利弗（Oliver）出生，以西格蒙德心目中的英雄奥利弗·克伦威尔（Oliver Cromwell）命名。
1892 年	西格蒙德和同事布洛伊尔之间开始出现隔阂。
1892 年	（4 月）第四个孩子恩斯特（Ernst）出生，以西格蒙德的老师恩斯特·布鲁克（Ernst Brucke）命名。
1892 年	玛莎的哥哥，埃利·贝尔奈斯去了美国。
1893 年	埃利回来接他的妻子，即西格蒙德的妹妹安娜，后全家迁居美国，她的两个女儿露西（Lucy）和赫拉（Hella）在西格蒙德家待了一年，西格蒙德给了埃利一些钱作为旅费。
1893 年	索菲（Sophie），西格蒙德的第五个孩子出生，并以他老师哈默施拉格（Hammerschlag）的侄女的名字命名。
1894 年	西格蒙德的心脏出现问题，但他没有把自己对死亡的恐惧告诉妻子，他尝试戒烟。他感到抑郁、疲乏但依然要处理债务问题。
1895 年	（2 月）提出“艾玛·埃克施泰因（Emma Eckstein）情节”。西格蒙德请他的朋友弗利斯治疗自己的患者，弗利斯失误，在女患者的创口里遗留下纱布，差点要了这个患者的命。
1895 年	（3 月）妹妹安娜怀孕。
1895 年	状态仍然低迷，出现心脏病症状，西格蒙德用可卡因为自己治疗。戒断一年后又开始使用。
1895 年	弗利斯为西格蒙德做了鼻部手术。
1895 年	西格蒙德决定开始自我分析。
1895 年	西格蒙德撰写《梦的解析》。
1895 年	（12 月）第六个也是最后一个孩子安娜出生，以西格蒙德老师萨穆埃尔·哈默施拉格（Samuel Hammerschlag）的女儿，一位年轻的寡妇，同时也是西格蒙德的患者的名字而命名（Anzieu，1986）。他

	将自己事业的向前发展与安娜的出生联系起来。
1895年	（12月）玛莎的妹妹明娜搬来与弗洛伊德一家同住，在此之前，她曾偶尔来此小住。
1896年	西格蒙德对身为同事和朋友的布洛伊尔变得极为反感。
1896年	（4月）西格蒙德对自己的偏头痛、鼻腔分泌物和死亡恐惧做了记录。
1896年	（5月）西格蒙德提出了引诱理论：认为女性的焦虑来自童年的性虐待经历。他的演讲引起轰动。
1896年	西格蒙德因思想激进而在医学界遭到排挤。
1896年	西格蒙德将艾玛·埃克施泰因的失控行为命名为“歇斯底里”。
1896年	（10月23日）雅各布·弗洛伊德去世。（西格蒙德当时40岁）雅各布已病重一个月有余。玛莎10年间第一次离家去探望她的母亲，当时只有明娜在西格蒙德身边陪伴他面对失去父亲的痛苦。
1897年	（1月）西格蒙德错过了大学升职的机会。
1897年	（2月）西格蒙德被告知，他最终会被升为教授。
1897年	（3月）让西格蒙德蒙羞的约瑟夫叔叔去世。
1897年	（3月）女儿玛蒂尔达患了很重的白喉病。
1897年	（5月）西格蒙德再次未能升职——开始变得焦虑。
1897年	（5月）西格蒙德梦到与女儿玛蒂尔达乱伦。
1897年	（7月）西格蒙德第一次与明娜一起度假（总共至少17次）。
1897年	（9月）西格蒙德放弃了“引诱理论”（他认为父亲与妹妹安娜有不正当的性关系）。他对自己的抑郁进行自我分析；提出“俄狄浦斯情结”的理论纲要。
1897年	（10月15日）西格蒙德发展了“俄狄浦斯情结”理论。
1898年	42岁的西格蒙德和33岁的明娜，一起共度为期2周的假期，他们当时以夫妇的身份登记住宿（Blumenthal，2006）。
1899年	西格蒙德发表《梦的解析》。
1900年	西格蒙德结束自我分析。
1900年	与弗利斯的旅行以争吵而告终，此后二人完全疏离对方。
1900年	与明娜去意大利旅行。相传明娜怀孕后在一个诊所流产？他们一起从1900年9月12日开始频繁出游，直到1901年2月中旬（Swales，1982）。琼斯说明娜曾经去治疗肺结核，但并没有其他信息源显示她得过这种病。

图 8.5 弗洛伊德（Freud）家庭的家谱图（1896 年）

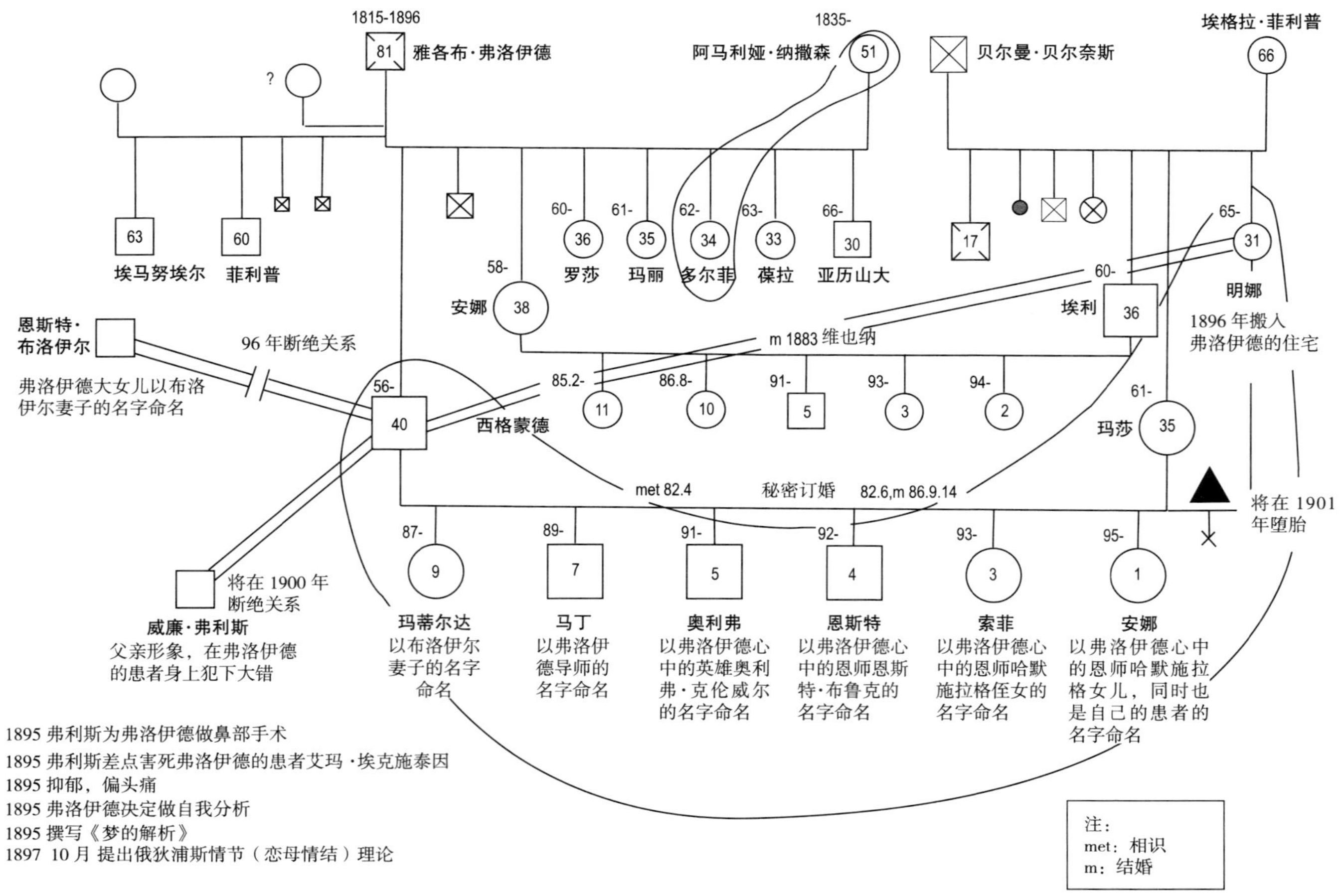

养育儿童的家庭总是奔波忙碌，将所有的精力都集中于孩子和工作之上，这对于夫妻来说是相当艰难的一段时光。从大事年表和图8.5中可以看出，西格蒙德和玛莎结婚8年内有了6个孩子。这期间玛莎几乎承担了所有抚养孩子的重任，而西格蒙德则努力开拓他的临床实践工作，并开始了一些理论创新。对于这个阶段，治疗师应对家庭因养育子女带来的压力以及婚姻中常出现的压力保持敏感。

最后一个孩子的出生可能是家庭生活的重要转折点。看起来，玛莎将全部精力都放在照顾6个孩子身上，而西格蒙德对此却并没有投入太多，反倒与妻妹明娜暧昧不清，在1894年5月写给朋友弗利斯的信中，西格蒙德曾将明娜描述为"我最亲密的红颜知己"（Masson，1985，p.73）。明娜在弗洛伊德最疼爱的小女儿安娜出生的同一月搬到弗洛伊德家。14年前，她曾与西格蒙德的好友伊格纳茨·勋伯格（Ignaz Schonberg）订立婚约，但是他们在伊格纳茨患结核病去世前不久取消了婚约。西格蒙德早期的看法是，自己和明娜有很多相似之处，都是狂放不羁、满怀热情的人，都希望能够以自己喜欢的方式生活，而伊格纳茨和玛莎都是性情温顺和逆来顺受的人（Jones，1955）。

明娜一生保持单身。当家谱图上出现其他亲属家庭成员时，我们可以推测在此也许存在那些涉及配偶和子女的三角关系。西格蒙德和明娜从各方面来讲关系都极为密切。明娜住在弗洛伊德家时，她卧室的门只能通过主卧室进入（Eissler，1978）。明娜和西格蒙德多次单独出游（Swales，1986），表面上的理由是他们都喜欢旅游和两人有许多共同爱好，而玛莎则没有相同的追求，至少她跟不上西格蒙德的步伐（Freeman & Strean，1981）。明娜比玛莎更愿意与西格蒙德讨论他的理论。事实上，在谈及精神分析时玛莎说道："假如我不知道我的丈夫对他的治疗理论是那么认真严肃，我会把精神分析和色情文学归为一类。"（Appignanesi & Forrester，1992，p.45）后来，西格蒙德和明娜开始以夫妻的名义度假（Blumenthal，2006；Swales 1986）。明娜曾经告诉荣格，她和西格蒙德有婚外情。有证据显示，明娜怀孕后于1901年堕胎（Swales，1986）。我们无法得知玛莎对丈夫与妹妹关系的态度。有趣的是，西格蒙德长子马丁重复了这一模式，他与妻子的一个妹妹发生了婚外情（Freud，1988）。

与父亲在中年发生的变化相同，西格蒙德在生命周期的这一阶段经历了重大的生活危机，这一经历促使他对提出了"引诱理论"这一伟大发现，形成了他理论的主体框架，以及最后对这个理论的放弃（Masson，1992）。西格蒙德在这些年里也表现出抑郁症的症状与"伪"心脏病的问题。他抱怨自己有偏头痛、嗜睡，以及其他各种躯体、情绪问题。他显然处于很严重的苦恼中。他开始了著名的自我分析，并尝试构建一套新的理论系统，直至他最著名的作品《梦的解析》出版。

通过观察家谱图我们可以明白，西格蒙德一生中的这个时期为什么如此动荡，却又如此高产。1895 年 12 月，最后一个孩子安娜出生。玛莎因 7 年来五次怀孕而疲惫不堪，因此她对第六次怀孕一直感到意外和不满。在最后一个孩子降生后，西格蒙德和玛莎似乎决定不再要孩子了。夫妻之间的性爱因此显然大幅减少（Anzieu，1986；Roazen，1993）。安娜是在西格蒙德最具轰动性的专业理论诞生期间出生的。西格蒙德将患者艾玛·埃克施泰因转介给他的朋友威廉·弗利斯，威廉·弗利斯认为通过鼻腔手术能解决由手淫导致的性问题。弗利斯在手术中出现失误，把纱布遗留在创口里，差点要了这个女人的命。弗洛伊德和弗利斯的关系一直都很紧密，但因此事而破裂。

一般来说，最后一个孩子在家中享有特殊地位。安娜也是如此，她的命名并非出于弗洛伊德的妹妹，而是以他的朋友、敬爱的老师萨穆埃尔·哈默施拉格的女儿的名字命名。这位年轻女子安娜·哈默施拉格·利希德海姆（Anna Hammerschlag Lichtheim），既是弗洛伊德的患者也是他的朋友（Krüll，1986）。安娜·弗洛伊德显然并不认为她是最受宠的那个孩子，因此她一直以来非常努力地试图赢得父亲的认可。安娜在西格蒙德患病期间替母亲照顾他。1918 年，父亲在小女儿 23 岁时担当了她的精神分析师。女儿则代替父亲去参加祖母的葬礼！她是西格蒙德几个孩子中唯一没有结婚的人，安娜将一生奉献给了父亲，并选择继承父亲的事业。

1896 年，安娜出生后不到一年，西格蒙德的父亲去世了，西格蒙德把这次丧失称作"一个男人一生中最为重大和痛苦的事件"。恰在西格蒙德父亲去世之际，玛莎却多年来首次回娘家探望母亲，只剩下明娜是唯一能安慰西格蒙德的人，这促成了他们恋情的开始。父亲之死标志着生命周期的一个关键点，亲人离世后发生外遇的情况并不少见，西格蒙德在父亲去世后不久写道：

> 在冠冕堂皇的意识背后还有一些模糊的感受，父亲的去世对我造成了巨大的影响……他的生命在他去世前很长一段时间就已经结束，但他的死亡似乎激活了我对早年生活的记忆。我现在感觉自己像是被连根拔起，失去了归宿。（Masson，1985，1886 年 11 月 2 日的信）

除了丧失之外，父母的死亡是对自身也将面对死亡的一个提醒，虽然痛苦，但这也提醒自己要将家庭的传承和责任传递给下一代。自此，西格蒙德要赡养他的母亲。此外，他那让人丢脸的叔叔约瑟夫和玛莎的一个叔叔也在同年去世。

大约这个时候，西格蒙德在自我分析中给朋友弗利斯赋予了父亲的形象，这似乎反映了他的中年危机，也许在家庭和自己的生命周期中，有很多事件加速了这一危机。除了父亲的去世，他还经历了最后一个孩子出生、与明娜的婚外情、职业生涯出现转折等大事件，而且当时他正步入人生的第四个 10 年。他苦苦支撑起整个大家庭。同样是在 40 岁，他的父亲以一段新的恋爱关系、事业转换和迁居作为中年时期开始的标志；西格蒙德的危机则包含着亲密关系的改变和职业生涯的上升。他比父亲更好地解决了中年危机，他巩固职业、出版新书、获得教授职位，且逐渐成为被社会认可的新理论的创始人。

晚年时期的家庭

当家庭成员逐渐老去，家庭必须学会面对老一代人的死亡。每一代人的家庭生命周期阶段都在不断地向前发展，使所有关系都必须适时地重新排序（Shields，King，& Wynne，1995；Walsh，1998）。这使得肩负照顾家人责任的女性更容易出现特殊问题——例如多尔菲和安娜；她们比自己的配偶寿命更长久——例如弗洛伊德的母亲阿马利娅和妻子玛莎，当最后一位家长去世时，兄弟姐妹之间的关系将首次变得独立。家谱图可以揭示出哪个孩子将被委派去照顾年迈的父母，以及对于这种管理责任，常常会使兄弟姐妹间产生哪些三角关系。兄弟姐妹的冲突和关系断绝通常能够反映出父母与子女在早期生命周期阶段的三角关系，特别是在童年时兄弟姐妹中谁更受到父母的宠爱。

当然，特别是姐妹们生活在一起，若其中一个与对方的丈夫发生婚外情，会进一步增加关系的复杂性。随着岁月的流逝，我们对明娜和玛莎的关系仍然一无所知，甚至不确定玛莎对妹妹和丈夫的关系了解多少。她当然知道他们关系紧密而且频繁出游，而玛莎也曾参与卧室布局的安排。目前所知，这对姐妹总是很亲密，但若对其中任何一位进行临床治疗，有关丈夫和妻子姐妹间的关系都是需要调查清楚的，进而可供下一代人参考，尤其是在这个案例中，弗洛伊德的儿子马丁和他妻子的妹妹也有婚外情。这种背叛可以在多年后渗入家庭关系之中，甚至会涉及对此没有任何意识的人和处在最初的秘密和背叛事件中的人。

弗洛伊德（Freud）家庭大事年表，1900 年后

1902 年	（3 月 5 日）西格蒙德晋升成为客籍教授。
1909 年	女儿玛蒂尔达结婚 。
1911 年	同父异母的哥哥菲利普去世。
1911 年	与追随者威廉·斯特克尔（William Stekel）断绝关系。
1912 年	与阿尔弗雷德·阿德勒断绝关系。西格蒙德称他为“阿德勒，可耻的残废，颇具天赋的思想者但却是恶毒的偏执狂”。（1912 年 8 月

	20日致詹姆士·杰克逊·帕特南的信件）
1913年	与卡尔·荣格（Carl Jung）断绝关系。
1913年	女儿索菲结婚。
1914年	第一个外孙恩斯特·哈尔贝施塔特（Ernst Halberstadt）出生，后来他成了一名精神分析师并改名为恩斯特·弗洛伊德（Ernst Freud）。
1914年	同父异母的哥哥埃马努埃尔去世。
1918年	西格蒙德开始分析他的女儿安娜，这似乎至少持续到1922年。
1919年	重要的追随者，维克托·陶斯克（Victor Tausk）自杀。
1920年	女儿索菲患肺炎去世。
1923年	（5月）西格蒙德被诊断出患癌症，于此年完成第一次手术。
1923年	（6月19日）最疼爱的外孙，索菲的儿子，死于肺结核。西格蒙德第一次哭泣。他再也没有从这次丧失中走出来，自己不久之后也罹患疾病。
1923年	（10月4日）西格蒙德接受第二次癌症手术。
1923年	（10月11日）西格蒙德经历了第三次手术。在未来的16年中他将接受超过33次手术。
1923年	埃利在纽约去世。西格蒙德刻薄地对他的财富发表了评论，并建议妹妹安娜现在可以为她四个贫困的姐妹们做点事。
1924年	与追随者奥多·兰克（Otto Rank）绝交。
1924年	与费伦齐（Ferenczi）决裂。
1926年	西奥多·赖克（Theodore Reik）因"诈骗罪"被起诉。
1930年	西格蒙德的母亲阿马利娅去世。
1938年	全家终于可以移民，逃离维也纳。
1939年	弗洛伊德在伦敦去世。

西格蒙德的父亲死于1896年。在后来的34年中阿马利娅受到子女们悉心的照料。西格蒙德和他最小的弟弟亚历山大为母亲和姐妹们提供经济上的支持；排行居中的多尔菲一生未婚，且留在家里与母亲一起生活。西格蒙德在女儿安娜的照顾下活到83岁高龄（见彩图28）。安娜成了她父亲的主要追随者和理论继承人。玛莎·弗洛伊德虽然还活着（她于1951年去世），但主要是由安娜在西格蒙德多次颌骨恶性肿瘤手术期间承担照料他的工作。对于安娜，就像长辈中的多尔菲姑妈一样，她从未离开过自己的家。父亲去世时她44岁。这么多年如果不是安

娜督促，西格蒙德一直都不愿起身活动。虽然在1913年安娜曾爱上自己的表兄，爱德华·贝尔奈斯（Edward Bernays），但是后来她说他们没能在一起其实是一个比较好的结果，因为他俩是双重嫡表亲，如果在一起就成了双重乱伦。她曾梦见父亲是国王，而自己是公主，人们试图用阴谋诡计挑拨他们的关系。她决定与多罗西·伯林厄姆（Dorothy Burlingham）成为伴侣，多罗西是一位有着4个孩子的美国母亲，也是美国玻璃大亨路易斯·康福特·蒂法尼（Louis Comfort Tiffany）8个女儿中最年轻的一位。多罗西从未正式离婚，但她后半生都和安娜生活在一起，两人经常在空闲时一同外出度假。她们一起建立了战地托儿所、精神分析培训学院以及驰名全世界的儿童诊所。（多罗西的丈夫于1938年自杀，此前他曾试图说服妻子回到他身边，但都未成功。）

家谱图有助于我们理解或预测家庭成员对生命周期不同阶段中关键事件的反应。例如，西格蒙德对于3岁外孙在1923年的夭折反应非常强烈，不久之后他自己也被诊断患有癌症：

> 他确实是个惹人疼爱的小家伙，而且我知道自己从来没有如此地喜爱过任何人，从来没有如此地喜爱过任何一个孩子……，我发现这个丧失让我难以承受。我认为我从不曾经历如此的伤痛，也许还有自己的疾病雪上加霜。我已经筋疲力尽；所有的一切对我都已失去了意义。（in Freud，1960，1923.6.11）

1个月后他记录了人生中第一次遭受的真正的抑郁发作（Jones，1955，p.92）。在3年后西格蒙德写给女婿的信中，他说自从孩子死后他再也无法真正地享受生活：

> 我对孩子的离去感到伤心难过，这是我生命中最黑暗日子。到最后我终于可以控制住自己，可以静静地想起他，提到他时也可以止住眼泪。但安慰我没有任何帮助；唯一让我感到慰藉的就是到了这个年纪我本来也不可能活多久来陪他了。

西格蒙德的言语反映出他正在走向死亡的命运里挣扎着。而让他更加难过的不仅是外孙早亡，还有孩子的母亲、他的女儿索菲在3年前去世，年仅27岁。

对比于外孙死亡，7年后的1930年，西格蒙德在亲生母亲去世时写道：

> 表面上我可以感觉到的只有两件事：个人自由度增加了，因为（如果我先死了）“让母亲得知我死亡消息”这一想法实在太过恐怖；第二，在我母亲走过

> 了漫长的一生后她至少赢得了权利、获得了解脱，我对此感到满意。除此之外，没有悲伤，没有像小我10岁的弟弟那样的痛苦体验。我没有参加葬礼，安娜再次代表我，在法兰克福出席了葬礼。她对我的价值无与伦比。她的离世以一种奇妙的方式影响了我……，没有痛苦，没有悲伤，也许可以用境遇、年纪和能够结束我们对她在病痛中的煎熬而感到的无能为力来解释。我想，我能够理解这种获得解放的感觉。只要她还活着我就不允许自己死去，而现在，我可以了。在某种程度上，我生命的价值在更深的层面上发生了变化。（Jones，1955，p.152）

在此情况下，74岁的西格蒙德与那抗争多年的癌症以及自己终将面对的死亡和解了。他如释重负，因为生命周期最终被寄予的是荣耀：父母先走，孩子随后。家庭对意外死亡或创伤性死亡的成员的哀悼会极其痛苦，治疗师应特别留意家谱图中出现的意外死亡事件，并对那些为了应付丧失而发展出的不良模式保持特别的警惕（McGoldrick & Walsh，2004；Walsh & McGoldrick，2004）。

G ENOGRAMS

第 9 章 家谱图的临床应用

在本章中，我们将领略家谱图在临床工作中的巨大潜力。不同的治疗师会以各自的方式运用家谱图：走近家庭、重构和解决家庭问题、解锁家庭系统、澄清家庭模式、贯通家庭历史以赋予他们力量，从而使家庭能够更灵活、自如地迎接未来。家谱图还是一种心理教育的工具，可以帮助家庭成员理解他们的行为模式，进而学着自己去探索家庭进程。以三维（图形 + 时间点）的形式绘制家谱图，可以将家庭独特的发展史展现出来，而这本身就是一种很好的治疗性干预，能够促使家庭以系统化的观点看待自己。

家谱图的临床应用方兴未艾（见参考文献），在不断修订的进程中，它的应用范围也越来越广，现在已发展出：家谱雕塑（Papp，Silverstein & Carter，1973；Satir，1988）、文化家谱图（Congress，1944；Hardy & Laszloffy，1995）、性别家谱图（White & Tyson-Rawson，1995）、性关系家谱图（Hof & Berman，1986）、旨在帮助女同性恋者的强化社交网络的家谱图（Burke & Faber，1997）、游戏家谱图（见第 10 章），以及针对不同年龄组、患有各种病症、不同生活背景等各种人群的家谱图（见参考文献）。本章将对上述各类家谱图中的几种加以介绍，为读者展示家谱图在临床上丰富的应用前景。

对家庭的家谱图访谈

家谱图访谈为我们提供了一种以系统化治疗的方式去接触整个家庭的实用方法（Alexander & Clark，1998；Weber & Levine，1995）。我们希望尽可能地将所有相关家庭成员都包括在内，以便治疗师和家庭成员都能够以家庭为大背景去审视他们面临的问题。

家谱图访谈着眼于整个家庭系统。将家庭信息编排绘制成图的过程告诉我们，要想理解家庭中的问题需要着眼于问题本身之外更为宏观的层面。这其中蕴含的系统性假设是：任何家庭成员身上发生的任何事，都会对家庭全体成员造成影响。这也提示了家庭关系的联结无论过去还是将来都不会中断。

同样重要的是，家谱图访谈应围绕家庭的核心传统以及家庭特别关注的问题展开，以此促进家庭成员之间建立更融洽的关系。家谱图访谈的提问常常会直指家庭历史的关键性议题：出生、爱情、疾病、死亡、冲突及断绝关系。家谱图访谈呈现出的家庭结构提供了一个定向的框架，可以让我们更好地讨论家庭生活的方方面面，关注并追踪诸如疾病、丧失、感情纠葛等艰难的议题。

家谱图能够将家庭症结和情感纠葛的材料直观地呈现出来。家谱图访谈的结构还可以让治疗师以一种较不具侵入、威胁性的方式获得这些信息。绘制家谱图可以帮助治疗师和家庭双方以不激起创伤痛苦的方式整理家庭历史，这种方法不受限于时间和距离，也可以让记忆和存留下来的家庭事迹不再受制于痛苦、羞耻、保守秘密和沉默。在轻松的、就事论事的访谈氛围中完成家谱图，我们往往可以直接从来访者那里得到信息。即便是非常谨慎、不喜欢开放性问题的人，通常也很愿意以这种方式讨论他的家庭。值得一提的是，家谱图访谈在收集信息的同时还可将所收到的信息有条理地展示在家庭成员面前。家谱图使得来访家庭在认知层面理解症状或问题行为，了解到这些行为与那些富含情感的家庭关系是紧密相关的，以此能够增强家庭成员对当下现状的掌控感。绘制家谱图作为一项需要家庭成员参与并共同努力完成的任务，赋予了他们力量，在这里家庭成员是自己家庭历史的权威，而治疗师仅仅是记录者和见证人。另外，绘制家谱图也给治疗师提供了回馈家庭的机会——向他们呈现一幅有关其家庭历史的图谱。对许多家庭来说，不管其中包含了多少痛苦的成分，丰富的家庭经历都是确立心理认同的重要资源。

治疗师可以使用黑板、大号记事本或电脑向家庭展示家谱图。家谱图似乎带有一种神秘感，将一些家庭紧紧“吸引住”。瓦赫特尔（Wachtel，1982）指出，类似于心理测验，绘制家谱图可以提升治疗师对家庭模式的预测的信度和效度。在第一次治疗结束时，我（莫妮卡·麦戈德里克）通常会将由电脑生成的家谱图打印出来送给来访的家庭，这其实也是邀请来访者参与到评估当中，我会要求他们在下次治疗之前对这张图做修订。他们往往会惊讶地发现：如此繁杂的家庭信息居然可以被收纳到那么小的一张图表之上。

处理家谱图访谈中的阻抗

当人们带着难题来到诊室时，往往会对这些困难以及困难的处理方法抱有片面的看法或认识。这些看法通常非常僵化、缺乏系统性，认为只有一个人，即出现症状的那个人需要改变。任何导向其他家庭问题的努力都会遇到阻抗，他们会否认还存在着其他家庭问题。因而在初始访谈中我们不应只关注尽可能多地收集信息，而无视家庭的态度和需求。一意孤行只会让家庭治疗半途而废。家谱图信息的收集是循序渐进的，治疗师应在融入家庭的过程中寻找问题的线索。

阻抗通常在治疗师收集的信息触及伤痛的记忆或情感时出现。例如，在谈及家庭中某人因车祸去世，或祖父自杀身亡，或存在非婚生育的子女，各个家庭成员就会尝试改变话题，他们会说："为什么要揭这些旧伤，现在明明是乔（Joe）出了问题！"

有时候，看起来无足轻重的提问也可能会引起激烈的反应。例如，某位来访者在被问及他有多少位兄弟姐妹时流下了眼泪。原来这个提问使他想起了最亲密的兄弟溺水而亡。看似简单的提问也许会揭示出家庭的秘密（Imber Black，1993，1998）。如果来访者曾未婚先孕，那么诸如"你们结婚多久了"这样的提问也许会使他们感到羞耻或刻意去隐瞒某些东西。甚至是"你的儿子在哪里生活"这样理性的提问也可能是敏感话题，也许夫妻俩的儿子正待在监狱或精神病院里，抑或完全失去了联络。

治疗师应小心谨慎地推进，去逐渐探究并了解那些最初被家庭刻意隐瞒的信息。阻抗有多种多样的表现形式，可能既直接又激烈，也可能是隐秘的，诸如家庭成员开始变得百无聊赖、烦躁不安（Wachtel，1982）。当讨论家庭历史时反复遇到阻抗，此时治疗师可将注意力集中于产生阻抗的那个人身上，这会对治疗有效开展有所帮助。让那个人感到有人正在认真倾听他的话。让他或她感受到治疗师已经注意到并仍在关注当前的难题，告诉他或她治疗师的意图。让家庭知道：绘制家谱图可以帮助治疗师更好地了解情况，从而向他们提供帮助。

若家庭的阻抗太过强烈，治疗师可暂时停止家谱图访谈。此时治疗师可以重新聚焦在家庭所呈现的困难上，但仍可在适当的时机把当前困境与家庭历史、家庭模式联系起来。这种联系可以提醒人们，他们实际上从属于自身之外更大的群体。将当前的困难与大家庭之间的联系反复呈现给家庭成员可以帮助他们意识到它们并不是孤立的。最终，当他们开始认识到当前的困难与家庭过去的模式之间存在联系，家庭的阻抗和隐瞒的信息便能得以疏通和揭示。通常治疗师都能够在下次访谈中回到有组织的家谱图提问上来。

罗杰斯（Rogers）一家的个案（见图9.1）为我们展示了家谱图访谈初始阶段收集信息过程中出现的强烈阻抗。借助家谱图将当前的难题与家庭历史相关联，阻抗逐渐被疏通，后来他们也成了自身家谱图的研究者。

大卫·罗杰斯（David Rogers）的第二任妻子凯瑟琳·罗杰斯（Kathleen Rogers），

在 1995 年首次预约了家庭治疗。她的 15 岁继女米歇尔（Michelle）的辅导员建议他们进行治疗，因为米歇尔逃课并且在校行为失当。49 岁的大卫是一位律师，他出生在一个富有的英国裔家庭。表面上他很和善并配合治疗，而实际上却充满了抗拒和冷漠。他的首任妻子迪亚内（Diane）来自波多黎各裔家庭，在遭受了两年白血病的折磨后于 1991 年去世。在他们 18 年的婚姻中育有两个孩子：现年 21 岁的朱利安（Julian）和 15 岁的米歇尔。迪亚内过世 10 个月后，大卫娶了比他小 15 岁的凯瑟琳，她是爱尔兰和德国后裔，之前从未结过婚。凯瑟琳现在是全职太太，她和大卫有一个 2 岁的孩子杰德（Jade）。凯瑟琳的父母于 1969 年她 9 岁时离婚。她的母亲于次年再婚，又生了一个儿子马修（Matthew），这个儿子是她的最爱。和自己的继女很相似，凯瑟琳从此感觉自己游离于母亲的重组家庭之外。在治疗之初，凯瑟琳几乎和她的原生家庭没有任何来往。她甚至从未见过 3 岁的侄子伊桑（Ethan）。她的父亲在布鲁克林开了一间酒吧，于 1982 年因心脏病去世。

图 9.1 罗杰斯（Rogers）的家庭（1994 年）

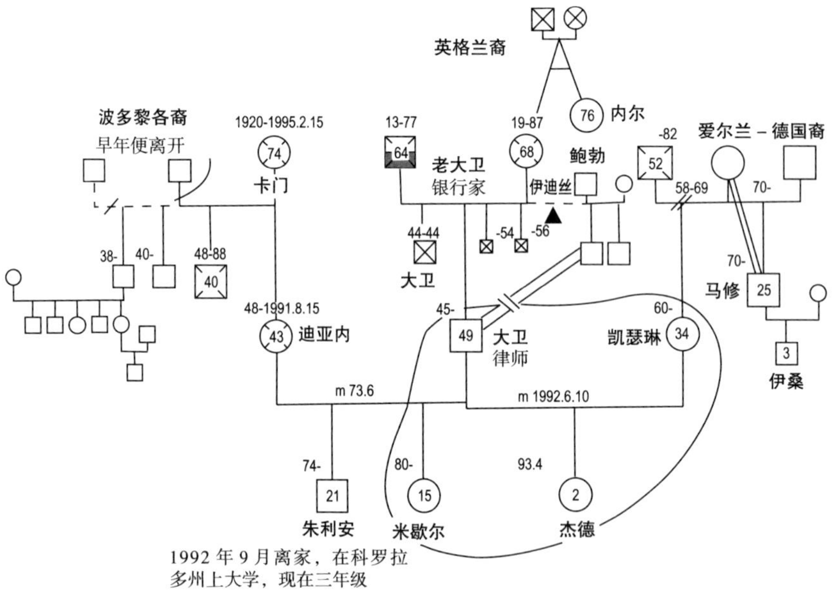

米歇尔是家中与波多黎各的亲戚们联系最紧密的人，她以前经常和母亲、哥哥一起到波多黎各过暑假。11 岁的时候，她被独自留在波多黎各，而同年迪亚内病危。表面上米歇尔是被派去照顾生病的外婆卡门（Carmen），而爸爸的真实意图却是为了保护她免受妈妈生病过世之痛。她的哥哥朱利安则被留在家中，因为爸爸觉得他已经 17 岁，有能力面对病危中的母亲。

在初始访谈中，这对夫妇明确表示他们想解决米歇尔的问题：她在学校行为不端、交“坏”朋友、“浑身带刺”、与他们针锋相对。夫妻俩都不认为米歇尔的问题与对生母的哀悼或外婆卡门最近去世有任何关系，而事实上卡门的死恰好与米歇尔的行为变化同时发生。实际上，我（莫妮卡·麦戈德里克）在治疗过程中发现，米歇尔在1991年母亲葬礼时被留在波多黎各没有被接回家；后来她外婆的死讯也没有人直接告诉她，直到几天后被别人无意中提及她才知道。在初次访谈时我试图收集家谱图的有关信息，这位父亲表现出强烈的敌意，说我是在浪费他们的时间。他认为关于他原生家庭的信息与治疗完全不相关，包括他的父亲死于肝硬化（大卫也认为这与酗酒无关），以及他的名字大卫本来是夭折的哥哥的名字。而凯瑟琳则更不愿意回应有关她原生家庭的问题，因为她原生家庭的结构恰恰与现今她所在家庭的情况几乎完全一致。

渐渐地，我帮助这位父亲听到了女儿对母亲及外婆的深挚情感，并且引导他们和儿女一起回顾家庭历史。儿子朱利安从大学回到家中参加了一次治疗，他表达了家庭中让他感到非常痛苦的两点——家中从没有人提及因母亲去世带来的伤痛，和父亲在母亲去世后很快再婚。此后，大卫第一次应两个孩子的要求，带全家一起去母亲迪亚内的墓地，并且他也逐渐开始面对自己人生中那些一直被压抑着的丧失感。访谈之初，他说他的童年是幸福快乐的，但是渐渐地我了解到，因为他“屈尊”迎娶了波多黎各裔妻子，他的父母几乎与他断绝关系。经过几个月的治疗，他终于同意向唯一还在世的亲戚——内尔（Nell）姨妈了解更多的家庭历史。大卫回到故乡去探望母亲的这位孪生姐妹，自母亲的葬礼后已有8年时间他不曾见过这位姨妈了。在随后的一次治疗中，大卫比之前活跃了很多。他带来了从姨妈那里借来的母亲的相册和日记。通过这些，他第一次了解到父母在生活中面临的困难以及自己童年时的痛苦经历。他还揭露了两个“秘密”——一个是父亲的酒瘾，另一个则是母亲与父亲最好的朋友有婚外情。当这个恋情被曝光后，两个原本非常亲密的家庭突然间断绝交往，这使大卫失去了童年最好的伙伴，他的父亲也同样失去了唯一的朋友。随着大卫对家庭历史了解的增多，他开始更深入地探索自己的感受，对女儿和第二任妻子也有了更多的回应，而先前她们只能默默忍受家庭中所有的情绪，却没有能力改变什么。

在这个案例中，尽管起初家庭带有阻抗，我依旧可以不断推进获得家谱图的基本信息。然后通过最能体会家庭联结的成员（米歇尔）和其他人建立关系。有时家庭成员非常不愿意探讨与家庭历史相关的内容，此时我们可以先放下这个话题，直到找出切入的办法。当我们最终和家庭建立了良好的关系，就会发现阻抗大多来自那些嵌入在家谱历史中的对家庭过往经历的担忧和焦虑。例如，某位家庭成员自杀或曾被送进过精神病院等此类污点。

当然，有时来访者也会用讨论某些家庭历史来回避当下应该采取的适当行为；

此时治疗师就必须对这种做法进行面质。比如，为了避免触及有关酒瘾、毒瘾（或其他诸如此类）的问题，家长可能会试图回避孩子最迫切的需要，或借讨论家谱图而把话题岔开。

当我们与僵化的家庭系统一起工作时，家谱图会非常实用。家谱图访谈的提问都是围绕家庭重大事件来组织的：出生、婚姻、生活变动、病史及死亡。收集这些事件的信息可以让僵化的家庭系统渐渐松动，帮助来访者接触到被压抑尘封的情感或关系问题。

例如，意大利裔家庭卡鲁索（Caruso）一家，他们由律师转介来诊。一家人希望这个治疗可以对长子约翰（John）的案件有所影响，他因贩毒被捕（见图 9.2）。

图 9.2 卡鲁索（Caruso）家族

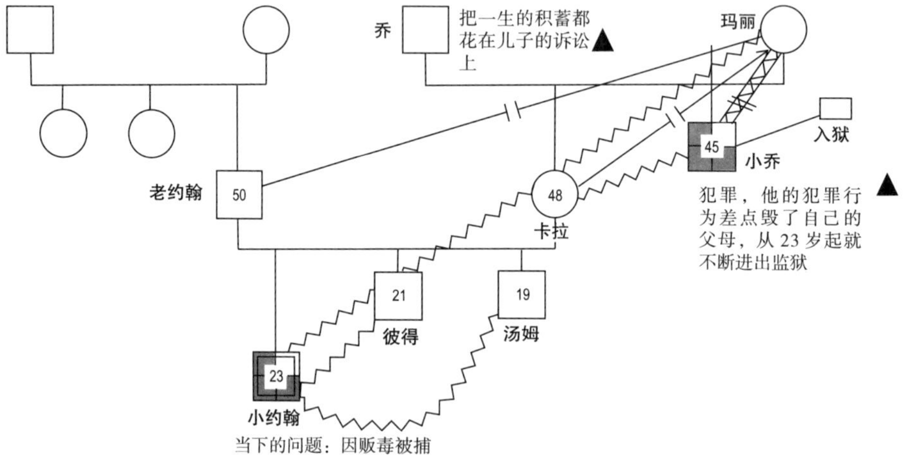

一开始，这个家庭表现得非常团结：他们是相亲相爱的一家人，只是儿子被“坏朋友们”带偏了。他们否认约翰违法的严重性，几乎没提供任何确凿的信息，并试图淡化他们之间的关系问题，但又表示愿意做任何有助治疗的事情。在收集基本的家谱图信息时，几乎没有看到什么明显的联结，直到我问到这个家庭中舅舅的去向。母亲卡拉·卡鲁索（Carla Caruso）说她不知道弟弟去哪儿了，随后又承认他在监狱里服刑并且之前就有多次被捕的经历。这引出了外婆对于约翰的事情做何反应的问题，至此，这个家庭的“团结”开始瓦解。夫妻俩勉强承认，自从约翰被捕后他们就不再跟外婆讲话，因为她对此事反应冷淡，外婆甚至说“让他烂死在监狱里吧”。卡拉的父母已经把房子再次抵押以支付儿子的保释金和律师费。卡拉说她一直和母亲非常亲近，直到发生了这件事，她认为母亲太不近人情。对家族历史的继续追问让我发现：卡拉的弟弟在 23 岁时首次被捕（正是约翰现在的年纪）。当时，外公不顾外婆的反对，一而再、再而三地为儿子支付保释金，花光了所有积蓄，外婆一直痛恨小儿子的恶行几乎毁了整个家。只有通过讨论约翰和他的兄弟们都不知情的舅舅犯罪获刑这个秘密，卡鲁索一家对当下处境的“泰然处之”才被打破。卡拉表达了目睹母亲艰辛生活的痛苦，以及对弟弟让家庭蒙羞的愤怒。她非常害怕自己的家庭会重蹈覆辙，但是和母亲讨论这件事仿佛证实了她的家庭“命该如此”，所以卡拉就不同母亲说话了。当我们谈及此事时，约翰的两个弟弟在访谈中首次开口，表达了对约翰的愤怒，是他让家庭陷入两难的境地——要么拿出所有积蓄保释他，要么让他去坐牢。老约翰作为父亲，起初坚决否认家庭中存在什么困难，但后来也说出了他因被儿子疏远而感到失败和背叛。只有通过对以往家庭事件的探讨，才让当下的冲突凸显出来。

家庭成员在试图回避痛苦的经历或未被处理的情绪议题时，往往会让自我认识和家庭关系变得很刻板。治疗师可通过平和的、不带威胁的、“探究式”的提问打开他们的心结，使家庭成员开始互动交流，以发现新的可能性。家谱图访谈对于强迫型的、不回应或不配合的来访者尤其有效。强迫型的来访者往往会纠缠于无穷无尽的细节，但在家谱图访谈时，他们通常很快就能提及饱含情感的重要事件。不回应的来访者会随着家庭故事的逐渐展露而越来越投入于治疗之中。

也许“丧失”是众多造成家庭成员彼此隔离的问题中最常见的一个。诺曼·保罗和贝蒂·保罗（Norman Paul & Betty Paul，1986）率先使用家谱图来解锁家庭系统中的“死结”，他们聚焦于家庭多代人当中的“丧失”。症状的意义被置于更宏观的背景当中去考察——症状也许是对直系家庭或大家庭中发生的死亡或威及生命之事件的一种解释。保罗夫妇认为，在家庭成员对丧失的歪曲和“遗忘”是造成症状的最重要因素。通常他们会在第一次访谈之前把家谱图表格发给来访者填写，以便收集来访者如何看待自己原生家庭的重要信息。在第一次访谈时，保罗夫妇会仔细询问来访者三代以内家庭成员的出生和死亡时间以及死亡的原因。他们的经验是，来访者在建构其家谱图时通常会感到这样画图似乎很神秘，直到他们发现家谱图中隐含的种种关联，就会豁然开朗有所领悟。

保罗夫妇在《婚姻迷局》（*A Marital Puzzle*，1986）中对这样一对夫妻有深入的研究：在首次治疗中，治疗师要求丈夫提供家谱图信息。在图上他没有标明父母双亡的事实，尽管治疗师特意对此做了提问；当治疗师提出质疑时，他说他不记得父母亡故的具体日期了。保罗夫妇的治疗模型关注的恰恰正是重新发现这些被遗忘的经历。几年前我们也开发了一种家庭图表，它以多种方式问询家谱图信息，比如在访谈的三个不同的阶段中都会问询祖父母死亡的日期。若来访者每次给出的死亡日期都不相同，那么就意味着这些亲人的亡故可能对来访者具有非同寻常的影响。

澄清家庭模式

澄清家庭的模式是应用家谱图的关键。伴随着家谱图信息的收集，我们对家庭的了解不断深入，从而持续地构建和修订着对来访家庭的概念假设。我们会经常与家庭一起讨论我们的观察，将这些观察作为暂时的概念假设提供给家庭，在共同探索家庭历史的过程中，家庭会对这些假设做进一步解释或修订。

之前提到的卡鲁索一家的例子，向我们阐明了家谱图是如何成为家庭与治疗师双方理解家族模式的钥匙，通过澄清当前的两难处境，为未来的改变寻找替代行为。在家谱图中，我们可以看到不断重复的犯罪行为模式。随着我们指出儿子与舅舅的犯罪行为之间存在联系，以及家庭历史重复上演的可能性，这个家庭便开始以整个家庭为大背景去审视儿子的行为，探索引发这些行为的家庭传统和冲突。同时，他们也能集中力量来改变这种模式。

澄清家庭模式是教育家庭成员的重要一环，这能使他们认识到自己的生活和行为与家庭历史息息相关。此外，一旦我们澄清了隐藏在失调行为背后的家庭模式，消除这些行为就不再是难题了。

家庭问题的重构和“解毒”

每个家庭对自身的看法均有其独特之处。当面临诸多难题时，家庭成员的视角也常常会变得僵化、拒绝改变。家谱图是重构行为、家庭成员关系和时间联系的重要工具，也是使家庭对自身看法正常化和“解毒”（detoxifying）的好帮手。对家庭经历的“再解读”也让未来发生积极的改变成为可能。

家谱图访谈为治疗师提供了许多机会来帮助家庭成员对自身状况的理解正常化。将某一个难题单独抽离出来看，或将它置于正常化的视角之下，往往可以使难题“解毒”。运用家谱图中的信息，治疗师也可以积极地重构家庭成员的某个行为在家庭中的含义，使家庭成员从一个全新的角度审视自身。对于如何看待某个成员的行为以及成员之间的关系，讨论家庭结构可为我们提供一个“正常化”的视角。（如：“你是如此负有责任感，这一点儿不奇怪，因为长子通常都这样”，或者，“通常在自己家庭中排行都是最小的两个人结婚，往往会期待对方来照顾自己，你们也是这样的吗？”）同样的，对于生命周期的理解也能提供“正常化”的经验。（如：“与你相像的晚婚人士，大多都有自己独特的处世之道，你也是这样吗？”）重复的模式以及巧合的事件是问题行为在大背景下的显现。（如：“或许你的感受和当时所有那些烦心事有关？”）同时，关系模式和家庭平衡也有助于揭示家庭成员之间的相互依赖。(如:“若像你这样被家人当作怪人,任何人都会以和你一样的方式回应他们”,或者,“通常当一个人承担过多的责任时,另一个人就会承担得很少”。)

鲍恩是运用家谱图问答来达到“解毒”效果的大师。下面是鲍恩对一位男性来访者访谈的摘要,来访者对他那极具控制欲的妈妈感到非常恐惧。

鲍恩:你是母亲的独生子,而你的母亲也是独生女,有鉴于此,你认为你遇到的哪些问题可能和这两点有关?

来访者:我妈妈是一个控制欲极强的女人,她永远也不能放开她所拥有的任何东西——包括我在内。

鲍恩:哦,如果你是她的独子,这个状况不是很好预测吗?通常在这样的关系中,一个人能精准地知道另外一个人的想法……,也就是说,你说的是一种非常紧密的关系,这在妈妈与独子之间很常见,特别是在单亲妈妈身上,你的妈妈也恰好是独生女,你会怎样描述你妈妈与她妈妈之间的关系呢?

鲍恩在此通过讨论家庭结构,将母亲的行为以及母亲与独子之间的特殊纽带正常化。鲍恩的治疗始终贯穿着对多代家庭模式的追踪、“解毒”和重塑。

运用家谱图设计干预方案

鲍恩学派的系统家庭治疗师已将家谱图作为评估和设计干预方案的首要工具并运用多年。近期,其他流派的治疗师也开始运用家谱图来记录信息、评估家庭及设计干预策略。

瓦赫特尔提议将家谱图作为一种类投射技术用于家庭治疗,以揭示家庭成员的莫名恐惧、愿望和价值观。她用四次时长各为一小时的治疗完成了一对夫妇的家谱图。在获得基本的事实信息之后,她要求这对夫妇用一些形容词来描述每一位家庭成员,然后再以家庭故事来解释这些形容词。通过追踪这对夫妇对各个家庭成员的看法,以及这些看法是如何代代相传的,瓦赫特尔了解到这对夫妇对家庭关系的看法,并在此过程中不断地对“家庭事件、家庭模式、概念假设及它们与当前状况的关系”做出评论(Wachtel,p.342)。治疗关系就像一眼泉水,而各式的思想、观点和看法都会由此源源不断地涌现;同时,来访的夫妇也会更加主动地探寻和补充家谱中缺失的信息。

治疗师不仅可以运用家谱图做记录和评估,还可将其用于设计干预策略。阐明一个家庭之所以如此的原因,如果发生改变可能带来哪些问题,以及这些问题进而对整个家庭系统的影响。在策略性的治疗中通过家谱图将家庭模式呈现出来,首先可以让家庭成员对家庭当前的失调有积极的理解,并以此来向家庭中现存的僵化的“平衡”辩证地提出挑战。当改变出现时，家谱图上的信息又可被用来强化新生的、改善了的模式，强调家庭进化的正常性。

在针对入院治疗的新移民和有色人种等弱势群体的治疗中，家谱图也是非常有效的临床工具之一，它鼓励人们尊重本族群的历史，帮助他们运用其他方面的成功经验来解决当下的难题（Boyd-Franklin，2006；Hines，2005；McGoldrick，Giordano，& Garcia-Preto，2005）。总体而言，在我们这个关注“问题解决”的社会中，为了保证主流群体的地位，受压迫群体的历史被掩盖了。正如莫拉莱斯（Morales，p.13）所说的：“记忆，无论是个体记忆还是群体记忆，都是社会反抗的重要战场……，受压迫的故事总是充满了惊心动魄和颠覆性的启示，冲击着不平等的社会整体结构。”因此，帮助家庭讲述他们自己的文化和故事，对于受压迫的个体和整个社会都是非常有意义的。

例如，我曾经的来访者艾哈迈德（Ahmed）和他的穆斯林家庭，他们1978年移民到美国（见图9.3）。艾哈迈德是位工人，有一份稳定的工作，但他曾长期对妻子和女儿们实施家暴。当时家庭成员是分开居住的，他的女儿们在收养家庭生活，他的妻子在家居住，他在收到限制令之后搬去哥哥那里。

艾哈迈德的治疗方案包括多层次的系统支持，以使他对自己的行为负责（Almeida，Messineo，Woods，& Fort，1998）。为了增强这一支持系统，我们从家谱图入手，与

图 9.3 艾哈迈德（Ahmed）的家族

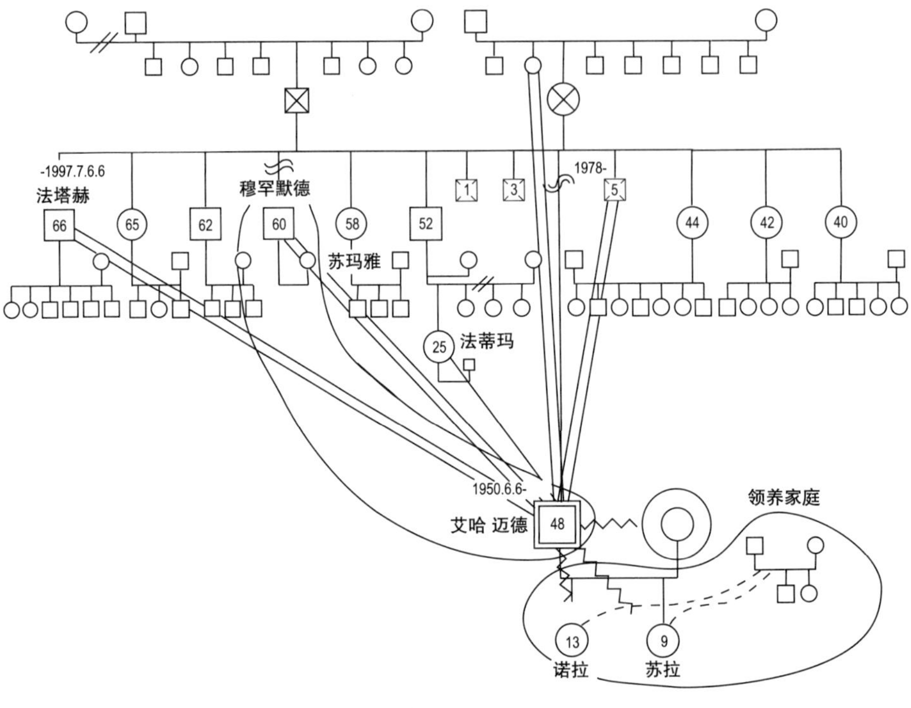

同他一起生活的哥哥穆罕默德（Mohamed）一道研究他的历史。讨论围绕着艾哈迈德在家庭中的位置以及家庭的创伤史展开。起初，兄弟俩看上去都认为这是浪费时间——部分是因为他们的家庭如此庞大——13个兄弟姐妹、14个叔叔姑姑和35个侄女外甥。但当他们谈论家庭成员时，家谱图上的人和他们的重要性立即变得真实起来，对艾哈迈德尤其如此——他曾经历多次丧失。事实上，与他相邻的3个兄弟都夭折了，而长兄法塔赫（Fateh）在前一年艾哈迈德生日当天去世——“他的心因为充满了爱而爆掉了”。绘制家谱图的过程中，当回忆起紧挨着他的弟弟因小儿麻痹症夭折时，他不禁伤心落泪。这些使艾哈迈德产生“归属感”的重要经历成为治疗的关键，帮助他在治疗团体中借助他人支持发掘出自身的能力去为妻子儿女做有益的事（Almeisa et al.，1998）。事实上，在那次治疗中我们了解到他的一个侄女——法蒂玛（Fatimah），是虔诚的穆斯林和女权主义者，就住在邻近的小镇上。后来她成为治疗中的重要同盟，在艾哈迈德和妻子、女儿之间牵线搭桥。

运用家谱图改善现有的关系

治疗的一个重要目标是帮助来访者正视自己和他人的丧失，从而发展出生存感（survinorship）、意义感（meaning）、掌控感（mastery）和延续感（continuity）。家庭成员往往需要外力帮助他们扩展对自身和家庭历史的视野——看到他们的生活经历与祖先以及当前家庭和社区之间的延续性，意识到他们与下一代人之间的联结。然而我们社会中的许多东西却剥夺了人们的延续感，所以改变这种状况不仅需要人们改变对逝者的看法，还要改变他们对整个人生的看法，从一个更好的角度为他们共同的未来提供支持。

我们发现将当前的家庭成员和他们过去的丧失仅做简单的联系，就能让他们的自我认识发生很大的改变，也能够以此发掘出更多的资源应对未来的挑战。陈（Chen）先生一家生动地向我们显明了这个道理（见图9.4）。

陈先生一家因为他们14岁的儿子马克（Mark）吸毒并在学校行为不端被转介前来接受治疗。学校之前已多次转介他们去过好几家戒毒机构。学校声称陈先生夫妇很不配合治疗，也不能有效约束自己的儿子，马克在学校的影响非常坏。

58岁的陈先生在餐馆工作，四年前因背部受伤而致残，他18岁时从中国移民来到美国，并在美国结识了20岁时从土耳其移民至此的妻子。夫妇俩已成功地养育了两个年长的孩子，他们年龄相仿，都比马克大许多。大儿子迈克尔（Michael）19岁就已大学毕业，现在在附近的一所大学做研究员。女儿罗丝（Rose）在附近的城市读研究生。陈先生因背部受伤致残，当时马克只有10岁，此后陈先生就不能在餐馆工作了。从那时起，陈先生就强烈地感到自己无法胜任父亲一职，他始终认

图 9.4 陈（Chen）的家庭

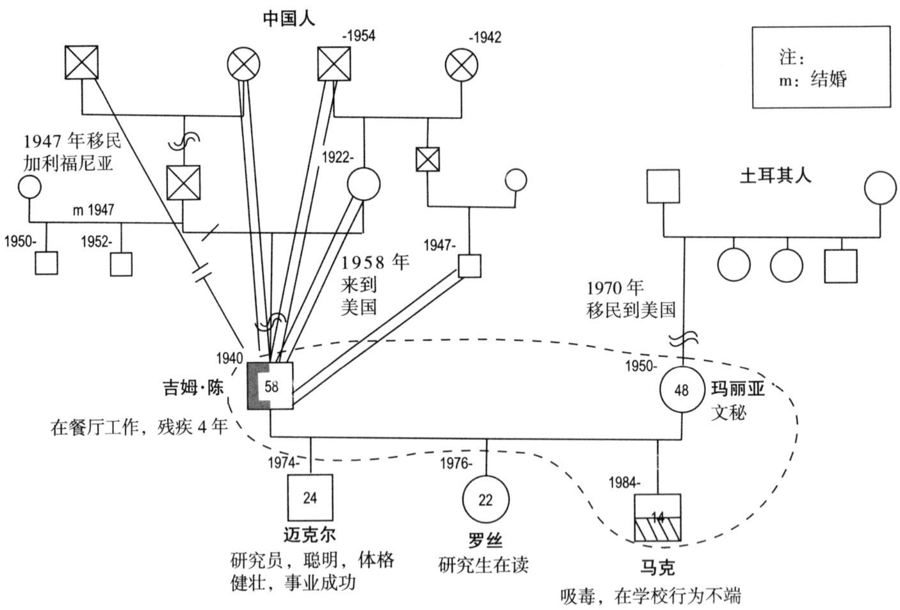

为作为父亲应该背负重大的责任。

当我们询问儿子吸毒和行为不端的经历时，发现他的父母虽然做了所有被各方要求做的事，却没有与匿名戒断协会或其他机构联系，因为在儿子吸毒这个问题上这对夫妇似乎没有与儿子“分化”的概念。他们觉得学校指责他们没做的那些事，他们根本不知道怎样去做。他们定期带马克去做毒品检测，他已经一个月没沾毒品了，但学校还是对他印象很糟，想开除马克。

当我们开始绘制家谱图时，陈先生含泪提道，他的父亲在他结婚前一年就去世了。考虑到这种情况，我们决定举行一个以家谱图上的家庭史为基础的仪式，以便联系历史，增强他们当前的力量感。我们还不清楚陈先生对父亲的去世如此悲痛与当下家庭中的问题有多大关系，但是他表现出的对父亲的强烈情感说明这之间一定有所关联。治疗师要求陈先生夫妇及马克每人写一封信给陈先生的父亲，希望以此将家谱图中呈现的关系模式带到当下的关系模式中。接下来一周的治疗中，三人都读了自己的信，摘要如下：

陈先生的信

亲爱的父亲：

我一直以来都想给你写这样一封信。我经常会在夜晚昏黄的灯光下想起你，想起我童年的经历。许多孩子都有一个欢乐的童年，但我的童年却不堪回首。童年是战争、饥饿和孤独，我甚至没有机会上学，但最糟的还是缺乏父亲的指引。所有这些记忆伴随我终生。每次想起来我都非常悲伤，而我能做的却只有哭泣！我的心像被绳子捆住了一样难过。我是如此伤心！我有许多问题想要问你。你是一个丈夫、一个父亲，但是你尽过父亲和丈夫的责任吗？当我还在中国的时候，我和妈妈寄了多少封信给你，却从来没有收到过你的只言片语。妈妈独自一人拉扯我长大，她卖命地工作，虽然挣得很少，但是她尽最大努力把我带大。听舅舅说，她本来有机会再婚，但是因为我还小，她不想让我有一个继父。妈妈被不能再嫁的传统观念所束缚，是你毁了妈妈的一生。

你有一座农场，你必须细心照料农场中的蔬菜和幼苗，它们才能生长。你照料温室中的种子，确保它们发出的新芽足够茁壮后你才将它们移出去栽种。当你把它们移到地里的时候，你会确保地里没有野草，才会种下。你细心照顾地里的蔬菜，给它们浇水、施肥，你担心它们会停止生长。

我也是你的种子，你却为什么不这么细心地照顾我？我想上学，想接受好的教育，就像你照顾那些蔬菜一样，我也需要浇水、施肥。你会确保没有野草影响到蔬菜的生长，在教育的花园里我也需要这样的细心照顾啊！难道你不这样认为吗？但你从没有给我接受正规教育的机会。当我来到美国的时候，我把这一切都告诉了你。但你真是铁石心肠。你对我说："你已经18岁了，我把你带到了美国，以后你就可以供养你妈妈和侄子了。"我那么年轻就独自扛起了家庭的重担，你真的觉得你对待家人的方式是对的吗？你不为自己感到羞愧吗？今夜如此宁静，请好好想想吧。我没什么可说的了，所以就写到这里吧。祝你身体健康。最后我想告诉你我已经结婚了，也有了三个孩子。我是一个好丈夫，也是一个好父亲，不仅供养我的家人，还尽我所能给孩子们提供最好的教育。我爱我的孩子们，世上没有什么事是我不愿意为他们做的。

你的儿子

吉姆·陈（Jim Chen）

马克的信

亲爱的爷爷：

你还好吗？我想说的是你非常的"不怎么样"，但我并不真的恨你对我爸爸所做的一切，同时我也并不喜欢你，因为我从来都没有见过你。但是从我听到的信息来看，我想你并不喜欢我的爸爸，也就是你的儿子。哦，就写到这里吧。

祝好，

你的孙子

陈先生妻子的信

亲爱的公公：

我从没见过你，因为在我和你的儿子结婚前你就去世了。但我知道你的故事，知道你是如何对待我的丈夫和婆婆的。我替他们感到难过，尤其是我丈夫吉姆。我能想象他那时有多难过。尽管是因为你，他没有像其他孩子那样拥有幸福的童年，但他经常告诉我，他原谅了你。他有一颗满怀宽恕、爱以及平和的心。你给他和他的家庭造成了巨大的伤害，他努力工作供养母亲，弟媳和侄子，好让他们生活得更好。他总是告诉我他从不后悔，他从来没有把他们当成负担。我们婚后他还会寄钱给舅母和侄子。作为一个父亲你怎么能这样对待自己的儿子？但吉姆是幸运的。他有非常好的舅舅和外公，他以外公为榜样学到了很多东西。现在的吉姆并不像你，而更像他的外公。他总是满怀爱意地回忆起外公，外公是个刚强严肃的人，但对吉姆温柔呵护。我的丈夫对待自己的孩子就像外公对待他一样。我为他感到骄傲，而且总告诉孩子们他们是多么的幸运。他们有多么好的爸爸，在他们有任何需要的时候父亲会永远支持着他们。

在读这些信之前，马克对咨询感到厌烦，他在椅子上扭来扭去，对我们的谈话不感兴趣。然而读了这些信之后，治疗师成功地使这个家庭配合到咨询当中，学校也将马克留下，他跟父母的关系改善了，在学校里也不再捣乱。

在这一案例中，家谱图帮助一个核心家庭从破碎隔阂的家庭历史中寻找力量。让家庭成员团结起来，共同面对他们的历史，不论这样的仪式有多痛苦，它都会成为强大的资源和抗逆力的源泉。

家庭医疗干预

以下的案例向我们展示了家谱图在临床医疗方面的作用，第一个例子阐述了初始访谈中信息收集的重要性。

泰·安德森（Ty Anderson）是一位 28 岁的化学工程师，在 2007 年 8 月因胃疼到当地一处家庭医疗中心就诊（见图 9.5）。按惯例在新患者与医生见面之前，护士为他绘制了家谱图。根据家谱图上的信息，医生从环境因素入手评估他的胃疼。

医生发现，对于安德森先生而言，目前是非常困难的时期，并推测最近家里发生的事情对他和他的家庭都产生了很大的影响。安德森先生和他的第二任妻子丽塔（Rita）正经历着一系列生活上的变动。他们几个月之前刚刚结婚并搬入新家，并且他们的第一个孩子将在5个月后出生。此外，安德森先生的姐姐最近与丈夫分居了，这件事可能影响到整个家庭系统。

家谱图上显示出一系列可能的联系、周年反应以及重复模式，这些都会加剧未来事件给安德森先生的压力。他的第一任妻子于2006年8月死于癌症，这可能会带来周年反应。从图中可以看到，这个家庭中有好几位女性年纪轻轻就过世了，他的母亲、他的外婆和他的第一任妻子都在20多岁就离开人世，这可能会使他对女性的脆弱异常敏感。有可能他对现任妻子即将临产非常焦虑，特别是他的外婆就是死于难产，他的姐姐在分居之前也流产过两次。因为安德森先生和他的母亲都是家里最小的孩子，医生猜测他可能会认同于母亲，担心自己也会死掉，因为他现在的年龄和母亲死亡时的年龄一样。这对夫妇结婚的时间也引起了医生的注意。安德森先生在前妻的葬礼之后一周认识了现任妻子，并且两个人在一年之内就结了婚。考虑到过渡期如此之短，医生怀疑安德森先生是否已处理好前妻去世带来的伤痛，并假设会潜藏一个三角关系——现任妻子因安德森与前妻未终结的关系而被置于局外。

图 9.5 泰·安德森（2007年8月）

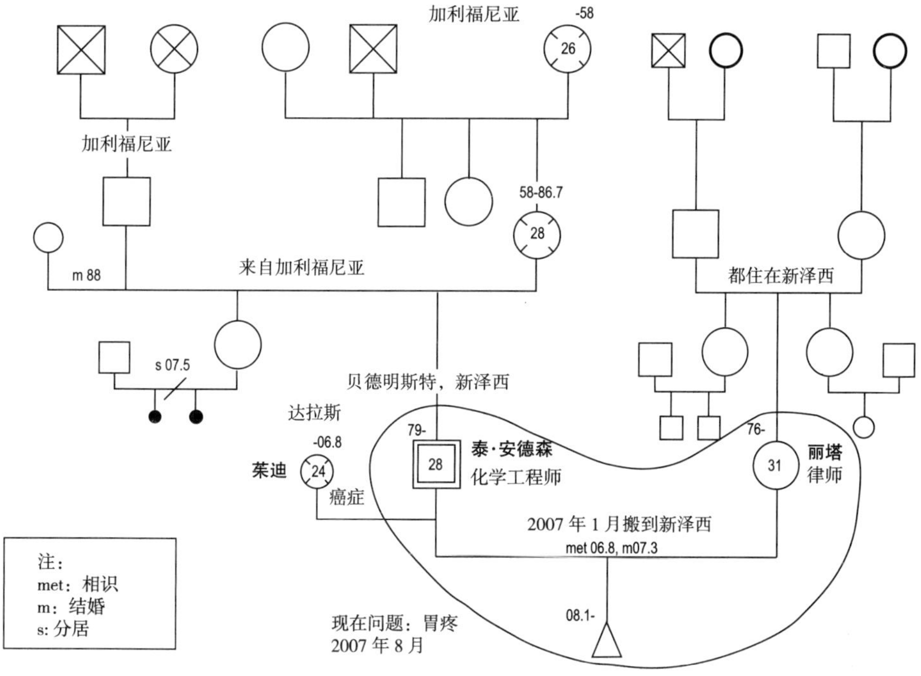

最后，让我们看看这对夫妇的家庭支持系统，很明显安德森先生没有什么家人住在附近，而他妻子的父母和兄弟姐妹都住得不远，这也可能使这对夫妇获得的感情支持不太平衡。简短地讨论了这些家庭因素之后，安德森先生承认他对妻子的怀孕感到担忧，还有自己对前妻的思念，而这又让他觉得很羞愧。他接受了医生让他做家庭治疗的建议。身体检查表明他的确患有食管反流，这也可能受情绪影响变得更为严重。医生为他开了药，并要求他在两周后回访时也请妻子一同前来。两周后，他已开始接受家庭治疗，症状也消失了。安德森和妻子显然就他过去的经历进行了深入的交谈，无论心理上还是身体上，现在安德森先生都感觉好多了。

在这个案例中，家谱图访谈揭示出一系列需要处理的心理社会应激源，并以转诊为契机，缓和了安德森先生和他家人承受的压力。家谱图为医生提供了开展预防性健康护理的机会。

但接下来的这个案例更为复杂，在这里，获得家谱图信息更为不易。

丹·罗斯基（Dan Rogoski）是一位 49 岁的保险推销员，他就医的主诉为近期常感心悸。但医生并未发现任何器质性病变，所以就查看这位患者的家谱图。从家谱图中，医生发现这位患者的父亲死于心脏病，他的母亲也有好几次心肌梗死和中风的病史，他的妹妹现正患病，他的弟弟已经去世。医生觉得应该对罗斯基先生的家庭历史做更多的了解，就提出一些问题以完善家谱图（见图 9.6）。

图 9.6 罗斯基（Rogoski）的家庭（2006 年）

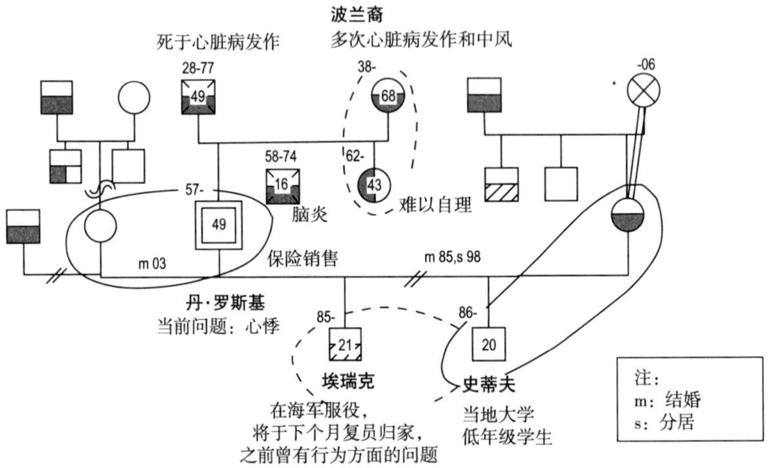

在询问家谱图信息的过程中，医生注意到家庭里发生的一系列事件都可能影响到这位患者。罗斯基先生的儿子埃瑞克（Erik）在加入海军之前有很多行为不端及物质滥用的问题，而现在他临近退伍回家，也许罗斯基先生担心儿子会再次出现

同样的问题。还有他前妻的母亲最近去世了，这很可能会增加前妻的压力，从而导致她本已严重的酗酒问题越发失控。这反过来又会影响和前妻一起生活的儿子们。罗斯基先生的妹妹患有多发性硬化症，病情也在恶化。她和母亲生活在一起，但是母亲已经68岁，很快就无力再照顾她了。作为唯一健康的哥哥，罗斯基先生感到自己有义务照顾妹妹，同时他也非常担心自己会生病，因为家里所有的兄弟姐妹都正遭受疾病的困扰。

医生还注意到，罗斯基先生正处于父亲死于心脏病时的年龄。他的小儿子史蒂夫现在20岁，正是他失去自己父亲时的那个年纪，也许罗斯基先生非常害怕历史在他身上重演。

最后，这个家庭还有酗酒的历史。他的父母、他的儿子、他的第一任妻子以及他两任妻子的原生家庭都有酗酒问题。从这些情况来看，罗斯基先生也可能有酗酒的问题，或者家里人认为他有。

通过了解家谱信息，医生询问了罗斯基先生以下这些值得关注的问题：儿子的退伍归家，他的前妻、他妹妹的功能失调，他怎么看待自己正处在父亲死亡的同一年龄，以及他的酗酒问题。尽管他承认他担心除酗酒之外的所有问题，但是他觉得这些和身体状况没什么关系，他说自己从来没被这些事影响过。至于酗酒这件事，他承认妻子认为他喝得太多，但这只是因为现任妻子的父亲以及她的第一任丈夫都是“酒鬼”，让她对此过于敏感。这个回答自然引出了更多的问题，他到底喝多少酒以及他和妻子的关系如何。尽管身体上没有查出什么问题，医生基于收集到的家谱信息以及患者的反应要求罗斯基先生和妻子两周后一起来回访——“只是看看心脏还有什么情况”。

接下来的会面再次回顾了家庭最近的压力，罗斯基夫人承认她很担心丈夫的饮酒问题和丈夫的焦虑。医生建议他们去匿名戒酒协会或者去做专门治疗，但是被夫妻两人立即拒绝了。然而一个月后，罗斯基夫人打来电话，说她觉得那些问题都没有消失，希望医生可以推荐一位咨询师给他们。医生再次建议她参加匿名戒酒协会，但是她又拒绝了，不过她还是记下了当地治疗师的名字。六个月后再次回访时，罗斯基先生骄傲地宣布，他已庆祝了自己50岁的生日，感觉自己很轻松也很健康。他说他正在和前妻合作处理大儿子埃瑞克的事——他从海军退役后还不能自立，总是喝很多酒。

尽管罗斯基夫妇俩都没有立即对医生的观察结果做出回应，家谱图还是有效地帮助医生评估了家庭的压力以及各种人际关系因素，使医生逐渐成为夫妇二人的一个重要资源，后来夫妇也对此做出积极的回应。毫无疑问，这对夫妇将来还会来找医生寻求帮助。依据家谱图记录的信息，医生可以追踪事情的变化，特别是关于儿子埃瑞克的发展；而关于妹妹——她需要更多的支持；关于罗斯基先生和前妻之间的冲突是减少了还是仍在继续，以及他与现任妻子关于酗酒的争端是否重新露出水面。

有证据表明，当家庭中的一个成员处于痛苦之中，其他成员都会有所反应（Huygen，1982；Widmer Cadoret & North，1980）。在这个案例中，医生意识到患者承受着多种压力，认为也有必要将他的妻子引入治疗当中，以评估她的反应、支持丈夫的能力，或至少让他们觉得如有需要会有人支持他们。这些都让罗斯基夫人更容易接受之后的转介，毕竟医生已对情况比较了解，而且能够提供有助于他们解决问题的各种资源。

在医疗实践中运用家谱图评估，我们就能知道家庭在重复哪种模式并对此采取预防措施；有什么资源可以帮助患者；在医疗计划里存在哪些可能的问题；是什么家庭压力可能使病情加重，以及家庭需要怎样的心理社会干预，比如让更多的家庭成员前来复诊或介绍转诊。

家庭模式、重大事件、当下的生活压力以及文化因素

蒙特希诺斯－诺兰（Montessinos-Nolan）的家谱图（见图 9.7）为我们展示了

图 9.7 蒙特希诺斯－诺兰（Montessinos-Nolan）的家谱图（2003 年）

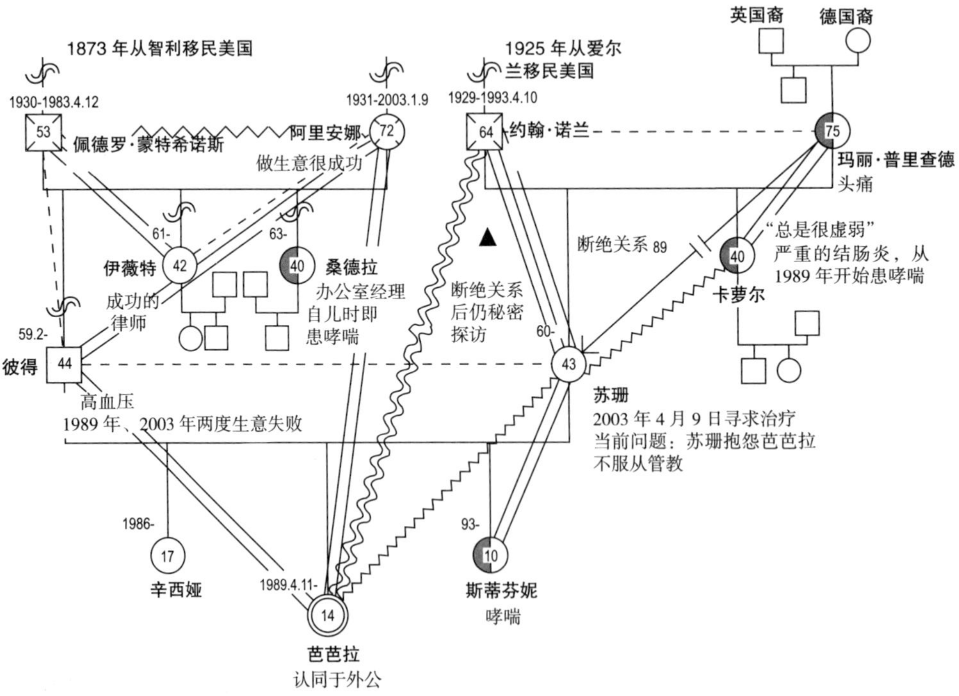

这样一个家庭：一些人极端的成功，另一些人则完全相反；一些人非常健康，另一些人则疾病缠身，几代人中都存在着明显的三角关系。这个家庭来寻求帮助是因为他们（尤其是母亲）认为二女儿芭芭拉（Barbara）行为失当。家谱图是在最初的几次治疗中绘制完成的，此外治疗师还做了一次家庭结构塑造来展示家庭中的联盟及三角关系。这些工作让治疗师迅速生动地了解到：是哪些重要的因素影响着家庭当前所承受的压力，下面是对其中一些模式的总结：

非互补性的原生家庭同辈排位位置

- 彼得（Peter）和苏珊（Susan）是各自原生家庭中的长子和长女，他们看上去在为争夺婚姻中的控制权而搏斗着（这在两个长子/女组成的婚姻中很典型，见第5章）。

周年反应

- 这个家庭中外公和爷爷的忌日都在芭芭拉生日前后（爷爷在她出生前去世，外公在她4岁时去世），也恰巧是这个家庭来寻求帮助的时刻。外公和他的女儿苏珊一直非常亲近，在外婆断绝和苏珊一家的来往以后还经常偷偷地来看她。
- 彼得一家在他14岁时从智利移民到美国，芭芭拉现在也正是那个年纪。
- 在芭芭拉出生的那一年，苏珊和母亲断绝来往，而同年中苏珊的妹妹卡萝尔（Carol）也得了重病。
- 除以上所有这些压力外，芭芭拉出生的那年，彼得的生意破产，而最近他再次失业。

多代三角关系

- 在这个核心家庭里，芭芭拉和父亲彼得的关系非常亲密，和母亲苏珊的关系不好，而父母之间关系比较疏远。
- 同样的，苏珊在她的原生家庭里和父亲的关系亲密，和母亲关系不好并已断绝来往，且父母之间关系疏远。
- 彼得在他的原生家庭里和母亲关系亲近，和父亲疏远，而且父母之间非常对立。
- 彼得的大妹伊薇特（Yvette），也同样处在三角关系中，只是与彼得相反，她和父亲亲近和母亲疏远，虽然看起来这也会引发兄妹之间的冲突，但是至今二人还很亲近。

当下生活中的压力事件

- 芭芭拉和三个月前去世的奶奶感情非常好。
- 彼得最近失业，而在芭芭拉出生那年他也经历了生意上的失败。
- 大女儿辛西娅（Cynthia）秋天就要离家去上大学，这给其他家庭成员带来了更大经济压力。

家庭中功能过剩者和功能不足者的失衡

- 彼得的妹妹伊薇特是一位非常成功的律师（高功能者）并且深受父亲喜爱；然而彼得在生意上接连失败，现在失业（功能不足者）。
- 辛西娅是一位高功能者。那么，同功能失调的老二芭芭拉，和反复哮喘发作的小妹斯蒂芬妮（Stephanie）之间是否存在着不平衡?
- 母亲苏珊一直都很健康并且事业稳定，而她的妹妹卡萝尔在患结肠炎之前就被认为是脆弱的孩子，且被母亲过度溺爱。

家庭模式

- 三个核心家庭中最小的孩子都患有哮喘：彼得最小的妹妹自小就患哮喘，卡萝尔和斯蒂芬妮也是。
- 苏珊的妹妹卡萝尔在 1989 年得了严重的结肠炎，那年苏珊和母亲吵翻并断绝来往，从那之后苏珊的父亲只能偷偷地去看望她一家，父亲和她的关系一直很亲近。
- 家里人一直认为二女儿芭芭拉和外公很像，她曾梦到过外公，家里人都觉得她是外公的投胎转世（他们直到治疗接近结束时才说出来，尽管他们早就有此想法）。

家庭经济

- 彼得最近丢了工作，正处于失业状态，而苏珊作为一个代课老师挣得也不是很多，如果彼得不尽快找到工作，他们就要借钱过日子了。
- 辛西娅计划在几个月后离家上大学，这对家庭来说是一笔不小的开支。

文化问题，对家庭的责任

- 彼得的原生家庭是智利人，他珍视家庭成员之间的相互帮助，认为自己对大家庭承担着责任，这是拉美裔家庭的价值观。苏珊的原生家庭是德国人、英国人以及爱尔兰人的后裔，并已在美国已生活了三四代。她更看重个人的独立，认为父母应只供养孩子到上大学为止，这是与美国主流文化相一致的价值观。这些文化差异也是他们夫妻关系紧张的原因之一。

- 彼得想花更多的时间和他妹妹的家庭来往，想让孩子们和他们的表兄妹更亲近。苏珊则希望空余时间自己一家人在一起，而且她认为如果彼得花更多时间和她还有女儿们在一起，他们的婚姻会变得更好。苏珊认为彼得对原生家庭的依恋是他疏远自己的一种方式。
- 苏珊和自己的母亲在1989年就断绝了来往。这让彼得很担心，因为苏珊的母亲年纪大了，身体不好。他希望苏珊能跟母亲和好，自从彼得的母亲去世后，他更渴望一家人与苏珊的母亲和好。他认为苏珊对母亲缺乏同情心而且很冷酷。这也是他们夫妻关系不好的原因之一。

使用家谱图收集信息的过程本身就具有治疗作用。通常在绘制家谱图时，围绕家庭中重复的模式、重大事件以及现存压力的讨论能够鼓励家人彼此对话，从而帮助家庭成员看到更丰富的可能性和结果。当苏珊前来求助时，她只关注女儿的行为失当问题。通过讲述他们家庭的经历，夫妇俩意识到女儿的不良行为可能只是反映家庭一系列冲突的症状表现；这些冲突包括经济上的压力、对辛西娅离家上大学的焦虑、多代三角关系以及文化差异，等等。

当苏珊意识到他们正在重复原生家庭的模式时，她开始从一个新的视角来看待当前的问题。她希望弥合自己与女儿的关系，不再重复自己和母亲之间的悲剧。当夫妇俩意识到他们与芭芭拉的三角关系是在重现自己原生家庭的模式后，他们便开始携手努力改善关系。当夫妇之间的关系改善后，芭芭拉的位置也随之发生变化。因为在她和母亲起冲突时她不能再依靠父亲这个同盟了，芭芭拉也开始直接与母亲沟通来处理母女的关系。

尽管苏珊曾说夫妻二人关系疏远，但实际上他们真的彼此相爱而且珍惜这段婚姻。意识到文化差异的存在可以帮助他们以一种不含胁迫的、良性的方式来看待他们之间的争吵。在苏珊认识到丈夫和妹妹的密切关系是一种文化习惯后，她便不再感到丈夫是在试图回避自己了。同时，当彼得认识到妻子的独立也是缘于文化因素时，就不再把妻子想得那么冷酷。在他们真的像一对父母那样交流而且在抚养孩子方面达成一致意见后，他们变得更加亲密，婚姻生活也更美好了。

最后一个案例展示了家谱图中隐藏的信息是如何帮助来访者改变自己的（见图9.8）。弗兰克·彼得鲁奇（Frank Petrucci）是一位成功的商人，50岁，是意大利—爱尔兰后裔，最近刚和第三任妻子结婚。在他离开前两任妻子时，他也抛弃了两个女儿索菲亚（Sophia）和奥费利娅（Ophelia），而在第三次婚姻里他要为三个失去生父的孩子尽责。这些孩子的父亲曾是一位成功的律师，在受病痛折磨多年后去世。弗兰克非常开心可以和现在的妻子以及三个孩子一起生活，但却突然发现自己在一直追寻的亲密关系前退缩了，这让他的妻子克里斯蒂娜（Christine）非常失望和生气。当我们问到他的父母时，起初他并不愿意提及自己的原生家庭。后来他承认自己在一个很不稳定的环境下长大，母亲经常从一段关系换到下一段关系。在他24岁前母亲已结过七次婚。从7岁起他就和生父没有了来往，那时母亲把他带到离家千里之外的地方。他依稀记得在接下来的几年中他经常被父母接来接去，夹在他们的激烈冲突中间。他的母亲酗酒还经常打他，从小他不仅要照顾自己还要照顾母亲。他记得有一次他的父亲试图联系他，但是当父亲拿出了一张和第二任妻子所生孩子的照片时，弗兰克转身愤然离开。

直到治疗已开始几个月之后，弗兰克对家谱图的态度才由愤懑变为好奇。最后，他通过调查发现他的生父已在他来诊的前一年过世。他决定回趟家乡，看看他出生的地方以及父亲的坟墓。回到老家之后，他发现一位黑人女性住在他家的老宅里。他介绍了自己，而这个女人的自我介绍让他震惊，她叫露西·彼得鲁奇（Lucy Petrucci），弗兰克同父异母弟弟唐（Don）的女儿。唐与一位黑人女性结婚，生了七个孩子，其中唯一的也是最小的儿子名字也叫弗兰克·彼得鲁奇。露西是这个家中的长女，她和爷爷（也就是弗兰克的父亲）感情最好。爷爷一直和这家人一起生活直到去世。那个晚上这家人热情地接待了弗兰克，后来弗兰克描述道，他体会到了一种前所未有的爱与亲密。刚刚见面的侄女露西，向弗兰克讲述了许许多多弗兰克闻所未闻的关于父亲的故事，露西和晚年的祖父非常亲近，而且是他去世当晚最后和他说话的人。弗兰克刚刚相认的同父异母弟弟，也告诉他这么多年来父亲对他的思念，以及当父亲试图和他联系而被拒绝时的伤痛。让弗兰克非常吃惊的是，唐告诉他，父亲经常带唐去弗兰克小时候生活过的老社区回忆往事。弗兰克为自己和这个黑人家庭格外亲近而感到惊奇，因为从他记事起，他就是一个极端的种族主义者。他深刻地意识到童年时和父亲断绝来往让他不仅失去了父亲，还失去了太多情感和记忆。这次重逢不仅影响了弗兰克，还影响了他的家庭，让他重新思考自己和之前被他丢下的两个孩子之间的关系。这也“奇迹”般地促进了他和妻子之间的关系。正如他的妻子所说的：“这次重逢不可能改变弗兰克的全部生活，但不知怎的他好像真的变了一个人——变成了一个更温柔、更随和的弗兰克。”

图 9.8 彼得鲁奇（Petrucci）的家庭

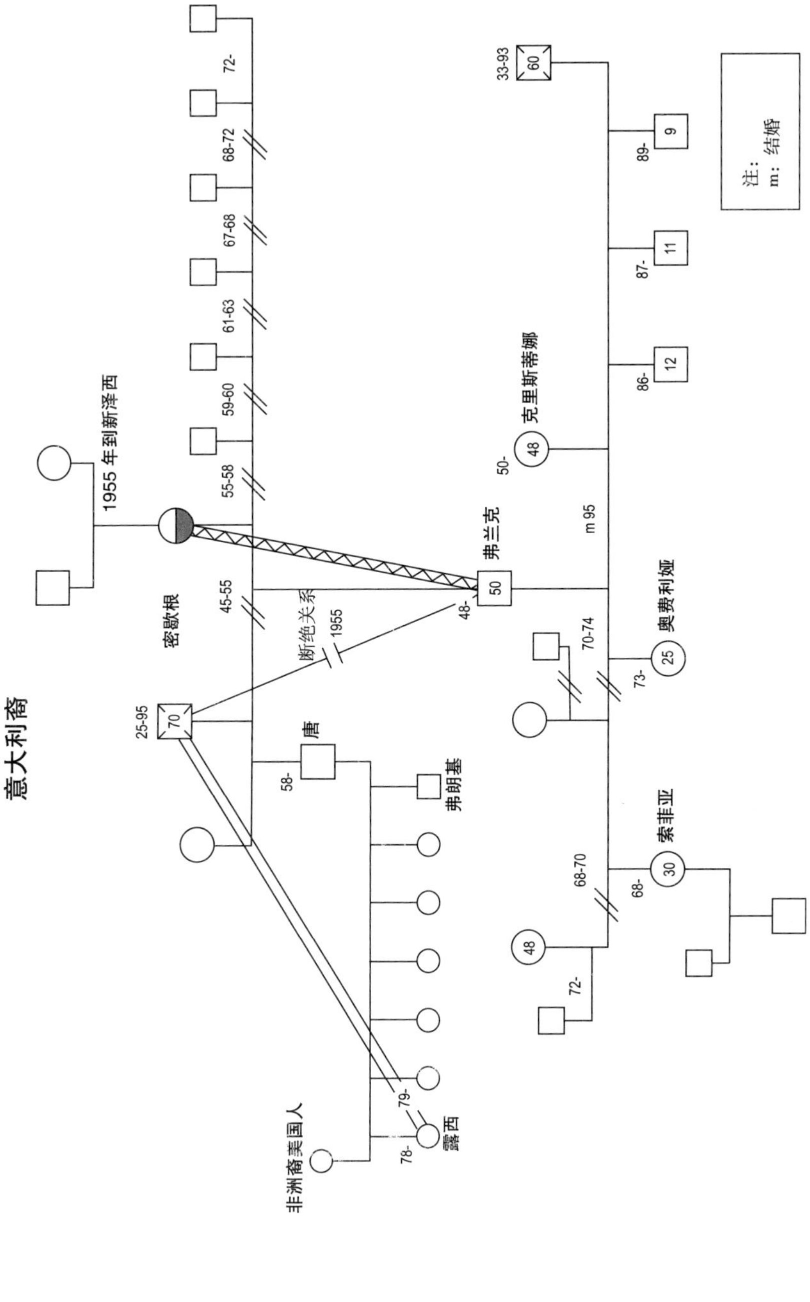

ENOGRAMS

G 第10章 游戏家谱图

合著者：埃利安娜·吉尔（Eliana Gil）博士

游戏家谱图（family play genogram）是一种实用的家庭治疗技术，它使用具有象征意义的人物、动物和其他样式的实物玩具，以游戏的方式将现实生活中的家庭故事呈现出来。制作游戏家谱图时，让来访者用各种人偶、动物和实物玩具来象征每个家庭成员并排列他们的位置。这种游戏可以向我们呈现关于每一个当前家庭成员和已过世家庭成员的有价值信息。针对具有象征意义的小玩偶在家谱图中的排布，治疗师与家庭成员一起探讨各个成员在游戏中表现出的创造力、奇思妙想和幻想，帮助他们厘清家庭的经历与故事，深化对家庭关系和家庭冲突的理解。有时候，我们收集到的家庭轶事、流言或传说对所表现症状的影响可能会胜于第一手资料。通过家谱游戏，来访者可以探索和拓展对家庭全局的了解，游戏还可以让家庭成员们根据各自所知的关于某些大家庭成员的信息去创建新的家庭故事。

无论是对年幼还是年迈的家庭成员，治疗师都可利用小玩偶作为出发点，引导他们分享各自对家庭历史以及家庭秘密的见解。如同家庭雕塑一样，在家庭游戏中治疗师鼓励家庭成员发挥想象力，以视觉化或实物陈列的形式构建“将来有一天，家庭与过往（创伤性）的经验达成和解后家庭关系的变化”。还可让来访者设想，如果家庭成员间的关系或家庭历史可以改变，那么他们最希望看到什么样的情况。在有关家庭历史事实的访谈中加入隐喻的成分，可为家庭成员提供更多想象的空间和发生改变的可能性，即使他们清楚地知道既定历史无法改变的时候亦是如此。

游戏家谱图由埃利安娜·吉尔博士开发，是对家谱图评估和治疗的改良与拓展。游戏家谱图将家谱图的结构和小玩偶（人物、动物和各种物品）以富有趣味的形式结合到一起。无论成人还是儿童都可以用它来创造想象中的家庭图谱，治疗师可据此对儿童进行评估和干预。在临床工作中，游戏家谱图可用于转变当前的家庭关系。跟其他形式的游戏治疗一样——个体根据对自己及家庭成员的想法、感觉和幻想——在游戏家谱图中构建一个微缩的小世界，通过排列小玩具将家庭成员之间的关联、分离或各异的形象以生动又妙趣横生的形式表示出来。游戏家谱图可用于个体的评估或治疗，对下至5岁的小朋友、上至85岁年迈的曾祖母都可使用。也可让多个家庭成员一同构建游戏家谱图，从而了解每个人各自对家庭关系的看法。通常构建游戏家谱图的方法是：首先在一张大纸（3×4英尺，约90×120厘米）上绘制个人或家庭的家谱图——向家庭成员询问并在图上画出血缘与法律上的亲属，以及那些对于家庭生活非常重要的人（或物）——包括朋友或宠物等；图形绘制完成后，接下来要求来访者选取各种小玩偶来一一对应地代表每一位家庭成员（包括来访者本人），然后让他将这些物件摆放到家谱图中的代表各个家庭成员的圆形或矩形图案之上。在这些过程中，来访者享有完全的自主，可按照自己的想法任意选择玩具、随意摆放；在此之后，治疗师邀请来访者分享他们选择、排布玩偶的想法和原因。儿童通常更偏好分开选择小玩偶，这时父母可帮助小孩子把选出的玩偶摆放在图中对应的家庭成员位置上。当小孩子独自制作游戏家谱图时，治疗师可加以旁白，来促进与孩子之间的治疗性交谈。对于那些犹豫不决的孩子，治疗师可以提供一些抽象或具体的选择，来鼓励他们对家庭关系的各种可能性做探索。有时，有的人会选择多个小玩偶来代表某一位家庭成员。这可能反映出家庭关系极具矛盾性和复杂性。当与领养或曾拥有多位监护人的孩子工作时，在同一张纸面上绘制系列家谱图是一种行之有效的工作策略。同时，按照访谈步骤有条理地给出指导语，有助于在图中内容变得拥挤不堪之前尽可能多地收集、处理信息。

举例来说，治疗师可以要求每位家庭成员一一选取可以代表其当前家户成员（包括宠物）的小玩偶。而后，让他们坐在一起分享各自选择的想法。以此为开始，领养的孩子能够描绘出曾经生活过的每个家庭；其他家庭成员则可通过选择玩偶形象来呈现大家庭在他们心目中的样子。所选取的小玩偶可以对应代表生活中的朋友、治疗师、教师、宠物或其他过去或现在的重要关系。这么做有助于孩子将他们的主观世界在治疗和评估中呈现出来，并促进他们对家庭关系做整理和排序，同时也可为治疗师提供丰富却又直观的评估材料。接下来，家庭成员们轮流对各自玩偶的选择展开讨论，这个流程能够帮助他们了解彼此对家庭的看法、体验和认识。在家庭成员选择小玩偶以及展开讨论的时候，治疗师在一旁观察他们的互动，从中可以发现口头交流以外的家庭关系模式。鼓励家庭成员一起选择小玩偶，可为治疗师提供大量的评估材料；在要求他们一起做选择时，家庭成员有可能会对是否选用某个玩偶发生分歧，这为治疗师观察家庭解决问题的风格和模式提供了机会。当所有人都各自选好玩偶，治疗师鼓励家庭成员一起去审视完成后的游戏家谱图，提出自己的意见、看法和问题。此时，治疗师可以提出更具开放性的提问，让家庭成员对选取小玩偶及其与所代表的家庭成员之间的关联主动发表看法；相对于仅询问他们为什么选择某个玩偶来说，这么做有助于收集更多的信息。

第一位站出来回答的家庭成员的发言内容常常会影响到后面其他人的谈话内容——他们会倾向于遵循第一个人的思路、风格和信息内容来组织发言内容。此时，治疗师可提出延伸的问题促进家庭成员的表达与沟通，如："关于刚才所谈到的内容，还有什么其他信息补充吗？"

利用小玩偶的象征性，我们可以用一种极具创造力和趣味性的方式去发现那些未曾被认识到的家庭特质和家庭模式。即使是那些非常负面的家庭关系，也可以通过游戏家谱图的方式从中挖掘个体的抗逆力。一位曾在生活中经历过巨大创伤的来访者选择了一个很小很小的玩偶来代表她的前夫。当谈到这一做法的时候，她说，前夫给她带来的恐惧感和心理阴影曾如此巨大、时隐时现。但是近来，前夫对来访者生活的影响已越来越少，她觉得这个又小又傻的小丑玩偶正好能反映出这种变化。这位来访者还选择了一个身背许多婴儿的印第安妇女玩偶代表她自己，她说许多年来她的生活的精力都集中于养育子女。这个玩偶的选择真实又直观地反映出她在生活中感受到的压力和负担，在和来访者讨论这些意义的时候，她开心地笑了出来。游戏的趣味性和玩偶微小的外形让她可以表达出对自己及自己生活状态的认识和欣赏。同时，这位妇女的十几岁的女儿，选择了一个"行走的牙齿"玩偶来代表母亲；这个玩具的样子是一张半开着的大嘴，露出嘴里的牙齿，同时下面有一对小脚可以走路。女儿最近对母亲抱有的愤怒被反映在这个"行走的牙齿"当中——母亲的"喋喋不休"让女儿感到非常憋屈、挫败，同时也觉得两人的某些互动方式很蠢很傻。通过这些小玩偶的选择，这对母女了解到许多彼此的感受、相互间的关系以及她们对大家庭的不同认识。在游戏家谱图的引导下分享彼此的感受，对她们的谈话和互动都很有启发，而在此前，她们都曾顽固地聚焦在激起二人冲突的具体事件上。参与游戏家谱图让她们可以站在更广阔的背景中审视自己，也发现了更多彼此间的情感联结。

家庭成员分享完各自有关玩偶选择的故事之后，治疗师可征求他们的允许，然后拍照记录下构建出的游戏家谱图。家庭成员可以将照片带回家，围绕它继续互动和讨论；而治疗师也可留下照片，以便再次搭建原先的游戏家谱图在后续的治疗中使用，继续拓展先前的话题。游戏家谱图是家谱图应用于治疗工作的众多方法之一。

采用游戏家谱图开展和活跃治疗

游戏家谱图技术通常可以绕过阻抗，引导来访者暴露他们对自身或他人的感受。这种阻抗的原因之一，在于个体成长中所形成的有关其自己、家庭、童年的个人叙事已经非常僵化，并且会自我强化，导致他或她会有意地排除某些信息。

自很久以前，治疗师即已在治疗中与家庭成员一起协力构建家谱图，这有助于收集和组织家庭信息，特别是有关家庭组成、代际家庭成就模式、代际家庭障碍模式以及家庭成员关系问题（情感距离、亲密程度或关系中断）的信息。家谱图可以促进治疗师和来访者对家庭系统、家庭历史产生更宏观的认识，进而可以重新组织家庭信息、做出反思，对家庭模式和重要的生活事件生成更深刻的见解，获得新的领悟。

游戏的形式可以促使来访者积极地将幻想内容具象化，并且能有效提升治疗的参与度。在游戏化的治疗过程中，来访者可将内心的冲突或问题外化出来，而这一点对于谈话治疗是难上加难的。许多人出于文化规则或个人禁忌很难将内心的困境口头地表达出来，来访者还可能对治疗抱有不信任的态度和不舒服的感觉，并且害怕问题被夸大，害怕这可能会让他们显得弱小或非常脆弱；这些情况都使游戏化治疗在揭露问题过程中的重要功效凸显出来，它可以让来访者平稳地将那些痛苦的情感表达出来。

一旦来访者使用象征符号作为表达工具开始和他人交流，那么就有希望发展出新的信息加工方式。当某些心理问题造成的情绪让来访者感到难以承受时，可以请他们用玩偶为象征物，尝试着管理这些情绪。此外，游戏中可能还会出现投射和修通等其他心理过程。来访者将某种情绪或个人特质投注到客体上即出现了投射。游戏家谱图可以为来访者创设一个足够安全的空间，从而开始认识、理解或表达他的内心困境。

珍妮（Jenny）的游戏家谱图疗程

珍妮是一位已在领养家庭生活多年的儿童（见图 10.1），在试图探索其家庭问题时，她显得极不情愿。她的生母曾因毒瘾而入院治疗，最近又因贩毒多年被捕入狱。

珍妮的领养家庭同意长期收留、抚养她。但是珍妮显得非常沮丧，并且很容易发脾气。她在学校的生活也出了问题，她和同学争吵，对功课置之不理。她拒绝参与个体治疗，因为她说“谈那些事”没有用，改变不了什么。不过，她同意跟 9 岁的弟弟乔伊（Joey）——现在家中除她之外唯一的领养孩子一起接受家庭治疗。

我们（苏艾丽·佩特里和孩子们）在一张大纸上画出了当前家庭的家谱图，从珍妮和乔伊、养父母和他们的亲生女儿南希（Nancy）开始。珍妮和乔伊可以在家谱图中添加任何他们想加入的人。他们增加了之前和他们一起生活的另外三个领养儿童——史蒂文（Steven）、乔纳森（Jonathan）和卡罗琳（Caroline）。接下来，他们选取小玩偶来代表他们对家庭中每一位成员（包括他们自己）的看法和情感。

图 10.1 珍妮（Jenny）

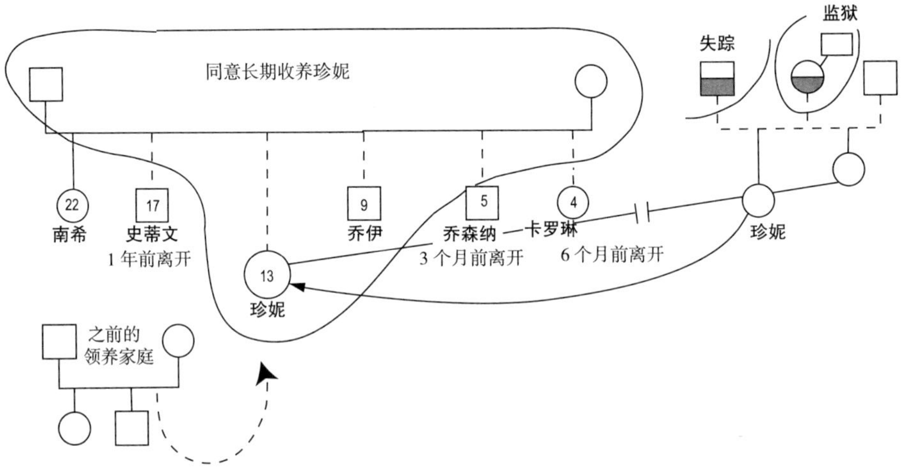

在选择的过程中，珍妮和乔伊谈到了他们对家中每个领养儿童的感觉。他们一致选择“漫游仙境的爱丽丝”来代表南希，“因为她很漂亮”；选择魔法师代表一年前离开的史蒂文，“因为他很聪明”；为乔纳森选择了蛋蛋娃，因为他“胖胖的很可爱”。他们选择小丑代表卡罗琳，因为她睡觉时总是抱着她的小丑布偶。珍妮和乔伊还想知道现在卡罗琳是否还喜欢抱着小丑布偶睡觉（见彩图 29）。

在孩子们选取好代表自己的小玩偶后，治疗师请他们说说为什么会这样选择。珍妮说她为自己选择“小美人鱼”是因为她感觉自己“沉在水底”，没有人理解她。她继续说如果美人鱼离开水到干燥的陆地上就会死掉。这种隐喻式的表达有效地促进了治疗访谈的开展，让珍妮表达出了那些如果直接询问她所不愿回答的问题，因为她觉得讨论那些事情没有什么用。但是通过小美人鱼玩偶，珍妮在相对安全的游戏环境中分享了她内心深处实际面临的困境。

乔伊选了一个拿着武器的凶悍人物代表自己。他说，只要这个小人有武器在手就能战无不胜。显然，找到某种保护自己的方法对他很重要。珍妮和乔伊都表达出恐惧、丧失和被抛弃的感受。在治疗中他们也展现出了各自的内在力量。乔伊选择灰姑娘来代表珍妮，他说灰姑娘“漂亮又亲切”。对于养母，乔伊选择了一个新娘，而珍妮选了一个拿着武器的强悍女性。珍妮形容她的养母是“一个强大的女人”。对于他们的养父，乔伊选择了新郎，而珍妮选择了飞天鼠。珍妮说她的爸爸很风趣、很随和，就像个卡通人物。

13 岁的珍妮通过选择小玩偶，隐喻地将她对每一位家庭成员的情感都表达出来。而乔伊就像每个 9 岁大的孩子一样，他的选择更为具体化。游戏家谱图作为一种出色的沟通工具可以帮助不同发展阶段的儿童与家人交流。在后面的治疗中，珍妮和乔伊可以借助小玩偶以他们感觉安全的方式处理自己的感受，例如，谈论小美人鱼如何能够感到安全，灰姑娘如何获得她的力量。我们从“沉在水底的美人鱼”这个隐喻出发，和珍妮进一步讨论她感受到的与家庭成员之间的疏离感。我们以“如果小美人鱼从水中出来了，会是什么样子”为开始，来和珍妮讨论如果她能够被其他人所理解的情况。我们观察到，如果小美人鱼离开了水，她会和游戏家谱图中其他的小玩偶团聚到一起。当问到珍妮如果小美人鱼到陆地上生活而不再沉在水底会发生什么。她说她会长出腿，不再是原先的鱼尾。“如果我有腿的话，我会自己找到一个地方，那是一个我想要去的地方，我可以在那里奔跑玩耍，要是我有腿的话我甚至要学会驾车。”她意识到“腿”可以给她带来控制感和能动感，让她感觉更愿意自主地做出行动。而后，我们讨论了一些有关“被理解”的议题，我请她列出她希望被别人理解的想法和感觉，以及她希望被谁理解。此次讨论收获颇丰，让珍妮对她的自我退缩有了更加清晰的认识。

游戏家谱图中使用的材料

游戏家谱图中使用的小玩偶会受限于治疗师个人的想象力。在我们的研究所内（www.MulticulturalFamily.org），我们使用并出售小玩偶便携套装（这些玩偶在任何一个一元店或精品店都可以买到，包括纽扣、石块以及各种高度在 2 至 5 厘米的动物和人物形象）。在工作中我们也会使用贴纸和家庭家谱图拼贴画，这些工具让孩子们可以制作出能够带回家的游戏家谱图。相信在不久的未来，游戏家谱图将可以在互联网平台上建构制作，家庭成员可自由选择象征物放置在自己的家谱图上，就像他们可在 GenoPro 软件上用每个人的照片代表家谱图中的人物一样。

游戏家谱图最常用的是 5 至 8 厘米大小的人物玩偶、树木、动物，以及其他可以从游戏治疗官方网站或玩具店、精品店买到的物品。我们建议治疗师考虑来访者的文化和种族背景，选用适用于其文化和兴趣点的物品。人物玩偶的肤色是一个重要的问题。毋庸置疑，很多家庭会比较难以接受粉色外表的人物玩偶。信奉伊斯兰教的家庭会反对使用人类形象描述家庭成员，他们可能更喜欢用符号来表示。另一个需要考虑的重要文化因素是提供涵盖多元生活环境的物品，如城市与乡村、山脉与沙漠等。我们也会用到橡皮泥和纸张，如果来访者难以在备选的小玩偶中找到合适的物品，我们会鼓励他们制作自己的小玩偶。

游戏家谱图的其他应用

根据临床表现，游戏家谱图中的玩偶可用来代表任何关系或内容，唯一限制它发挥效能的因素就是治疗师和家庭有限的想象力。对于下列特定的案例，游戏家谱图已被证明是行之有效的临床工具：

- 绘制家庭经历创伤或困难时期的家谱图，如遭受丧失、青少年代际冲突或关系断绝等时期。
- 绘制呈现资源和抗逆力来源的家谱图，让来访者选择物品代表生活中对他们具有特殊意义的人。
- 通过考察大家庭中某些特定的关系，将直系亲属的严重冲突置于更宏观的背景中去分析。
- 让所选小玩偶做虚拟的对话。例如，治疗师可以向家庭提问：如果蜂鸟和马（代表刚刚过世的爷爷）可以与家庭进行对话，对于泰莎（Taisha）现在的问题，蜂鸟和马可能会说些什么？如果螳螂（被一位11岁的男孩选择用来代表母亲，他的母亲因被控虐待儿童失去了对儿子的监护权）可以和鹰（男孩选择代表自己）对话，她可能会说些什么？然后鹰又会说些什么？对一会儿变成鹰（他的姐姐）、一会儿变成小熊（他幼小的弟弟）的变色龙，他又会说些什么呢？
- 与来访者讨论曾被用于代表某位家庭成员的玩偶为何后来又被弃用。
- 让家庭成员移动他们的小玩偶。例如，让代表青少年来访者的玩偶转过身去问代表家长的玩偶一个具体的问题。
- 让来访者模仿他或她所选的小玩偶的姿态并询问其感受。

在一个来访家庭中，母亲已失去对三个未成年女儿和最小儿子的监护权，而父亲则被繁重的养育任务压得喘不过气。我（莫妮卡·麦戈德里克）让孩子们选择可代表父母的玩偶，让父亲选择代表每个孩子的玩偶，并让每个孩子选择另外一个玩偶来代表可以被看作是支持者的家庭成员。孩子们分别选择了一条龙、一条眼镜蛇、一个身体分裂为光明和黑暗各半的人物和一只龙虾来代表他们的母亲，这显示出他们难以信任母亲并不愿和她相处，然而孩子们不愿意对他们的选择做详细说明，尤其是最小的男孩。对于父亲，他们选择了一个商人、一台电脑、一块象征和平的石头与一个钟表来代表，因为父亲一直督促他们做事要守时。父亲为自己选择了一只展开翅膀的雄鹰，他说自己必须一直在孩子们上方盘旋来保护他们。最小的孩子选择用一辆轿车代表自己，女儿们则选择了体育与时尚方面的玩偶代表她们的爱好。父亲选择了一个穿着轮滑鞋的年轻女孩、一把吉他和一只可爱的小狗来代表他的三个女儿，选择了一个小男孩玩偶代表儿子。当他们讨论完关于直系家庭的话题后，又描述了所选出的代表在当前可为他们提供帮助者的小玩偶（见彩图 30）。

父亲在开始时说没有什么可选的，但最后还是选择了一个正在诵读《圣经》的修女来代表一位年长他 15 岁的同父异母姐姐，这位姐姐曾经在他母亲生病时给年幼的他和弟弟带来母亲般的温暖感觉。三个青春期的女儿都选择了她们好朋友的父母（一只怀抱幼崽的猴子、一只袋鼠和一个魔法师），但是小儿子选择了一只小狗，这把其他人都逗乐了，因为他们全都同意这是他们最好的也是最可爱的支持来源！创建游戏家谱图的具体过程，可以帮助这个家庭认识到他们可获取支持的资源，同时为他们提供了一次与那些大家庭“亲属们”分享美好故事的机会，让家庭成员间的联结更加紧密。这次治疗几个星期后，家庭因父亲不得不出差而面临一次困境。但此时父亲已经可以利用和调动各种资源为孩子们构建社会支持系统。起初父亲并没有想到请自己的姐姐帮忙，尽管姐姐对他打来电话感到很意外，但是她非常乐意提供帮助。

亚历克西丝（Alexis）的案例：再婚家庭中的儿童性侵犯

亚历克西丝是一位 14 岁的美籍多米尼加女孩，她在 10 至 13 岁时遭受继父持续 3 年多的性侵犯（见图 10.2）。直到她将性侵犯的事情告诉学校辅导员后才获得解救。她的继父被逮捕后对性侵犯的事实供认不讳，最终被判入狱。此后亚历克西丝开始出现晚归、吸烟和吸食大麻、旷课等行为。在 6 个月的心理治疗中，她拒绝谈及有关遭受性侵的任何话题，她说她已经谈过这件事了，而且事情已经过去，她现在对此已没什么感觉。

治疗中，我（苏艾丽·佩特里）为亚历克西丝构建了一个关于她直系亲属的家谱图，在这个家庭中，亚历克西丝有一个哥哥和一个弟弟，我请她添加任何她希望纳入图中的人（见图 10.2）。她决定添加生父劳尔（Raul）的新家庭——生父的现任妻子安娜（Ana）和他们的两个孩子珍妮弗（Jennifer）与劳尔雷（Raulie），她最好的朋友南希（Nancy）以及她的男朋友吉米（Jimmy）。随后，亚历克西丝按照要求选择小玩偶来表达她对家庭中每个成员（包括对她自己）的想法和感受（见彩图 31）。

亚历克西丝将生父劳尔摆在面向他新家庭的两个孩子的位置上，远离亚历克西丝和她原来的家庭。她选择一个个头最小的女性玩偶代表自己，然后选择一个王后来代表母亲。她为继父选择了一个手持武器的凶神恶煞。这些都是她对自己和父母的体验在视觉上的直观呈现。我没有直接和她分享我的观察，而是让亚历克西丝告诉我一些关于她家谱图的情况。

“我为爸爸选择这个形象是因为他有着黝黑的皮肤，而且他很英俊。”然后她描述了代表孩子们的每个玩偶，并陈述她为什么这么选择。她说她为自己最要好的朋友选择了一个灰姑娘的形象，是“因为她很漂亮”。她为自己的男朋友选择了一个“浅肤色的小伙子”玩偶，因为他很英俊并且有着浅色皮肤。她用小女孩和小婴儿的玩偶代表她同父异母的妹妹弟弟，并谈论当她在一年前到多米尼加共和国看望父亲的时候，她与他们相处得如何快乐和有趣。亚历克西丝为自己的哥哥选择了辛普森卡通玩偶，就像她自己描述的那样，哥哥“在学校总是惹是生非，并且无法脱身”。有趣的是她并没有给父亲的第二任妻子选择任何小玩偶。

图 10.2 亚历克西丝

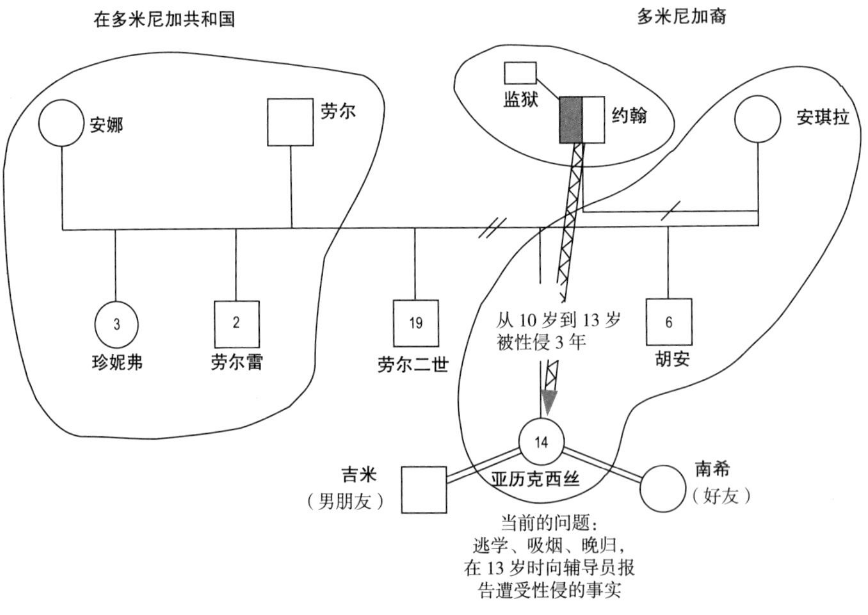

至此，亚历克西丝还没有谈到她为母亲和继父选择的玩偶。我指着那些玩偶问道：“和我说说他们吧。”这打开了我们之间的对话。

“我给继父选择这个丑陋的人偶，是因为他卑鄙无耻又让人害怕。”她继续说道，她希望继父能一直待在监狱里，担心他出狱后重新回到家中。她也谈及了一些为母亲所选人偶的情况，她说她的母亲完全凌驾于她之上。我请她更详细地说一下，她的回答表达了恐惧、愤怒和无力感。在谈及生父的角色时，她说如果他要是在那里的话，“这样的事情永远不会发生”。亚历克西丝把代表父亲的人偶放置在离她当前家庭成员很远的地方，并且面向着父亲再婚所生的年幼孩子那里，这是她被抛弃感的强烈视觉展现。

游戏家谱图让亚历克西丝愿意谈及性侵给她带来的感受，尽管她曾认为她对此没什么可说的。她同样也谈及她对在各个方面都非常强势的母亲的矛盾心理。当她的继父对她实施性侵犯时，母亲却无能为力。现在母亲显得很强势，因为她知道了发生的所有事情，她已提出离婚。亚历克西丝说有时母亲对自己指手画脚，给她设置了许多限制。另外，她说母亲的强势也是为了她好，因为母亲希望能给自己孩子最好的东西。

我们对这张游戏家谱图拍摄了照片以作存档。在后面的治疗里，亚历克西丝利用这次游戏家谱图的体验来和治疗师讨论当女王获得知识时是如何越变越强，同时那个“丑陋的家伙”会随着女王的慢慢强大而越来越渺小。整个过程中，她逐渐意识到代表自己的玩偶显得很渺小，同时她也想知道是否新获取的知识能够让自己也更加强大。

野口浩二（Koji Noguci）的家庭：“局外人”的家庭

野口（Noguci）一家为他们 14 岁的儿子布兰登（Brandon）前来寻求帮助（见图 10.3）。布兰登总是拒绝上学，他常熬夜不睡或夜不归宿，然后整个白天都在睡觉。与父母对抗、拒绝遵守最基本的规矩时，他会暴力地打砸家具。他的父亲浩二（Koji）是一位平面设计师，从日本来到美国学习艺术。母亲泰瑞（Terry）是一位爱尔兰裔美术教师，属于工薪阶层。他们两人在大学里相识。

浩二和泰瑞认为他们不是称职的父母。虽然已被告知应对儿子做些什么——设立更严格的规矩，但他们并不能实际贯彻，为此他们感到失败透顶。他们埋怨彼此，对学校也非常气愤，同样对儿子也很生气。他们似乎已经不再有什么夫妻共同话题了，唯一的交谈便是围绕儿子布兰登。

这对夫妻对提供家谱信息充满怨言，他们没心思参与到对他们历史故事的探讨中，对参与治疗也非常抵触。夫妻二人拒绝从家庭整体的角度系统化地思考，因为他们与原生家庭已经完全隔离，并且也不希望保留任何对原生家庭的身份认同。他们似乎完全不知道这一切与自己孩子的状况是相关的。而布兰登在由孩子向成人发展的转变过程中卡壳了。因为他与父母从未分清界限，使布兰登不清楚自己到底属于哪一代。每当治疗师试图聚焦于夫妻二人设定的规矩以及他们之间的关系时，他们就会变得消极和气恼。布兰登在治疗中经常沉默不语，无论是与父母一起还是独自一人。为了让布兰登可以通过语言之外的其他媒介参与治疗，治疗师让他用小玩偶制作沙盘游戏。在一次关于他当前困境的表达中，布兰登在沙盘中无法自主地做出任何选择，直至他父母参与进来。在父亲的鼓励下，他不情愿地选择了一些小玩偶。

接下来的一周里，治疗师决定制作一个游戏家谱图，希望借此将家庭成员与他们的历史联结起来。治疗师首先把这个家庭的家谱图画在一张大纸上。接下来每个家庭成员轮流为自己选择一个玩偶，然后再挑选一个代表家庭中其他成员的玩偶（见图 10.4 和彩图 32）。围绕他们的选择引出了许多讨论、问答和欢笑。布兰登坚持将前一周他在家庭沙盘上做出的两个相同的小玩偶放置在内。这是从接受治疗以来，他第一次表现出“归属感”和“延续感”。泰瑞为其父母选择的玩偶让她第一次清晰地看到她在原生家庭中的位置。她为自己的母亲选择了一根擀面杖，然后继续谈论母亲是如何顺从父亲的，而姐姐则事事顺从母亲，她将母亲描述为“极度单调无趣的家庭妇女”。她对父母和姐姐的复杂感情随着母亲去世以及随后的姐姐出嫁变得更为严重。也正在这个时候，泰瑞离家的念头一触即发。她感到自己被姐姐抛弃，并对父亲一直以来对自己的宠爱感到愧疚。当布兰登问泰瑞为什么为她的父亲选择了一只猫而为她的姐姐选择一只老鼠的时候，她说这是一种感觉，尽管深爱着自己的父亲，但她认为父亲对待姐姐一直都非常严酷。

图 10.3 野口（Noguci）的家庭

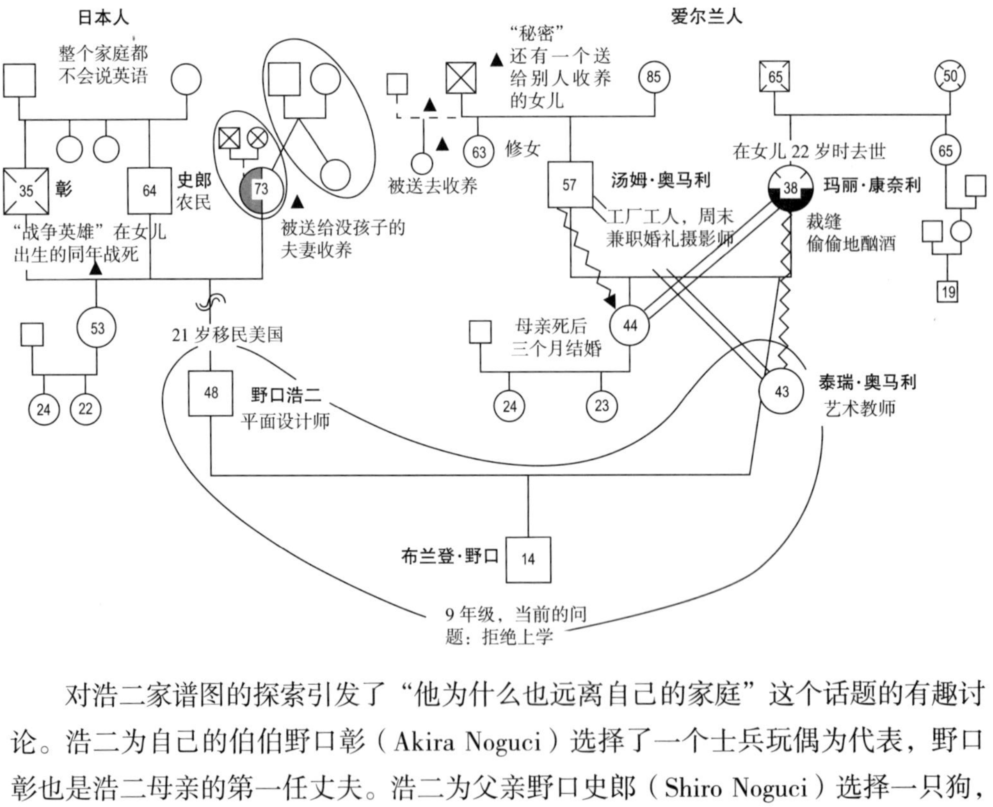

对浩二家谱图的探索引发了“他为什么也远离自己的家庭”这个话题的有趣讨论。浩二为自己的伯伯野口彰（Akira Noguci）选择了一个士兵玩偶为代表，野口彰也是浩二母亲的第一任丈夫。浩二为父亲野口史郎（Shiro Noguci）选择一只狗，为母亲选择了一副担架。泰瑞对这些选择感到不解，而就在浩二解释的过程中，一些已经模糊的记忆重新回到了他的脑海。他是在完全不了解家族历史的情况下长大的。8 岁时他问姐姐为什么“父亲”的照片与其他亲戚的照片一直被放在供桌上。姐姐嘲笑他并把他的这个问题告诉了父母，父母也一直拿浩二把父亲野口史郎与阵亡的“战争英雄”伯伯野口彰搞混的事当作笑柄而取笑他。浩二为自己被取笑感到非常羞耻，并认为这些经历证明自己是家中的“局外人”（outsider），真实的家庭历史是他所不应询问的。直到他成年后准备动身前往美国时，患有心脏病和关节炎的母亲才告诉他，她对浩二的父亲野口史郎是如何的感激，虽然父亲比她小 9 岁，但在野口彰阵亡后史郎同意与她结婚又照顾她在第一次婚姻中所生的女儿。否则，母亲将无处可去。母亲也告诉浩二，她原本是双胞胎，后来被自己的父母送给一对没有孩子的老夫妇抚养，她的双胞胎妹妹由她的生父母带大。她对养父母非常关心，但是两位老人体弱多病，在她与野口彰婚后不久便相继去世。

图 10.4 野口（Noguci）的家谱图及家庭游戏玩偶

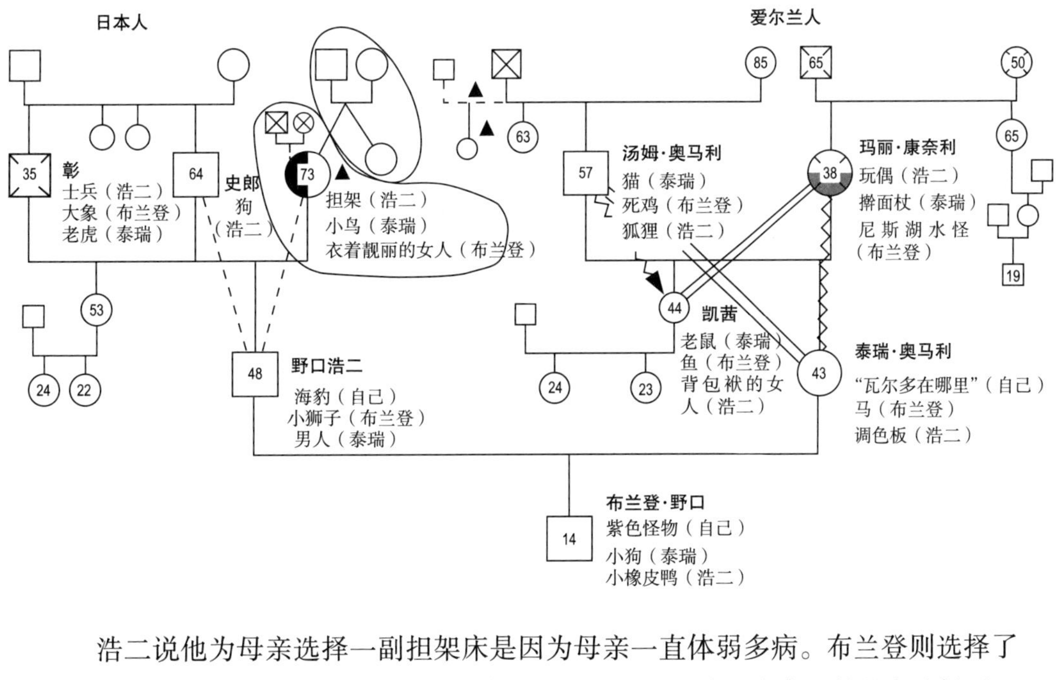

浩二说他为母亲选择一副担架床是因为母亲一直体弱多病。布兰登则选择了一个精心打扮的女性玩偶放在床上来代表自己的祖母。浩二为自己的父亲选择了一只狗，因为他一直认为父亲性格懦弱。在浩二母亲告诉他关于父亲的事情后，他感觉父亲可能在家中无法替代伯父野口彰的地位。作为农民，浩二的父亲受教育程度也比哥哥少，尽管父亲后来承担起哥哥的责任照顾哥哥的妻子，但是却无法替代哥哥的地位，因为野口彰是战斗英雄，在战争中殉职，这些可能会使野口史郎也认为自己是一个“局外人”，难以获得真正“家庭成员”的地位。

浩二逐渐长大，渐渐觉得自己不属于这个家庭。他不了解自己家庭的过去，也不能提问。他的父母在与他们的兄弟姐妹相比也可能同样有这种身为“局外人”的感受。或许因为泰瑞的家庭归属感也是残缺不全的，当浩二与泰瑞结合后，他们能够互相慰藉，成为家庭的核心。通过绘制家谱图，夫妻二人彼此讲述自己的故事，布兰登也参与到其中，甚至可以主动给父母间的联结提供新的意义。

由于他们三人分享了为自己、彼此以及整个大家庭各个成员选择玩偶的意义，他们似乎第一次像一家人一样联结在一起，相互可以跨越过去的困境而为彼此寻找一种归属感。父母两人为各自所选的代表自己的小玩偶开怀大笑。泰瑞选择了“瓦尔多在哪里”（Where is Waldo）[①] 代表自己，她似乎是一个有着明确目的地、向着目标进发的人，但家庭中的其他人却几乎没有觉察到她的存在。浩二和儿子也同意这是对她真实状态的写照。浩二说他有时认为自己像海豹一样容易跌倒，但他仍然选择了海豹，因为海豹力量强大并且是游泳好手。我们注意到，与夫妻二人为自己选择的小玩偶相比，他们为对方选择的小玩偶更加贴切。（浩二为妻子选了画家用的调色板，而泰瑞为丈夫选择了一个男性玩偶形象。）这些形象成为他们讨论家庭角色的，反映出在家庭关系中他们想要扮演的各种角色。父母为布兰登选择的小玩偶（鸭子和小狗）表明布兰登需要保护。即使布兰登为自己选择的是紫色怪物，但这似乎也是对威胁开的一个玩笑。在随后与浩二谈论他的家庭角色时，我们想知道他是否能在代表着父亲和伯伯的玩偶（士兵与小狗）以及他自己、妻子和儿子为浩二所选的玩偶（海豹、小狮子和男人）之间找到一个位置。一家人在游戏家谱图中的选择似乎表明了父母希望自己能为儿子扮演更有能力、可以保护他的角色，但却因各自的经历在这方面又非常匮乏。同时我们看到，布兰登和泰瑞似乎都在游戏中设法帮助浩二提升他母亲的形象（担架）。布兰登将一个衣着靓丽的女人放在担架上，而泰瑞则用小鸟表示浩二的母亲，这个小鸟不但羽毛艳丽，而且喜欢唱歌。浩二想起妈妈有着动听的嗓音，在年轻时非常喜欢歌唱。游戏对于泰瑞的妈妈似乎也体现出一种相似的暗示。泰瑞用擀面杖代表她的妈妈，反映出母亲那束手束脚的家庭主妇角色，而布兰登则选择尼斯湖水怪代表她，暗含她具有一种超越死亡的无形力量。

这个疗程是一次关键的经历，我们让泰瑞和浩二可以随时借鉴这张游戏家谱图，作为他们处理亲子关系时的参考资料，把调皮的孩子看作“游戏里的怪物”，并非真实的怪物，反而其实更像是一只小鸭子，需要教会他如何游泳。在本次疗程

---

① 瓦尔多在哪里（Where is Waldo）：欧美著名卡通漫画，其中瓦尔多（Waldo）以穿着红白相间的条纹上衣、头戴红色毛线帽、佩戴圆框眼镜为标志特征。漫画的主题常常是请读者在一大群密密麻麻的各式卡通人物中找出瓦尔多。——译者注

之后，父母亲都能持守对布兰登的规矩和管教。他们甚至赞同布兰登应受到法律的约束，并让儿子因旷课出庭受审。当法官做出要么蹲监狱到16岁要么回学校好好学习的严厉判决时，布兰登回到了学校。

将家谱历史和游戏、想象、创造力结合起来，常常可以揭示出更深层的家庭历史对当前家庭造成的影响。游戏环节能够降低来访者的阻抗，就像浩二那样，对各种小玩偶的选择带领他将无法言表的潜意识与内心深处的童年感受联结起来。在这个案例中，布兰登的父母通过分享各自原生家庭的经历，绘制出他们的游戏家谱图；正如布兰登需要清晰明确的规范设置一样，他的父母也需要借助游戏家谱图所特有的具象的、不带威胁性的结构来帮助他们面对各自的家庭历史，进而调动各方力量去改变现状。

G ENOGRAMS

第 11 章 家谱图在家庭研究中的应用

家谱图与家庭治疗具有同样悠久的历史，但它作为一种有效的研究工具被用于家庭研究领域的时间还并不长。尽管如此，家谱图的显著贡献也已初露端倪：通过简单的图表即可跟踪和记录大量家庭信息；也正是因此，它可以被广泛地应用于临床工作当中，帮助治疗师更有效地了解患者的背景情况。

我们正处于开发家谱图应用与研究潜力的十字路口。在临床领域，家谱图有助于治疗师形成系统化的思维模式，同时清晰地勾勒出家庭模式的脉络，使造成来访者之困境或难题的关键影响因素变得更加明确。通过本书的最新一版读者们可以了解到：家谱图是一种颇具效力、可广泛应用的临床工具，并且它的应用领域正变得愈加宽广（Altshuler，1999；Campbell et al.，2002；Daughhetee，2001；Dunn & Dawes，1999；Dunn & Levitt，2000；Foster，Jurkovic，Ferdinand，& Meadows，2002；Frame，2000a，2000b，2001；Gibson，2005；Gordon，Staples，Blyta，& Bytyqi，2004；Granello，Hothersall，& Osborne，2000；Hockley，2000；Hodge，2000，2001，2005a，2005b；Malott & Magnuson，2004；Massey & Dunn，1999；Niederhauser & Arnold，2004；Olsen，Dudley-Brown，& McMullen，2004；Rogers，1994a；Rogers & Durkin，1984；Wimbush & Peters，2000；Wright & Leahy，1999，2000；Zide & Gary，2000）。

此外，对于习惯使用电脑的新生代治疗师，现在已有专门面向临床实践而设计的家谱图软件可供选用。尽管如此，对于家谱图的理论研究才刚刚起步，即便是家谱图的符号制定及标注方法的标准化工作目前仍处于初始发展阶段。文献回顾显示：在使用家谱图之后，医务工作者们普遍反馈认为它是一种非常有效的临床工具；对家谱图临床有效性的大部分研究来自家庭医疗领域。家谱图可提高临床医生对与患者疾病相关的社会心理问题的关注度；同时可显著提升治疗中评估、诊断及护理的效力；也为对处于治疗关键期的特殊患者（如老年人）的评估及医患沟通提供了新的框架；家谱图可切实地帮助人们预防困境和难题的出现，或对已出现的问题做出有效的干预（Alexabder & Clark，1998；Baird & Grant，1998；Bannerman，1986；Campbell et al.，2002；Christie–Seely，1986；Crouch，1989；Crouch & Davis，1987；Dumas，Katerndahl，& Burge，1995；Garrett，Klinkman，& Post，1987；Like，Rogers，& McGoldrick，1988；Mullins & Christie–Seely，1984；Olsen，Dudley–Brown，& McMullen，2004；Shellenberger，Shurden，& Treadwell，1988；Sproul & Gallagher，1982；Troncale，1983；Wright & Leahy，1999，2000；Zede & Gray，2000）。

研究表明，家庭因素对于个体的健康与疾病有非常显著的影响。而婚姻家庭关系也在极大程度上影响着个体的生理健康（Campell et al.，2002）。家庭历史对于评估个体患病风险具有重要的参考价值（Wattendorf & Hadley，2005）。人类基因组计划、有关遗传病致病因素的研究和新近确立的美国国家临床实践指导原则，均主张疾病控制应以预防式的干预为主，因此对家庭史的评估就显得尤为重要（Wattendorf & Hadley, 2005）。随着基因研究的发展，通过家谱我们能够更加具体地了解家庭的人口统计学资料、重大疾病遗传史、家庭人际关系以及遗传疾病的发病风险等，而这些方面很快都将被纳入到对每一位患者的基本临床评估当中（Campell et al.，2002）。

谢尔格（Scherger，2005）曾发出呼吁，我们应正视当前家庭医疗面临的危机，重构家庭治疗体系，以提供真正家庭取向的护理方案；而在此之中家谱图所收集的信息将作为重要的组成部分。谢尔格认为，使用新的信息收集技术可以为深入了解和处理家庭问题提供极大便利；而最重要的是，从系统化的、更宏观的视角出发，才能真正为家庭提供恰当的医疗服务。但在此过程中，我们必须将技术与家庭医疗系统有效结合，从而符合临床医生的需求，协助他们应用家谱图以重构我们的健康护理系统，摆脱当前家庭医疗只停留在学术层面、受保险业驱动的桎梏。

家谱图在家庭医疗中的信度

在家庭医疗领域已有许多研究关注家谱图的应用，包括：家谱图对初诊接待质量的显著影响（Rogers，1994b；Rogers & Cohn，1987）、对家谱图的解读与诠释（Like et al.，1998）、患者自绘家谱图的完成情况及其信度（Rogers，1990）、家谱图对潜在健康风险的预测作用（Rogers，Rohrbaugh，& McGoldrick，1992）以及专家们如何解读家谱图（Rogers，Rohrbaugh，& McGoldrick，1992），等等。

莱克（Like）及其同事通过考察家谱图作为数据收集与评估工具的功用，来解读并诠释家谱图。他们将通过家谱图收集的信息归为六大类：（1）家庭结构；（2）家庭生命周期议题；（3）代际传递；（4）生活事件；（5）家庭关系模式；（6）家庭关系中的平衡或失衡；然后提出并检验了下表中的各种临床假设（见表 11.1）。此外，研究者还提供了三个临床案例指导医生系统地解读和诠释家谱图。这些案例阐释了医生应如何以系统化的模式使用这六种分类来学习家谱图的解读和诠释。该研究表明，家谱图不但能够提供丰富的信息，并且可以方便地结合到医生们习惯的临床诊断流程中。

表 11.1　家谱图在临床中的运用

第一类：家庭结构

1. 家庭构成（例如，完整的核心家庭、单亲家庭、重组家庭、三代家庭、扩展型家庭或与非家庭成员同住）

2. 兄弟姐妹的相关信息（例如，出生次序、性别、年龄差距，其他影响因素——每个孩子在家庭历史中的出生时机、孩子的个性、家庭模式、教养态度、对不同性别是否存在歧视等）

3. 特殊的家庭结构（例如，近亲结婚、重婚）

第二类：家庭生命周期

- 家庭所处的生命周期阶段（例如，子女成年并离家、新婚夫妇、家有幼童、孩子处于青春期、家中有老年成员等）
- 家庭生命周期的过渡或出现发展危机
- 家庭生命周期中重要事件在时间上的错位（家庭成员意外死亡、成员延迟离家、夫妻双方年龄差距过大、孩子出生过晚）

第三类：家庭的代际传递

- 家庭疾病的遗传（例如，某种疾病或症状）
- 家庭功能的传递（例如，躯体症状、否认机制或家庭暴力）
- 家庭关系的传递（例如，纠缠、冲突或关系中断）
- 家庭结构的传递（例如，离婚、再婚）

第四类：家庭事件

- 近期应激事件（例如，结婚、怀孕、急性病）
- 慢性生活事件（例如，慢性病、贫困、种族问题）

- 巧合或者反复出现的重要日期、年龄、近期的生活事件（例如，周年纪念日、假期）
- 文化、社会、经济、政治或环境压力（例如，种族隔离、移民迁居、自然灾害、战争动荡）

第五类：家庭关系模式

- 家庭关系类型（例如，关系中断、冲突、疏离、融合、纠缠）
- 三角关系（例如，父母与孩子的三角关系、夫妻的三角关系、离婚—重组家庭关系、家庭与收养或领养孩子的关系、代际间三角关系）
- 与非家庭成员的关系类型

第六类：家庭关系中的平衡与失衡

- 家庭结构的平衡与失衡
- 家庭角色的平衡与失衡
- 家庭功能水平或风格的平衡与失衡
- 资源的平衡与失衡

罗杰斯、罗尔博和麦戈德里克（Rogers，Rohrbaugh & McGoldrick，1992）在研究中对比了家谱图与人口统计学资料在预测健康风险方面的效力。他们请 6 名熟悉家谱图的医生对 20 名患者进行诊断评估，并对患者未来的健康状况做出 3 项预测。与仅有人口统计学资料相比，附加家谱图资料能让这些专家对自己的预测更有信心。尽管临床数据并未表明分析家谱图相比参阅临床病理标准手册能够更加有效地预测个体短期健康状况，但家谱图能够更有效地帮助医生发现和关注致病的重要因素和患者问题的症结所在。

罗杰斯、罗尔博和麦戈德里克（1992）考察了在家庭医疗中使用家谱图的全科医生和家庭治疗师在决策上的差异，以及他们在家谱图评估上差异（即评分者一致性信度）。对于家谱图信息总体上的主要分类（患者的健康状况、家庭成员、家庭结构、现处的家庭生命周期阶段、代际间的传递家庭模式、兄弟姐妹构成、突发疾病或创伤性的生活事件）各专家之间并无异议；但对于特定家谱图中哪类内容最为重要，专家们尚未达成共识。这可能反映了家谱图在信息分类方式上的模糊性；此外，由于家谱图呈现的家庭信息具有广泛性和多元性等特点，加之专家们从不同的理论角度出发去解读，因而难以达成一致的意见。如果家谱图有更加精确的信息资料分类方法，那么评估的一致性程度可能会有所提升。除了分类方式之外，还有另一个非常关键的问题，即提升评估信度要求使用一个统一的解释框架。家庭治疗师们通常遵循鲍恩的“系统理论”框架开展工作，他们在情感中断、冲突关系与代际间重复的家庭模式等类别上有较高的评分者一致性信度——这些类别在鲍恩的理论中都占有十分重要的地位。其他专业从业者在解读家谱图时使用的理论取向包括“遗传论”（常为医生们首选的理论框架，关注家庭压力事件，以及与临床相关的社会支持系统）和“生命周期理论”（常在医学和家庭治疗培训中讲授）。造成评估不一致的最后一个可能的原因是，对于患者的主诉或表现出的功能失调，研究助理绘制的家谱图与经验丰富的临床医师在与患者积极互动之后绘制出的家谱图之间极有可能存在差异。

在此之后，罗杰斯（Rogers,1994a）考察了临床医生在使用和不使用家谱图两种条件下评估患者罹患焦虑症或抑郁症的风险系数，结果显示，应用家谱图能够显著提升评估的准确率。为了便于临床工作者更有效地评估焦虑、抑郁等情绪问题，罗杰斯总结了家谱图中应特别关注的四个方面：（1）家庭结构；（2）家庭成员的人口统计学资料；（3）家庭遭遇的重大生活事件；（4）家庭在社交及健康方面的问题。罗杰斯得出的结论是，通过使用家谱图收集各类基本信息，可让医生对患者出现焦虑或抑郁症状的风险做出更有效的评估和分级。

研究家庭医疗的学者乔利（Jolly，1980）及其同事发现，仅需 16 分钟的家谱图访谈，就可引出并收集到几乎所有与治疗相关的重要家庭信息，并且医生之间也可通过家谱图更准确地交流有关患者的信息。尽管本研究的样本量偏小，同质性较高，并且“重要”信息的收录也受到医生主观因素的影响，但实际上，研究的结论通过了内部一致性信度验证。罗杰斯与霍洛韦（Rogers & Holloway, 1990）还以全科门诊患者为样本，考察了家庭医疗中患者自制家谱图的完成率和信度。研究中请患者间隔三个月前后两次绘制家谱图，研究者发现患者绘制的图谱具有较高的重测信度。此外，如果将收集的信息在分类上进一步细化或应用数字化电脑程序，则家谱图在家庭治疗中的信度还可得到进一步提升。

家谱图在家庭心理治疗中的信度

令人颇感意外的是，在家庭心理治疗领域中检验家谱图可靠度（即信度、一致性程度）的研究并不多。为了验证家庭治疗师在家庭治疗中使用家谱图的可靠性，库普兰、赛罗维奇和格伦（Coupland、Serovich，& Glenn，1995）设置了一些虚拟情境，让 17 名获得婚姻家庭博士学位的学生来记录家谱图信息。后来发现，这些学生记录的家庭成员姓名和家谱图符号精确度最高，对家庭成员的职业、既往病史、个人特征、兴趣爱好等方面的符号记录具有中等程度的精确性，而对日期和家庭成员年龄方面的符号记录精确性较差。研究者认为，之所以在记录这种日期上存在误差，要么是因为这些学生在家谱图中记录了无关的信息，要么是因为他们没有接受过完善的家谱图训练。后续的督导培训——包含家谱图评估、记录培训和对已记录的家谱图做小组评议，能够很好地解决家谱图信息记录不精确的问题。在另一项相关的研究中，库普兰和赛罗维奇（Coupland & Serovich, 1999）根据麦戈德里克和格尔森（McGoldrick & Gerson, 1985）制定的家谱图架构标准编制了标准化问卷，以问卷为研究工具，研究者希望了解“由咨询师指导绘制家谱图”相对于“由来访者自主绘制家谱图”是否能更加强化治疗联盟关系。研究样本包括主动求助的 17 对夫妇（他们来自美国西南地区的两所大学）、5 名已婚学生以及家庭治疗项目招募的家庭治疗师。标准化的调查问卷确保了研究的信度，同时，两种研究条件下绘制家谱图的规则、符号和信息分类法完全相同。然而，库普兰和赛罗维奇发现，两种条件下治疗师和来访者之间的治疗联盟并无显著差异。研究者认为，也许是仅仅五个疗程的治疗太短，还未能让双方建立起可测量的治疗联盟，此外，来诊夫妻或治疗师似乎都没有表现出特别想使用家谱图的动机。5 次治疗中，他们没有在时间和努力上具备使用家谱图明显的诱因，治疗师的动机甚至会是逐渐降低的，因为他们可能认为采用这种干预方法只是研究人员的需要，并不完全符合他们个人的治疗策略，且未必真正适合来访的夫妇。

这也向我们显明了在家谱图信度研究中经常遇到的一个问题：研究者由于经济条件的限制，不得不减少相关的治疗时程、培训以及尽责的、有能力参与研究的治疗师的投入度，从而使研究的实施与结果受到影响。实际上，尽管我们目前尚未能通过量化的方法来验证家谱图的巨大力量，但并不意味着它无法用量化的数据来呈现。同时，家谱图也在不断地发展进化，它的功效和潜力可能是无可限量的，我们希望随着家谱图软件的普及，能够有越来越多的研究者更深入地探索家谱图的魅力。

我们致力于提升家谱图的信度，并相信家谱图的标准化能够使它更加可靠和有效。同时，我们还认为以下几点也非常重要：保持家谱图向各个领域延伸的灵活性；认真倾听每一位家庭成员不同的观点和看法；对各种议题和假设不断探索；以及处理上述过程中面临的任何心理测量学问题。

有关家谱图临床效度的研究

罗杰斯和科恩（Rogers & Cohn，1987；Rogers，1994b）设计了用于考察家谱图效度的第一个随机控制实验，主要考察医生在初次接诊中应用家谱图带来的疗效。研究者发现，相对于医生的口头问诊，家谱图能够更为详尽地收集有关患者家庭结构、重大生活事件、复现的疾病以及家庭关系等方面的信息。研究中，绘制家谱图的指导语简洁明了、易于理解，并且向患者提供自主绘制家谱图的手把手教程。借助这种方法通常仅需 20 分钟即可构建出患者的家谱图。一位研究者系统地观察和记录患者与临床医生的首诊过程，同时收集两组数据。第一组记录问诊过程中患者的主诉和医生对患者背景信息的询问（如，医生是否考察患者的家庭状况或家庭问题，医生是否提出和患者的家庭成员面谈，是否为患者提供建议，是否了解了患者的工作状况及居住环境等）。第二组记录是调查者根据医生收集的资料绘制患者的家谱图。

而后，对这些家谱图进行分析，确定其中记录的家庭信息量。将这些信息归为以下四类内容：家庭结构、重大生活事件、代际传递模式、当前同住的家庭成员等。对比三个研究分组（基线水平、实验组、控制组）的家谱图中包含信息的类别及相关的三个因变量——是否探索有关家庭或工作方面的问题、是否提出和患者家属会面，以及是否对处方做讲解和讨论。研究结果显示，自主完成的家谱图（实验组和控制组）相对医生的问诊能够收集更多有关患者家庭的信息。这是一项极具开创性的研究，而罗杰斯和科恩制作的清晰、方便执行的家谱图自主绘制方案也非常出色！未来随着电脑的应用可使此类研究更为深入。

虽然他们在研究中使用的临床技巧和工具大多是以鲍恩的理论为基础，但是让我们惊讶的是，这项优秀的研究却没有引起多少家庭治疗师的关注。福斯特等（Foster et al., 2002）认为，这可能由于大批量收集家谱图数据并对其深入分析是非常困难和复杂的工作。福斯特等人也是为数不多的开展家谱图学术研究的团队之一，但他们的研究兴趣更聚焦于家谱图访谈过程而不是家谱图中所含的信息本身。

当前至少存在两类关于家谱图的研究大方向：第一类是将家谱图作为收集和管理家庭历史信息的临床工具；第二类是将家谱作为帮助患者理解自己的家庭系统并促进家庭转变的工具。福斯特及其同事认为第二类功能更具研究价值。相对于使用家谱图单纯地收集家庭历史信息，绘制并解读家谱图的过程以及与具备系统化理念的治疗师协同工作更为重要。福斯特和他的同事以鲍恩的系统化取向为指导，开发出一套时长为五个疗程的家谱图访谈，专门为即将步入婚姻的准夫妻们提供婚姻指导。

第一疗程旨在收集基本的家谱图信息。访谈首先聚焦于恋爱双方的原生家庭问题，而不是二人之间的问题，鼓励恋人觉察自己把哪些原生家庭中的问题带到了双方现在的关系中。这一过程有助于恋人们建立两人间的情绪空间，进而对自己、对方，和他们的关系生成新的观察视角。

第二个疗程的关注点在于激起准夫妻的好奇心，去了解原生家庭对现在家庭的影响，洞察原生家庭中的家庭模式对二人关系动力上的影响。同时，鼓励准夫妇将他们的关系看作跨代际家庭发展历程中的一个部分。

第三个疗程关注未来夫妻双方在处理家事的过程中可能遇到的问题。当二人都能从自己原生家庭中跳出来，便可以更加系统化地审视对方的各种家庭关系。而后治疗师鼓励双方返回来，再度聚焦于他们自己的关系。

第四个疗程强调：帮助未来的夫妻将各自原生家庭与二人之间的情感关系联系到一起。鼓励那些对冲突不甚关注的伴侣们讨论某些让他们产生强烈情绪的话题，如家庭经济、假日安排、对健康的态度以及他们和各自大家庭的关系。

最后一个疗程中，引导未来的夫妻将之前通过家谱图收集的所有信息整合起来，以双方的大家庭为背景，接纳、欣赏、享受二人当下的情感关系。

这套家谱图访谈既能改善夫妻关系，又可优化他们与双方原生家庭的关系。作者认为，这套访谈有助于夫妻双方提升某些特定技能，如金钱管理能力。他们认为，家谱图访谈具有巨大的潜力，能够帮助来访者更系统化地思考问题；这不仅仅由于家谱图具有可视化的特点，更重要的是，家谱图可通过多元的方式将访谈和伴侣之间的关系及其家庭历史联系起来。类似的方法也可以推广应用到夫妻治疗当中，帮助他们从自己的宗教、伦理、种族、社会阶层和性别背景出发去思考、处理当下面临的问题。

家谱图与家庭生态图在临床工作中的应用

研究文献指出，治疗师邀请来访者一同协作构建家谱图具有治疗的功效，能够鼓励来访者倾听自己内心的声音，加添他们的力量，让他们勇敢地探索自己的家庭历史。邓恩和莱维特（Dunn & Levitt, 2000）研究了构建家谱图过程中治疗师与来访者的协作关系。他们指出，这种协作关系的整合可显著增加家谱图的治疗效果，他们向所有婚姻家庭治疗师推荐家谱图。

家谱图在其他许多领域也得到运用。它已被采纳为评估灵性信仰的工具（Dunn & Dawes，1999；Frame，2000a，2000b，2001；Hodge，2001，2005a；Massey & Dunn，1999），用于领养儿童的治疗（Altshuler，1999；Petry & McGoldrick，2005），为慢性疾病患者及住在救济院的人们缓解痛苦（Hockley，2000），确定个体罹患心血管疾病的风险（Wimbush & Peters，2000），还可用于学业及职业发展咨询（Daughhctee，2001；Gibson，2005；Granello，Hothersall，& Osborne，2000；Malott & Magnuson，2004）。相关的专业出版物对如何通过绘制社会家谱图来了解家庭的多元性也有讨论（Milewski-Hertleit，2001），当然，家谱图也被应用于本书所探讨的夫妻和家庭治疗领域（Foster et al.，2002）。此外，家庭生态图（ecomap）和生态表（ecogram）可反映更为宏观泛的背景系统对个体和家庭系统产生的影响和作用，它们都是对家谱图的有力补充和强化。

奥尔森及其同事（Olsen et al., 2004）在一项非常有意义的研究中将家谱图、家庭生态图和家庭基因图谱整合起来，极大地优化了健康护理评估。我们认为，基因图谱信息和家谱图不应彼此割裂或排斥，而应将二者整合到一起。奥尔森和她的同事也指出了这种新的评估方式的用途：

1. 发现、确定危险因素
2. 向患者或家庭面对面地传达健康管理策略、心理支持、生殖健康教育、降低风险、预防、诊断、转诊及疾病长程管理等方面的临床决策
3. 确定健康检查策略
4. 建立遗传模式模型
5. 确认家庭成员的患病风险指数
6. 生育决策
7. 区分遗传因素与其他风险因素
8. 改善患者的亲密关系
9. 对患者及其家庭开展健康教育
10. 验证家庭的交流模式与阻碍交流的因素
11. 在跨越代际的宏观背景下，分析情绪情感与行为模式
12. 帮助家庭看到他们是一个相互影响的系统，彼此通过许多重要的方式相联结
13. 帮助家庭认识到看到他们是相互影响、相互依赖、彼此联结的整体
14. 澄清那些导致家庭变动的因素（例如，重新调整同住家户成员间的关系）
15. 防止某个成员被当作“替罪羊”而被整个家庭隔离
16. 描绘家庭成员之间以及家庭成员和外部社会机构的联系
17. 呈现可获取支持资源的途径与资源获取模式，向患者澄清可能还需要哪些额外的支持或资源

奥尔森及其同事（Olsen et al., 2004）还探讨了“确保信息准确性”这一重要议题。显然，某个家庭成员提供的信息是否准确可以通过其他成员和就医记录加以证实。某份医疗记录若随着时间发展在各种临床情境中被不断更新、反复检验，那么它的精确性必然会大大提升。这也向我们显明，综合来自不同家庭成员、医疗机构、社会服务机构以及其他来源的信息，运用家谱图、家庭生态图或大事年表所收集的资料具有极高的价值和准确性。

作为一种评估工具，家谱图在应用过程中同时会涉及伦理和法律方面的问题，需要我们加以注意。患者的个人信息与经济状况涉及个人隐私，在组织报告时应仔细审查这些内容，避免泄露。有关亲属和家庭成员的信息也属于隐私内容，必须经当事人同意才可收集。尽管如此，应当鼓励患者探讨自身和亲属带有的遗传问题或缺陷，特别是当这些问题可能影响到亲属或子女未来的健康时更应如此。应特别谨慎地决定需要将这些信息与结论告知哪些成员、是否有必要将患者的决定告知他人或相关的护理人员。在研究中同样需要保护当事人的隐私与私人信息。尤其是当患者的医疗保险可能因遗传问题遭到拒付时，研究者和治疗师应特别注意。为了保障患者的权益，立法者已做出相关的努力，这体现在 1996 年的《美国健康保险流通与责任法案》（*Health Insurance Portability & Accountability Act*）当中（美国卫生和公共服务部颁布），以及 2005 年的《遗传信息非歧视法》（*Genetic Information Nondiscrimination Act*）中明确禁止在任何不具保密性的范围内透露或使用个人遗传信息。

家谱图在质性研究中的应用

质性研究通过观察法、深度访谈法等多种途径收集资料，倾听研究参与者的声音；研究证明，家谱图在质性研究中具有良好的适用性（Beitin & Allen，2005；Jordan，2006；Petry，2006）。它在临床家庭治疗中的地位使其自然而然地成为家庭治疗学术研究的首选工具。家谱图鼓励参与者讲述自己的故事，这使它在研究中广泛应用的实用工具。另外，家庭治疗研究者们的兴趣点在于：如何以更加美观的形式呈现所收集的数据，以及如何通过家谱图实现这一目标。因此，家谱图被广泛应用于质性研究（Marshall & Rossman，1999；Miles & Huberman，1994；Strauss & Cobin，1998）。带有数据库的家谱图软件在信息存储量、信息管理和复杂资料分析方面都更具优势，数据库和家谱图软件的整合使得家谱图成为质性研究的得力工具。

家谱图软件系统

兰迪·格尔森（Randy Gerson）在 1982 年设计出可在苹果电脑系统下运行的家谱图软件，这也是第一款家谱图软件。此后有越来越多新的软件面市，但绝大多数是为家谱学者设计的，其中也有一部分可服务于治疗师，例如：Genogram-Maker Millennium（2007，www.genogram.org）、Genopro（2007，www.GenoPro.com）以及 Wonder-ware（www.interpersonaluniverse.net）。其中有些软件允许使用者将风险性的家庭关系标识出来，如融合、隔离、暴力等。另外，这些软件也可以非常方便地记录和呈现分居、离婚、疾病、虐待、宠物和同住成员的组合等信息，用户还可用不同的颜色来做标记，同时软件配有使用指南和帮助文件。值得一提的是，GenoPro具有超链接功能，允许用户围绕同一位家庭成员绘制多幅家谱图，同时可以在数据库中随时添加、更新和保存每一位家庭成员的相关信息。家谱图软件的功能已经大大超越纸笔绘制的图谱所能承载的内容，而数据库的应用为更具深度的家谱图研究开启了新的大门。研究者现在可以对近年来收集到的所有家谱图数据进行分析，形成有关家庭模式的理论假设，再进行比较、验证的研究。GenoPro 的开发者丹·莫林（Dan Morin）正在根据本书介绍的家谱图标准化画法编写新的软件。这一新产品会在 2008 年之前面世。更多相关的信息可以访问他们的网页，或直接与丹·莫林联系（电子邮箱：daniel.morin@danmorin.com）。这一软件系统能够帮助我们收集大量的、多层级的有关个体和家庭的信息，并以统一的家谱图语言表述和交流这些内容。

现在已有软件具备“绘图后自动生成数据库”的功能，这也使家谱图被应用于量化研究成为可能。家庭治疗领域常因缺乏科学性的实证研究而备受批评。这可能是因为家庭治疗研究的复杂性极高，其难度远远高于对个体心理过程的研究，而家庭治疗业界内的文化向来不重视学术研究，许多家庭治疗的研究者也并没有接受过实证研究模型或方法论方面的培训（Sprenkle，2003）。

带有数据库的家谱图软件将极大扭转这一状况，它在临床治疗师和研究者之间架设起新的桥梁，家谱图首次同时被赋予“重要的临床工具”和“有效的研究工具”的功用。治疗师在根据临床情况使用家谱图的同时，研究者也能够从中收集可测量的资料，进而积累大量信息有效地开展科学实证研究。研究者们感兴趣的是数据化和程式化、干预方法的可推广性等方面，而治疗师们则更关注于临床干预的技艺。当前，作为临床治疗师追踪大量复杂家庭信息的得力工具，家谱图亦可被用于科研工作。这意味着，在参与研究时，临床治疗师和患者不再需要仅仅为了提供家庭研究的数据而填写某种形式的问卷或是参与专为科学研究设计的访谈。取而代之的是，研究者可以直接分析治疗师在多次治疗后积累的临床资料。家谱图作为一种资料收集工具，可根据不同家庭成员提供的信息随时对初始评估收集的数据加以更新或修改，这也是它远远优于任何形式的问卷之原因所在。现在，我们已能够以更加整合的形式去研究这些丰富的资料，对渐渐积累的家庭模式临床资料有更精确的把握。

让我们再来看看其他可应用家谱图数据库的研究领域。数据库可以保存所有收集到的信息，例如各个家庭成员的年龄（建在的成员与已故者），各成员的家庭关系、个人特征信息——出生地、种族、生理和心理功能、教育水平、职业、信仰、性取向和收入水平等任何治疗师认为有价值的信息。

设想一下，研究者可利用数据库跟踪任何特定主题的信息——例如“乳腺癌患者及其社会支持系统”。可能需要做的只是简单地点几下鼠标，选取所有数据中有乳腺癌患者之家庭的家谱图，如果家谱图中包含着该家庭支持水平与亲属关系网络的信息，即可开始对数据进行研究和比较。研究者可以向前走——分析这些人的朋友圈，抑或向后看——考察患者长辈的背景、过往经历等。研究者可能对影响患者健康状况的相关因素感兴趣：家庭支持系统、社会关系网络、潜在其他危险因素的可能性，以及患者及其家庭的经济状况等。而上述这些因素又可能关乎于原生家庭的历史、上一代人的毅力和可利用资源。

研究者几乎可以选取任意的研究主题。例如，研究家庭中物质滥用与家庭成员种族、职业、婚姻状态或性取向之间的关系。或者研究物质滥用与躯体疾病、残疾和关系冲突的关系。还可以去看看物质滥用和躯体暴力、性暴力之间的关系，或家庭关系破裂与物质滥用的关系。数据库的非凡之处在于，无论多少，治疗师可以将收集到的所有信息录入其中，每次治疗后都可添加新的资料和细节，不断完善已有的家谱图。在家谱图研究中，借助软件和数据库我们还可以随时点亮或忽略任一方面的信息——在屏幕上只显示所需分析的内容，同时，所有的资料都可存储在数据库中，供研究者随时调用。

伦理和法律问题

保护来访者或研究参与者的隐私，争得他们的知情同意在临床工作和学术科研中都是最基本的伦理要求。在此需特别指出的是，对于那些涉及来访者或研究参与者家庭成员的信息，我们也应遵守同样的伦理要求。之前已有因披露家庭信息而导致法律诉讼的先例（Botkin，2001；Botkin，McMahon，Smith，& Nash，1998；Frankel & Teich，1993）。研究中我们通常会首先征得患者的知情同意，但是若想获得所有出现在家谱图中的家庭成员的同意而后再去开展研究显然是不切实际的。不仅如此，在数据库中记录对治疗并不知情的亲属的信息也会产生伦理上的问题。家谱图软件可以让治疗师获得全面、精确的信息，同时，我们还应系统、有效地隐藏研究参与者的个人信息。即使数据库中所有的姓名已被删除，研究者依然需要注意保护相关人员的隐私。

总之，尽管在过去的 20 年中，家谱图已经被应用到各种有关的研究领域，但它的潜力还有待挖掘。带有数据库的家谱图软件为未来的家谱图研究开辟了更广阔的道路。在我们看来，家谱图不仅仅是临床工作中一种极为高效的评估工具，同样它也是家庭系统实证研究的得力武器。

附　录

为了方便广大师生和治疗师学习使用家谱图，本附录列出了建构家谱图的结构框架和关键性资料，其中包括：

- 总结标准化的家谱图符号格式；
- 介绍家谱图访谈大纲；
- 概述对家谱图解读方法。

第一部分：家谱图的基本组成元素

1. 符号

我们使用不同的符号来代表各个家庭成员、描述各种家庭结构。此外，那些与家庭成员共同生活，或为家庭提供支持、照料的重要他人也应被包含在家谱图中。

2. 家庭互动模式

治疗师可自行决定是否将表示家庭关系的标识符呈现在家谱图中，抑或将有关家庭模式的信息记录在另外的表单中。这部分信息的准确程度可能较低，但它们却是家庭模式最重要的反映形式，治疗师应对其给予高度关注。

3. 病史和病历

因为家谱图注定是一种具有导向性的家庭图谱，所以应将重要的因素优先列出。如果可能，最好将家庭成员的重大疾病或慢性病的名称及发病时间在家谱图中标识出来。

如果可行，可根据DSM-IV诊断标准将疾病以缩写的形式在家谱图上标出（例如：癌症-CA；中风-CVA）。

4. 其他家庭信息

家庭的其他重要信息也应在家谱图中被标识出来：

- 有关家庭种族背景的信息，家庭移民、迁居的时间；
- 宗教或信仰上的改变；
- 教育程度；
- 所从事的职业或失业状态；
- 服役、从军情况；
- 退休；
- 违法或犯罪；
- 躯体暴力、性暴力或乱伦；
- 肥胖症，在代表个体的符号右下角标注“O”来表示（O=Obesity，肥胖——译者注）；
- 酗酒或吸毒；
- 吸烟，在代表个体的符号右下角标注“S”表示（S=Smoking，吸烟——译者注）；
- 成员离家的日期，如 LH 93，即 1993 年离家，（LH=Left Home，离家——译者注）；
- 家庭成员当前的生活地点；
- 在语言方面有困难，不会使用所生活文化环境的主流语言，在代表个体的符号右下角标注“L”来表示（L=Language，语言——译者注）。

尽可能在家谱图下方预留出一定空间，以方便随时记录其他关键信息，可能包括：重大事件、家谱图建构之后出现的家庭结构变动、有关重大家庭事件或家庭变动的假设和注释等。所有注释都应标注日期，并以最精简的形式记录，因为图中每多记录一条信息，整个家谱图的复杂性也会相应地增加一点，牺牲掉更多的可读性。

第二部分：简版家谱图访谈大纲

1. 从当前的问题或危机入手

- 此时此刻家庭因何前来求助？
- 问题或危机自何时出现？
- 是谁最先发现的问题或危机？
- 各家庭成员对问题或危机都持有什么样的看法？
- 各家庭成员对问题或危机都做出了什么样的反应？

- 在问题或危机出现之前，家庭成员之间是什么样的关系？
- 问题或危机出现之后，家庭成员间的关系是否有改变，有哪些的改变？
- 如果问题或危机持续下去、得不到解决，会发生什么？

2. 对家庭背景信息提问

- 当前家庭中的成员都有谁（姓名、年龄、性别）？
- 各成员间是什么样的亲属关系？
- 家庭的其他成员现在何处居住？
- 家庭中是否曾发生或出现过类似的问题或危机？
- 家庭曾使用什么样的手段或方法应对这些问题或危机？寻求心理治疗？入院治疗？寻医求治？寻求宗教信仰方面的支持？向某些家庭成员求助？
- 家庭中最近都发生了哪些事？
- 最近是否出现应激源或发生任何家庭变动？

3. 收集有关原生家庭的信息

- 父母或继父母的信息（姓名、年龄、职业、婚配状况、健康状况或亡故日期及原因）；
- 兄弟姐妹信息（姓名、年龄、出生顺序、职业、婚配状况、育儿状态、健康状况或死亡日期及原因）。

4. 询问其他辈分家庭成员的信息

- 祖父母的信息（姓名、年龄、职业、婚配状况、健康状况或死亡的日期及原因）。

5. 文化因素

- 家庭成员对其文化的传承；
- 家庭成员的宗教信仰、灵性取向；
- 家庭的移民、迁居历史；
- 家庭固有的性别角色和家规。

6. 生活事件和个体家庭功能

- 家庭成员意外死亡或造成内心创伤的亡故；
- 压力源，如疾病或工作问题；
- 成瘾；

- 法律问题（被捕、吊销从业执照、正在进行的诉讼）；
- 工作、学业方面的成就或困境。

7. 家庭关系

- 某些家庭成员之间的特殊亲密关系、可以彼此心意相通的特别的关系；
- 任何重大冲突或关系上的断绝；
- 夫妻关系、亲子关系、同辈关系的质量；
- 躯体、情感或性暴力。

8. 家庭力量（strength）和平衡

- 家庭角色：谁是护理者，谁是患者？谁是好人，谁是坏人？谁是成功者，谁是失败者？谁是温暖的人，谁是冷漠、疏离或卑鄙的人？
- 家庭抗逆力：为家庭带来的源泉是什么？幽默、忠诚、勇气、智慧还是温情？
- 获得资源的能力：爱、朋友、社区、金钱、宗教团体、工作等。

第三部分：家谱图的解读

1. 家庭模式和家庭构成

（1）配偶构成

- 单亲家庭——他们可能面临着很多的压力源，如配偶的缺失、孤立无援、经济压力、抚养子女的压力等。
- 再婚重组的家庭——因离异或丧偶而再次结婚的家庭，可能会面临监护权、探视权的问题，出现资源不平衡、嫉妒、偏袒、忠诚上的冲突、继父母间的冲突、继亲同辈间的冲突等。

（2）兄弟姐妹

- 出生顺序会对个体的情绪特点和家庭关系角色产生一定影响。例如，最年长的孩子可能会表现得过度承担责任、尽职尽责，甚至代替父母的角色；年纪最小的孩子则更可能被宠坏、更孩子气。独生子女可能在社交上独来独往、更少地以同辈关系为导向，更早地进入成人角色，常会有焦虑，同时也会向长子、长女一样——更加关注父母关注的东西。所有长子之后的孩子都必须靠自己去打拼。
- 除出生顺序外，家庭中发生的大事件与孩子出生日期之间的关联也值得关注。例如，是否恰巧在家庭成员去世之前或之后某个孩子降生（这种情况常常意味着家庭可能会希望用新生的孩子来替代、弥补家庭的丧失）。

- 家庭对各个孩子的期待和“设定的人生路线或角色”。
- 因孩子的性别而在养育理念上差别对待。是男孩子更得宠？还是女孩子会更得宠？是否家庭成员会依据性别而形成某种同盟关系？

2. 家庭在生命周期中所处的位置

在解读家谱图时，治疗师同时也应关注家庭成员和整个家庭在生命周期中所处的位置或阶段。家庭的发展会经历一系列的阶段或转变，它们包括：子女离开原生家庭、结婚、生育、抚养子女和退休。在到达每一个变化的里程碑时，家庭成员应对自己所处的发展阶段有清晰的认识并有能力顺利地踏上下一阶段的征程。但是如果家庭模式在转变点上发生固结，家庭成员则可能在下一家庭发展阶段的适应上出现问题（Carters & McGoldrick，2004）。

治疗师应关注，家庭以什么样的方式尝试适应当前的生命周期转变，以及他们以什么样的方法应对之前的生命周期转变。当大事件的发生时间或个体的年龄与家庭度过多个家庭发展阶段的一贯方式出现不符时，治疗师应进一步探索家庭对于应对发展周期变化是否存在困难或阻力。例如，如果已经成年的孩子还没有离家，治疗师可以看看家庭在进入新的生命周期上是否存在难处或困境。或者，如果在丧失配偶后立刻结婚，那么这其中可能暗含有未处理好的哀伤。

3. 跨代际重复的家庭模式

因为家庭模式可以从一代人传递给下一代人，治疗师应对任何跨代际的家庭模式保持敏感和警觉。这些模式可能会显现于下列领域：

（1）家庭功能的模式

是否某些前代人身上的家庭功能在后代身上重现？这些家庭模式可能是适应性的（创造力、抗逆力、勇气力量）或适应不良的（家暴、暴力对待孩子、酗酒、自杀）。

（2）家庭关系的模式

是否有家庭关系上的过度紧密、疏离、断绝或冲突在家庭多代人身上重复出现。例如，家庭中存在父母结成联盟、共同对付孩子的“三角关系”模式。

（3）与个体的家庭位置有关的模式

与前代人处于相同家庭位置的个体有可能重复前代人同样的家庭模式。例如，家庭中唯一的男孩在20岁左右被捕入狱，可能重复的正是他父亲青年时违法的模式。又或者是，某人再婚后新组成的家庭构成恰恰与他或她的原生家庭非常类似。这些因素可能会以相同的模式影响家庭成员间的关系。

（4）家庭角色和家庭功能的平衡

在功能良好的家庭中，各成员的家庭角色是相互补偿、整体平衡的。例如，一个喜好社交的个体，会有个顾家的伴侣来抵偿平衡；一位刻板负责的长兄可能会有一个逍遥自在的小弟来抵偿平衡。某个人的家庭角色和性格特征为另一个互补的人提供了位置。

但是在一些家谱图中呈现出的却是各种不平衡的家庭角色。例如，许多人都争相去成为那个“照料者”；或者是，某个人承担着过多的家庭责任。一个“酒鬼”若和一位“照料者”结合，这可被看作一种互补，但这种情况最终会给“照料者”造成太大压力以致无法继续承受。家庭中可能还会出现权力上的不平衡，如丈夫和妻子之间、兄弟和姐妹之间、不同肤色和种族的家庭成员之间，或者出于社会阶层、能力、家长偏爱、家庭价值观等种种差异而造成权力不平衡。当这种家庭角色和家庭功能上的不平衡出现时，治疗师应重点关注家庭以什么样的方式在应对着这些不平衡，以及思考应如何干预来帮助他们达到平衡状态。

参考文献

本参考文献共分为三部分。第一部分是本书正文中引用的文献；第二部分是按照主题分类的参考文献；第三部分是根据家族姓氏英文首字母顺序排列的人物传记。

Ahrons, C. (1998). *The good divorce*. New York: Harper Paperbacks.

Alexander, D., & Clark, S. (1998). Keeping "the family" in focus during patient care. In P. D. Sloane, L. M., Slat, P. Curtis, & M. H. Ebell (Eds.), *Essentials of family medicine* (3rd ed., pp. 25–39). Baltimore: Williams & Wilkins.

Ali, T. (1985). *An Indian dynasty*. New York: Putnam.

Almeida, R., Messineo, T., Woods, R., & Font, R. (1998). The cultural context model. In M. McGoldrick (Ed.), *Revisioning family therapy: Race, culture and gender in clinical practice*. New York: Guilford.

Altshuler, S. J. (1999, November/December). Constructing genograms with children in care: Implications for casework practice. *Child Welfare*, (6), 777–790.

Anderson, J. L. (1997). *Che Guevara: A revolutionary life*. New York: Grove Press.

Andrews, J. D. (1998). *Young Kennedys: The new generation*. New York: Avon.

Anzieu, D. (1986). *Freud's self analysis*. Madison, CT: International Universities Press.

Appignanesi, L., & Forrester, J. (1992). Freud's women. New York: Basic.

Baird, M. A., & Grant, W. D. (1994). Families and health. In R. B. Taylor, A. K. David, T. A. Johnson, Jr., D. M. Phillips, & J. E. Scherger (Eds.), *Family medicine principles and practice* (4th ed., pp. 10–15). New York: Springer-Verlag.

Baird, M. A., & Grant, W. D. (1998). Families and health. In R. B. Taylor, A. K. David, T. A. Johnson, Jr., D. M. Phillips, & J. E. Scherger (Eds.), *Family medicine principles and practice* (5th ed., pp. 26–31). Baltimore: Williams & Wilkins.

Bannerman, C. (1986). The genograms and elderly patients. *Journal of Family Practice, 23*, 426–427.

Barth, J. C. (1993). *It runs in my family: Overcoming the legacy of family illness*. New York: Brunner/Mazel.

Bateson, M. C. (1984). *With a daughter's eye*. New York: William Morrow.

Beitin, B. K., & Allen, K. R. (2005). Resilience in Arab American couples after September 11, 2001: A systems perspective. *Journal of Marital & Family Therapy, 31*(3), 25–267.

Bepko, C. S., & Krestan, J. (1985). *The responsibility trap: Women and men in alcoholic families*. New York: Free Press.

Bernikow, L. (1980). *Among women*. New York: Harper & Row.

Blumenthal, R. (2006). Hotel log hints as illicit desire that Dr. Freud didn't repress. *NY Times*, Dec. 24, pp. 1, 4.

Botkin, J. R. (2001). Protecting the privacy of family members in survey and pedigree research. *Journal of the American Medical Association, 285*(2), 207–211.

Botkin, J. R., McMahon, W. M., Smith, K. R., & Nash, J. E. (1998). Privacy and confidentiality in the publication of pedigrees. *Journal of the American Medical Association, 279*(22), 1808–1812.

Bowen, M. (1978). *Family therapy in clinical practice*. New York: Jason Aronson.

Boyd-Franklin, N. (1989). *Black families in therapy: A multisystems approach*. New York: Guilford.

Boyd-Franklin, N. (2006). *Black families in therapy: Understanding African-American experience* (2nd ed.). New York: Guilford.

Bradt, J. (1980). *The family diagram*. Washington DC: Groome Center.

Bragg, M. (1990). *Richard Burton: A life*. New York: Warner.

Brodie, F. M. (1974). *Thomas Jefferson: An intimate history*. New York: Norton.

Burke, J. L., & Faber, P. (1997). A genogrid for couples. *Journal of Gay and Lesbian Social Services, 7*(1), 13–22.

Callas, J. (1989). *Sisters*. New York: St. Martin's.

Campbell, C. (1998). *The real Diana*. New York: St. Martin's Press.

Campbell, T. L., McDaniel, S. H., Colc-Kelly, K., Hepworth, J., & Lorenz, A. (2002). Family interviewing: A review of the literature in primary care. *Family Medicine, 34*(5), 312–318.

Caplow, T. (1968). *Two against one. Coalitions in triads*. Englewood Cliffs, NJ:

Prentice Hall.

Carson, C. (Ed.). (2001). *The autobiography of Martin Luther King*. New York: Warner.

Carter, B., & McGoldrick, M. (2005a). Coaching at various stages of the life cycle. In B. Carter & M. McGoldrick (Eds.), *The expanded family life cycle: Individual, family and social perspectives*, (3rd ed., pp. 436–454). Boston: Allyn & Bacon.

Carter, B., & McGoldrick, M. (Eds.). (2005b). *The expanded family life cycle: Individual, family and social perspectives: Classic edition*. Boston: Allyn & Bacon.

Carter, E. A. (1978). Transgenerational scripts and nuclear family stress: Theory and clinical implications. In R. R. Sager (Ed.), *Georgetown family symposium* (Vol. III, 1975–77). Washington, DC: Georgetown University.

Christie-Seely, J. (1986). *A diagnostic problem and family assessment. Journal of Family Practice, 22*, 329–339.

Clinton, B. (2005). *My life*. New York: Vintage.

Clinton Kelley, V., with J. Morgan (1994). *Leading with my heart: My life*. New York: Pocket Books.

Cohler, B. A., Hosteler, J., & Boxer, A. (1998). In D. McAdams & E. de St. Aubin (Eds.), *Generativity and adult development: Psychosocial perspective on caring and contributing to the next generation*. Washington, DC: American Psychological Association Press.

Colon, F. (1973). *In search of one's past: An identity trip*. Family Process, 12(4), 429–438.

Colon, F. (1978). Family ties and child placement. *Family Process, 17*, 189–312.

Colon, F. (1998). The discovery of my multicultural identity. In M. McGoldrick. (Ed.), *Revisioning family therapy: Race, culture and gender in clinical practice* (pp. 200–214). New York: Guilford.

Colon-Lopez, F. (2005). *Finding my face: Memory of a Puerto Rican American*. Victoria, BC, Canada: Trafford Publishing.

Congress, E. P. (1994). The use of culturagrams to assess and empower culturally diverse families. *Families in Society, 75*(9), 531–540.

Coupland, S. K., & Serovich, J. M. (1999, December). Effects of couples' perceptions of genogram construction on therapeutic alliance and session impact: A growth curve analysis. *Contemporary Family Therapy, 21*(4), 551–572.

Coupland, S. K., Serovich, J., & Glenn, J. E. (1995). Reliability in constructing genograms: A study among marriage and family therapy doctoral students. *Journal of Marital and Family Therapy, 21*, 251–264.

Crouch, M. A. (1986). Working with one's own family: Another path for professional development. *Family Medicine, 18*, 93–98.

Crouch, M., & Davis, T. (1987). Using the genogram (family tree) clinically. In M. A. Crouch & L. Roberts (Eds.), *The family in medical practice: A family systems primer* (pp. 174–192). New York: Springer-Verlag.

Crouch, M. A. (1989). A putative ancestry of family practice and family medicine: Genogram of a discipline. *Family Systems Medicine, 7*(2), 208–212.

Darkenwald, G. G., & Silvestri, K. (1992). Analysis and assessment of the Newark literacy campaign: A report to the Ford Foundation. (Grant #915-0298).

Daughhetee, C. (2001). Using genograms as a tool for insight in college counseling. *Journal of College Counseling, 4*(1), 73–76.

Davis, O., & Dee, R. (2000). *With Ossie and Ruby: In this life together*. New York: Harper Collins.

Dean, P. H. (1989). Paul Robeson. In E. Hill (Ed.), *Black heroes: Seven plays* (pp. 277–354). New York: Applause Theatre.

Donn, L. (2001). *The Roosevelt cousins*. New York: Knopf.

Dumas, C. A., Katerndahl, D. A., & Burge, S. K. (1995). Familial patterns in patients with infrequent panic attacks. *Archives of Family Medicine, 4*, 862–867.

Dunn, A. B., & Dawes, S. J. (1999). Spiritually-focused genograms: Keys to uncovering spiritual resources in African-American families. *Journal of Multicultural Counseling & Development, 27*(4), 240–255.

Dunn, A. B., & Levitt, M. M. (2000, July). The genogram: From diagnostics to mutual collaboration. *Family Journal: Counseling & Therapy for Couples & Families, 8*(3), 236–244.

Eissler, K. R. (1978). *Sigmund Freud: His life in pictures and words*. New York: Helen & Kurt Wolff, Harcourt Brace, Jovanovich.

Elder, G. (1986). Military times and turning points in mens' lives. *Developmental Psychology, 22*, 233–245.

Elder, G. (1992). Life course. In E. Borgatta & M. Borgatta (Eds.), *Encyclopedia of sociology* (Vol. 3, pp. 1120–1130), New York: Macmillan.

Elder, G. H., Jr. (1977). Family history and the life course. *Journal of Family History, 22*, 279–304.

Ellenberger, H. F. (1970). *The discovery of the unconscious: The history and evolution of dynamic psychiatry*. New York: Basic.

Engel, G. (1975). The death of a twin: Mourning and anniversary reactions: Fragments of 10 years of self-analysis. *International Journal of Psychoanalysis, 56*(l), 23–40.

Erikson Bloland, S. (1999, November). Frame: The power and cost of a fantasy. *Atlantic Monthly*, 51–62.

Fields, J. (2003). America's families and living arrangements: 2003. *Current Population Reports. P20-553*. Washington, DC: U.S. Census Bureau.

Fink, A. H., Kramer, L., Weaver, L. L., & Anderson, J. (1993). More on genograms: Modifications to a model. *Journal of Child and Adolescent Group Therapy, 3*, 203–266.

Fogarty, T. (1975). Triangles. *The Family Journal, 2,* 11–19. New Rochelle, NY: Center for Family Learning.

Folwarski, J. (1998). No longer an orphan in history. In M. McGoldrick (Ed.), *Revisioning family therapy* (pp. 239–252). New York: Guilford.

Fonda, J. (2006). *My life so far*. New York: Random House.

Fonda, P. (1998). *Don't tell dad*. New York: Hyperion.

Foster, M. A., Jurkovic, G. J., Ferdinand, L. G., & Meadows, L. A. (2002, January). Impact of the genogram on couples: A manualized approach. *Family Journal: Counseling & Therapy for Couples & Families, 10*(1), 34–40.

Frame, M. W. (2000a). Constructing religious/spiritual genograms. In R. E. Watts (Ed.). *Techniques in marriage and family counseling, Vol. 1. The family psychology and counseling series* (pp. 69–74). Alexandria, VA: American Counseling Assoc.

Frame, M. W. (2000b). The spiritual genogram in family therapy. *Journal of Marital and Family Therapy, 26*(92), 211–216.

Frame, M. W. (2001, April). The spiritual genogram in training and supervision. *Family Journal: Counseling & Therapy for Couple & Families, 9*(2), 109–115.

Frankel, M. S., & Teich, A. H. (Eds.) (1993). *Ethical and legal issues in pedigree research*. Washington, DC: Directorate for Science and Policy Programs, American Association for the Advancement of Sciences.

Freeman, E. L., & Strean, H. S. (1981). *Freud and women*. New York: Fredrick Ungar.

Freire, P. (1994). *The pedagogy of hope*. New York: Continuum.

Freud, E. L. 1960. *The letters of Sigmund Freud*. New York: Basic.

Freud, S. (1988). *My three mothers and other passions*. New York: New York

University Press.

Friedman, H., Rohrbaugh, M., & Krakauer, S. (1988). The timeline genogram: Highlighting temporal aspects of family relationships. *Family Process, 27*, 293–304.

Friedman, L. J. (1999). *Identity's architect*. New York: Scribner.

Friesen, P., & Manitt, J. (1991). Nursing the remarried family in a palliative care setting. *Journal of Palliative Care, 6*(4), 32–39.

Garrett, R. E., Klinkman, M., & Post, L. (1987). If you meet Buddha *Medicine, 19*, 225–226.

Gelb, A., & Gelb, B. (1987). *O'Neill*. New York: Harper & Row.

Genogram-Maker Millennium (2007). Online at *www.genogram.org*.

GenoPro (2007). Online at *www.genopro.com*.

Gewirtzman, R. C. (1988). The genogram as a visual assessment of a family's fugue. *Australian Journal of Sex, Marriage and Family, 9*, 37– 46.

Gibson, D. (2005). The use of genograms in career counseling with elementary, middle, and high school students. *Career Development Quarterly, 53*, 353–362.

Gordon, J. S., Staples, J. K., Blyta, A., & Bytyqi, M. (2004). Treatment of posttraumatic stress disorder in postwar Kosovo high school students using mind-body skills groups: A pilot study. *Journal of Traumatic Stress, 17*(2), 143–147.

Granello D. H., Hothersall, D., & Osborne, A. L. (2000, March). The academic genogram: Teaching for the future by learning from the past. *Counselor Education and Supervision, 39*(3), 177–188.

Grimberg, S. (1997). *Frida Kahlo*. North Dighton, MA: World Publications Group, Inc.

Guerin, P., Fogarty, T. F., Fay, L. F., & Kautto, J. G. (1996). *Working with relationship triangles*. New York: Guilford. Hardy, K. V., & Laszloffy, T. A. (1995). The cultural genogram: Key to training culturally competent family therapists. *Journal of Marital and Family Therapy, 21*(3), 227–237.

Harmon, A. (2006, June 11). Who's your great-great-great-greatgranddaddy? *New York Times*, section 4, p. 1.

Haskins, J. (1978). *Scott Joplin: The man who made ragtime*. Briarcliff Manor, NY: Scarborough.

Hays, E. R. (1967). *The extraordinary Blackwells*. New York: Harcourt Brace.

Hayden, T. (Ed.) (1998). *Irish hunger*. Boulder, CO: Roberts Reinhart.

Hayden, T. (2001). *Irish on the inside: In search of the soul of Irish America*. New

York: Verso.

Hernandez, M., & McGoldrick, M. (2005). Migration and the family life cycle. In B. Carter & M. McGoldrick (Eds.), *The expanded family life cycle, Classic Edition* (pp. 169–174). Boston: Allyn & Bacon.

Hines, P .M. (2005). The family life cycle of African-American families living in poverty. In B. Carter & M. McGoldrick (Eds.), *The expanded family life cycle: Individual, family and social perspectives* (pp. 327–345). Boston: Allyn & Bacon.

Hockley, J. (2000). Psychosocial aspects in palliative care: Communicating with the patient and family. *Acta oncologica, 39*(8), 905–910.

Hodge, D. R. (2000, April). Spiritual ecomaps: A new diagrammmatic tool for assessing marital and family spirituality. *Journal of Marital and Family Therapy, 26*(2), 217–228.

Hodge, D. R. (2001 January/February). Spiritual genograms: A generational approach to assessing spirituality. *Families in Society, 82*(1), p. 35–48.

Hodge, D. R. (2005a). Spiritual life maps: A client-centered pictorial instrument for spiritual assessment, planning, and intervention. *Social Work, 50*, 77–87.

Hodge, D. R. (2005b). Spiritual ecograms: A new assessment instrument for indentifying clients' spiritual strengths in space and across time. *Familys in Society, 86*, 287–296.

Hof, L., & Berman, E. (1986). The sexual genogram. *Journal of Marital and Family Therapy, 12*(1), 39–47.

Holmes, T. H., & Masuda, M. (1974). Life change and illness susceptibility. In B. S. Dohrenwend & B. Dohrenwend (Eds.), *Stressful life events: Their nature and effects* (pp. 45–72). New York: Wiley.

Holmes, T. H., & Rahe, T. H. (1967). The social adjustment rating scale. *Journal of Psychosomatic Research, 11*, 213–218.

Horn, M. (1980). Family ties: The Blackwells, a study in the dynamics of family life in nineteenth century America, (Ph.D. Dissertation, Tufts University).

Horn, M. (1983). Sisters worthy of respect: Family dynamics and women's roles in the Blackwell family. *Journal of Family History, 8*(4), 367–382.

Huygen, F. J. A. (1982). *Family medicine: The medical life history of families*. New York: Brunner/Mazel.

Imber Black, E. (Ed.). (1993). *Secrets in families and family therapy*. New York: Norton.

Imber Black, E. (1998). *The secret life of families*. New York: Bantam.

Ingersoll-Dayton, B., & Arndt, B. (1990). Uses of the genogram with the elderly and their families. *Journal of Gerontological Social Work, 15*(1-2), 105–120.

Johnson, P. (2005). *George Washington: Founding father*. New York: Harper Collins.

Jolly, W. M., Froom, J., & Rosen, M. G. (1980). The genogram. *Journal of Family Practice, 10*(2), 251–255.

Jones, E. (1953, 1954, 1955). *The life and work of Sigmund Freud* (3 volumes.). New York: Basic.

Jordan, K. (2004). The color-coded timeline trauma genogram. *Brief Treatment and Crisis Intervention, 4*(1), 57–70.

Jordan, K. (2006). The scripto-trauma genogram: An innovative technique for working with trauma survivors' intrusive memories. *Brief Treatment and Crisis Intervention, 6*(1), 36–51.

Kerr, M. E., & Bowen, M. (1988). *Family evaluation*. New York: Norton.

Krüll, M. (1986). *Freud and his father*. New York: Norton.

Kuehl, B. P. (1995). The solution-oriented genogram: A collaborative approach. *Journal of Marital and Family Therapy, 21*(3), 239–250.

Laird, J. (1996). Family-centered practice with lesbian and gay families. *Families in Society: Journal of Contemporary Human Services, 77*(9), 559–572.

Lerner, H. (1990). *The dance of intimacy*. New York: Harper Collins.

Lerner, H. (1994). *The dance of deception*. New York: Harper Collins.

Lerner, H. (1997). *The dance of anger*. New York: Harper Collins.

Lerner, H. (2002). *The dance of connection*. New York: Harper Collins.

Lerner, H. (2005). *The dance of fear*. New York: Harper Collins.

Like, R. C., Rogers, J., & McGoldrick, M. (1988). Reading and interpreting genograms: A systematic approach. *Journal of Family Practice, 26*(4), 407– 412.

Lipset, D. (1980). *Gregory Bateson: The legacy of a scientist*. Englewood Cliffs, NJ: Prentice.

Maccoby, E. E. (1990). Gender and relationships: A developmental account. *American Psychologist, 45*(4), 513–520.

Malott, K. M., & Magnuson, S. (2004). Using genograms to facilitate undergraduate students' career development: A group model. *The Career Development Quarterly, 53*(4), pp. 178–186.

Mann, W. J. (2006). *Kate: The woman who was Hepburn*. New York: Henry Holt.

Maraniss, D. (1995). *First in his class: The biography of Bill Clinton*. New York: Touchtone.

Masson, J. (Ed.). (1985). *The complete letters of Sigmund Freud to Wilhelm Fleiss: 1887-1904*. Cambridge, MA: Belnap.

Masson, J. (1992). *The assault on truth*. New York: Harper Collins.

Massey, R. F., & Dunn, A. B. (1999). Viewing the transactional dimensions of spirituality through family prisms. *Transactional Analysis Journal, 29*(2), 113–129.

McGill, D. M. (1992). The cultural story in multicultural family therapy. *Families in Society: Journal of Contemporary Human Services, 73*, 339–349.

McGoldrick, M. (1989). Sisters. In M. McGoldrick, C. Anderson, & F. Walsh (Eds.), *Women in families* (pp. 244–266). New York: Norton.

McGoldrick, M. (1995). *You can go home again: Reconnecting with your family*. New York: Norton.

McGoldrick, M. (1996). *The legacy of unresolved loss: A family systems approach*. New York: Norton.

McGoldrick, M. (Ed.). (1998). *Revisioning family therapy: Race, culture and gender in clinical practice*. New York: Guilford.

McGoldrick, M., Broken Nose, M., & Potenza, M. (2005). Violence and the family life cycle. In B. Carter & M. McGoldrick (Eds.), *The expanded family life cycle: Individual, family and social perspectives, Classic edition* (pp. 470– 491). Boston: Allyn & Bacon.

McGoldrick, M., & Carter, B. (2005a). Self in context: The individual life cycle in systemic perspective. In B. Carter & M. McGoldrick (Eds.), *The expanded family life cycle: Individual, family and social perspective, Classic edition* (pp. 27–46). Boston: Allyn & Bacon.

McGoldrick, M., & Carter, B. (2005b). Remarried families. In B. Carter & M. McGoldrick (Eds.), *The expanded family life cycle: Individual, family and social perspectives, Classic edition* (pp. 417– 435). Boston: Allyn & Bacon.

McGoldrick, M., & Garcia-Preto, N. (2005). Cultural assessment. In M. McGoldrick, J. Giordano, & N. Garcia-Preto (Eds.), *Ethnicity and family therapy* (3rd ed., pp. 757–763). New York: Guilford.

McGoldrick, M., Giordano, J., & Garcia-Preto, N. (Eds.). (2005). *Ethnicity and family therapy* (3rd ed.). New York: Guilford.

McGoldrick, M., Loonan, R., & Wolsifer, D. (2006). Sexuality and culture. In S. R.

Leiblum (Ed.), *Principles and practice of sex therapy* (4th ed., pp. 416– 441). New York: Guilford.

McGoldrick, M., & Walsh, F. (2004). A time to mourn: Death and the family life cycle. In F. Walsh & M. McGoldrick (Eds.), *Living beyond loss* (2nd ed., pp. 27– 46). New York: Norton.

McGoldrick, M., & Watson, M. (2005). Siblings through the life cycle. In B. Carter & M. McGoldrick (Eds.), *The expanded family life cycle: Individual, family and social perspectives, Classic edition* (pp. 153–168). Boston: Allyn & Bacon.

McIlvain, H., Crabtree, B., Medder, J., Strange, K. C., & Miller, W. L. (1998). Using practice genograms to understand and describe practice configurations. *Family medicine, 30*(7), 490– 496.

McMillen, J. C., & Groze, V. (1994). Using placement genograms in child welfare practice. *Child Welfare, 73*(4), 307–318.

Medalie, J. H. (1978). *Family medicine: Principles and applications*. Baltimore: Williams & Wilkins.

Milewski-Hertlein, K. A. (2001, January/February). The use of a socially constructed genogram in clinical practice. *American Journal of Family Therapy, 29*(1), 23–28.

Moon, S. M., Coleman, V. D., McCollum, E. E., Nelson, T. S., & Jensen-Scott, R. L. (1993). Using the genogram to facilitate career decisions: A case study. *Journal of Family Psychology, 4*, 45–56.

Mullins, M. C., & Christie-Seely, J. (1984). Collecting and recording family data: The genogram. In J. Christie-Seely (Ed.), *Working with the family in primary care* (pp. 79–81). New York: Praeger.

Nabokov, V. (1959). *The real life of Sebastian Knight*. Norfolk, CT: New Directions.

Niederhauser, V. P. & Arnold, M. (2004). Assess health risk status for intervention and risk reduction. *Nurse Practiioner, 29*(2), 35– 42.

Oestreich, J. R. (2006, February). The asterisks tell the story: What tangled webs operas can weave. That's where a five page diagram comes in. *New York Times*, p. C2.

Olsen, S. Dudley-Brown, S., & McMullen, P. (2004). Case for blending pedigrees, genograms, and ecomaps: Nursings' contribution to the "big picture." *Nursing & Health Sciences, 6*(4), 295–308.

Papp, P., Silverstein, O., & Carter, E. A. (1973). Family sculpting in preventive work with well families. *Family Process, 12*(25), 197–212.

Paul, N., & Paul B. B. (1986). A marital puzzle. New York: Norton.

Peluso, P. (2003). The ethical genogram: A tool for helping therapists understand their ethical decision-making roles. *The Family Journal, 11*(3), 286–291.

Petry, S. S. (2006). The impact on male therapists treating sex offenders: A phenomenological study with a focus on gender, race, and ethnicity. *Dissertation Abstracts International: SectionB: The Sciences and Engineering, 66*(9-B), 5143–5367.

Petry, S. S., & McGoldrick, M. (2005). Genograms in assessment and therapy. In G. P. Koocher, J. C. Norcross, & S. S. Hill (Eds.), *The psychologists' desk reference* (2nd ed., pp. 366–373).

Piercy, F. P., & Benson, K. (2005). Aesthetic forms of data representation in qualitative family therapy research. *Journal of Marital & Family Therapy, 31*(1), 107–119.

Pinderhughes, E. (1998). Black genealogy revisited: Restorying African- American family. In M. McGoldrick (Ed.), *Revisioning family therapy: Race, culture, and gender in clinical practice* (pp. 179–199). New York: Guilford.

Rainsford, G. L., & Schuman, S. H. (1981). The family in crisis: A case study of overwhelming illness and stress. *Journal of the American Medical Association, 246*(1), 60– 63.

Rakel, R. E. (1977). *Principles of family medicine*. Philadelphia: W.B. Saunders.

Rigazio-DiGilio, S. A, Ivey, A. E., Kunkler-Peck, K. P., & Grady, L. T. (2005). *Community genograms: Using individual, family, and cultural narratives with clients*. New York: Teachers College Press.

Roazen, P. (1993). *Meeting Freud's family*. Amherst, MA: University of Massachusetts Press.

Robeson, P. (1988). *Here I stand*. Boston: Beacon.

Robinson, J. (1972). *I never had it made*. New York: Putnam.

Robinson, S. (1996). *Stealing home*. New York: Harper-Collins.

Rogers, J. C. (1990). Completion and reliability of the self-administered genogram (SAGE). *Family Practice, 7*, 149–151.

Rogers, J. C. (1994a). Can physicians use family genogram information to identify patients at risk of anxiety or depression? *Archives of Family Medicine, 3*, 1093–1098.

Rogers, J. C. (1994b). Impact of a screening family genogram on first encounters in primary care. *Journal of Family Practice, 4*, 291–301.

Rogers, J. C., & Cohn, P. (1987). Impact of a screening family genogram on first encounters in primary care. *Journal of Family Practice, 4*, 291–301.

Rogers, J. C., & Durkin, M. (1984). The semi-structured genogram interview: l. Protocol, ll. Evaluation. *Family Systems Medicine, 2*(25), 176–187.

Rogers, J. C., Durkin, M., & Kelly, K. (1985). The family genogram: An underutilized clinical tool. *New Jersey Medicine, 82*(11), 887–892.

Rogers, J. C., & Holloway, R. (1990). Completion rate and reliability of the self-administered genogram (SAGE). *Family Practice, 7*, 149–51.

Rogers, J. C., Rohrbaugh, M., & McGoldrick, M. (1992). Can experts predict health risk from family genograms? *Family Medicine, 24*, 209–215.

Rohrbaugh, M., Rogers, J. C., & McGoldrick, M. (1992). How do experts read family genograms? *Family Systems Medicine, 10*(1), 79–89.

Satir, V. (1988). *New peoplemaking*. Palo Alto, CA: Science and Behavior Books.

Scharwiess, S. O. (1994). Step-sisters and half-brothers: A family therapist's view of German unification and other transitional processes. *Contemporary Family Therapy, 16*(3), 183–197.

Scherger, J. E. (2005). The end of the beginning: The redesign imperative in family medicine. *Family Medicine, 37*(7), 513–516.

Schoeninger, D. (2007). *Cultural legacies*. Manuscript in preparation.

Scrivner, R., & Eldridge, N. S. (1995) Lesbian and gay family psychology. In R. H. Mikesell, D. Lusterman, & S. McDaniel (Eds.), *Integrating family therapy: Handbook of family psychology and systems therapy* (pp. 327–345). Washington, DC: American Psychological Association.

Shellenberger, S., Shurden, K. W., & Treadwell, T. W. (1988). Faculty training seminars in family systems, *Family Medicine, 20*, 226 –227.

Shellenberger, S., Watkins Couch, K., & Drake, M. (1989). Elderly family members and their caregivers: Characteristics and development of the relationship. *Family Systems and Health, 7*, 317–322.

Sherman, M. H. (1990). Family narratives: Internal representations of family relationships and affective themes. *Infant Mental Health Journal, 11*, 253–258.

Shernoff, M. J. (1984). Family therapy for lesbian and gay clients. *Social Work, 39*, 393–396.

Shields, C. G., King, D. A., & Wynne, L. C. (1995). Interventions with later life families. In R. H. Mikesell, D. Lusterman, & S. McDaniel (Eds.), *Integrating family therapy: Handbook of family psychology and systems therapy* (pp. 141–158). Washington, DC: American Psychological Association.

Sloan, P. D., Slatt, L. M., Curtis, P., & Ebell, M. (Eds.). (1998). *Essentials of family medicine* (2nd ed.). Baltimore: Williams & Wilkins.

Sprenkle, D. H. (2003). Effectiveness research in marriage and family therapy: Introduction. *Journal of Marital & Family Therapy, 29*(1), 85–96.

Sproul, M. S., & Gallagher, R. M. (1982). The genogram as an aid to crisis intervention. *Journal of Family Practice, 14*(55), 959–960.

Steinglass, P., Bennett, L., Wolin, S., & Reiss, D. (1987). *The alcoholic family*. New York: Basic.

Sulloway, F. J. (1996). *Born to rebel: Sibling relationships, family dynamics and creative lives*. New York: Pantheon.

Swales, P. (1982). Freud, Minna Bernays, and the conquest of Rome: New light on the origins of psychoanalysis. *The New American Review, 1*(2/3), 1–23.

Swales, P. (1986). *Freud, his origins and family history*. UMDNJ-Robert Wood Johnson Medical School. November 15.

Taylor, R. B., David, A. K., Johnson, T. A., Jr., Phillips, D. M., & Scherger, J. E. (Eds.). (1998). *Family medicine principles and practice* (5th ed.). Baltimore: Williams & Wilkins.

Thomas, A. J. (1998). Understanding culture and worldview in family systems: Use of the multicultural genogram. *The Family Journal: Counseling and Therapy for Couples and Families, 6*(1), 24–31.

Tjaden, P., & Thoennes, N. (2000). *Full report of the prevalence, incidence, and consequences of violence against women* (Research Report). Washington, DC: National Institute of Justice and the Centers for Disease Control Prevention.

Toman, W. (1976). *Family constellation* (3rd ed.). New York: Springer.

Tomson, P. (1985). Genograms in general practice. *Journal of the Royal Society of Medicine Supplement, 78*(8), 34–39.

Troncale, J. A. (1983). The genogram as an aid to diagnosis of distal renal tubular acidosis. *Journal of Family Practice, 17*, 707–708.

Wachtel, E. F. (1982). The family psyche over three generations: The genogram revisited. *Journal of Marital and Family Therapy, 8*(35), 335–343.

Wallechinsky, D., & Wallace, I. (1975). *The people's almanac*. New York: Harper & Row.

Walsh, F. (Ed.). (2003). *Normal family processes* (3rd ed.). New York: Guilford.

Walsh, F. (1995). From family damage to family challenge. In R. H. Mikesell, D. D. Lusterman, & S. McDaniel (Eds.), *Integrating family therapy: Handbook of family psychology and systems therapy* (pp. 587– 606).

Washington, DC: American Psychological Association.

Walsh, F. (2006). *Strengthening family resilience* (2nd ed.). New York: Guilford.

Walsh, F. (Ed.). (1999). *Spiritual resources in family therapy*. New York: Guilford.

Watson, M. (1998). African-American sibling relationships. In M. McGoldrick (Ed.), *Revisioning family therapy: Race, culture and gender in clinical practice* (pp. 282–294). New York: Guilford.

Wattendorf, D. J., & Hadley, M. S. (2005). Family history: The three generation pedigree. *American Family Physician, 72*(3), 441– 448.

Watts Jones, D. (1998). Towards an African-American genogram. *Family Process, 36*(4), 373–383.

Weber, T., & Levine, F. (1995). Engaging the family: An integrative approach. In R. H. Mikesell, D. D. Lusterman, & S. McDaniel (Eds.), *Integrating family therapy: Handbook of family psychology and systems therapy* (pp. 45–71). Washington, DC: American Psychological Association.

White, M. (2006). Personal communication.

White, M. B., & Tyson-Rawson, K. J. (1995). Assessing the dynamics of gender in couples and families: The gendergram. *Family Relations, 44*, 253–260.

Widmer, R. B., Cadoret, R. J., & North, C. S. (1980). Depression in family practice: Some effects on spouses and children. *Journal of Family Practice, 10*(1), 45–51.

Wimbush, F. B., & Peters, R. M. (2000). Identification of cardiovas-cular risk: use of a cardiovascular-specific genogram. *Public Health nursing, 17*(3), 148–154.

Wolpert, S. (1996). *Nehru*. new York: Oxford University Press.

Wonderware (2007). Online at *www.interpersonaluniverse.net*.

Wright, L. (1995, August). Double mystery. *New Yorker Magazine*, pp. 44–62.

Wright, L. M., & Leahey, M. (2000). *Nurses and families: A guide to family assessment and intervention* (3rd ed.). Philadelphia: F. A. Davis.

Wright, L. M., & Leahey, M. (1999). Maximizing time, minimizing suffering: The 15-minute (or less) family interview. *Journal of Family Nursing, 5*(3), 259–274.

Young-Bruel, E. (1988). *Anna Freud: A biography*. New York: Summit.

Zide, M. R., & Gray, S. W. (2000). The solutioning process: Merging the genogram and the solution-focused model of practice. *Journal of Family Social Work, 4*(1), pp. 3–19.

Zimroth, E. (2002). Marilyn at the Mikvah. In Y. Z. McDonough (Ed.), *All the available light: A Marilyn Monroe reader* (pp. 176 –183). New York: Simon & Schuster.

按照主题分类的参考文献

家谱图评估与家庭系统理论

Banmen, J. (2002, March). The Satir model: Yesterday and today. *Contemporary Family Therapy, 24*(1), 7–22.

Bowen, M. (1978). *Family therapy in clinical practice*. New York: Jason Aronson.

Bradt, J. (1980). *The family diagram*. Washington, DC: Groome Center.

Byng-Hall, J. (1995). *Rewriting family scripts*. New York: Guilford.

Caplow, T. (1968). *Two against one: Coalitions in triads*. Englewood Cliffs, NJ: Prentice Hall.

Carter, B., & McGoldrick, M. (Eds.). (2005). *The expanded family life cycle: Individual, family and social perspectives, Classic Edition*. Boston: Allyn & Bacon.

Carter, E. A. (1978). Transgenerational scripts and nuclear family stress: Theory and clinical implications. In R. R. Sager (Ed.), *Georgetown family symposium*. (Vol. III, pp. 1975–1977).Washington, DC: Georgetown University.

Christie-Seely, J. (1986). A diagnostic problem and family assesment. *Journal of Family Practice, 22*, 329–339.

Erdman, H. P., & Foster, S. W. (1986). Computer-assisted assessment with couples and families. *Family Therapy, 13*(1), 23–40.

Fleck, S. (1994). The family in health and disease. *New Trends in Experimental and Clinical Psychiatry, 10*(1), 41–51.

Fogarty, T. (1973). *Triangles. The Family*. New Rochelle. NY: Center for Family Learning.

Forster, J., Gilman, M., Gipson, D., Jackson, P., Reed, A., Wheeler, J., & Wray, M.

(2000). On using genograms in therapy and training contexts. *Context, 49*, pp. 9–10.

Galindo, I., Boomer, E., & Reagan, D. (2006). *A family genogram workbook*. Kearney, NE: Morris Publishing.

Guerin, P. J. (Ed.). (1976). *Family therapy*. New York: Gardner.

Guerin, P., Fogarty, T. F., Fay, L. F., & Kautto, J. G. (1996). *Working with relationship triangles*. New York: Guilford.

Guerin, P. J., & Pendagast, E. G. (1976). Evaluation of family system and genogram. In P. Guerin (Ed.), *Family therapy* (pp. 450–464). New York: Gardner.

Haley, A. (1974). *Roots: The saga of an American family*. New York: Doubleday.

Hartman, A. (1995). Diagrammatic assessment of family relationships. *Families in Society, 76*(2), 111–122.

Karpel, M. A. (1994). *Evaluating couples: A handbook for practitioners*. New York: Norton.

Kent-Wilkinson, A. (1999). Forensic family genogram: An assessment and intervention tool. *Journal of Psychosocial Nursing and Mental Health Services, 37*, 52–56.

Kerr, M. E., & Bowen, M. (1988). *Family evaluation*. New York: Norton.

Krasner-Khait, B. (2000, Jan/Feb). Focusing beneath the surface: Genograms add insight to family research. *Ancestry, 18*(1), pp. 28–31.

Lewis, K. G. (1989). The use of color-coded genograms in family therapy. *Journal of Marital and Family Therapy, 15*(2), 169–176.

Lieberman, S. (1979). *Transgenerational family therapy*. London: Croom Helm.

Like, R. C., Rogers, J., & McGoldrick, M. (1988). Reading and interpreting genograms: A systematic approach. *Journal of Family Practice, 26*(4), 407–412.

Magnuson, S., & Shaw, H. E. (2003, January). Adaptations of the multifaceted genogram in counseling, training and supervision. *Family Journal: Counseling & Therapy for Couples & Families, 2*(1), 45–54.

Marlin, E. (1989). Genograms. Chicago: Contemporary Books.

McGoldrick, M. (1980). Problems with family genograms. *American Journal of Family Therapy, 7*, 74–76.

McGoldrick, M. (1995). *You can go home again: Reconnecting with your family*. New York: Norton.

McGoldrick, M. (Ed.). (1998). *Revisioning family therapy: Race, culture and gender in clinical practice*. New York: Guilford.

Milewski-Hertlein, K. A. (2001, January/February). The use of a socially constructed genogram in clinical practice. *American Journal of Family Therapy, 29*(1), 23–38.

Papadopoulos, L., Bor, R., & Stanion, P. (1997). Genograms in counselling practice. *Counselling Psychology Quarterly, 10*(1), 17–28.

Pendagast, E. G., & Sherman, C. O. (1977). A guide to the genogram. *The Family, 5*, 3–14.

Petry, S. S., & McGoldrick, M. (2003). Genograms in assessment and therapy. In G. P. Koocher, J. C. Norcross, & S. S. Hill (Eds.), *The psychologists' desk reference* (2nd ed., pp. 366–373). New York: Oxford University Press.

Richardson, R. W. (1987). *Family ties that bind: A self-help guide to change through family of origin therapy* (2nd ed.). Bellingham, WA: Self- Counsel Press.

Satir, V. (2000). *Conjoint family therapy*. Palo Alto, CA: Science and Behavior Books.

Satir, V. (1988). *New peoplemaking*. Palo Alto, CA: Science and Behavior Books.

Stanion, P., Papadopoulos, L., & Bor, R. (1997). Genograms in counselling practice. *Counselling Psychology Quarterly, 10*(2), 139–148.

Starkey, P. J. (1981). Genograms: A guide to understanding one's own family system. *Perspectives in Psychiatric Care, 19*, 164–173.

Stone, E. (1988). *Black sheep & kissing cousins: How our family stories shape us*. New York: Times Books.

Tomson, P. (1985). Genograms in general practice. *Journal of the Royal Society of Medicine Supplement, 78*(8), 34–39.

Van Treuren, R. R. (1986). Self perception in family systems: A diagrammatic technique. *Social Casework, 67*(5), 299–305.

Visscher, E. M., & Clore, E. R. (1992). The genogram: A strategy for assessment. *Journal of Pediatric healthcare, 6*, 361–367.

Wachtel, E. F. (1982). The family psyche over three generations: The genogram revisited. *Journal of Marital and Family Therapy, 8*(35), 335–343.

Walsh, F. (2003). *Normal family processes: Growing diversity and complexity* (3rd ed.). New York: Guilford.

Weber, T., & Levine, F. (1995). Engaging the family: An integrative approach. In R. H. Mikesell, D. D. Lusterman, & S. McDaniel (Eds.), *Integrating family therapy: Handbook of family psychology and systems therapy* (pp. 45–71). Washington, DC: American Psychological Association.

职业发展咨询

Gibson, D. (2005). The use of genograms in career counseling with elementary, middle, and high school students. *Career Development Quarterly, 53*, 353–362.

Heppner, M. J., O'Brien, K. M., Hinkelman, J. M., & Humphrey, C. F. (1994). Shifting the paradigm: The use of creativity in career counseling. *Journal of Career Development, 21*(2), 77–86.

Magnuson, S. (2000, October). The professional genogram: Enhancing professional identity and clarity. *Family Journal: Counseling & Therapy for Couples & Families, 8*(4), 299–401.

Malott, K. M., & Magnuson, S. (2004). Using genograms to facilitate undergraduate students' career development: A group model. *Career Development Quarterly, 53*(4), pp. 178–186.

Moon, S. M., Coleman, V. D., McCollum, E. E., & Nelson, T. S. (1993). Using the genogram to facilitate career decisions: A case study. *Journal of Family Psychotherapy, 4*(1), 45–56.

Okiishi, R. W. (1987). The genogram as a tool in career counseling. *Journal of Counseling and Development, 66*(3), 139–143.

Splete, H., & Freeman-George, A. (1985). Family influences on the career development of young adults. *Journal of Career Development, 12*(1), 55–64.

年表、时间和时间线

Elder, G. H., Jr. (1977). Family history and the life course. *Journal of Family History, 22*, 279–304.

Elder, G. (1986). Military times and turning points in mens' lives. *Developmental Psychology, 22*, 233–245.

Elder, G. (1992). Life course. In E. Borgatta & M. Borgatta (Eds.), *Encyclopedia of sociology* (Vol. 3, pp. 1120–1130). New York: Macmillan.

Hodge, D. R. (2005). Spiritual ecograms: A new assessment instrument for identifying clients' spiritual strengths in space and across time. *Families in Society, 86*, 287–296.

Jewett, C. (1982). *Helping children cope with separation and loss*. Harvard, MA: Harvard Common Press.

Stanton, M. D. (1992). The time line and the "why now?" question: A technique and rationale for therapy, training, organizational consultation and research. *Journal of Marital and Family Therapy, 18*(4), 331–343.

聚焦于原生家庭的心理辅导

Bowen, M. (1978). *Family Therapy in Clinical Practice*. New York: Jason Aronson.

Carter, B. (1991). Death in the therapist's own family. In M. McGoldrick, C. Anderson, & F. Walsh (Eds.), *Living beyond loss: Death in the family* (pp. 273–283). New York: Norton.

Carter, B., & McGoldrick, M. (2005). Coaching at various stages of the life cycle. In B. Carter & M. McGoldrick (Eds.), *The expanded family life cycle: Individual, family, and social perspectives* (3rd ed. pp. 436–454). Boston: Allyn & Bacon.

Colon, F. (1973). In search of one's past: An identity trip. *Family Process, 12*(4), 429–438.

Colon, F. (1998). The discovery of my multicultural identity. In M. McGoldrick (Ed.), *Revisioning family therapy: Race, culture and gender in clinical practice* (pp. 200–214). New York: Guilford.

Colon, F. (2005). *Finding my face: Memoir of a Puerto Rican-American*. New York: Trafford.

Crouch, M. A. (1986). Working with one's own family: Another path for professional development. *Family Medicine, 18*, 93–98.

Ferber, A. (Ed.), (1972). *The book of family therapy*. New York: Science House.

Folwarski, J. (1998). No longer an orphan in history. In M. McGoldrick (Ed.), *Revisioning family therapy* (pp. 239–252). New York: Guilford.

Friedman, E. H. (1987). The birthday party revisited: Family therapy and the problem of change. In P. Titelman (Ed.), *The therapist's own family* (pp. 163–188). New York: Jason Aronson.

Herz, F. (Ed.). (1994). *Reweaving the family tapestry*. New York: Norton.

Lerner, H. (1990). *The dance of intimacy*. New York: Harper Collins.

Lerner, H. (1994). *The dance of deception*. New York: Harper Collins.

Lerner, H. (1997). *The dance of anger*. New York: Harper Collins.

Lerner, H. (2002). *The dance of connection*. New York: Harper Collins.

Lerner, H. (2005). *The dance of fear.* New York: Harper Collins.

Lowenstein, S. F. (1982). A feminist perspective. *Education and methods for clinical practice*.

Mahboubi, J., & Searcy, A. (1998). Racial unity from the perspective of personal family history: Where black or white entered our families. In M. McGoldrick (Ed.), *Revisioning family therapy: Race, culture, and gender in clinical practice* (pp. 229–238).

New York: Guilford.

McGoldrick, M. (1998). Belonging and liberation: Finding a place called “home.” In M. McGoldrick (Ed.), *Revisioning family therapy: Race, culture, and gender in clinical practice* (pp. 215–228). New York: Guilford.

McGoldrick, M., & Carter, B. (2001). Advances in coaching: Family therapy with one person. *Journal of Marital and Family Therapy, 27*(3), 281–300.

Pinderhughes, E. (1998). Black genealogy revisited: Restorying African- American family. In M. McGoldrick (Ed.), *Revisioning family therapy: Race, culture, and gender in clinical practice* (pp. 179–199). New York: Guilford.

电脑化家谱图

Chan, D. H., Donnan, S. P. B., Chan, N., & Chow, G. (1987). A microcomputer-based computerized medical record system for a general practice teaching clinic. *Journal of Family Practice, 24*, 537–541.

Ebell, M., & Heaton, C. (1988). Development and evaluation of a computer genogram. *Journal of Family Practice, 27*, 536–538.

Gerson, R., & McGoldrick, M. (1985). The computerized genogram. *Primary Care, 12*, 535–545.

夫妻

Carter, B. (1996). *Love, honor and negotiate: Making your marriage work.* New York: Pocket Books.

Coupland, S. K., & Serovich, J. M. (1999, December). Effects of couples' perceptions of genogram construction on therapeutic alliance and session impact: A growth curve analysis. *Contemporary Family Therapy, 21*(4), 551–572.

Evans, C., & Stewart-Smith, S. (2000). Looking backwards, looking forward. *Context: The History and Future of Transgenerational Family Therapy, 49*, 23–24.

Foster, M. A., Jurkovic, G. J., Ferdinand, L. G., & Meadows, L. A. (2002, January). The impact of the genogram on couples: A manualized approach. *Family Journal: Counseling & Therapy for Couples & Families, 10*(1), 34–40.

Gerson, R., Hoffman, S., Sauls, S., & Ulrici, M. (1993). Family-of-origin frames in couples therapy. *Journal of Marital and Family Therapy, 19*, 341–354.

Golden, E., & Mohr, R. (2000, July). Issues and techniques for counseling long-term, later-life couples. *Family Journal: Counseling & Therapy for Couples & Families, 8*(3),

229–235.

Hof, L., & Berman, E. (1986). The sexual genogram. *Journal of Marital and Family Therapy, 12*(1), 39–47.

McGoldrick, M., & Garcia Preto, N. (1984). Ethnic intermarriage: Implications for therapy. *Family Process, 23*(3), 347–364.

McGoldrick, M., Loonan, R., & Wolsifer, D. (2006). Sexuality and culture. In S. R. Leiblum (Ed.), Principles and practice of sex therapy (4th ed., pp. 416–441). New York: Guilford.

Paul, N., & Paul, B. B. (1986). *A marital puzzle*. New York: Norton.

Peluso, P. R. (2003). The technical genogram: A tool for helping therapists understand their ethical decision-making styles. *The Family Journal: Counseling and Therapy for Couples and Families, 11*(3), 286–291.

Scarf, M. (1987). *Intimate partners: Patterns in love and marriage*. New York: Random House.

Sherman, R. (2000). The intimacy genogram. In R. E. Watts (Ed.), *Techniques in marriage and family counseling, Vol. 1. The family psychology and counseling series* (pp. 81–84). Alexandria, VA: American Counseling Association.

Wood, N. S., & Stroup, H. W. (1990). Family systems in premarital counseling. *Pastoral Psychology, 39*(2), 111–119.

文化与种族

Boyd-Franklin, N. (1995). Therapy with African-American inner city families. In R. H. Mikesell, D. Lusterman, & S. McDaniel (Eds.), *Integrating family therapy: Handbook of family psychology and systems therapy* (pp. 357–371). Washington, DC: American Psychological Association.

Boyd-Franklin, N. (2006). *Black families in therapy: Understanding African-American experience* (2nd ed.). New York: Guilford.

Congress, E. P. (1994, November). The use of culturagrams to assess and empower culturally diverse families. *Families in Society*, 531–540.

Draper, C. V. (1999). Intrafamilial skin color socialization, racial identity attitude, and psychological well-being in African-American women.

Dissertation Abstracts International: Section B: The Sciences & Engineering. 60 (1-B), July, 0363. US, Univ, Microfilms International.

Dunn, A. B, & Dawes, S. J. (1999). Spiritually-focused genograms: Keys to uncovering spiritual resources in African-American families. *Journal of Multicultural Counseling & Development, 27*(4), 240–255.

Eddington, A. (1998). Moving beyond white guilt. *Transformation, 13*(3), 2–7.

Estrada, A. U., & Haney, P. (1998). Genograms in a multicultural perspective. *Journal of Family Psychotherapy, 9*(2), 55–62.

Frame, M. W. (1996, October). Counseling African-Americans: Integrating spirituality in therapy. *Counseling & Values, 41*(1), pp. 16–29.

Hardy, K. V., & Laszloffy, T. A. (1992). Training racially sensitive family therapists: Context, content and contact. *Families in Society, 73*(6), 363–370.

Hardy, K. V., & Laszloffy, T. A. (1995). The cultural genogram: Key to training culturally competent family therapists. *Journal of Marital and Family Therapy, 21*(3), 227–237.

Hodge, D. R. (2004a). Social work practice with Muslims in the United States. In A. T. Morales & B. W. Sheafor (Eds.), *Social work: A profession of many faces* (10th ed., pp. 443–469). Boston: Allyn & Bacon.

Hodge, D. R. (2004b). Working with Hindu clients in a spiritually sensitive manner. *Social Work, 49*, 27–38.

Hodge, D. R., & Williams, T. R. (2002). Assessing African-American spirituality with spiritual eco-maps. *Families in Society, 83*, 585–595.

Kaslow, F. (1995, September). Descendants of holocaust victims and perpetrators: Legacies and dialogue. *Contemporary Family Therapy*, 275–290.

Keiley, M. K., Dolbin, M., Hill, J., Karuppaswamy, N., Liu, Ting Natrajan, R., Poulsen, S., Robins, N., & Robinson, P. (2002, April). The cultural genogram: Experiences from within a marriage and family therapy training program. *Journal of Marital and Family Therapy, 28*(2), 165–178.

Kelly, G. D. (1990). The cultural family of origin: A description of a training strategy. *Counselor Education and Supervision, 30*(1), 77–84.

Lappin, J. (1983). On becoming a culturally conscious family therapist. *Family Therapy Collections, 6*, 122–136.

McGill, D. M. (1992). The cultural story in multicultural family therapy. Families in Society: *Journal of Contemporary Human Services, 73*, 339–349.

McGoldrick, M., Giordano, J., & Garcia-Preto, N. (Eds.). (2005). *Ethnicity and family therapy* (3rd ed.). New York: Guilford.

McIntosh, P. (1998). White privilege: Unpacking the invisible knapsack. In M. McGoldrick (Ed.), *Revisioning family therapy: Race, culture and gender in clinical practice* (pp. 147–152). New York: Guilford.

Odell, M., Shelling, G., Young, K. S., Hewett, D. H., et al. (1995). The skills of the marriage and family therapist in straddling multicultural issues. *American Journal of Family Therapy, 22*(2), 145–155.

Parnell, M., & Vanderkloot, J. (1992). Mental health services 2001: Serving a new America. *Journal of Independent Social Work, 5*(3-4), 183–203.

Poole, D. L. (1998). Politically correct or culturally competent? *Health & Social Work, 23*(3), 163–167.

Preli, R., & Bernard, J. M. (1993). Making multiculturalism relevant for majority culture graduate students. *Journal of Marital and Family Therapy, 19*(1), 5–16.

Rigazio-DiGilio, S. A., Ivey, A. E., Kunkler-Peck, K. P., & Grady, L. T. (2005). *Community genograms: Using individual, family, and cultural narratives with clients*. New York: Teachers College Press.

Salgado de Bernal, C., & Alvarez-Schwarz, M. (1990). The genogram as a training instrument for family therapists. *Revista Latinoamericana de Psicologia, 22*(3), 385–420.

Scharwiess, S. O. (1994). Step-sisters and half-brothers: A family therapist's view of German unification and other transitional processes. *Contemporary Family Therapy, 16*(3), 183–197.

Thomas, A. J. (1998). Understanding culture and worldview in family systems: Use of the multicultural genogram. *The Family Journal: Counseling and Therapy for Couples and Families, 6*(1), 24–31.

Watts Jones, D. (1998). Towards an African-American genogram. *Family Process, 36*(4), 373–383.

Woodcock, J. (1995). Healing rituals with families in exile. *Journal of Family Therapy, 17*(4), 397–409.

离婚和再婚

Friesen, P., & Manitt, J. (1991). Nursing the remarried family in a palliative care setting. *Journal of Palliative Care, 6*(4), 32–39.

McGoldrick, M., & Carter, B. (2005). Remarried families. In B. Carter & M. McGoldrick (Eds.), *The expanded family life cycle: Individual, family and social perspectives.* (3rd ed., pp. 417–435). Boston: Allyn & Bacon.

Peck, J. S. (1988). The impact of divorce on children at various stages of the family life cycle. *Journal of Divorce, 12*(2–3), 81–106.

Sager, C. J., Brown, H. S., Crohn, H., Engel, T., Rodstein, E., & Walker, L. (1983). *Treating the remarried family*. New York: Brunner/ Mazel.

物质滥用和酒精成瘾

Barthwell, A. G. (1995). Alcoholism in the family: A multicultural exploration. In M. Galanter (Ed.), *Recent developments in alcoholism: Vol. 12:Alcoholism and women* (pp. 387–407). New York: Plenum.

Bepko, C. S., & Krestan, J. (1985). *The responsibility trap: Women and men in alcoholic families*. New York: Free Press.

Dardia, T. (1989). *The thirsty muse: Alcohol and the American writer*. New York: Tichnor & Fields.

Darmsted, N., & Cassell, J. L. (1983). Counseling the deaf substance abuser. *Readings in Deafness, 7*, 40–51.

Hurst, N. C., Sawatzky, D. D., & Pare, D. P. (1996). Families with multiple problems through a Bowenian lens. *Child Welfare, 75*(6), 693–708.

Nowinski, J., & Baker, S. (1998). *The twelve-step facilitation handbook: A systematic approach to early recovery from alcoholism and addiction*. San Francisco: Jossey-Bass.

Stanton, M. D., & Heath, A. W. (1995). Family treatment of alcohol and drug abuse. In R. H. Mikesell, D. D. Lusterman, & S. McDaniel (Eds.), *Integrating family therapy: Handbook of family psychology and systems therapy* (pp. 529–541). Washington, DC: American Psychological Association.

Steinglass, P., Bennett, L., Wolin, S., & Reiss, D. (1987). *The alcoholic family*. New York: Basic.

Vukov, M. G., & Eljdupovic, G. (1991). The Yugoslavian drug addict's family structure. *International Journal of the Addictions, 26*(4), 415–422.

Wolin, S. J., Bennett, L. A., & Jacobs, J. S. (1988). Assessing family rituals in alcoholic families. In E. Imber-Black, J. Roberts, & R. Whiting (Eds.), *Rituals in families and family therapy* (pp. 230–256). New York: Norton.

家庭生命周期

Campbell, T. L., McDaniel, S. H., Cole-Kelly, K., Hepworth, J., & Lorenz, A. (2002). Family interviewing: A review of the literature in primary care. *Family Medicine, 34*(5), 312–318.

Erlanger, M. A. (1997). Changing roles and life cycle transitions. In T. D. Hargrave &

C. Midori Hanna (Eds.), *The aging family: New visions in theory, practice, and reality* (pp. 163–177), New York: Brunner/Mazel.

Gerson, R. (1995). The family life cycle: Phases, stages and crises. In R. H. Mikesell, D. D. Lusterman, & S. McDaniel (Eds.), *Integrating family therapy: Handbook of family psychology and systems therapy* (pp. 91–111). Washington, DC: American Psychological Association.

McAdams, D., & de St. Aubin, E. (Eds.), *Generativity and aduult development: How and why we care for the next generation*. Washington, DC: American Psychological Association.

Hadley, T., Jacob, T., Miliones, J., Caplan, J., & Spitz, D. (1974). The relationship between family developmental crises and the appearance of symptoms in a family member. *Family Process, 13*, 207–14.

McGoldrick, M. (2005). History, genograms and the family life cycle: Freud in context. In B. Carter & M. McGoldrick (Eds.), *The expanded family life cycle: Individual, family and social perspectives* (3rd ed., pp. 47–68). Boston: Allyn & Bacon.

Norris, J. E., & Tindale, J. A. (1994). *Among generations: The cycle of adult relationships*. New York: W. H. Freeman.

有儿童的家庭

Altshuler, S. J. (1999, November/December). Constructing genograms with children in care: Implications for casework practice. *Child Welfare, 78*(6), 777–790.

Carr, A. (1997). Involving children in family therapy and systemic consultation. *Journal of Family Psychotherapy, 5*(1), 41–59.

Fink, A. H., Kramer, L., Weaver, L. L., & Anderson, J. (1993). More on genograms: Modifications to a model. *Journal of Child & Adolescent Group Therapy, 3*(4), 203–206.

Goodyear-Brown, P. (2001). The preschool play geno-game. In H. G. Kaduson & C. E. Schaefer (Eds.), *101 more favorite therapy techniques* (pp. 225–228). Northvale, NJ: Jason Aronson.

有青少年的家庭

Cole-Kelly, K., & Kaye, D. (1993). Assessing the family. In M. I. Singer, L. T. Singer, & T. M. Anglin (Eds.), *Handbook for screening adoles-cents at psychosocial risk* (pp. 1–40). New York: Macmillan.

有年轻人的家庭

Daughhetee, C. (2001). Using genograms as a tool for insight in college counseling. *Journal of College Counseling, 4*(1), 73–76.

Magnuson, S. (2000, October). The professional genogram: Enhancing professional identity and clarity. *Family Journal: Counseling & Therapy for Couples & Families, 8*(4), 299–401.

Malott, K. M., & Magnuson, S. (2004). Using genograms to facilitate undergraduate students' career development: A group model. *The Career Development Quarterly, 53*(4), 178–186.

Santa Rita, E., & Adejanju, M. G. (1993). The genogram: Plotting the roots of academic success. *Family Therapy, 20*(1), 17–28.

Splete, H., & Freeman-George, A. (1985). Family influences on the career development of young adults. *Journal of Career Development, 12*(1), 55–64.

Vinson, M. L. (1995). Employing family therapy in group counseling with college students: Similarities and a technique employed in both. *Journal for Specialists in Group Work, 20*(4), 240–252.

即将迎来新生命的家庭

Condon, J. J. (1985). Therapy of the expectant family: The fetus as a force to be reckoned with. *Australian & New Zealand Journal of Family Therapy, 6*(2), 77–81.

Evans, C., & Stewart-Smith, S. (2000). Looking backwards, looking forward. *Context, 49*, 23–24.

Holtslander, L. (2005). Clinical application of the 15-minute family interview: Addressing the needs of postpartum families. *Journal of Family Nursing, 11*(1), 5–18.

有老年人的家庭

Bannerman, C. (1986). The genogram and elderly patients. *Journal of Family Practice, 23*(5), 426–428.

Erlanger, M. A. (1990). Using the genogram with the older client. *Journal of Mental Health Counselling, 12*(3), 321–331.

Golden, E., & Mohr, R. (2000, July). Issues and techniques for counseling long-term, later-life couples. *Family Journal: Counseling & Therapy for Couples & Families, 8*(3), 229–235.

Gwyther, L. (1986). Family therapy with older adults. *Generations, 10*(3), 42–45.

Ingersoll-Dayton, B., & Arndt, B. (1990). Uses of the genogram with the elderly and their families. *Journal of Gerontological Social Work, 15*(1-2), 105–120.

Shellenberger, S., Watkins-Couch, K., & Drake, M. A. (1989). Elderly family members and their caregivers: Characteristics and development of the relationship. *Family Systems Medicine, 7*(3), 317–322.

Shields, C. G., King, D. A., & Wynne, L. C. (1995). Interventions with later life families. In R. H. Mikesell, D. Lusterman, & S. McDaniel (Eds.), *Integrating family therapy: Handbook of family psychology and systems therapy* (pp. 141–158). Washington, DC: American Psychological Association.

游戏家谱图

Gil, E. (2003). Play genograms. In C. E. Sorit & L. L. Hecker (Eds.), *The therapist's notebook for children and adolescents: Homework, handouts, and activities for use in psychotherapy* (pp. 97–118). New York: Haworth Press.

Goodyear-Brown, P. (2001). The preschool play geno-game. In H. G. Kaduson & C. E. Schaefer (Eds.), *101 more favorite therapy techniques* (pp. 225–228). Northvale, NJ: Jason Aronson.

Petry, S. S., & McGoldrick, M. (2005). Genograms in assessment and therapy. In G. P. Koocher, J. C. Norcross, & S. S. Hill (Eds.), *The psychologists' desk reference* (2nd ed., pp. 366–373). New York: Oxford University Press.

寄养、领养与儿童福利

Allen, M. (1990). *Training materials for post adoption family therapy*. Iowa City, IA: National Center on Family Based Resources.

Altshuler, S. J. (1999, November/December). Constructing genograms with children in care: Implications for casework practice. *Child Welfare, 78*(6), 777–790.

Colon, F. (1978). Family ties and child placement. *Family Process, 17*, 289–312.

Finch, R., & Jaques, P. (1985). Use of the geneogram with adoptive families. *Adoption and Fostering, 9*(3), 35–41.

Flashman, M. (1991). Training social workers in public welfare: Some useful family concepts. *Journal of Independent Social Work, 5*(3-4), 53–68.

Groze, V., Young, J., & Corcran-Rumppe, K. (1991). *Post adoption resources for training, networking and evaluation services (PARTNERS): Working with special needs adoptive families in stress*. Washington DC: Department of Health and Human

Services.

Hoyle, S. G. (1995). Long-term treatment of emotionally disturbed adoptees and their families. *Clinical Social Work Journal, 23*(4), 429–440.

McMillen, J. C., & Groze, V. (1994). Using placement genograms in child welfare practice. *Child Welfare, 73*(4), 307–318.

Pinderhughes, E. E., & Rosenberg, K. (1990). Family-bonding with high-risk placements: A therapy model that promotes the process of becoming a family. In L. M. Glidden (Ed.), *Formed families: Adoption of children with handicaps* (pp. 209–230). New York: Haworth.

Sandmeier, M. (1988). *When love is not enough: How mental health professionals can help special needs adoptive families*. Washington, DC: Child Welfare League of America.

Young, J., Corcoran-Rumppe, K., & Groze, V. K. (1992). Integrating special needs adoption with residential treatment. *Child Welfare, 71*(6), 527–535.

性别和性别家谱图

Holmes, S. E., & Anderson, S. A. (1994). Gender differences in the relationship between differentiation experienced in one's family of origin and adult adjustment. *Journal of Feminist Family Therapy, 6*(1), 27–48.

Howe, K. (1990). Daughters discover their mothers through biographies and genograms: Educational and clinical parallels. *Women and Therapy, 10*(1–2), 31–40.

McGoldrick, M. (2005). Women through the family life cycle. In B. Carter & M. McGoldrick (Eds.), *The expanded family life cycle: Individual, family, & social perspectives* (2nd ed., pp. 106–123). Boston: Allyn & Bacon.

McGoldrick, M., Anderson, C., & Walsh, F. (1989). *Women in families: A framework for family therapy*. New York: Norton.

Rekers, G. A. (1985, summer). The genogram: Her story of a woman. *Women & Therapy, 4*(2), 9–15.

Softas-Nall, B. C., Baldo, T. D., & Diedemann, T. R. (1999). A gender-based, solution-focused genogram case: He and she across the generations. *The Family Journal, 7*, 177–190.

White, M. B., & Tyson-Rawson, K. J. (1995). Assessing the dynamics of gender in couples and families: The gendergram. *Family Relations, 44*, 253–260.

家谱图变更、生态图、谱系和社会关系图

Burke, J. L., & Faber, P. (1997). A genogrid for couples. *Journal of Gay and Lesbian Social Services, 7*(1), 13–22.

Friedman, H., Rohrbaugh, M., & Krakauer, S. (1988). The timeline genogram: Highlighting temporal aspects of family relationships. *Family Process, 27*, 293–304.

Friesen, P., & Manitt, J. (1991). Nursing the remarried family in a palliative care setting. *Journal of Palliative Care, 6*(4), 32–39.

Hardy, K. V., & Laszloffy, T. A. (1995). The cultural genogram: Key to training culturally competent family therapists. *Journal of Marital and Family Therapy, 21*(3), 227–237.

Hartman, A. (1995). Diagrammatic assessment of family relationships. *Families in Society, 76*(2), 111–122.

Hodge, D. R. (2000, April). Spiritual ecomaps: A new diagrammatic tool for assessing marital and family spirituality. *Journal of Marital and Family Therapy, 26*(2), 217–228.

Hof, L., & Berman, E. (1986). The sexual genogram. *Journal of Marital & Family Therapy, 12*, 39–47.

Holtslander, L. (2005). Clinical application of the 15-minute family interview: Addressing the needs of postpartum families. *Journal of Family Nursing, 11*(1), 5–18.

Lewis, K. G. (1989). The use of color-coded genograms in family therapy. *Journal of Marital & Family Therapy, 15*(2), 169–176.

Magnuson, S., & Shaw, H.E. (2003, January). Adaptations of the multifaceted genogram in counseling, training and supervision. *Family Journal: Counseling & Therapy for Couples & Families, 2*(1), 45–54.

McIlvain, H., Crabtree, B., Medder, J., Strange, K. C., & Miller, W. L. (1998). Using ractice genograms to understand and describe practice configurations. *Family Medicine, 30*(7), 490–496.

Olsen, S., Dudley-Brown, S., & McMullen, P. (2004). Case for blending pedigrees, genograms and ecomaps: Nursing's contribution to the 'big picture.' *Nursing and Health Sciences, 6*, 295–308.

Peluso, P. (2003). The ethical genogram: A tool for helping therapists understand their ethical decision-making roles. *The Family Journal, 11*(3), 286–291.

Praeger, S. C., & Martin, L. S. (1994). Using genograms and ecomaps in schools. *Journal of School Nursing, 10*, 34–40.

Rigazio-DiGilio, S. A, Ivey, A. E., Kunkler-Peck, K. P., & Grady, L. T. (2005).

Community genograms: Using individual, family, and cultural narratives with clients. New York: Teachers College Press.

Sherman, R., & Fredman, N. (1986). *Handbook of structural techniques in marriage and family therapy*. New York: Brunner/Mazel.

Watts Jones, D. (1998). Towards an African-American genogram. *Family Process, 36*(4), 373–383.

White, M. B., & Tyson-Rawson, K. J. (1995). Assessing the dynamics of gender in couples and families: The gendergram. *Family Relations, 44*(3), 253–260.

Wright, L. M., & Leahey, M. (1999). Maximizing time, minimizing suffering: The 15-minute (or less) family interview. *Journal of Family Nursing, 5*, 259–274.

Wright, L. M., & Leahey, M. (2000). *Nurses and families: A guide to family assessment and intervention* (3rd ed.). Philadelphia: F. A. Davis.

医疗服务、医药、护理、压力和疾病

Alexander, D., & Clark, S. (1998). Keeping "the family" in focus during patient care. In P. D. Sloane, L. M. Slatt, P. Curtis & M. H. Ebell (Eds.), *Essentials of family medicine* (3rd ed., pp. 25–39). Baltimore: Williams & Wilkins.

Baird, M. A., & Grant, W. D. (1998). Families and health. In R. B. Taylor, A. K. David, T. A. Johnson, Jr., D. M. Phillips, & J. E. Scherger (Eds.), *Family medicine principles and practice* (5th ed., pp. 26–31). Baltimore: Williams & Wilkins.

Barth, J. C. (1993). *It runs in my family: Overcoming the legacy of family illness*. New York: Brunner/Mazel.

Berolzheimer, N., Thrower, S. M., Koch-Hattem, A. (1993). Working with families. In P. D. Sloan, L. M. Slatt, & P. Curtis (Eds.), *Essentails of family medicine* (2nd ed., pp. 19–29). Baltimore: Williams & Wilkins. Blossom, H. J. (1991). The personal genogram: An interview technique for selecting family practice residents. *Family Systems Medicine, 9*(2), 151–158.

Campbell, T. L., McDaniel, S. H., Cole-Kelly, K., Hepworth, J., & Lorenz, A. (2002). Family interviewing: A review of the literature in primary care. *Family Medicine, 34*(5), 312–318.

Christie-Seely, J. (1981). Teaching the family system concept in family medicine. *Journal of Family Practice, 13*, 391.

Craddock, N., McGuffin, P., & Owen, M. (1994). Darier's disease cosegregating with affective disorder. *British Journal of Psychiatry, 165*(2), 272.

Crouch, M., & Davis, T. (1987). Using the genogram (family tree) clinically. In M. A. Crouch & L. Roberts (Eds.), *The family in medical practice: A family systems primer* (pp. 174–192). New York: Springer-Verlag.

Crouch, M. A. (1989). A putative ancestry of family practice and family medicine: Genogram of a discipline. *Family Systems Medicine, 7*(2), 208–212.

Doherty, W. J., & Baird. M. A. (1983). *Family therapy and family medicine*. New York: Guilford.

Dudley-Brown, S. (2004). The genetic family history assessment in gastroenterology nursing practice. *Gastroenterology Nursing, 27*, 107–110.

Duhamel, F., & Dupuis, F. (2004). Guaranteed returns: Investing in conversations with families of patients with cancer. *Cancer Journal of Nursing, 8*, 68–71.

Engelman, S. R. (1988). Use of the family genogram technique with spinal cord injured patients. *Clinical Rehabilitation, 2*(1), 7–15.

Faucett, C. S. (Ed.). (1993). *Family psychiatric nursing*. St. Louis, MO: Mosby.

Fohs, M. W. (1991). Family systems assessment: Interventions with individuals having a chronic disability. *Career Development Quarterly, 39*(4), 304–311.

Fossum, A. R., Elam, C. L., & Broaddus, D. A. (1982). Family therapy in family practice: A solution to psychosocial problems? *Journal of Family Practice, 15*, 461.

Garrett, R. E., Klinkman, M., & Post, L., (1987). If you meet the Buddha on the road, take a genogram: Zen and the art of family medicine. *Family Medicine, 19*, 225–226.

Glimelius, B., Bilgegard, G., Hoffman, K., Hagnebo, C., Krale, G., Nordin, K., Nou, E., Persson, C., & Sjoden, P. (1993). A comprehensive cancer care project to improve the overall situation of patients receiving intensive chemotherapy. *Journal of Psychosocial Oncology, 11*(1), 17–40.

Greco, K. E. (2004). Nursing in the genomic era: Nurturing our genetic nature. *Medsurgical Nursing, 12*, 307–312.

Haas-Cunningham, S. M. (1994). The genogram as a predictor of families at risk for physical illness. *Dissertation Abstracts International, 54*(9-b) 4590.

Hockley, J. (2000). Psychosocial aspects in palliative care: Communicating with the patient and family. *Acta oncologica, 39*(8), 905–910.

Holmes, T. H., & Masuda, M. (1974). Life change and illness susceptibility. In B. S. Dohrenwend & B. Dohrenwend (Eds.), *Stressful life events: Their nature and effects* (pp. 45–72). New York: Wiley.

Holmes, T. H., & Rahe, T. H. (1967). The social adjustment rating scale. *Journal of*

Psychosomatic Research, 11, 1967, 213–218.

Howkins, E., & Allison, A. (1996). Shared learning for primary healthcare teams: A success story. *Nurse Education Today, 17*(3), 225–231.

Huygen, F. J. A. (1982). *Family medicine.* New York: Brunner/Mazel. Huygen, F. J. A., van den Hoogen, H. J. M., van Eijk, J. T. M., & Smits, A. J. A. (1989). Death and dying: A longitudinal study of their medical impact on the family. *Family Systems Medicine, 7*, 374–384.

Jolly, W. M., Froom, J., & Rosen, M. G. (1980). The genogram. *Journal of Family Practice, 10*(2), 251–255.

Josse, J. (1993, May 1). The use of family trees in general practice. *Postgraduate Update*, 775–780.

Levine, F. B. (1997). The girl who went on strike: A case of childhood diabetes. In S. H. McDaniel, J. Hepworth, & W. J. Doherty (Eds.), *The shared experience of illness: Stories of patients, families, and their therapists* (pp. 58–72). New York: Basic.

Liossi, C., Hattira, P., & Mystakidou, K. (1997). The use of the genogram in palliative care. *Palliative Medicine, 11*(6), 455–461.

Massad, R. J. (1980). *In sickness and in health: A family physician explores the impact of illness on the family*. Philadelphia: Smith, Kline & French.

McDaniel, S. (1997). Trapped inside a body without a voice: Two cases of somatic fixation. In S. H. McDaniel, J. Hepworth, & W. J. Doherty (Eds.), *The shared experience of illness: Stories of patients, families, and their therapists* (pp. 274–290). New York: Basic.

McDaniel, S. H., Hepworth, J., & Doherty, W. J. (1992). *Medical family therapy.* New York: Basic.

McWhinney, I. R. (1981). *An introduction to family medicine.* New York: Oxford University Press.

Medalie, J. H. (1978). *Family medicine: Principles and applications.* Baltimore: Williams & Wilkins.

Milhorn, H. T. (1981). The genogram: A structured approach to the family history. *Journal of the Mississippi State Medical Association, 22*(10), 250–52.

Mullins, M. C., & Christie-Seely, J. (1984). Collecting and recording family data: The genogram. In J. Christie-Seely (Ed.), *Working with the family in primary care* (pp. 179–181). New York: Praeger.

Nieferhauser, V. P. (2004). Assess health risk status for intervention and risk reduction. *The Nurse Practitioner, 29*(2), 35–42.

Norwood, W. (1993). An initial exploration through the use of the genogram of the premorbid functioning of families with a person with a head injury. *Dissertation Abstracts International, 54*(3-A), 870.

Penn, P. (1983). Coalitions and binding interactions in families with chronic illness. *Family Systems Medicine, 1*(2), 16–25.

Puskar, K. (1996). Genogram: A useful tool for nurse practitioners. *Journal of Psychiatric and Mental Health Nursing, 3*, 55–60.

Rakel, R. E. (1977). *Principles of family medicine*. Philadelphia: W. B. Saunders.

Richards, W. R., Burgess, D. E., Peterson, F. R., & McCarthy, D. L. (1993). Genograms: A psychosocial assessment tool for hospice. *Hospital Journal, 9*, 1–12.

Richardson, H. B. (1945). *Patients have families*. New York: Commonwealth Fund.

Rolland, J. (1994). *Families, illness, and disability*. New York: Basic.

Rolland, J. (2005). Chronic illness and the family life cycle. In B. Carter & M. McGoldrick (Eds.), *The expanded family life cycle: Individual, family and social perspectives* (3rd ed., pp. 492–511). Boston: Allyn & Bacon.

Rosen, G., Kleinman, A., & Katon, W. (1982). Somatization in family practice: A biopsycho-social approach. *Journal of Family Practice, 14*, 493.

Schilson, E., Barun, K., & Hudson, A. (1993). Use of genograms in family medicine: A family physician/family therapist collaboration. *Family Systems Medicine, 11*(2), 201–208.

Schmidt, D. D. (1978). The family as the unit of medical care. *Journal of Family Practice, 7*, 303.

Shellenberger, S., & Phelps, G. (1997). When it never stops hurting: A case of chronic pain. In S. H. McDaniel, J. Hepworth, & W. J. Doherty (Eds.), *The shared experience of illness: Stories of patinets, families, and their therapists* (pp. 231–241). New York: Basic.

Sloan, P. D., Slatt, L. M., Curtis, P., & Ebell, M. (Eds.). (1998). *Essentials of family medicine* (2nd ed.). Baltimore: Williams & Wilkins.

Smilkstein, G. (1984). The physician and family function assessment. *Family Systems Medicine, 2*(3), 263–278.

Stavros, M. K. (1991). Family systems approach to sexual dysfunction in neurologic disability. *Sexuality and Disability, 9*(1), 69–85.

Taylor, R. B., David, A. K., Johnson, T. A., Jr., Phillips, D. M., & Scherger, J. E. (Eds.). (1998). *Family medicine principles and practice* (5th ed., pp. 26–31). Baltimore: Williams & Wilkins.

Wattendorf, D. J., & Hadley, M. S. (2005). Family history: The three-generation pedigree. *American Family Physician, 72*(3), 441–448.

Wimbush, F. B., & Peters, R .M. (2000). Identification of cardiovascular risk: Use of a cardiovascular-specific genogram. *Public Health Nursing, 17*(3) 148–154.

Wright, L. M., & Leahey, M. (1999). Maximizing time, minimizing suffering: The 15-minute (or less) family interview. *Journal of Family Nursing, 5*, 259–274.

Wright, L. M., & Leahey, M. (2000). *Nurses and families: A guide to family assessment and intervention* (3rd ed.). Philadelphia: F. A. Davis.

女同性恋和男同性恋家庭及其人际关系网

Burke, J. L., & Faber, P. (1997). A genogrid for couples. *Journal of Gay and Lesbian Social Services, 7*(1), 13–22.

Feinberg, J., & Bakerman, R. (1994). Sexual orientation and three generational family patterns in a clinical sample of heterosexual and homosexual men. *Journal of Gay and Lesbian Psychotherapy, 2*(2), 65–76.

Laird, J. (1996a). Family-centered practice with lesbian and gay families. *Families in Society: Journal of Contemporary Human Services, 77*(9), 559–572.

Laird, J., & Green, R. J. (Eds.). (1996). *Lesbians and gays in couples and families*. San Francisco: Jossey-Bass.

Magnuson, S., Norem, K., & Skinner, C. H. (1995). Constructing genograms with lesbian clients. *The Family Journal: Counseling and Therapy for Couples and Families, 3*, 110–115.

Scrivner, R., & Eldridge, N. S. (1995). Lesbian and gay family psychology. In R. H. Mikesell, D. D. Lusterman, & S. McDaniel (Eds.), *Integrating family therapy: Handbook of family pychology and systems therapy* (pp. 327–345). Washington, DC: American Psychological Association.

Shernoff, M. J. (1984). Family therapy for lesbian and gay clients. *Social Work, 39*, 393–396.

Slater, S. (1995). *The lesbian family life cycle*. New York: Free Press. Weinstein, D. L. (1993). Application of family therapy concepts in the treatment of lesbians and gay men. *Journal of Chemical Dependency Treatment, 5*(1), 141–155.

丧失、临终关怀、死亡和创伤

Boss, P. (2004). Ambiguous loss. In F. Walsh & M. McGoldrick (Eds.), *Living beyond loss: Death in the family* (pp. 237–246). New York: Norton.

Bowen, M. (2004). Family reaction to death. In F. Walsh & M. McGoldrick (Eds.), *Living beyond loss: Death in the family* (pp. 47–60). New York: Norton.

Crosby, J. F. (1989). Museum tours in genogram construction: A technique for facilitating recall of negative affect. *Contemporary Family Therapy, 11*(4), 247–258.

Duhamel, F., & Dupuis, F. (2004). Guaranteed returns: Investing in conversations with families of patients with cancer. *Cancer Journal of Nursing, 8*, 68–71.

Early, B. P., Smith, E. D., Todd, L., & Beem, T. (2000). The needs and supportive networks of the dying: An assessment instrument and mapping procedure for hospice patients. *American Journal of Hospice and Palliative Care, 17*, 87–96.

Engel, G. (1975). The death of a twin: Mourning and anniversary reactions. Fragments of 10 years of self-analysis. *International Journal of Psychoanalysis. 56*(1), 23–40.

Ferra Bucher, J. S. (1991). Family interaction and suicide: Case studies from a transgenerational perspective. *PSICO, 21*(1), 41–64.

Gajdos, K. C. (2002). The intergenerational effects of grief and trauma. *Illness, Crisis & Loss, 10*(6), 304–317.

Jordan, K. (2004). The color-coded timeline trauma genogram. *Brief Treatment and Crisis Intervention, 4*(1), 57–70.

Jordan, K. (2006). *The scripto-trauma genogram: An innovative technique for working with trauma survivors' intrusive memories*. Oxford University Press.

Kuhn, J. (1981). Realignment of emotional forces following loss. *The Family, 5*(1), 19–24.

McDaniel, S. H., Hepworth, J., & Doherty, W. J. (1992). *Medical family therapy*. New York: Basic.

McGoldrick, M. (2004a). The legacy of loss. In F. Walsh & M. McGoldrick (Eds.), *Living beyond loss: Death in the family* (pp. 104–129). New York: Norton.

McGoldrick, M. (2004b). Echoes from the past: Helping families mourn their losses. In F. Walsh & M. McGoldrick (Eds.), *Living beyond loss: Death in the family* (pp. 50–78). New York: Norton.

McGoldrick, M., Schlesinger, J. M., Lee, E., Hines, P. M., Chan, J., Almeida, R., Petkov, B., Garcia-Preto, N., & Petry, S. (2004). Mourning in different cultures. In F. Walsh & M McGoldrick (Eds.), *Living beyond loss: Death in the family* (2nd ed., pp. 119–160). New York: Norton.

McGoldrick, M., & Walsh, F. (2004). A time to mourn: Death and the family life cycle. In F. Walsh & M. McGoldrick (Eds.), *Living beyond loss: Death in the family* (pp. 27–46). New York: Norton.

Mikesell, S. G., & Stohner, M. (1995). Infertility and pregnancy loss: The role of the family consultant. In R. H. Mikesell, D. D. Lusterman, & S. McDaniel (Eds.), *Integrating family therapy: Handbook of family psychology and systems therapy* (pp. 421–436). Washington, DC: American Psychological Association.

Richards, W. R., Burgess, D. E., Peterson, F. R., & McCarthy, D. L. (1993). Genograms: A psychosocial assessment tool for hospice. *Hospital Journal, 9*, 1–12.

Seaburn, D. B. (1990). The time that binds: Loyalty and widowhood. *Psychotherapy Patient, 6*(3-4), 139–146.

Walsh, F. (1978). Concurrent grandparent death and birth of schizophrenic offspring: An intriguing finding. *Family Process, 17*, 457–463.

Walsh, F., & McGoldrick, M. (2004a). *Living beyond loss: Death in the family*. New York: Norton.

Walsh, F., & McGoldrick, M. (2004b). Loss and the family: A systemic perspective. In F. Walsh & M. McGoldrick (Eds.), *Living beyond loss: Death in the family* (pp. 3–26). New York: Norton.

Whitman-Raymond, R. (1988). Pathological gambling as a defense against loss. *Journal of Gambling Behavior, 4*(2), 99–109.

Wortman, C., & Silver, R. (1989). The myths of coping with loss. *Journal of Counseling and Clinical Psychology, 57*, 349–357.

移民

Hernandez, M., & McGoldrick, M. (2005). Migration and the family life cycle. In B. Carter & M. McGoldrick (Eds.), *The expanded family life cycle: Individual, family and social perspectives* (pp. 169–184). Boston: Allyn & Bacon.

Mirkin, M. (1998). The impact of multiple contexts on recent immigrant families. In M. McGoldrick (Ed.), *Revisioning family therapy: Race, culture and gender in clinical practice* (pp. 370–384). New York: Guilford.

Mock, M. (1998). Clinical reflections on refugee families: Transforming crises into opportunities. In M. McGoldrick (Ed.), *Revisioning family therapy: Race, culture and gender in clinical practice* (pp. 347–359). New York: Guilford.

Sluzki, C. (1998). Migration and the disruption of the social network. In M.

McGoldrick (Ed.), *Revisioning family therapy: Race, culture and gender in clinical practice* (pp. 360–369). New York: Guilford.

宗教 / 灵性

Dunn, A. B., & Dawes, S. J. (1999). Spiritually-focused genograms: Keys to uncovering spiritual resources in African-American families. *Journal of Multicultural Counseling & Development, 27*(4), 240–55.

Frame, M. W. (1996). Counseling African-Americans: Integrating spirituality in therapy. *Counseling & Values, 41*(1), 16–29.

Frame, M. W. (2000a). Constructing religious/spiritual genograms. In R. E. Watts (Ed.), *Techniques in marriage and family counseling, Vol. 1. The family psychology and counseling series* (pp. 69–74). Alexandria, VA: American Counseling Assoc.

Frame, M. W. (2000b, April). The spiritual genogram in family therapy. *Journal of Marital and Family Therapy, 26*(92), 211–216.

Frame, M. W. (2001, April). The spiritual genogram in training and supervision. *Family Journal: Counseling & Therapy for Couple & Families, 9*(2), 109–115.

Hodge, D. R. (2000, April). Spiritual ecomaps: A new diagrammatic tool for assessing marital and family spirituality. *Journal of Marital and Family Therapy, 26*(2), 217–228.

Hodge, D. R. (2001, January/February). Spiritual genograms: A generational approach to assessing spirituality. *Families in Society, 82*(1), 35–48.

Hodge, D. R. (2001b). Spiritual assessment: A review of major qualitative methods and a new framework for assessing spirituality. *Social Work, 46*, 203–214.

Hodge, D. R. (2003). The intrinsic spirituality scale: A new six-item instrument for assessing the salience of spirituality as a motivational construct. *Journal of Social Service Research, 30*, 41–61.

Hodge, D. R. (2004a). Social work practice with Muslims in the United States. In A. T. Morales & B. W. Sheafor (Eds.), *Social work: A profession of many faces* (10th ed., pp. 443–469). Boston: Allyn & Bacon.

Hodge, D. R. (2004b). Spirituality and people with mental illness: Developing spiritual competency in assessment and intervention. *Families in Society, 85*, 36–44.

Hodge, D. R. (2004c). Working with Hindu clients in a spiritually sensitive manner. *Social Work, 49*, 27–38.

Hodge, D. R. (2005a). Spiritual life maps: A client-centered pictorial instrument for spiritual assessment, planning, and intervention. *Social Work, 50*, 77–87.

Hodge, D. R. (2005b). Spiritual ecograms: A new assessment instrument for identifying clients' spiritual strengths in space and across time. *Families in Society, 86*, 287–296.

Hodge, D. R. (2005c). Spiritual assessment in marital and family therapy: A methodological framework for selecting from among six qualitative assessment tools. *Journal of Marital and Family Therapy, 32*(4), 341–356.

Hodge, D. R., & Williams, T. R. (2002). Assessing African-American spirituality with spiritual eco-maps. *Families in Society, 83*, 585–595.

Poole, D. L. (1998). Politically correct or culturally competent? *Health & Social Work, 23*(3), 63–167.

有关家谱图的研究

Coupland, S. K., & Serovich, J. M. (1999, December). Effects of couples' perceptions of genogram construction on therapeutic alliance and session impact: A growth curve analysis. *Contemporary Family Therapy, 21*(4), 551–572.

Coupland, S. K., Serovich, J., & Glenn, J. E. (1995). Reliability in constructing genograms: A study among marriage and family therapy doctoral students. *Journal of Marital and Family Therapy, 21*(3), 251–263.

Daughhetee, C. (2001). Using genograms as a tool for insight in college counseling. *Journal of College Counseling, 4*(1), 73–76.

Dudley-Brown, S. (2004). The genetic family history assessment in gastroenterology nursing practice. *Gastroenterology Nursing, 27*, 107–110.

Dunn, A. B., & Levitt, M. M. (2000, July). The genogram: From diagnostics to mutual collaboration. *Family Journal: Counseling & Therapy for Couples & Families, 8*(3), 236–244.

Friedman, H. L., & Krakauer, S. (1992). Learning to draw and interpret standard and time-line genograms: An experimental comparison. *Journal of Family Psychology, 6*(1), 77–83.

Greenwald, J. L., Grant, W. D., Kamps, C. A., & Haas-Cunningham, S. (1998). The genogram scale as a predictor of high utilization in a family practice. *Family, Systems & Health, 16*(4), 375–391.

Hodge, D. R. (2005). Spiritual assessment in marital and family therapy: A methodological framework for selecting from among six qualitative assessment tools. *Journal of Marital and Family Therapy, 32*(4), 341–356.

Hurst, N. C., Sawatzky, D. D., & Pare, D. P. (1996). Families with multiple problems through a Bowenian lens. *Child Welfare, 75*(6), 693–708.

Milewski-Hertlein, K. A. (2001, January/February). The use of a socially constructed genogram in clinical practice. *American Journal of Family Therapy, 29*(1),23–38.

Perfetti, L. J. C. (1990). The base 32 method: An improved method for coding sibling constellations. *Journal of Marital and Family Therapy, 16*(2), 201–204.

Rigazio-DiGilio, S. A, Ivey, A. E., Kunkler-Peck, K. P., & Grady, L. T. (2005). *Community genograms: Using individual, family, and cultural narratives with clients*. New York: Teachers College Press.

Rogers, J. C. (1990). Completion and reliability of the self-administered genogram SAGE). *Family Practice, 7*, 149–151.

Rogers, J. C. (1994a). Can physicians use family genogram information to identify patients at risk of anxiety or depression? *Archives of Family Medicine, 3*, 1093–1098.

Rogers, J. C. (1994b). Impact of a screening family genogram on first encounters in primary care. *Journal of Family Practice, 4*, 291–301.

Rogers, J. C., & Cohn, P. (1987). Impact of a screening family genogram on first encounters in primary care. *Journal of Family Practice, 4*, 291–301.

Rogers, J. C., & Durkin, M. (1984). The semi-structured genogram interview: I. Protocol, II. Evaluation. *Family Systems Medicine, 2*(25), 176–187.

Rogers, J. C., Durkin, M., & Kelly, K. (1985). The family genogram: An underutilized clinical tool. *New Jersey Medicine, 82*(11), 887–892.

Rogers, J. C., & Holloway, R. (1990). Completion rate and reliability of the self-administered genogram (SAGE). *Family Practice, 7*, 149–51.

Rogers, J. C., & Rohrbaugh, M. (1991). The SAGE-PAGE trial: Do family genograms make a difference? *Journal of the American Board of Family Practice, 4*, 319–326.

Rogers, J. C., Rohrbaugh, M., & McGoldrick, M. (1992). Can experts predict health risk from family genograms? *Family Medicine, 24*, 209–215.

Rohrbaugh, M., Rogers, J. C., & McGoldrick, M. (1992). How do experts read family genograms? *Family Systems Medicine, 10*(1), 79–89.

Visscher, E. M., & Clore, E. R. (1992). The genogram: A strategy for assessment. *Journal of Pediatric healthcare, 6*, 361–367.

学校和其他更大的系统

Darkenwald, G. G., & Silvestri, K. (1992). *Analysis and assessment of the Newark literacy campaign: A report to the Ford Foundation*. (Grant #915- 0298).

Daughhetee, C. (2001). Using genograms as a tool for insight in college counseling. *Journal of College Counseling, 4*(1), 73–76.

Friedman, E. H. (1985). *Generation to generation. Family process in church and synagogue*. New York: Guilford.

Granello, D. H., Hothersall, D., & Osborne, A. L. (2000, March). The academic genogram: Teaching for the future by learning from the past. *Counselor Education and Supervision, 39*(3), 177–188.

Okum, B. F. (1984) *Family therapy with school-related problems*. Rockville, MD: Aspen.

Praeger, S. C., & Martin, L. S. (1994). Using genograms and ecomaps in schools. *Journal of School Nursing, 10*, 34–40.

Rigazio-DiGilio, S. A, Ivey, A. E., Kunkler-Peck, K. P., & Grady, L. T. (2005). *Community genograms: Using individual, family, and cultural narratives with clients*. New York: Teachers College Press.

Shellenberger, S., & Hoffman, S. (1995). The changing family-work system. In R. H. Mikesell, D. D. Lusterman, & S. McDaniel (Eds.), *Integrating family therapy: Handbook of family psychology and systems therapy* (pp. 461–479). Washington, DC: American Psychological Association.

兄弟姐妹

Adler, A. (1959). *The practice and theory of individual psychology*. Paterson, NJ: Littlefield, Adams.

Bank, S. P., & Kahn, M. D. (1997). *The sibling bond*. New York: Basic.

Bass, D. M., & Bowman, K. (1990). Transition from caregiving to bereavement. The relationship of care-related strain and adjustment to death. *The Gerontologist, 30*, 135–142.

Bernikow, L. (1980). *Among women*. New York: Harper & Row.

Bowerman, C. E., & Dobash, R. M. (1974). Structural variations in inter-sibling affect. *Journal of Marriage and the Family, 36*, 48–54.

Brody, G. H., Stoneman, Z., & Burke, M. (1987). Child temperaments, maternal differential behavior, and sibling relationships. *Developmental Psychology, 23*(3), 354–362.

Carroll, R. (1988). Siblings and the family business. In M. D. Kahn & K. G. Lewis (Eds.), *Siblings in therapy: Life span and clinical issues* (pp. 379–398). New York: Norton.

Chappell, N. L. (1991). *Social supports and aging*. Toronto: Butterworths.

Cicirelli, V. G. (1989). Feelings of attachment to siblings and wellbeing in later life. *Psychology and Aging, 4*, 211–216.

Cicirelli, V. G. (1995). *Sibling relationships across the life span*. New York: Plenum.

Connidis, I. A. (1989a). Contact between siblings in later life. *Canadian Journal of Sociology, 14*, 429–442.

Connidis, I. A. (1989b). Family ties and aging. Toronto: Butterworths.

Connidis, I. A. (1989c). Siblings as friends in later life. *American Behavioral Scientist, 33*, 81–93.

Connidis, I., & Davies, L. (1990). Confidants and companions in later life. The place of family and friends. *Journal of Gerontology, 45*, 141–149.

Elder, G. H., Jr. (1962). Structural variations in child rearing relationship. *Sociometry, 25*, 241–262.

Falbo, T. (Ed.). (1984). *The single-child family*. New York: Guilford.

Fishel, E. (1979). *Sisters: Love and rivalry inside the family and beyond*. New York: William Morrow.

Gaddis, V., & Gaddis, M. (1973). *The curious world of twins*. New York: Warner.

Gold, D. T. (1987). Siblings in old age. Something special. *Canadian Journal on Aging, 6*, 199–215.

Gold, D. T. (1989). Sibling relationships in old age: A typology. International *Journal of Aging and Human Development, 28*, 37–51.

Holden, C. E. (1986). Being a sister: Constructions of the sibling experience. (Doctoral dissertation, University of Michigan). *Dissertation Abstracts International, 10*, SECB, PP4301.

Hoopes, M. H., & Harper, J. M. (1987). *Birth order roles and sibling patterns in individual and family therapy*. Rockville, MD: Aspen.

Jalongo, M. R., & Renck, M. A. (1985). Sibling relationships: A recurrent developmental and literary theme. *Childhood Education, 61*(5), 346–351.

Johnson, C. L. (1982). Sibling solidarity: Its origin and functioning in Italian-American families. *Journal of Marriage and the Family, 44*, 155–67.

Krell, R., & Rabkin, L. The effects of sibling death on the surviving child: A family perspective. *Family Process, 18*(4), 471–478.

Lamb, M. E., & Sutton-Smith, B. (1982). *Sibling relationships: Their nature and significance across the lifespan.* Hillsdale, NJ: Erbaum.

Leder, J. M. (1993). *Brothers and sisters: How they stage our lives*. New York: Ballantine.

Marcil-Gratton, N., & Legare, J. (1992). Will reduced fertility lead to greater isolation in old age for tomorrow's elderly? *Canadian Journal on Aging, 11*, 54–71.

Mathias, B. (1992). *Between sisters: Secret rivals, intimate friends*. New York: Delacorte.

McGhee, J. L. (1985). The effects of siblings on the life satisfaction of the rural elderly. *Journal of Marriage and the Family, 41*, 703–714.

McGoldrick, M. (1989). Sisters. In M. McGoldrick, C. Anderson, & F. Walsh (Eds.), *Women in families* (pp. 244–266). New York: Norton.

McGoldrick, M., & Watson, M. (2005). Siblings through the life cycle. In B. Carter & M. McGoldrick (Eds.), *The expanded family life cycle: Individual, family and social perspectives* (pp. 153–184). Boston: Allyn & Bacon.

McKeever, P. (1983). Siblings of chronically ill children: A literature review with implications for research and practice. *American Journal of Orthopsychiatry, 53*(2), 209–218.

McNaron, T. A. H. (Ed.). (1985). *The sister bond: A feminist view of a timeless connection*. New York: Pergamon.

Merrell, S. S. (1995). *The accidental bond: The power of sibling relationships*. New York: Times Books.

Miller, N. B., & Cantwell, D. P. (1978). Siblings as therapists: A behavioral approach. *American Journal of Psychiatry, 133*(4), 447–50.

Norris, J. E., & Tindale, J. A. (1994). *Among generations: The cycle of adult relationships*. New York: W. H. Freeman.

Notar, M., & McDaniel, S. A. (1986). Feminist attitudes and mother- daughter relationships in adolescence. *Adolescence, 21*(81), 11–21.

Nuckolls, C. W. (1993). *Siblings in South Asia: Brothers and sisters in cultural context*. New York: Guilford.

Rosenberg, B. G., & Sutton-Smith, B. (1964). Ordinal position and sex role identification. *Psychological Monographs, 70*, 297–328.

Rosenberg, B. G., & Sutton-Smith, B. (1969). Sibling age spacing effects on cognition. *Developmental Psychology, 1*, 661–669.

Sandmaier, M. (1994). *Original kin: Intimacy, choices and change in adult sibling relationships*. New York: Dutton.

Schmuck, R. (1963). Sex of sibling, birth order position, and female dispositions to conform in two-child families. *Child Development, 34*, 913–918.

Shanas, E., & Streib, G. F. (1965). *Social structure and the family*. Englewood Cliffs, NJ: Prentice-Hall.

Sulloway, F. J. (1996). *Born to rebel: Sibling relationships, family dynamics and creative lives*. New York: Pantheon.

Sutton-Smith, B., & Rosenberg, B. G. (1970). *The sibling*. New York: Holt, Rinehart & Winston.

Toman, W. (1976). *Family constellation*. (3rd ed.). New York: Springer. L. E. Troll & B. F. Turner (Eds.). (1994). *Women growing older*. Thousand Oaks, CA: Sage.

Ulanov, A., & Ulanov, B. (1983). *Cinderella and her sisters: The envied and the envying*. Philadelphia: Westminster.

Vadasy, P. F., Fewell, R. R., Meyer, D. J., & Schell, G. (1984). Siblings of handicapped children: A developmental perspective on family interactions. *Family Relations, 33*(1), 155–167.

Valliant, G. (1977). *Adaptation to life*. Boston: Little, Brown.

Zukow, P. G. (Ed.). (1989). *Sibling interaction across cultures*. New York: Springer-Verlag.

督导和培训

Bahr, K. S. (1990). Student responses to genogram and family chronology. *Family Relations, 39*, 243–249.

Canzoneri, K. W. (1993). The development of systemic thinking in counselors-in-training: A descriptive analysis. *Dissertation Abstracts International, 53*(10-A) 3475–3476.

Deveaux, F., & Lubell, I. (1994, August). Training the supervisor: Integrating a family of origin approach. *Contemporary Family Therapy, 16*(4), 291–299.

Frame, M. W. (2001, April). The spiritual genogram in training and supervision. *Family Journal: Counseling & Therapy for Couple & Families, 9*(2), 109–115.

Getz, H. G., & Protinsky, H. O. (1994). Training marriage and family counselors: A family of origin approach. *Counselor Education and Supervision, 33*, 183–190.

Haber, R. (1997). *Dimensions of family therapy supervision: Maps and means*. New York: Norton.

Magnuson, S., & Shaw, H. E. (2003, January). Adaptations of the multifaceted genogram in counseling, training and supervision. *Family Journal: Counseling & Therapy for Couples & Families, 2*(1), 45–54.

Pistole, M. C. (1995). The genogram in group supervision of novice counselors: Draw them a picture. *Clinical Supervisor, 13*(1), 133–43.

Shore, W., Wilkmie, H., & Croughan-Minihane, M. (1994). Family of origin genograms: Evaluation of a teaching program for medical students. *Family Medicine, 26*, 238–243.

Thomas, V. K., & Striegel, P. (1994). Family of origin work for the family counselor. In C. H. Huber (Ed.), *Transitioning from individual to family counseling: The family psychology and counseling series, No. 2.* (pp. 21–30). Alexandria, VA: American Counselling Association.

Wells, V. K., Scott, R. G., Schmeller, L. J., & Hilmann, J. A. (1990). The family-of-origin framework: A model for clinical training. *Journal of Contemporary Psychotherapy, 20*(4), 223–235.

各个流派的家庭治疗

Anderson, W. T., Anderson, R. A., & Hovestadt, A. J. (1988). Intergenerational family therapy: A practical primer. In P. A. Keller & R. Heyman (Eds.), *Innovations in clinical practice: A source book, 7* (pp. 175–188). Sarasota, FL: Professional Resource Press Arrington, D. (1991). Thinking systems-seeing systems: An integrative model for systematically oriented art therapy. *Arts in Psychotherapy, 18*(3), 201–211.

Banmen, J. (2002. March). The Satir model: Yesterday and today. *Contemporary Family Therapy, 24*(1), 7–22.

Beck, R. L. (1987). The genogram as process. *American Journal of Family Therapy, 15*(4), 343–351.

Goodyear-Brown, P. (2001). The preschool play geno-game. In H. G. Kaduson, & C. E. Schaefer, (Eds.), *101 more favorite therapy techniques* (pp. 225–228). Northvale, NJ: Jason Aronson.

Hurst, N. C., Sawatzky, D. D., & Pare, D. P. (1996). Families with multiple problems through a Bowenian lens. *Child Welfare, 75*(6), 693–708.

Kent-Wilkinson, A. (1999). Forensic family genogram: An assessment and intervention tool. *Journal of Psychosocial Nursing and Mental Health Services, 37*, 52–56.

Kuehl, B. P. (1995). The solution-oriented genogram: A collaborative approach. *Journal of Marital and Family Therapy, 21*(3), 239–250.

Kuehl, B. P. (1996). The use of genograms with solution-based and narrative therapies. *The Family Journal: Counseling and Therapy for Couples and Families, 4*, 5–11.

Massey, R. F., Comey, S., & Just, R. L. (1988). Integrating genograms and script matrices. *Transactional Analysis Journal,18*(4), 325–335.

Mauzey, E., & Erdman, P. (1995). Let the genogram speak: Curiosity, circularity and creativity in family history. *Journal of Family Psychotherapy, 6*(2), 1–11.

Nicholl, W. G., & Hawes, E. C. (1985). Family lifestyle assessment: The role of family myths and values in the client's presenting issues. *Individual Psychology: Journal of Adlerian Theory, Research & Practice, 41*(2), 147–160.

Sherman, R. (1993). Marital issues of intimacy and techniques for change: An Adlerian systems perspective. *Journal of Adlerian Therapy, Research and Practice, 49*(3–4), 318–329.

Sproul, M. S., & Galagher, R. M. (1982). The genogram as an aid to crisis intervention. *Journal of Family Practice, 14*(55), 959–60.

Woolf, V. V. (1983). Family network systems in transgenerational psychotherapy: The theory, advantages and expanded applications of genograms. *Family Therapy, 10*(35), 119–137.

Zide, M. R., & Gray, S. W. (2000). The solutioning process: Merging the genogram and the solution-focused model of practice. *Journal of Family Social Work, 4*(1) 3–19.

家谱图录像

McGoldrick, M. (1996). *The legacy of unresolved loss: A family systems approach*. New York: Norton.

躯体暴力与性虐待

Gewirtzman, R. C. (1988). The genogram as a visual asessment of a family's fugue. *Australian Journal of Sex, Marriage and Family, 9*(1), 37–46.

Hurst, N. C., Sawatzky, D. D., & Pare, D. P. (1996). Families with multiple problems through a Bowenian lens. *Child Welfare, 75*(6), 693–708.

Nichols, W. C. (1986). Understanding family violence: An orientation for family therapists. *Contemporary Family Therapy, 8*(3), 188–207.

人物传记的引用资料

亚当家族

Levin, P. L. (1987). *Abigail Adams*. New York: St. Martin's.

Musto, D. (1981). The Adams Family. *Proceedings of Massachusetts Historical Society, 93*, 40–58.

Nagel, P. C. (1983). *Descent from glory: Four generations of the John Adams family*. New YorK: Oxford University Press.

Nagel, P. C. (1987). *The Adams women*. New York: Oxford University Press.

Shepherd, J. (1975). *The Adams chronicles: Four generations of greatness*. Boston: Little, Brown.

阿尔弗雷德·阿德勒

Adler, A. (March 1984, August 1984). Personal interviews.

Adler, K. (August, 1984a). Personal interview.

Adler, K. (August, 1984b). Personal communication.

Ansbacher, H. (1984). Personal communication.

Ansbacher, H. L. (1970). Alfred Adler: A historical perspective. *American Journal of Psychiatry, 127*, 777–782.

Ellenberger, H. F. (1970). *The discovery of the unconscious: The history and evolution of dynamic psychiatry*. New York: Basic.

Furtmuller, C. (1979). Alfred Adler: A biographical essay. In H. L. Ansbacher & R. R. Ansbacher (Eds.), *Superiority and social interest: A collection of later writings* (pp. 311–394). New York: Norton.

Hoffman, E. (1994). *The drive for self: Alfred Adler and the founding of individual psychology*. New York: Addison-Wesley.

Rattner, J. (1983). *Alfred Adler*. New York: Frederick Ungar.

Sperber, M. (1974). *Masks of loneliness: Alfred Adler in perspective*. New York: Macmillan.

Stepansky, P. E. (1983). *In Freud's shadow: Adler in context*. Hillsdale, NJ: The Analytic Press.

路易斯·阿姆斯特朗

Armstrong, L. (1954). *Satchmo: My life in New Orleans*. New York: Perseus.

Bergreen, L. (1997). *Louis Armstrong: An extravagant life*. New York: Broadway.

Brothers, T. (Ed.). (1999). *Louis Armstrong in his own words*. New York: Oxford University Press.

Collier, J. L. (1983). *Louis Armstrong: An American genius*. New York: Oxford University Press.

Giddins, G. (1988). *Satchmo: The genius of Louis Armstrong*. New York: Perseus.

Terkel, S. (1975). *Giants of jazz*. New York: The New Press.

贝特森 / 米德家族

Bateson, M. C. (1984). *With a daughter's eye*. New York: William Morrow.

Bateson, M. C. (1988). *Peripheral visions*. New York: Morrow.

Bateson, M. C. (1990). *Composing a life*. New York: Atlantic Monthly Press.

Cassidy, R. (1982). *Margaret Mead: A voice for the century*. New York: Universe.

Grosskurth, P. (1988). *Margaret Mead: A life of controversy*. London Penguin.

Howard, J. (1984). *Margaret Mead: A life*. New York: Ballantine.

Lipset, D. (1980). *Gregory Bateson: The legacy of a scientist*. Englewood Cliffs, NJ: Prentice.

Mead, M. (1972). *Blackberry winter, my earlier years*. New York: Simon & Schuster.

Rice, E. (1979). *Margaret Mead: A portrait*. New York: Harper & Row.

亚历山大·格雷厄姆·贝尔

Bruce, R. V. (1973). *Bell: Alexander Graham Bell and the conquest of solitude*. Boston: Little, Brown.

Eber, D. H. (1982). *Genius at work: Images of Alexander Graham Bell*. New York: Viking.

Gray, C. (2006). *Reluctant genius: Alexander Graham Bell and the passion for invention*. New York: Abcade.

Grosvenor, E. S., & Wesson, M. (1997). *Alexander Graham Bell*. New York: Abrams.

Mackay, J. (1997). *Alexander Graham Bell: A life*. New York: Wiley.

布莱克韦尔 / 斯通 / 布朗家族

Cazden, E. (1983). *Antoinette Brown Blackwell: A biography*. Old Westbury, New York: The Feminist Press.

Hays, E. R. (1967). *Those extraordinary Blackwells*. New York: Harcourt Brace.

Horn, M. (1980). Family ties: The Blackwells, a study of the dynamics of family life in nineteenth century America. (Ph.D. Dissertation, Tufts University).

Horn, M. (1983). Sisters worthy of respect: Family dynamics and women's roles in the Blackwell family. *Journal of Family History, 8*(4), 367–382.

Wheeler, L. (Ed.). (1981). *Loving warriers: Selected letters of Lucy Stone and Henry B. Blackwell, 1853 to 1893*. New York: Dial.

英国王室家族

Bradford, S. (1996). *Elizabeth*. New York: Riverhead.

Campbell, C. (1998). *The real Diana*. New York: St. Martin's.

Davies, N. (1998). *Queen Elizabeth II: A woman who is not amused*. New York: Carol Publishing.

Delderfield, E. R. (1998). *Kings and queens of England and Great Britain* (3rd ed.). Devon, England: David & Charles.

Fearon, P. (1996). *Behind the palace walls. The rise and fall of Britain's royal family*. Secaucus, NJ: Carol Publishing.

Kelley, K. (1997). *The royals*. New York: Warner.

Morton, A. (1997). *Diana: Her true story*. New York: Simon & Schuster.

勃朗特家族

Bentley, P. (1969). *The Brontës and their world*. New York: Viking.

Cannon, J. (1980). *The road to Haworth: The story of the Brontës' Irish ancestry*. London: Weidenfeld and Nicolson.

Chadwick, E. H. (1914). *In the footsteps of the Brontës*. London: Sir Isaac Pitman & Sons.

Chitham, E. (1986). *The Brontës' Irish background*. New York: St. Martin's.

Chitham, E. (1988). *A life of Emily Brontë*. New York: Basil Blackwell.

Chitham, E., & Winnifrith, T. (1983). *Brontë facts and Brontë problems*. London: Macmillan.

du Maurier, D. (1961). *The infernal world of Branwell Brontë*. Garden City, NY: Doubleday.

Frazer, R. (1988). *The Brontës: Charlotte Brontë and her family*. New York: Crown.

Gaskell, E. (1975). *The life of Charlotte Brontë*. London: Penguin.

Gerin, W. (1961). *Branwell Brontë*. London: Thomas Nelson & Sons.

Gerin, W. (1971). *Emily Brontë: A biography*. London: Oxford University Press.

Hannah, B. (1988). *Striving toward wholeness*. Boston: Signpress.

Hanson, L., & Hanson, E. (1967). *The four Brontës*. New York: Archon.

Hardwick, E. (1975). *Seduction and betrayal: Women and literature*. New York: Vintage.

Hinkley, L. L. (1945). *The Brontës: Charlotte and Emily*. New York: Hastings House.

Hopkins, A. B. (1958). *The father of the Brontës*. Baltimore: Johns Hopkins Press.

Lane, M. (1969). *The Brontë story*. London: Fontana.

Lock, J., & Dixon, W. T. (1965). *A man of sorrow: The life, letters, and times of Reverend Patrick Brontë*. Westport, CT: Meckler.

Mackay, A. M. (1897). *The Brontës: Fact and fiction*. New York: Dodd, Mead.

Maurat, C. (1970). *The Brontës' secret*. Translated by M. Meldrum. New York: Barnes & Noble.

Moglen, H. (1984). *Charlotte Brontë: The self conceived*. Madison: University of Wisconsin Press.

Morrison, N. B. (1969). *Haworth harvest: The story of the Brontës*. New York: Vanguard.

Peters, M. (1974). *An enigma of Brontës*. New York: St. Martins.

Peters, M. (1975). *Unquiet Soul: A biography of Charlotte Brontë*. New York: Atheneum.

Ratchford, F. W. (1964). *The Brontës' web of childhood*. New York: Russell & Russell.

Raymond, E. (1948). *In the steps of the Brontës*. London: Rich & Cowan.

Spark, M., & Stanford, D. (1960). *Emily Brontë: Her life and work*. London: Arrow.

White, W. B. (1939). *The miracle of Haworth: A Brontë story*. New York: E. P.

Dutton.

Wilks, B. (1986a). *The Brontës: An illustrated biography*. New York: Peter Bedrick. (Originally published by Hamlyn Publishing Group in 1975.)

Wilks, B. (1986b). *The illustrated Brontës of Haworth*. New York: Facts on File Publications.

Winnifith, T. Z. (1977). *The Brontës and their background: Romance and reality*. New York: Collier.

Wright, W. (1893). *The Brontës in Ireland*. New York: D. Appleton.

伯顿 / 泰勒家族

Bragg, M. (1990). *Richard Burton: A life*. New York: Warner.

Ferris, P. (1981). *Richard Burton*. New York: Coward, McCann & Geoghegan.

Kelley, K. (1981). *Elizabeth Taylor: The last star*. New York: Simon & Schuster.

Morley, S. (1988). *Elizabeth Taylor*. New York: Applause.

布什家族

Kelley, K. (2004). *The family: The real story of the Bush dynasty*. New York: Doubleday.

Minutaglio, B. (2001). *First son: George W. Bush and the Bush family dynasty*. New York: Three Rivers.

Phillips, K. (2004). *American dynasty: Aristocracy, fortune, and the politics of deceit in the house of Bush*. New York: Viking.

Wright, E. (2006). *Celebrity family ties*. New York: Barnes & Noble.

卡拉斯家族

Allegri, R., & Allegri, R. (1997). *Callas by Callas*. New York: Universe.

Callas, J. (1989). *Sisters*. New York: St. Martin's.

Moutsatos, K. F. (1998). *The Onassis women*. New York: Putnam.

Stassinopoulos, A. (1981). *Maria Callas: The woman behind the legend*. New York: Simon & Schuster.

克林顿家族

Brock, D. (1996). *The seduction of Hillary Rodham*. New York: The Free Press.

Clinton, B. (2005). *My life*. New York: Vintage.

Clinton, R. (1995). *Growing up Clinton*. Arlington, TX: Summit.

Kelley, V., with J. Morgan (1994). *Leading with my heart: My life*. New York: Pocket Books.

King, N. (1996). *The woman in the White House*. New York: Carol.

Maraniss, D. (1988). *The Clinton enigma*. New York: Simon & Schuster.

Maraniss, D. (1995). *First in his class: The biography of Bill Clinton*. New York: Touchstone.

Morris, R. (1996). *Partners in power*. New York: Henry Holt.

Warner, J. (1993). *Hillary Clinton: The inside story*. New York: Signet.

爱因斯坦家族

Clark, R. W. (1971). *Einstein: The life and times*. New York: Avon.

Highfield, R., & Carter, P. (1993). *The private life of Albert Einstein*. New York: St. Martin's.

Pais, A. (1994). *Einstein lived here*. New York: Oxford University Press.

Renn, J., & Schulmann, R. (1995). *Albert Einstein/Mileva Maric: The love letters*. Princeton: NJ Princeton University Press.

Specter, M. (1994, July 22). Einstein's son? It's a question of relativity. *New York Times*, p. 1.

Sullivan, W. (1987, May 3). Einstein letters tell of anguished love affair. *New York Times*, p. 1.

埃里克森家族

Erikson Bloland, S. (1999, November). Fame: The power and cost of a fantasy. *Atlantic Monthly*, 51–62.

Erikson Bloland, S. (2005). *In the shadow of fame: A memoir by the daughter of Erik H. Erikson*. New York: Viking.

Friedman, L. J. (1999). *Identity's architect*. New York: Scribner.

法罗家族

Farrow, M. (1997). *What falls away: A memoir*. New York: Bantam.

方达家族

Collier, P. (1992). *The Fondas*. New York: Putnam.

Fonda, A. (1986). *Never before dawn: An autobiography*. New York: Weindenfeld & Nicolson.

Fonda, J. (2006). *My life so far*. New York: Random House.

Fonda, P. (1998). *Don't tell dad*. New York: Hyperion.

Guiles, F. L. (1981). *Jane Fonda: The actress in her time*. New York: Pinnacle.

Hayward, B. (1977). *Haywire*. New York: Alfred Knopf.

Kiernan, T. (1973). *Jane: An intimate biography of Jane Fonda*. New York: Putnam.

Sheed, W. (1982). *Clare Booth Luce*. New York: E. P. Dutton.

Springer, J. (1970). *The Fondas*. Secaucus, NJ: Citadel.

Teichman, H. (1981). *Fonda: My life*. New York: New American Library.

福斯特家族

Foster, B., & Wagener, L. (1998). *Foster child*. New York: Signet.

Chunovic, L. (1995). *Jodie: A biography*. New York: Contemporary Books.

西格蒙德·弗洛伊德

Anzieu, D. (1986). *Freud's self analysis*. Madison, CT: International Universities Press.

Appignanesi, L., & Forrester, J. (1992). *Freud's women*. New York: Basic.

Bernays, A. F. (Nov. 1940). *My brother Sigmund Freud*. The American Mercury, II 336–340.

Bernays, E. (Aug. 8, 1984). Personal interview.

Bernays, H. (Aug. 8, 1984).Personal interview.

Blumenthal, R. (2006, December 24). Hotel log hints at illicit desire that Dr. Freud didn't repress. *New York Times*, pp. 1, 4.

Carotenuto, A. (1982). *A secret symmetry: Sabina Spielrein between Jung and Freud*. New York: Pantheon.

Clark, R. W. (1980). *Freud: The man and the cause*. New York: Random House.

Eissler, K. R. (1978). *Sigmund Freud: His life in pictures and words*. New York: Helen & Kurt Wolff, Harcourt Brace, Jovanovich.

Freeman, L., & Strean, H. S. (1981). *Freud and women*. New York: Frederick Ungar Publishing Company.

Freud, E. L. 1960. *The letters of Sigmund Freud*. New York: Basic.

Freud, M. (1982). *Sigmund Freud: Man and father*. New York: Jason Aronson.

Freud, S. (1988). *My three mothers and other passions*. New York: New York

University Press.

Gay, P. (1988). *Freud: A life for our time*. New York: Norton.

Gay, P. (1990). *Reading Freud*. New Haven, CT: Yale University Press.

Glicklhorn, R. (1979). The Freiberg period of the Freud family. *Journal of the History of Medicine, 24*, 37–43.

Jones, E. (1953, 1954, 1955). *The life and work of Sigmund Freud* (3 volumes). New York: Basic.

Krüll, M. (1986). *Freud and his father*. New York: Norton.

Mannoni, O. (1974). *Freud*. New York: Vintage.

Margolis, D. P. (1996). *Freud and his mother*. Northvale, NJ: Jason Aronson.

Masson, J. (Ed.). (1985). *The complete letters of Sigmund Freud to Wilhelm Fleiss: 1887-1904*. Cambridge, MA: Belnap.

Masson, J. (1992). *The assault on truth*. New York: Harper Collins.

McGoldrick, M., & Gerson, R. (1985). *Genograms in family assessment*. New York: Norton.

McGoldrick, M., & Gerson, R. (1988). Genograms and the family life cycle (pp. 164–189). In B. Carter & M. McGoldrick (Eds.), *The changing family life cycle*. Boston: Allyn & Bacon.

McGoldrick, M., & Gerson, R. (1998). History, genograms, and the family life cycle: Freud in context. In B. Carter & M. McGoldrick (Eds.), *The expanded family life cycle: Individual, family, and social perspectives* (3rd ed., pp. 47–68). Boston: Allyn & Bacon.

Peters, U. H. (1985). *Anna Freud: A life dedicated to children*. New York: Shocken.

Roazen, P. (1993). *Meeting Freud's family*. Amherst, MA: University of Massachusetts Press.

Ruitenbeek, H. M. (1973). *Freud as we knew him*. Detroit, MI: Wayne State University.

Schur, M. (1972). *Freud: Living and dying*. New York: International Universities Press.

Swales, P. (1982). Freud, Minna Bernays, and the conquest of Rome: New light on the origins of psychoanalysis. *The New American Review, 1*(2/3), 1–23.

Swales, P. (1987). What Freud didn't say. UMDNJ-Robert Wood Johnson Medical School. May 15.

Young-Bruel, E. (1988). *Anna Freud: A biography*. New York: Summit.

切·格瓦拉

Anderson, J. L. (1997). *Che Guevara: A revolutionary life*. New York: Grove Press.

Deutschmann, D. (Ed.) (2006). *Che: A memoir by Fidel Castro*. Melbourne: Ocean Press.

James, D. (2001). *Che Guevara: A biography*. New York: Cooper Square Press.

Ortiz, V. (1968). *Che Guevara: Reminiscences of the Cuban revolutionary war*. New York: Monthly Review Press.

Sinclair, A. (1970). *Che Guevara*. New York: Viking.

亨利八世

Fraser, A. (1994). *The wives of Henry VIII*. New York: Vintage.

Lindsey, K. (1995). *Divorced, beheaded, survived: A feminist reinterpretation of the wives of Henry VIII*. New York: Addison-Wesley.

赫本 / 特雷西家族

Anderson, C. (1988). *Young Kate*. New York: Henry Holt.

Carey, G. (1983). *Katharine Hepburn: A Hollywood yankee*. New York: Dell.

Davidson, B. (1987). *Spencer Tracy: Tragic idol*. New York: Dutton.

Edwards, A. (1985). *A remarkable woman: A biography of Katherine Hepburn*. New York: Simon & Schuster.

Higham, C. (1981). *Kate: The life of Katharine Hepburn*. New York: Signet.

Kanin, G. (1988). *Tracy and Hepburn: An intimate memoir*. New York: Donald I. Fine.

Mann, W. J. (2006). *Kate: The woman who was Hepburn*. New York: Henry Holt.

Morley, S. (1984). *Katherine Hepburn*. London: Pavilion.

Parish, J. R. (2005). *Katherine Hepburn: The untold story*. New York: Advocate.

杰斐逊家族

Binger, C. (1970). *Thomas Jefferson: A well-tempered mind*. New York: Norton.

Brodie, F. M. (1974). *Thomas Jefferson: An intimate history*. New York: Norton.

Fleming, T. J. (1969). *The man from Monticello*. New York: Morrow.

Gordon-Reed, A. (1997). *Thomas Jefferson and Sally Hemings*. Charlottesville, VA: University of Virginia Press.

Halliday, E. M. (2001). *Understanding Thomas Jefferson*. New York: Harper Collins.

Lanier, S., & Feldman, J. (2000). *Jefferson's children*. New York: Random House.

Smith, D. (1998, November 7). The enigma of Jefferson: Mind and body in conflict. *New York Times*, B 7–8.

Wills, G. (2003). *Negro president*. Boston: Houghton Mifflin.

Woodson, B. W. (2001) *A President in the family: Thomas Jefferson, Sally Hemings and Thomas Woodson*. Westport, CT: Praeger.

乔普林家族

Berlin, E. A. (1994). *King of Ragtime: Scott Joplin and his era*. New York: Oxford University Press.

Curtis, S. (2004). *Dancing to a black man's tune: The life of Scott Joplin*.

Columbia, MO: University of Missouri Press.

Gammond, P. (1975). *Scott Joplin and the ragtime era*. New York: St. Martin's.

Haskins, J. (1978). *Scott Joplin: The man who made ragtime*. Briarcliff Manor, NY: Scarborough.

Preston, K. (1988). *Scott Joplin: Composer*. New York: Chelsea House.

Berlin, E. A biography of Scott Joplin, retrieved 2006. www.scottjoplin.org/biography.htm.

荣格家族

Bair, D. (2003) *Jung: A biography*. New York: Little, Brown.

Broome, V. (1981). *Jung: Man and myth*. New York: Atheneum.

Hannah, B. (1981). *Jung: His life and work; A biographical memoir*. New York: Perigee, Putnam.

Jung, C. G. (1961). *Memories, dreams, reflections*. (Recorded and edited by Aniela Jaffe, translated by R. Winston & C. Winstons). New York: Vintage.

Stern, P. J. (1976). C. G. *Jung: The haunted prophet*. New York: Delta, Deli.

卡罗 / 里韦拉家族

Alcantara, I., & Egnolff, S. (1999). *Frida Kahlo and Diego Rivera*. New York: Prestel Verlag.

Drucker, M. (1991). *Frida Kahlo*. Albuquerque, NM: University of New Mexico Press.

Grimberg, S. (2002). *Frida Kahlo*. North Digton, MA: World Publications. Herrera,

H. (1983). *Frida: A biography of Frida Kahlo*. New York: Harper & Row.

Herrera, H. (1984). *Frida*. New York: Harper Collins.

Herrera, H. (1991). *Frida Kahlo: The paintings*. New York: Harper Collins.

Kahlo, F. (2001). *The diary of Frida Kahlo: An intimate self-portrait*. Toledo, Spain: Abradale.

Kahlo, F. (1995). *The letters of Frida Kahlo: Cartas apasionadas*. San Francisco: Chronicle.

Kettenmann, A. (2002). *Frida Kahlo, 1907-1954: Pain and passion*. New York: Barnes & Noble Books. (Original publication 1992, Cologne, Germany: Benedikt Taschen Verlag GmbH.)

Marnham, P. (1998). *Dreaming with his eyes open: A life of Diego Rivera*. New York: Knopf.

Rivera, D. (1991). *My art, my life*. New York: Dover.

Tibol, R. (1983). *Frida Kahlo: An open life*. Albuquerque, NM: University of New Mexico Press.

肯尼迪家族

Andrews, J. D. (1998). *Young Kennedys: The new generation*. New York: Avon.

Collier, P., & Horowitz, D. (1984). *The Kennedys*. New York: Summit.

Davis, J. (1969). *The Bouviers: Portrait of an American family*. New York: Farrar, Straus, Giroux.

Davis, J. (1984). *The Kennedys: Dynasty & Disaster*. New York: McGraw-Hill.

Davis, J. (1993). *The Bouviers: From Waterloo to the Kennedys and beyond*. Washington, DC: National Press.

DuBois, D. (1995). *In her sister's shadow: The bitter legacy of Lee Radziwell*. New York: St. Martin's.

Gibson, B., & Schwarz, T. (1993). *The Kennedys: The third generation*. New York: Thunder Mouth's Press.

Hamilton, N. (1992). *JFK reckless youth*. New York: Random House.

Heymann, C. D. (1989). *A woman named Jackie*. New York: New American Library.

James, A. (1991). *The Kennedy scandals and tragedies*. Lincolnwood, IL: Publications Internations.

Kearns Goodwin, D. (1987). *The Fitzgeralds and the Kennedys*. New York: Simon & Schuster.

Kelley, K. (1978). *Jackie Oh!* Secaucus, NJ: Lyle Stuart.

Kennedy, R. (1974). *Times to remember*. New York: Bantam.

Klein, E. (1998). *Just Jackie: Her private years*. New York: Ballantine.

Klein, E. (2003). *The Kennedy curse*. New York: St. Martin's.

Latham, C., & Sakol, J. (1989). *Kennedy encyclopedia*. New York: New American Library.

Leamer, L. (2001). *The Kennedy men: 1901-1963*. New York: Harper Collins.

Maier, T. (2003). *The Kennedys: America's emerald kings*. New York: Basic.

McTaggart, L. (1983). *Kathleen Kennedy: Her life and times*. New York: Dial.

Moutsatos, K. F. (1998). *The Onassis women*. New York: Putnam.

Rachlin, H. (1986). *The Kennedys: A chronological history 1823-present*. New York: World Almanac.

Rainie, H., & Quinn, J. (1983) *Growing up Kennedy: The third wave comes of age*. New York: G. P. Putnam's Sons.

Saunders, F. (1982). *Torn lace curtain: Life with the Kennedys*. New York: Pinnade.

Wills, G. (1981). *The Kennedy imprisonment: A mediation on power*. New York: Little, Brown.

马丁·路德·金家族

Carson, C. (Ed.). (2001). *The autobiography of Martin Luther King*. New York: Warner.

Franklin, V. P. (1998). *Martin Luther King, Jr. Biography*. New York: Park Lane Press.

King, M. L., Sr., with C. Riely (1980). *Daddy King: An autobiography*. New York: Morrow.

Lewis, D. L. (1978). *King: A biography* (2nd ed.). Chicago: University of Illinois Press.

Oates, S. B. (1982). *Let the trumpet sound: The life of Martin Luther King, Jr*. New York: New American Library.

玛丽莲·梦露

Zimroth, E. (2002). Marilyn at the Mikvah. In Y. Z. McDonough (Ed.), *All the available light: A Marilyn Monroe reader*, (pp. 176–183). New York: Simon & Schuster.

尼赫鲁 / 甘地家族

Ali, T. (1985). *An Indian dynasty*. New York: Putnam. Frank, K. (2002). *Indira: The life of Indira Nehru Gandhi*. New York: Houghton-Mifflin.

Tharoor, S. (2003). *Nehru: The invention of India*. New York: Arcade Publishing.

Wolpert, S. (1996). *Nehru*. New York: Oxford University Press.

奥尼尔家族

Black, S. (1999). *Eugene O'Neill: Beyond mourning and tragedy*. New Haven, CT: Yale University Press.

Bowen, C. (1959). *The curse of the misbegotten*. New York: McGraw- Hill.

Gelb, A., & Gelb, B. (1987). *O'Neill*. New York: Harper & Row.

Scovell, J. O. *Living in the shadows*. New York: Time Warner.

Sheaffer, L. (1968). *O'Neill: Son and playwright*. Boston: Little, Brown.

Sheaffer, L. (1973). *O'Neill: Son and artist*. Boston: Little, Brown.

赖希家族

Mann, W. E., & Hoffman, E. (1980). *The man who dreamed of tomorrow: The life and thought of Wilhelm Reich*. Los Angeles: Tarcher.

Reich, L. O. (1969). *Wilhelm Reich: A personal biography*. New York: Avon.

Sharaf, J. (1983). *Fury on earth: A biography of Wilhelm Reich*. New York: St. Martin's.

Wilson, C. (1981). *The quest for Wilhelm Reich: A critical biography*. Garden City, NY: Anchor Press/Doubleday.

罗伯逊家族

Dean, P. H. (1989). Paul Robeson. In E. Hill (Ed.), *Black heroes: Seven plays* (pp. 277–354). New York: Applause Theatre.

Duberman, M. B. (1988). *Paul Robeson*. New York: Knopf.

Ehrlich, S. (1988). *Paul Robeson: Singer and actor*. New York: Chelsea House.

Larsen, R. (1989). *Paul Robeson: Hero before his time*. New York: Franklin Watts.

Ramdin, R. (1987). *Paul Robeson: The man and his mission*. London: Peter Owen.

Robeson, P. (1988). *Here I stand*. Boston: Beacon.

鲁滨逊家族

Falkner, D. (1995). *Great time coming: The life of Jackie Robinson from baseball to Birmingham*. New York: Simon & Schuster.

Rampersad, A. (1997). *Jackie Robinson: A biography*. New York: Knopf.

Robinson, J. (1972). *I never had it made*. New York: Putnam.

Robinson, R. (1996). *Jackie Robinson: An intimate portrait*. New York: Abrams.

Robinson, S. (1996). *Stealing home*. New York: HarperCollins.

Tygiel, J. (1997). *Baseball's great experiement: Jackie Robinson and his legacy*. New York: Oxford University Press.

罗斯福家族

Asbell, B. (Ed.). (1982). *Mother and daughter: The letters of Eleanor and Anna Roosevelt*. New York: Coward McCann & Geoghegan.

Bishop, J. B. (Ed.). (1919). *Theodore Roosevelt's letters to his children*. New York: Charles Scribner's Sons.

Brough, J. (1975). *Princess Alice: A biography of Alice Roosevelt Longworth*. Boston: Little, Brown.

Collier, P., with D. Horowitz (1994). *The Roosevelts*. New York: Simon & Schuster.

Cook, B. W. (1992). *Eleanor Roosevelt 1884-1933. A life: Mysteries of the heart* (Vol. 1). New York: Viking Penguin.

Donn, L. (2001). *The Roosevelt cousins*. New York: Knopf.

Felsenthal, C. (1988). *Alice Roosevelt Longworth*. New York: G. P. Putnam's Sons.

Fleming, C. (2005). *Our Eleanor*. New York: Simon & Schuster.

Fritz, J. (1991). *Bully for you: Teddy Roosevelt*. New York: G. P. Putnam's Sons.

Hagedorn, H. (1954). *The Roosevelt family of Sagamore Hill*. New York: Macmillan.

Kearns Goodwin, D. (1994). *No ordinary time. Franklin and Eleanor Roosevelt: The home front in World War II*. New York: Simon & Schuster. Lash, J. P. (1971). *Eleanor and Franklin*. New York: Norton.

McCullough, D. (1981). *Mornings on horseback*. New York: Simon & Schuster.

Miller, N. (1979). *The Roosevelt chronicles*. Garden City, NY: Doubleday.

Miller, N. (1983). *FDR: An intimate biography*. Garden City, NY: Doubleday.

Miller, N. (1992). *Theodore Roosevelt: A life*. New York: Morrow.

Morgan, T. (1985). *FDR: A biography*. New York: Simon & Schuster.

Morris, E. (1979). *The rise of Theodore Roosevelt*. New York: Ballantine.

Pringle, H. F. (1931). *Theodore Roosevelt*. New York: Harcourt, Brace, Jovanovich.

Roosevelt, E. (1984). *The autobiography of Eleanor Roosevelt*. Boston: G. K. Hall.

Roosevelt, E., & Brough, J. (1973). *The Roosevelts of Hyde Park: An untold story*. New York: Putnam.

Roosevelt, E., & Brough, J. (1975). *A rendezvous with destiny: The Roosevelts of the White House*. New York: Dell.

Roosevelt, J. (1976). *My parents: A differing view*. Chicago: The Playboy Press.

Roosevelt, T. (1925). *An autobiography*. New York: Charles Scribner's Sons.

Teichman, H. (1979). *Alice: The life and times of Alice Roosevelt*. Englewood Cliffs: NJ: Prentice-Hall.

Youngs, W. T. (1985). *Eleanor Roosevelt: A personal and public life*. Boston: Little, Brown.

特纳家族

Bibb, P. (1997). *Ted Turner: It ain't as easy as it looks*. Boulder, CO: Johnson.

Goldberg, R., & Goldberg, G. J. (1995). *Citizen Turner*. New York: Harcourt, Brace.

维多利亚女王

Auchincloss. L. (1979). *Persons of consequence: Queen Victoria and her circle*. New York: Random House.

Benson, E. F. (1987). *Queen Victoria*. London: Chatto & Windus.

Hibbert, C. Queen Victoria in her letters and journals. London: Penguin.

James, R. R. (1984). *Prince Albert*. New York: Knopf.

Strachey, L. (1921). *Queen Victoria*. New York: Harcourt, Brace, Jovanovich.

Weintraub, S.(1987). *Victoria*. New York: E. P .Dutton.

Wilson, E. (1990). *Emminent victorians*. New York: Norton.

Woodham-Smith, C. (1972). *Queen Victoria*. New York: Donald Fine.

乔治·华盛顿

Bourne, M. A. (1982). *First family: George Washington and his intimate relations*. New York: Norton.

Ellis, J. J. (2004). *His excellency: George Washington*. New York: Knopf.

Furstenberg, F. (2006). *In the name of the father: Washington's legacy, slavery and the making of a nation*. New York: Penguin.

Johnson, P. (2005). *George Washington: The founding father*. New York: Harper Collins.

McCullough, D. (2005). *1776*. New York. Simon & Schuster.

Mitchell, S. W. (1904). *The youth of Washington*. New York: The Century Company.

Moore, C. (1926). *The family life of George Washington*. Boston: Houghton Mifflin.

Randall, W. S. (1997). *George Washington: A life*. New York: Henry Holt.

Wiencek, H. (2003). *An imperfect god: George Washington, his slaves and the creation of America*. New York: Farrar, Strauss & Giroux.